再制造企业
生产计划与运营管理

方　昶◎著

安徽师范大学出版社
ANHUI NORMAL UNIVERSITY PRESS
·芜湖·

图书在版编目(CIP)数据

再制造企业生产计划与运营管理 / 方昶著. —芜湖:安徽师范大学出版社,2024.5
ISBN 978-7-5676-6198-1

Ⅰ.①再… Ⅱ.①方… Ⅲ.①制造工业—工业生产计划—研究—中国②制造工业—工业企业管理—研究—中国 Ⅳ.①F426.4

中国国家版本馆CIP数据核字(2023)第095765号

再制造企业生产计划与运营管理 方 昶◎著

责任编辑:李 玲 责任校对:舒贵波
装帧设计:张 玲 冯君君 责任印制:桑国磊
出版发行:安徽师范大学出版社
芜湖市北京中路2号安徽师范大学赭山校区 邮政编码:241000
网 址:http://www.ahnupress.com/
发 行 部:0553-3883578 5910327 5910310(传真)
印 刷:苏州市古得堡数码印刷有限公司
版 次:2024年5月第1版
印 次:2024年5月第1次印刷
规 格:700 mm × 1000 mm 1/16
印 张:21.25
字 数:346千字
书 号:ISBN 978-7-5676-6198-1
定 价:69.80元

凡发现图书有质量问题,请与我社联系(联系电话:0553-5910315)

前　言

生产计划问题是工业领域中广泛存在的问题，20世纪50年代就引起了研究人员的注意和深入研究与探讨，一直是学术界和工业界关注的问题。自然资源日趋匮乏使企业生产中原材料成本不断升高，随着制造技术和信息技术的迅速发展，制造业的生产过程也在发生日新月异的变化，特别是回收再利用技术的广泛应用，使生产过程从传统的新产品制造转变为带有回收品再利用过程的混合生产。如何利用先进的信息技术辅助混合生产模式的企业制订更加合理的生产计划，在满足客户需求的同时降低生产总成本，成了企业和研究者重点关注的问题。本书第二到四章以先进的物联网技术为基础，将物联网系统引入实际生产过程中，将物联网先进的信息采集和集成手段，应用到带有回收品再利用过程的混合生产中，深入研究了混合生产系统中三种新的生产计划问题，分别从回收品数量确定并伴随价值衰减的角度、考虑回收定价和供应商选择的角度，以及随机需求环境下考虑资源能力计划的角度，建立了相应的生产计划模型，并设计了对应的物联网系统框架结构，基于问题的特点设计了合理的优化算法，并通过详细的仿真实验说明了模型和算法的有效性和实用性。

再制造通过对零部件或旧零件再加工，使其达到新的状态，从而恢复旧产品固有的剩余价值。再制造产品是传统制造业的一种固有的低成本替代品。因此，再制造越来越普及，有助于提高企业的利润和竞争优势。许多行业，如墨盒、汽车零部件和电子产品等行业，都证明了它能带来丰厚利润。一个覆盖2000多家再制造企业的数据库显示，只有6%的企业是原始设备制造商（Original Equipment Manufacturer，OEM）。根据现有研究可以得知，消费者对OEM新产品的感知价值受到再制造产品的显著影响。这种影响的大小和方向取决于再制造者的身份，即它是一个原始设备制造商还是一个第三方再制造商（Third-Party Remanufacturer，TPR）。本书第五章分析了消费者对新产品感知价值的转变对OEM再制造决策的影响。

在过去几十年里，企业面临着更多关注产品和服务的环境后果的压力，绿色产品的供应链管理正引起管理者和研究人员越来越大的兴趣。在日益激烈的竞争环境中，创新已经成为工业组织的核心竞争力。因此，产品创新与环境保护的结合也成为现代社会和企业研究的课题。本书第六章研究了一个由单一制造商和单一零售商组成的创新绿色产品的两层供应链。绿色产品是指比传统产品对环境的影响更小或对人类健康的危害更小的产品。创新产品是具有内在一次性特征的产品，也就是说，它的生命周期通常比采购周期短，所以制造商/零售商只有一次机会来生产/订购它。显然，对于这样的创新绿色产品，确定制造商/零售商的最佳生产/销售数量通常是一个一次性决策问题。基于一次性决策理论，本书分析了供应链参与者的行为和个性信息共享问题。

近年来，一大批OEM，如通用电气、施乐、惠普、IBM、卡特彼勒等企业，都在从事再制造活动。虽然制造商在再制造活动中具有技术和品牌优势，但当制造商远离产品销售地时，旧产品收集不可避免地会带来更高的运输和库存成本。因此，一些OEM不愿意参与再制造或外包/授权给第三方再制造商。由于OEM的专利产品受专利法保护，TPR必须支付固定或可变的技术授权费以获得OEM的授权。TPR的一个基本问题是如何吸引OEM与之合作，这取决于其再制造的优势。本书第七章分析了TPR再制造的两个优势对OEM决策的影响，有助于读者深入了解OEM再制造决策中的两种影响。本书第八章考虑了OEM的营利能力和对环境的影响，研究了平均回收质量的最优决策和OEM的最佳再制造策略是如何被授权再制造所影响的。

由于时间仓促，书中难免存在不足之处，敬请读者批评指正。

方　昶

2023年12月

目　录

第一章　综述……001

1.1　再制造的研究现状……001

1.2　生产计划相关概念及研究现状……002

1.3　运营管理相关概念及研究现状……019

1.4　本章小结……025

第二章　物联网环境下考虑回收品价值衰减的混合生产系统生产计划问题……026

2.1　引言……026

2.2　问题描述……027

2.3　问题建模……033

2.4　仿真实验及分析……040

2.5　本章小结……055

第三章　物联网环境下考虑回收定价和供应商选择的混合生产系统生产计划问题……057

3.1　引言……057

3.2　问题描述……058

3.3　问题建模……062

3.4　PSO 启发式算法……070

3.5　仿真实验及分析……077

3.6　本章小结……087

第四章 物联网环境下考虑资源能力计划的混合生产系统随机生产计划问题 ……089

4.1 引言 ……089
4.2 带有资源能力计划且需求量随机的生产计划问题 ……089
4.3 基于拉格朗日松弛技术的启发式算法 ……098
4.4 实验设计与数值计算 ……107
4.5 本章小结 ……120

第五章 第三方再制造对原始设备制造商的影响 ……123

5.1 研究背景 ……123
5.2 模型概述 ……126
5.3 均衡分析 ……130
5.4 实际案例的仿真分析 ……140
5.5 本章小结 ……145
5.6 附录 ……147

第六章 第三方再制造企业优势下原始设备制造商再制造策略的选择 ……165

6.1 引言 ……165
6.2 研究背景 ……167
6.3 模型概述 ……168
6.4 三种再制造策略的平衡点 ……170
6.5 策略分析 ……177
6.6 本章小结 ……187
6.7 附录 ……188

第七章 循环经济时代下创新产品供应链系统中的个性信息共享……214

7.1 问题描述……214
7.2 供应链系统批发价格契约中的个性信息共享……216
7.3 报童模型的分析结果……221
7.4 本章小结……224
7.5 附录……226

第八章 应对极端天气的最佳再制造策略、回收质量选择和独立再制造公司的优势……229

8.1 引言……229
8.2 研究背景……232
8.3 模型假设和问题描述……234
8.4 三种再制造方案的均衡性……236
8.5 策略分析……244
8.6 模型的扩展……253
8.7 本章小结……260
8.8 附录……262

主要参考文献……308

第一章　综述

由于本书主要研究物联网环境下混合生产系统中三种新的生产计划问题，因此，作为理论研究基础，本章主要对物联网概念及其关键技术、产品生命周期相关概念和问题，以及混合生产系统的生产计划问题的相关研究成果进行综述。

1.1　再制造的研究现状

鉴于其普遍性和重要性，已有大量经济学文献研究再制造策略。Debo等(2005)研究了产品可再制造的技术和市场驱动因素，解决了制造商可能在由异构消费者组成的市场中选择引入可再制造产品时所面临的联合定价和生产技术选择问题。当再制造有利可图时，为了增加用于再制造的核心零部件数量，OEM可以选择降低价格并销售额外的产品。Ferguson等(2006)发现，为了避免来自外部再制造商的竞争，OEM可以主动再制造或预先收集其使用过的产品。Atasu等(2008)发现，在竞争性再制造下，再制造商可以通过价格歧视来保护其市场份额，并将其作为一种有效的市场策略。Agrawal等(2016)调查了OEM是否应该通过提供再制造产品、使用以旧换新计划或通过这两种选择来与TPR竞争。Wang等(2017)调查了制造商的最优定价和生产策略并提出，如果再制造比制造需要投入更多，制造商可以选择不参与再制造。然而，上述研究没有考虑消费者对新产品感知价值的转变对再制造策略的影响。本书通过研究对比效应和同化效应引起的消费者感知价值的变化如何影响OEM关于参与再制造(即情景二)或不参与再制造(即情景一)的决定，对这一研究流派做出了贡献。

外包再制造对OEM再制造决策的影响已经在文献中得到了广泛研究

(Savaskan et al.,2004;Ordoobadi,2009)。Ferguson 等(2010)指出,由于缺乏收集和再制造 OEM 报废产品的基础设施和专业知识,OEM 可能会将再制造外包给外部承包商。Zou 等(2016)指出,在 OEM 再制造过程中,OEM 通过外包比内部再制造能获得更高的利润。Wang 等(2017)研究了制造商是应该进行内部再制造还是应该进行外包再制造,并证明了可变再制造成本的差异推动了策略的选择,即较高的内部再制造固定成本有利于外包。Zhang 等(2020)研究了 OEM 在外包再制造中两种策略(即使用核心零部件收集和再制造产品再营销)的影响。上述研究表明,将再制造外包给 TPR 对 OEM 有利,但它们没有考虑 TPR 的优势差异。本书通过研究再制造对 TPR 的优势价值和 OEM 外包策略的影响,对这一研究流派做出了贡献。

1.2　生产计划相关概念及研究现状

1.2.1　物联网在混合生产系统中的应用

1.2.1.1　物联网及其应用

物联网(Internet of Things,IoT)的概念是麻省理工学院的 Auto-ID 中心在 1999 年首次提出的,该机构已经设计并建立跨公司的射频识别基础设施。近年来,物联网技术已经深入应用到很多工业领域和社会应用领域。Yang 等(2013)研究了用于社区应急管理的物联网技术,目的是加强社区应急事件响应能力。Zhang 等(2014)结合云计算和物联网技术等提出了云制造的概念,用于解决制造应用领域中的瓶颈问题。Sung 等(2012)提出了一种粒子群优化算法,用于提高基于安卓系统的医疗保健物联网系统中多生理传感器数据融合测量的精度。Tao 等(2014)基于云计算和物联网系统提出了一种云制造服务系统框架结构。Li 等(2014)为面向服务的物联网设计了一种三层服务调度质量评价模型,试图最优化物联网的性能和资源消耗。可以看出,物联网已经引起了很多研究者的重视,他们都在试图将物联网技术应用于某个领域中,但是目前还未发现有研究人员将物联网技术引入实际制造业的整个生产过程中,尤其是带有产品回收与再制造过程的混合生产系统中。

物联网通过使用射频识别(Radio Frequency Identification,RFID)技术来实现对每个单独产品的跟踪与识别。目前主要有两种RFID设备,分别是被动设备和主动设备。从功能上来说,被动设备仅能对产品进行识别和追踪,而主动设备还可以通过嵌入的传感器提供关于产品状态的信息。这些RFID传感器被称为产品嵌入式信息设备(Product Embedded Information Device,PEID),而装备了这些设备的产品被称为带有产品嵌入式信息设备的产品(PEID产品)。

在物联网环境下工作的产品称为智能产品。Kiritsis(2011)将智能产品按照智能化水平分为四个智能等级,分类标准包括感应能力、记忆能力、数据处理能力、推理和通信能力,他认为带有PEID的产品属于四级智能产品。PEID使获取产品整个生命周期中任何时间、任何地点的数据成为可能,并且可以通过分析产品相关信息做出一些有用的决策。Jun等(2007)考虑在产品生命周期管理中用PEID代替RFID标签,所用的PEID由RFID标签、传感器、存储卡和处理器构成,且其类型由产品生命周期管理应用的特点决定。Yang等(2009)提出了一种服务驱动的框架结构和原型系统,通过智能数据单元(Intelligent Data Unit,IDU)和通信支持基础设施(Communication Support Infrastructure)来获取产品生命周期数据并提供与产品相关的服务。Luttropp等(2010)证实了在回收再利用过程中产品生命周期信息可以改善回收再利用效率。Parlikad等(2007)研究了如何使用基于RFID的产品识别技术为产品回收再利用决策提供必要的信息。这些文献都反映了产品生命周期管理的数据确实可以为旧产品的回收再利用提供决策支持。

通过使用无线通信技术,PEID产品状态的实时数据可以被探测并发送、存储到相关数据库中。PEID中的传感器可以监控每个产品在使用过程中其核心零部件主要性能的关键指标的变化,如磨损程度、温度、湿度、压力等。通过分析实时数据,可以预测和估算出回收品的质量和剩余价值,因而能降低或消除结束使用的产品状态的不确定性。在产品再利用操作中,制造商主要关注如何基于每个独立产品的剩余价值对它们的再利用方式作出最优的决策,因为适当的再利用方式可以极大地影响结束使用的产品的回收管理。这样一来,对回收品进行检测的初步分离或完全拆分等操作就可以取消,因此可以节约再利用成本和时间。

此外,与物联网相关的物理信息系统(Cyber-Physical Systems,CPS)已经广泛应用于智能交通、智能电网和智能医疗保健等领域。欧洲,尤其是德国,已经为实现工业4.0概述了框架结构并搭建了平台。物联网是工业4.0中一个非常重要的核心组成部分,在美国相似的领域被称为工业互联网,并且引起了很多研究者的极大兴趣。在本书中,物联网提供的详细数据被用于解决生产计划的最优化问题。

物联网不仅可以提供单个产品的信息,而且原材料和供应商的信息也都可以在物联网服务平台上实现共享。通过获取物联网管理机构的许可,制造商就可以获得原材料单价、供应商供给能力和最小订货量等数据信息。无缝对接的数据共享机制可以使决策者对产品生命周期(Product Life Cycle,PLC)的不同阶段同时做出最优的采购方案。

1.2.1.2 产品生命周期和产品生命周期管理

产品生命周期是产品的市场寿命,即一种产品从开始进入市场到被市场淘汰的整个过程,是产品在市场中的生命跨度。传统上它可以分为四个阶段,贯穿它的第一次概念提出到它从市场上彻底消失。在产品的整个生命周期中,市场对其的需求遵循统一的模式,跨越引入期、增长期、成熟期和衰退期。此外,在当前的模型中再制造产品的生命周期比非再制造产品更加复杂,因为在它们的生命周期中,需求率和回收率会同时随着时间变化且相互影响。因此,在本书第三章研究的问题中,产品的需求和最大可回收量随着周期发生改变,用以表明一个生命周期的明确阶段。

产品生命周期管理(Product Life Management,PLM)是指一个产品从概念到工程设计和制造,再到售后服务和报废整个生命周期的管理过程。它需要与营销学角度的产品生命周期管理(Product Life Cycle Management,PLCM)区分开。PLM是从工程的角度对一个产品的描述,而PLCM更倾向于研究产品在市场中关于成本和需求的商业管理措施。本书选择用单个产品级别的闭环产品生命周期管理方式在模型中描述对结束使用的产品进行回收再利用过程。

1.2.2　混合生产系统中的三大问题

本书研究的混合生产系统是指在生产新产品的同时带有回收品再制造能力的生产系统。根据回收品再利用方式的不同，混合生产系统具体的生产方式也有所不同，但针对这种类型的生产系统的研究主要涉及三个问题，分别是采购问题、产品回收问题和回收品再利用问题。

1.2.2.1　采购问题

采购对生产成本和企业的核心竞争力有着重要影响。已有大量文献从各个方面研究采购相关问题，不确定性是其中一个非常重要的研究课题。Prince 等（2013）研究了关于企业从一组供应商中采购原材料的三阶段问题，其主要目标是解决如何选择供应商问题，并建立一个适合应用分解技术的混合整数规划模型，然后提出一种有效的割平面算法用来求解模型。因供应商供给能力的不确定性会增加问题的复杂度，因此他们研究的焦点是企业需要考虑因为供应商供给能力的不确定性导致的最差情境。

在本书中，这种供应商供给能力的不确定性因为物联网的使用而不再需要考虑。新产品不仅可以通过从供应商采购原材料进行生产，还可以通过旧产品的再制造或翻新来满足。因此，本书第二章的主要目标是制订合适的生产方案，在满足需求的同时最小化生产成本。

Chen（2012）研究了一个制造商和多个供应商之间的协同机制和采购策略，他所关注的重点是每个供应商都有各自不同的单位生产成本和在线采购策略，因为信息的不确定性，批发价格和定价目录策略都无法使制造商和供应商实现双赢，因此，他提出了一个价格限制下的订单数量折扣的协同采购策略，该策略可以使制造商和供应商实现双赢。但是这两者之间的协同不适合应用在三阶段混合生产系统中。本书第三章的研究中，同时考虑采购、生产和回收过程并建立了一个集成的模型，因此，得到的采购策略将会更加适合三阶段混合生产系统。

关于采购相关问题的研究大多主要集中于信息不对称性，不包含处理信息共享下的情况。此外，没有文献将生产和回收过程与采购过程全部整合起来，而且这些文献研究的内容也都不是在物联网环境下构建的问题。

综上所述，现有的关于原材料采购的文献研究内容主要集中于信息不对称性或者存在供应能力不确定性等特点的供应商选择和协同机制问题，并且都是关于单一生产模式的采购问题。本书考虑物联网环境下的采购问题，消除或降低了信息不对称性和供应能力不确定性的影响，针对混合生产模式，将采购问题融合到生产计划问题中，使采购方案与生产计划方案能够更好地匹配。

1.2.2.2　产品回收问题

旧产品的回收过程是逆向供应链中的一个主要难点，而且回收品数量和质量的高可变性使它成为一个高度复杂的问题。Guide 等（2000）总结了当前工业实践中北美再制造企业的末端（End-of-Life）产品的回收问题，并给出了回收管理的正式框架。

Mukhopadhyay 等（2009）研究了质量和需求具有随机性的再制造过程中回收和生产的联合决策问题，考虑了一个旧零部件和新零部件都可以作为生产新产品零部件的混合生产系统。在他们的模型中，可再制造的零部件来源于从市场中回收的旧产品。他们在最优方案中为回收和生产数量提供决策。他们的研究虽然考虑了回收的旧产品中零部件质量的不确定性，但没有涉及采购过程。

本书中，物联网技术的引入，消除了零部件质量的不确定性。模型充分考虑了旧产品及其零部件的剩余价值和它们各自的价值衰减率，并且在给企业提供生产和回收决策的同时，协同优化了原材料的采购过程。

Li 等（2013）建立了一个随机动态规划模型，用于解决再制造产品带有随机性和以市场驱动的回收途径的回收管理问题，其中旧产品的回收数量是随机的并且对回收价格十分敏感。他们分别研究了迅捷再制造情况和缓慢再制造情况下对旧产品的回收和再制造最优策略，但没有考虑上游的供应商，因此，无法体现新产品和再制造产品之间的权衡。本书第三章的研究中，上游供应商和下游旧产品所有者都在模型中有所呈现，从结论中可以看出，回收数量随着供应商采购成本的变化而发生改变的趋势非常明显。

Minner等(2012)研究了需求可以同时由新产品和再制造回收的旧产品来满足的混合生产系统，建立了一个回收定价和生产、再制造联合决策模型，实现了最小化系统总成本。他们研究的一个主要动机是最优化再利用方案和回收策略之间的关系，他们发现使用被动回收策略通常会偏离最优策略。

Wang等通过考虑消费者在线回收过程中的渠道偏好和价格预测行为，提出了博弈论分析模型，用以确定"互联网+"回收平台中废旧产品的最优价格，并得到了有无实体回收商竞争的"互联网+"回收平台的最优定价策略。通过数值研究发现，在没有实体回收商竞争的情况下，回收平台可以获得更高的利润；回收的废旧产品价值的损失对"互联网+"回收平台有利，但损害了实体回收商的利益，而当消费者进行价格预测时，这种回收平台的优势就消失了；在"互联网+"回收平台具有领先优势的情况下，采用价格决策的方式完成部分在线回收交易，可以减轻消费者价格预测行为对回收平台的负面影响，提高等级匹配的废旧产品比例。

本书考虑的是主动回收策略，不仅可以反映上面提到的回收策略与最优再利用方案之间的关系，还可以体现最优回收策略和原材料采购策略之间的关系。大部分关于混合生产计划的研究都考虑了回收过程，但都没有与采购策略结合，而且这些文献所描述的回收决策都是策略层面的，而不是在物联网环境下针对产品层面的回收决策。

综上所述，已有文献关于产品回收问题的研究主要集中于回收品及其零部件质量具有不确定性、回收数量具有不确定性和回收策略的选择方面，仅考虑回收过程，或是结合生产过程，没有文献结合原材料采购来考虑回收策略，而原材料成本与回收成本之间的权衡是回收过程能否应用于实际生产的关键。本书中物联网技术的引入，消除或降低了回收品的不确定性，详细的产品信息使回收过程管理更加精细，回收策略更贴近生产实际。

1.2.2.3 回收品再利用问题

回收品再利用已经成为生产研究中非常重要的一个主题。不少文献描述了很多种再利用策略，如拆分、修复/翻新、再使用/再制造、回收原材料再循环等。Niknejad等(2014)给出了一个在需求和回收不确定的条件下包含三种产品再利用路径的库存和生产计划模型，也就是修复、再制造和报废。他们研究的问题是库存控制和生产计划的集成问题，但他们建立的模型中产品被简化为仅仅由一个零部件构成，且旧产品的价值在计划时间跨度内是恒定不变的。本书建立的模型考虑的是多零部件的产品且带有价值衰减的问题，可以反映混合生产系统中的实际情况。

Ondemir等(2012)给出了一个ARTODTO模型来解决嵌入了传感器和RFID标签的End-of-Life产品，并且考虑拆分、修复和回收原材料再循环的旧产品再利用方式，实现总成本最小化。他们的问题基于剩余寿命的零部件、产品需求只能通过旧产品的再利用来满足，并且模型中没有考虑计划的时间跨度。

在本书第三章中，需求既可以通过旧产品再利用来满足也可以用新产品来满足，计划时间跨度覆盖了产品生命周期的所有阶段，且需求和可回收的产品数量随着不同的阶段而变化。

Baki等(2014)提出了一个混合整数规划模型用于解决制造和再制造的批量计划问题，并基于动态规划设计了一种启发式算法对该模型进行求解，在有限的计划时间跨度内的每个周期上的需求和回收品是确定的，并在数值实验中随机产生，需求量与回收品数量之间没有相互关系。

在本书第三章中，可回收的旧产品数量是由过去确定周期上的需求量决定的，计划时间跨度内的需求量随着产品生命周期的不同阶段而改变。

Ilgi等(2010)、Gungor等(1999)对于产品再利用进行了更广泛的综述。尽管前人对回收品再利用开展了广泛研究，但没有人提出一种集成采购、生产、产品再利用，以及回收定价和策略的模型。

Huang等(2013)研究了由供应商、制造商和零售商组成的闭环供应链中的再制造成本中断问题。本书比较了供应商-再制造模式和制造商-再制造模式对均衡策略和链成员利润的影响，并分析了不同中断案例对各种再制造模式的影响，采用Stackelberg博弈方法获得了每个中断情况下的均衡定价决策，发现制造商-再制造模式和供应商-再制造模式具有相同的鲁棒性。在制造商-再制造模式下，当再制造成本面临负中断时，制造商更倾向于提高收购价格和再制造成本，以提高营利能力。在这种情况下，由于来自制造商的市场竞争，供应商将设置相对较低的零部件批发价格，零售商可以获得更多的收入。在供应商-再制造模式下，由于再制造部件可能会蚕食新部件的销售，只有当再制造成本的负扰动足够强时，供应商才会放弃新部件的部分利润，以便从再制造活动中获取更多的利润。这些结果可以提供一个新的洞察供应商-再制造与成本中断的闭环供应链。

Cao等（2020）提出了一个包括原始制造商、零售商和第三方再制造商的两阶段模型，其中，原始制造商生产的产品受专利保护，再制造产品的再制造程度影响消费者的购买决策。本书利用Stackelberg博弈方法分析了两个时期的原始制造商、零售商和第三方再制造商的决策，得到了三方的均衡解。研究发现，消费者对再制造的关注程度与平均单位专利许可费、再制造产品零售价格、再制造产品再制造程度、新产品批发价格在第一阶段呈负相关关系，与第一阶段新产品零售价格呈正相关关系；第三方再制造商的再制造行为效率与平均单位专利许可费、再制造产品零售价格、再制造产品再制造程度，以及第二阶段新产品批发零售价格呈正相关关系。

综上所述，已有文献关于回收品再利用的研究主要体现了需求和回收的不确定性、剩余使用时间等特征，少量文献研究了产品层再制造计划，其他均为战略层再制造计划问题，没有研究者考虑过整个计划过程中的回收品价值衰减问题。回收的不确定性由于物联网技术的引入会被降低或消除，需求不确定性可以通过物联网中详细的历史数据建立随机模型来表达。此外，没有文献将回收品再利用和原材料采购协同决策，这正是混合生产系统的重要特征之一。因此，本书针对以上问题的研究具有理论创新性，也更贴近生产实际。

表1.1中给出了关于混合生产系统中采购、回收和再利用问题的已有文

献综述，并对本书第三章的问题与已有模型进行了比较。综述的有关文献按照下面五个方面进行比较：

(1)模型的决策目标(采购、旧产品回收、旧产品再利用、生产计划)；

(2)计划时间跨度类型(是否覆盖产品生命周期)；

(3)模型类型(确定、不确定或模糊)；

(4)问题是否包含回收品价值衰减；

(5)求解方法。

表1.1　关于混合生产系统中采购、回收和再利用问题的已有文献综述

研究	决策目标[a]	是否覆盖产品生命周期	模型类型[b]	是否包含回收品价值衰减	求解方法
本书第三章问题	P,A,R,S	是	D	是	启发式和元启发式
Mukhopadhyay等	P,A,S	否	U	否	最优化算法
Fu等	P	否	U	否	最优化算法
Xu	P	否	U	否	最优化算法
Chen	P	否	D	否	最优化算法
Yu等	P	否	U,F	否	模糊层次分析法
Kim等	P	否	U	否	最优化算法
Das等	P,S	否	D	是	—
Prince等	P	否	U	否	分解和割平面算法
Hu等	P,S	否	U	否	最优化算法
Robotis等	A,R	否	D	否	最优化算法
Galbreth等	A,R	否	D,U	否	最优化算法
Vadde等	A	否	D	否	标准求解器
Teunter等	A,R	否	U	否	最优化算法
Zhou等	A,R,S	否	D	否	最优化算法
Kleber等	P,A,R	否	D	否	—
Li等	A,R,S	否	U	否	随机动态规划
Zeng	A	否	D	否	最优化算法
Inderfurth等	P,A	否	U	否	启发式
Konstantaras等	R,S	否	D	否	最优化算法

续　表

研究	决策目标[a]	是否覆盖产品生命周期	模型类型[b]	是否包含回收品价值衰减	求解方法
Vadde等	A,R,S	否	D	否	元启发式
Kim等	R	否	D	否	最优化算法
Ondemir等	R,S	否	D	否	标准求解器
Niknejad等	R,S	否	U,F	否	—

注:a中,P表示采购,A表示旧产品回收,R表示旧产品再利用,S表示生产计划。
b中,D表示确定,U表示不确定,F表示模糊。

可见,大量文献研究了采购、旧产品回收和再利用,但所提出的模型中都没有包含回收品价值衰减并反映整个产品生命周期特点。本书第三章研究的不是一个单一的模型,而是集成了采购、生产计划、旧产品回收和再利用并在物联网环境下体现产品生命周期需求的模型。

1.2.3　混合生产系统的生产计划问题

1.2.3.1　考虑回收品再利用的生产计划问题

随着先进制造技术的发展,客户可以花更少的费用获得更高质量的产品,比如电子产品和汽车。更多的产品在达到设计的使用寿命之前被废弃。换句话说,很多有用的产品能够从客户手中回收,这些废弃的产品中蕴藏着巨大的经济价值。如何运用合适的方法从废弃的产品中提取剩余价值,成为研究者和企业共同关注的一个重要问题。客户手中有用的产品必须回收并存储到相关的设施中,使用合适的方式进行再利用,这种形式被称为逆向供应链。它并不是前向供应链简单的延伸,而是与前向供应链并行的供应链。逆向供应链可以通过再利用回收的旧产品来减少昂贵原材料的使用并降低制造成本。因此,在最大化利润或者最小化成本问题中,企业应该同时考虑前向流和逆向流来满足客户的需求。

前向流和逆向流共同构成的供应链,称为闭环供应链(Closed Loop Supply Chains,CLSC)。闭环供应链中的问题比单一的前向供应链问题更加复杂,它包含了前向流中的生产、物流和逆向流中的再制造、逆向物流和再销售等过程。逆向流中的产品回收依赖于前向流中的相关需求。因此,在闭环供应链中,由于缺少产品相关的信息,特别是产品到达终端消费者之后的相关信息,逆向流要比前向流更复杂。Guide 等(2006)根据这些特点提出了闭环供应链中的一些潜在问题。

再制造是所有逆向流中非常重要的过程之一,拆分操作是再制造的紧前工序,拆分的程度需要根据再制造的方式决定,不同质量的零部件和产品的拆分成本也不相同,因此,必须获得回收品及其零部件的质量信息。本研究引入物联网技术来解决这一问题,可以有效获得回收品及其零部件的关键信息,为决策提供技术和数据支持。

传统的生产计划问题仅仅指前向供应链中的问题,即所有产品都是通过原材料进行加工生产或者从外部采购新的零部件进行组装的。然而,随着人们环境保护意识的日渐增强以及原始资源的减少,原始设备制造商更加关注终端用户手中的旧产品蕴含的剩余价值,这既是出于利益的驱使,也是由于法律法规的强制要求。因此,传统供应链生产计划不再适合这些行业的实际,必须进行延伸和拓展。为了获取终端用户手中不再使用的旧产品的潜在经济价值,生产计划安排旨在将前向流和逆向流集成为一体。正如 Jayaraman(2006)指出的,闭环供应链中含有旧产品再利用的生产计划关键决策,包括在给定时间周期上拆分的、报废的、再制造的、翻新的和从外部采购的特定质量等级的每种关键零部件数量。毋庸置疑,逆向供应链中的旧产品采购和再利用策略选择是闭环供应链中再制造过程的关键决策。

由于回收品质量具有高度可变性,故产品回收问题是一个复杂度很高的问题,特别是原始设备制造商对回收品进行再利用的问题。有效的回收过程对回收品再利用及原材料和零部件采购决策都会产生重要影响。实际上,决策者为了克服回收过程中的不确定性必须将回收管理和再制造计划相结合。显然,回收品的回收数量是随机的,而且回收品质量的不确定性会严重影响再制造产品的有效性。尽管产品回收过程本质上是随机的,但它依然可以通过企业的回收工作进行主动而有效的控制。企业一般由市场驱动或通过废品流驱动而回收旧产品,目的是获取旧产品中的剩余价值。然而，在很多欧洲国家，如德国，法律规定制造商有义务处理它们售出且不再使用的产品，因此企业必须回收这些产品并选择合适的方式来处理废弃的产品。废品流驱动就是这种情况。事实上，很多企业回收旧产品通常既由市场驱动同时又由废品流驱动。在本书第二章研究中，回收过程不是关注重点，但是不同回收动机下的不同回收品类型是我们需要关注的。

显然，回收品存在于整个产品生命周期中，并且很多类型的旧产品可以通过逆向供应链从终端用户手中回收。Jayant等（2012）指出，在逆向流中回收品可以分为四种基本类型：使用寿命结束的回收品，终止使用的回收品，商业回收品和可重复使用的组件。使用寿命结束的回收品通常是因为相关法律和规定强制回收的产品。终止使用的回收品是指产品的组件或零部件仍然有剩余价值，而产品功能已经过时或者需要更新的旧产品。商业回收品大多数是在生产或运输时产生的有缺陷的产品，这些残次品到达客户手中后，制造商或者零售商在商品质保期限内按照要求必须回收并更换。可重复使用的组件是指在运输、配送或使用过程中的一些物件，但它们多数不是产品的核心组成部分，如可重复填充的容器、包装等。这些可回收的物品经常出现在水果或者蔬菜运输过程中，但在我们考虑的产品中并不经常出现。因此，本书不关注最后一种回收品，仅考虑前三种回收品。

混合生产环境中的生产计划涉及制造和再制造，同时具有高度不确定性和动态性，使问题变得十分复杂。因此，再制造之前对回收品分类就成了非常重要的工作，其对再制造决策产生极大影响。再制造之前，制造商通过对回收品分类和测试获取更加精确的信息，从而做出更加有效的再制造计划。如果没有这一过程，回收品质量和成本误差的不确定性会产生非常大的影响。本书中，物联网技术被用于对回收品进行自动分类和检验，从而降低了回收品质量的不确定性。

闭环供应链中再利用的方式除了将旧产品分解为原材料外，还包括修复（翻新）和再制造等方式。回收品的处理方式取决于回收品的剩余价值，因为回收品的剩余价值反映了回收品的状态。在实践中，很多企业更加关注再利用组件或者零部件来获取回收品的剩余价值而不是直接将其还原为原材料。不同再利用方式的成本互不相同,因为不同策略的处理过程、消耗的工时和人工等均不相同。一般来说,再利用过程越简单,所需要的成本就越小,比如修复的成本就比更换的成本低很多。因此,为每个回收品选择合适的再利用方式对于获取它们的剩余价值非常重要。

通常,在回收和处理过程中,回收品的剩余价值不是恒定不变的。大多数产品都有很强的时间敏感性,特别是不再使用的产品。但多数研究者在研究再利用决策时并没有考虑这一重要特点。当产品生命周期很短时,考虑时间价值是非常关键的。Guide 等(2009)分析并讨论了时间价值衰变、回收品数量和提前期收益的相互关系。在回收品数量相同的情况下,提前期收益随着时间价值衰减的增加而增长。因此,逆向供应链中再利用的时间对回收品来说非常关键。同时,通过再利用生产的产品在配送前必须存储在库存中,因此在再利用生产完成后和交货期之间会产生相应的库存成本。所以,如何平衡产品库存成本和回收品的价值损失也是本书研究的一个重要问题。

胡怡(2014)研究了客户需求和回收品数量已知且新产品可单向替代再制造产品的确定型混合生产系统生产计划的建模与求解,以及回收品数量和再制造产品需求不确定且新产品可单向替代再制造产品的随机型混合生产系统生产计划的建模与求解。

翟勇洪等(2014)针对大规模定制(Mass Customization,MC)的废旧产品回收再制造的生产方式,考虑再制造系统的复杂性及各种不确定因素,构造了闭环供应链下面向 MC 的再制造集约生产计划(Remanufacturing Aggregate Production Planning,RAPP)模型并进行求解。

赵忠等(2009)研究了具有分销中心和回收中心的分布式多工厂闭环供应链的生产计划问题。该闭环供应链涉及废旧产品的回收、拆分,制造和再制造过程组成混合生产系统,以整个系统运作的总成本最小化为目标,构建制造和再制造生产计划的混合整数规划模型,运用分支定界法和 LINGO 软件进行求解。

谢文明(2008)以钢铁的回收再制造为背景,讨论了基于若干复杂情形下的产品回收再制造计划,研究了多模式满足外部需求的生产计划问题并建立了基于制造/再制造的外包模型,以回收效益最大化为目标,探讨了三种回收策略的计划问题和对回收品处理过程与产品满足需求过程的联合优化问题。

黄书慧(2009)研究了考虑再制造的多级受限批量问题,分别在不允许和允许延期交货情况下建立了混合制造与再制造的多级批量模型,并采用遗传算法(Genetic Algorithm,GA)进行求解。

刘碧玉(2014)针对生产计划的两个主要参数,即生产计划提前期和批量生产计划展开研究,以实现废旧机电类产品在时间和数量上的有效衔接,同时研究了废旧机电类产品再制造系统生产计划。

景熠(2013)针对不确定环境下考虑再制造产品与新产品异质需求的制造/再制造生产计划,研究了确定环境下允许缺货或延迟交付的两类面向单核心组件产品的制造/再制造生产计划、不确定环境下考虑异质需求的面向单核心组件和多核心组件产品的制造/再制造生产计划,以及不确定环境下考虑异质需求的三阶段闭环供应链系统生产计划。

梁玲等(2013)针对需求环境下不确定的再制造闭环供应链,采用基于情景分析的鲁棒优化方法,建立基于物料需求计划的产品再制造闭环供应链生产计划运作鲁棒优化模型,并分析了需求环境的变动给整个闭环供应链系统带来的影响。

对于本书第二章研究中涉及的问题,需要指出的是,Ondemir等(2012)提出了一个模型考虑拆分、修理和再循环方式用于再利用嵌入了传感器和RFID标签的产品,以满足原材料和基于剩余使用寿命(精细)的零部件和产品需求。但他们考虑的是纯粹的回收品再利用模型,而不是混合生产系统,而且回收品价值的恒定使得模型不符合短生命周期产品特征。

Salema等(2010)建立并解决了以天为单位的逆向流管理的战术层计划,它覆盖了供应、生产、存储和配送过程,但是并没有考虑到物联网环境下针对每个回收品的处理方案。此外,线性规划模型在最优决策的文献中被广泛应用于旧产品管理、电子和电器垃圾管理,以及闭环供应链网络结构管理等。

1.2.3.2 考虑资源能力约束的混合生产系统生产计划问题

近些年来，越来越多的学者开始研究混合生产系统的生产计划问题，尤其是在确定的条件下开展研究。Lage等（2012）基于一篇包含了65个前人研究成果的综述，总结了生产计划中关于再制造过程的主要问题。Akcali等（2011）综述了关于库存和生产计划问题的几种定量模型及其求解方法。

Chen等（2014）为解决混合制造与再制造系统总的生产计划问题，提出了一种混合整数线性规划模型。在他们的研究中，制造和再制造过程共用一种关键并且有限的资源，而资源能力在其模型中是已知并给定的。在本书第四章研究中，关键资源的能力需要在每个周期进行决策，并且相关成本都在模型的目标函数中有所体现。此外，他们给出的是确定性模型，但在实践中，新零部件和再制造零部件的需求都很难预测，本质上都是不确定的。因此在本书中，这两种需求都被定为基于情境的不确定需求。他们使用的求解方法是基于拉格朗日松弛的启发式算法，这与本书研究中所使用的方法类似。但是，他们研究的问题与本书第四章中的生产计划问题有很多不同之处，其中最主要的区别就是他们建立的模型是确定性模型并且不包含能力计划过程，从而不用考虑相关的一些成本因素。因此，他们使用的方法无法用于求解本书研究的问题。

Zhang等（2011）提出了一种遗传算法，用于解决在钢铁企业中带有能力约束的再制造生产计划问题，其问题背景与本书相同。然而，他们研究的问题仅涉及生产过程，而忽略了拆分和回收过程。实际上，旧产品的拆分和回收过程对于再制造而言是两个非常重要的过程，并且对于再制造计划有着非常大的影响。因此，本书研究的问题中考虑了他们模型中忽略的这两个过程。

Han等（2013）建立了一个线性规划模型，用于解决带有零部件再制造的混合生产系统生产计划问题。他们站在原始设备制造商的角度解决带有资源能力限制的零部件再制造问题。然而，其中关于在各周期上回收品数量和需求的确定性假设很难应用于工业实践。因此，本书研究的是在回收过程中对回收品数量进行决策，并且需求量具有随机性。

Li等(2007)提出了一种启发式遗传算法,用于解决带有能力约束的再制造生产计划问题。他们研究的问题中制造和再制造需求虽然随时间变化,但是本质上依然是确定性的,并且有限的资源被分为制造和再制造两个不同的部分。本书虽仅考虑一种有限的资源,但是制造和再制造过程必须共用这一种有限的资源。显然,本书第四章研究的问题与他们研究的问题有明显区别。

Pan等(2009)开发了动态规划算法,用于解决不同情境下带有生产能力约束的一般性生产计划问题,生产和再制造的能力约束被分开考虑。因此,这个一般模型不适用于本书第四章研究的问题。此外,再制造产品可以被视为新产品进行出售的假设,在很多工业领域都是不现实的。因此,本书分开考虑新零部件和再制造零部件的需求。

在随机情况下,混合制造与再制造系统的生产计划问题与传统的制造系统相比,研究并不十分广泛。Fleischmann等(1997)对不确定性条件下的产品回收系统的定量模型进行了综述。Naeem等(2013)研究了需求量和回收量随机条件下混合生产系统的生产计划问题。尽管每个周期的需求量是随机的,但是它可以由新产品或者再制造品共同满足。这是本书研究问题和他们研究问题的最大区别。此外,在他们的模型中制造和再制造能力是没有限制的,而本书研究中共用的有限生产资源是作为决策变量来考虑的。

Kenne等(2012)研究了带有机器随机损坏和修复的混合生产系统生产计划问题,并使用随机动态规划方法给出了最优条件。但是在他们的模型中制造和再制造的需求都是确定的,且只考虑了逆向流网络中的再制造过程,因此他们给出的一般模型不适用于本书第四章研究的问题。

Shi等(2011)研究了需求和回收量不确定条件下混合生产系统的生产计划问题。他们的模型中考虑了回收过程,但是需求量和回收量的不确定性是通过已知的概率密度函数和累积密度函数体现的。而在实际工业应用中,很难精确地获得这些函数。因此,本书采用一种基于情境的方法来表示随机需求。

Li等(2009)给出了一种细胞杂交进化遗传算法来解决订单随机到达机

制下具有优先级的专用再制造系统的生产计划问题。他们的仿真模型考虑的是专用再制造系统而不是混合制造与再制造系统。因此,混合生产系统中的一些特点无法在他们的模型中反映出来,特别是关于在新产品和再制造品生产之间进行的权衡。

Li和Liu等(2009)提出了一种基于随机动态规划的模型,用于解决需求和回收总量随机条件下再制造系统的生产计划问题。类似地,再制造系统和混合生产系统有所不同。此外,他们的模型忽略了回收和拆分过程,因此不适用于本书第四章研究的问题。

Laan等(1997)考虑了一个带有制造、再制造和报废操作的随机生产计划和库存控制问题,需求和回收品的不确定性是通过需求和回收品数量的变异系数的平方来体现的。他们假设对新产品的两个连续的需求和对再制造产品的两个连续的需求之间交互发生的次数服从Coxian-2分布。实际上,变异系数在实践中非常难获得。因此,没有人可以保证这一假设对于所有工业领域都是成立的。本书采用基于情境的方法,而这些情境可以从历史数据中精确获得。

相比带有能力约束的问题,带有能力计划的生产计划问题被研究者关注得更少,因此这也是本书研究的主要焦点之一。Kaya等(2014)针对考虑需求和回收品总量不确定性的闭环供应链,对能力、生产和库存计划问题进行了研究,利用两阶段随机规划方法得到最优的稳定闭环供应链结构。在他们研究的问题中,能力计划问题是关于给闭环供应链网络中每个活跃的工厂分配合适产能的。相比较而言,本书研究的能力计划问题是关于制造和再制造过程中需要共享的有限且高成本的资源能力的。

Liu等(2013)研究了全球供应链中的生产、配送和能力计划问题。他们研究的能力计划问题是关于最优化供应链结构的,而不是关于工厂中的细节生产过程的。此外,他们的研究仅仅只关于传统的前向供应链,因此与本书的研究有着十分明显的区别。

Lusa等(2012)讨论了一种集成计划问题,其中包括生产计划、销售价格、现金流管理和柔性能力计划。但他们研究的能力计划与本书研究的有限生产资源能力计划是不同的,他们是通过雇佣和解雇可用的劳动力或者与外部实体签订子合同实现无能力限制的生产来给出产能计划。因此,他们研究的模型不适用于本书研究的问题。

Hsu等(2019)建立了一个非线性混合整数规划模型,用于解决企业产能和生产综合计划问题。他们关注的重点与本书不同,是带有能力计划的前向供应链网络设计。

Merzifonluoglu等(2007)提出了一个用于在不确定需求条件下确定最优需求量和内部生产能力等级的生产计划模型。尽管他们的能力计划特点与本书研究的问题相似,但其生产能力和生产计划集成模型与本书的问题模型完全不同,因为他们的模型中需求依然是确定性的且不包括再制造过程。

1.3 运营管理相关概念及研究现状

1.3.1 消费者感知价值

Guide等(2010)使用拍卖来确定消费者对新产品和再制造产品的感知价值,以解决同类竞争的问题。他们认为,对于被拍卖的商业产品,消费者对新产品和再制造产品的感知价值有明显的差异。Ovchinnikov(2011)和Subramanian等(2008)调查了消费者对再制造产品估值的驱动因素。然而,他们假设消费者在有再制造产品存在的情况下,对新产品的感知价值保持不变,这与本书的观点不同。Vorasayan等(2006)表示再生产品有较低的愿付价格(Willingness to Pay,WTP)。他们认为,新产品和翻新产品重叠市场的消费者,可能会根据价格和感知的质量选择新产品或翻新产品。这一系列研究的基础是,运营策略的有效性对消费者对新产品和再制造产品的感知价值非常敏感。除了上述建模研究外,还有文献对消费者的感知价值进行了实证检验。Kim等(2001)做了两个实验,研究了消费者对核心品牌和垂直品牌扩展的评价,发现任何垂直品牌扩展(提升或降低)都对消费者对核心品牌的评价有负面影响。通过一系列的行为实验,Agrawal等(2015)研究了新产品的感知价值是否会受到再制造产品的存在和再制造商的身份的影响及其影响方式。实验结果表明:(1)再制造产品的存在对新产品的WTP有影响,产品来自OEM或TPR的效果不同;(2)TPR再制造产品的存在对新产品的WTP产生积极影响;(3)相反,OEM再制造产品的存在可能对新产品的WTP产生负面影响。直观地说,再制造产品对新产品的WTP有显著影响。在这种情况下,本书考虑了再制造产品与消费者对新产品的感知价值之间的关系,并揭示了TPR再制造对OEM的一个新的好处:利用OEM的新产品和TPR的再制造产品之间的对比效应能引起消费者对新产品感知价值的增加。

感知价值是指客户对所能感知到的利益与其在获取产品或服务时所付出的成本进行权衡后,对产品或服务效用的总体评价。早期学者通过实证研究了客户感知的影响,如由于价格和质量差异而导致的感知变化。Ferguson等(2006)介绍了客户对质量的感知,并假设再制造产品的质量低于新产品。他们开发模型来支持制造商的恢复策略,以面对再制造产品市场上的竞争威胁,并分析新产品和再制造产品之间的竞争。除了从产品质量进行研究,Aydin等(2018)提出回收质量是客户效用的重要因素,并开发了一种新的方法来确定回收质量不确定条件下回收产品的最佳数量和质量水平。与Aydin等考虑回收产品的质量水平不同,本书将回收质量视为与Zhang等(2021)类似的平均质量。他们的研究表明,核心零部件的平均质量和环境处理成本在本质上影响了监管机构的再制造政策。本书与他们的关键区别在于,本书认为平均质量可能影响客户对再制造产品的看法,从而增加客户的效用。

1.3.2 第三方再制造商优势

研究TPR优势的文献并不多。在成本优势方面,Örsdemir等(2014)指出,TPR再制造由于其规模经济优势,已经成为再制造的主导模式。Habibi等(2017)提出,再制造产品的回收水平可能取决于回收者的回收效率和加工技术。在回收质量优势方面,Huang等(2013)指出,具有双重回收渠道的闭环供应链(CLSC)优于单一回收渠道的CLSC。与传统模式相比,具有绿色和可持续发展意识的客户可能愿意通过在线回收渠道(如京东商城、爱回收)回收旧产品。综合性的回收渠道可能会带来更多具有更高回报质量的二手产品。

1.3.3 原始设备制造商和第三方再制造商竞争

本书的研究为原始设备制造商和第三方再制造商之间的竞争建立了模型,即消费者通常不太重视产品及其替代品。早期的研究考虑了OEM和TPR之间在两期模型中的竞争。Majumder和Groenevelt(2001)提出了一个再制造的两期水平竞争模型,在这个模型中,一个同时提供新产品和再制造产品的原始设备制造商与一个本地再制造商在回收的逆向流配置下进行竞争。除了研究两期模型外,Ferrer和Swaminathan(2006)将上述模型扩展到多期情况下,并注意到二元垄断环境下,TPR可能选择通过拦截OEM制造的产品的核心组件来进行再制造。Heese等(2005)分析了一个双头垄断模型,其中两个公司在一个初级市场中竞争。Atasu等(2008)的研究中,在竞争环境下进行再制造比在垄断环境下进行再制造更有利,当有更多的竞争者是OEM时,利润会增加。他们认为,在两个OEM的竞争下,考虑到消费者对再制造产品的评价,再制造可以成为一种有效的营销策略。在他们的研究中,一个制造商生产新产品和再制造产品,而另一个被称为竞争者的OEM只提供新产品。在本书的模型中,我们研究的是OEM和TPR之间的竞争,其中OEM在情景一(或情景二)中可以完全生产新产品(或新产品和再制造产品),而TPR只生产再制造产品。为了研究回收或再制造是否对再制造活动和行业竞争有影响,Esenduran等(2017)使用了一个风格化的模型,OEM面临来自TPR的竞争。消费者对新产品的感知价值显然会改变OEM和TPR之间的竞争环境,但对OEM运营策略的影响,包括产品数量和价格以及是否参与再制造,之前的文献还没有研究。鉴于这一差距,本书将竞争建模为Stackelberg博弈。

1.3.4 供应链中的信息共享

供应链信息共享研究最早开始于牛鞭效应的发现，牛鞭效应本质上是供应链上从零售商、分销商、制造商到供应商等各个环节的需求变化放大现象。Lee等将这种现象描述为需求扭曲，它会给供应链带来严重不准确的需求预测、低产能利用率、过剩库存和糟糕的客户服务等问题。Lee（1997）最早提出供应链信息共享能够有效缓解牛鞭效应，提高供应链效率。在此基础上，供应链信息共享价值的定量研究受到大量关注。Lee（2000）以一个简单两阶段供应链模型，考虑自相关系数和交货期，得出信息共享可以减少制造商库存损失和成本的结论。Raghunathan（2001）的研究表明，供应商利用零售商共享的历史销售数据进行预测能够提高预测精度。Fu等（2004）认为信息共享策略提高了供应链结构的稳定性和服务水平。Sahin等（2005）探讨了制造商订单供应链中信息共享与物流协调的影响，分析了系统利益在渠道成员之间的分配，认为信息共享在降低成本的同时，主要经济效益来自协调决策。Chu等（2006）研究了制造商和零售商进行贝叶斯博弈的供应链模型，结果表明，零售商需求预测信息共享策略受到共享成本和需求信号的影响，降低信息共享成本可以促进共享。艾兴政等（2008）、聂佳佳（2012）以双渠道供应链为研究对象，研究信息共享对开通电子渠道的影响，提出预测精度影响预测分享的条件，并设计了信息补偿机制。Chen等（2009）在传统需求模型中考虑平滑策略的订单变化控制、零售商共享预测订单，发现信息共享与订单延迟共同改善了供应链绩效。Yan等（2012）的研究表明，特许经营供应链中经销商需要较低的批发价格和收益分享契约促进私有需求信息共享，而特许人自愿进行信息共享。李波等（2015）在制造商具有直销渠道且零售商提供产品增值服务的供应链中，研究了预测信息和服务成本信息共享对定价决策和利润的影响。徐刚等（2015）以服务价值模型为研究对象，分析了服务关系对信息共享和成员决策的影响。Khanjari等（2017）以耐用品供应链为研究对象，分析了产品的耐用性和生产成本是如何影响零售商需求预测信息共享策略的。王聪等（2017）分析了零售商与制造商共享市场预测信息及零售商风险偏好对供应链成员决策及利润的影响。李凯等(2019)对比分析了制造商不同研发模式和零售商需求共享策略,发现只有在研发成本处于较低水平时,信息共享才对零售商有利,引入谈判势力对零售商进行信息补偿,可促使零售商共享私有信息。

在信息共享价值与激励机制方面,Mishra等(2009)研究了制造商按库存生产和按订单生产情况下预测信息共享的价值。叶飞等(2012)考虑风险规避程度和市场需求的不确定性,利用CVAR建立供应链需求信息共享模型,分析需求信息共享价值。徐耀群等(2014)提出提前制定契约能够使节点企业自发参与信息共享。Khan等(2016)以可持续供应链为研究对象,分析了生产信息、库存信息共享对环境和社会成本产生的影响。廖诺等(2017)在不同产能约束和分配方式下分析了供应链成员需求信息共享价值与共享意愿。Wei等(2019)研究了当供应商以混合形式参与中介提供的市场时,中介与其上游供应商共享私有需求信息的动机。张玉华等(2017)在单周期和多周期环境下,基于信任和价格折扣协调模型研究需求预测信息共享,发现价格折扣合适的情况下共享真实预测信息是最优策略。

面临竞争的环境,供应链成员的决策受到竞争对手的影响,信息共享也会有很大的变化。很多学者对存在竞争的供应链信息共享问题进行研究,如Cachon等(2000)、Raghunathan(2003)分别考虑消费者随机需求和需求相关性,研究一个供应商和多个零售商共享库存和需求信息的价值。Li等(2002)在下游零售商横向竞争的情况下研究了企业纵向共享需求信息或生产成本信息的动机,研究表明,下游竞争者信息共享会损害自己,但对上游供应商有利。Zhou等(2017)考虑两个竞争制造商和政府采购订单供应链,认为横向竞争和信息不全导致个体采购供应链效率低下,基于预测共享的薪酬契约方案能够实现供应链数量和信息共享两个方面完美协调。Wu等(2018)在产能不对称的情况下,研究了下游竞争制造商横向共享,分析上游供应商的定价决策对制造商信息共享激励的影响。

Wu等(2019)研究了多个具有相关性的供应商和两个具有需求信号的竞争零售商组成的供应链多来源和垂直信息共享,发现零售商不会免费与供应商共享信息。Tai 等(2020)的研究中,零售商在拥有忠诚客户、转换客户和储备客户的市场中进行促销定价竞争,量化研究了信息共享协议下的供应链利润。Shamir(2012)研究了存在定价竞争的零售商之间横向共享私人需求信息并同制造商纵向共享的情况,发现与制造商共享信息会提高零售商的利润。

关于供应链竞争的信息共享问题,Ha(2008)考虑了两个供应链存在不同的信息投资成本;Shamir 等(2016)分析了现有供应链与进入供应链竞争的信息共享问题;Bian 等(2016)考虑了双边信息共享;Guan 等(2020)研究了制造商免费提供售后服务下的信息共享;李小美等(2021)探讨了信息不对称条件下供应商利润变化及两个供应商之间产品成本信息共享策略,认为供应商的成本信息共享动机以及利润变化情况与供应商对竞争对手的成本信息估计值有关。陈琳等(2016)考虑了竞争性制造商向下游零售商共享需求预测信息,研究表明,制造商会通过信息共享来消除推断效应导致的定价扭曲问题。Shang 等(2016)研究了两个竞争制造商通过同一个零售商销售可替代产品的信息共享问题,研究表明,零售商共享信息的动机强烈依赖于非线性生产成本、竞争强度及零售商能否提供一份为信息收费的合同。王文隆等(2020)在 Shang 等(2016)研究的基础上引入制造商创新降低生产成本,在零售商不同信息共享情形下比较成本创新投入情况,探寻信息共享激励机制以实现供应链帕累托改进。王文隆(2020)研究了信息泄露对竞争制造商创新投入和零售商信息共享的影响。

许杰峰(2014)对基于 IBM 的供应链信息共享进行探讨,构建了以信息化系统为中心,基于 IT 技术的信息共享新机制。唐毅(2016)为农产品供应链中信息共享传递评价指标体系提供了求解权重的方法,构建了指标体系,为农产品供应链信息共享的情境提供了新的思考方向。但斌(2016)对两个竞争性组织进行分析,罗列影响因素,提出信息共享激励机制,研究表明,信息共享能够协调制造商间的竞争。卢继周(2017)对牛鞭效应从供应链下游角度出发进行探讨,得出制造商库存量的牛鞭效应能够依靠充分的信息共享得到降低。王聪等(2017)对由制造商和传统零售商组成的供应链系统进行博弈建模，分析得出，具有风险偏好的传统零售商不会被制造商的激励机制所吸引，与其共享市场预测信息。

综上所述，已有的关于混合制造与再制造系统的研究主要关注资源能力的约束限制、回收和需求的不确定性、能力计划等。能力计划主要针对产能分配、外包等方式，而不是本书中的多周期产能可变的形式。物联网环境消除或降低了回收的不确定性，而需求的不确定性都是采用概率分布的形式进行表达的，但实际生产中无法获得精确的概率分布函数。本书第四章的研究利用物联网中需求的历史信息采用基于情境的方式描述需求的不确定性，便于推广应用于生产实际中。因此，本书对物联网环境下混合生产系统问题的研究具有理论和实际意义。

1.4　本章小结

本章首先介绍了再制造的研究现状，然后介绍了生产计划相关概念及研究现状（物联网在混合生产系统中的应用、混合生产系统中的三大问题、混合生产系统的生产计划问题），最后介绍了运营管理相关概念及研究现状，并与本书的主要研究内容进行了比较。

第二章　物联网环境下考虑回收品价值衰减的混合生产系统生产计划问题

2.1　引言

传统上，供应链大多开始于原材料供给而结束于产品配送至终端用户。一条完整的供应链通常会包括多个阶段和过程，如原材料供给，零部件供应，中间件的加工、配送以及相关的运输过程等。关于供应链管理问题，研究者们已经提出了很多不同的模型，但是这其中都存在一个普遍性的假设，就是供应链的终端为终端用户。这种形式的供应链被称为前向供应链，也就是当产品到达终端用户手中时供应链结束。然而，这种模式并不适合现在很多工业情形，因为随着人们环境保护意识的日渐增强以及原始资源的减少，在很多工业领域，法律法规都规定了制造商的责任、回收义务和明确的回收目标。例如，在欧盟，电子和电器的垃圾必须强制回收再利用，而传统的前向供应链无法很好地解决产品离开制造商之后的问题，但由前向和逆向供应链共同构成的闭环供应链可以完美地解决这个问题，因此，有必要对闭环供应链中的混合生产系统进行研究。

本章的主要目标是建立一个数学模型，优化决策闭环供应链中零部件采购数量，为每个回收品选择相应的回收策略，同时考虑存储过程中的回收品价值衰减，物联网系统将提供关于回收品的必要信息。本章引入物联网系统和PEID来监控、追踪并存储产品整个生命周期的数据，给出了一个精细的最优生产计划，包括零部件采购、针对回收品的再制造策略，确定何时及如何进行再制造、回收品拆分、零部件再利用等详细的再利用策略。本章模型给出了一个时间周期上满足订单需求的生产计划，以及在微尺度时间单元上使用根据订单拆分策略和根据订单生产策略的详细生产计划。

2.2 问题描述

2.2.1 物联网框架结构

2.2.1.1 闭环供应链中的信息技术

信息与通信技术在现代工业领域起着非常关键的作用,物联网技术作为其中一项新兴技术,可以通过先进的网络和通信技术将世界上任何物体连入网络平台。物联网的目的是建立一个公共平台,用于将物体联系在一起,并在该平台上有效地存储和共享它们的实时数据。物联网的这一能力来源于大规模传感器网络、产品嵌入式信息设备(如RFID)和无线通信技术,并且所有这些技术都高度集成并应用于先进的智能产品中。更强、更有效的数据收集和共享能力,使采集实时产品信息成为可能,并且通过提供更加精确、详细和智能的方法来为企业做出精细决策提供支持。

尽管某些相关技术还不是十分成熟,但是在不久的将来,随着这些技术的不断成熟,它们将会广泛应用于各行各业。物联网中的一些关键技术,如射频识别技术和无线通信技术等,近些年已经普遍应用于很多工业领域,很多企业(如汽车行业通用装配线、航空制造业和物流业等)都已经使用射频识别或者更加先进的系统实现对人和产品的识别和追踪而不需要人工操作。此外,智能交通系统很大程度上依赖于自主识别和远程操控技术,很多大城市的电子收费系统就是很好的例子。

物联网系统的构成根据应用领域的不同而有所不同。在闭环供应链中,物联网系统一般由产品嵌入式信息设备(PEID)、产品生命周期管理(PLM)系统和产品生命周期管理代理机构等组成。本章构建了一种适合于闭环供应链的物联网框架结构,如图2.1所示。该物联网系统不仅包含产品的静态信息(如生产时间、发送时间、物料清单和识别码),还能探测并记录产品的动态数据(如环境条件和产品使用过程中的状态信息)。这些产品生命周期信息可以通过在物联网系统中提取并集成,然后分析并转换成有用的数据,从而消除或降低闭环供应链中逆向流的不确定性。

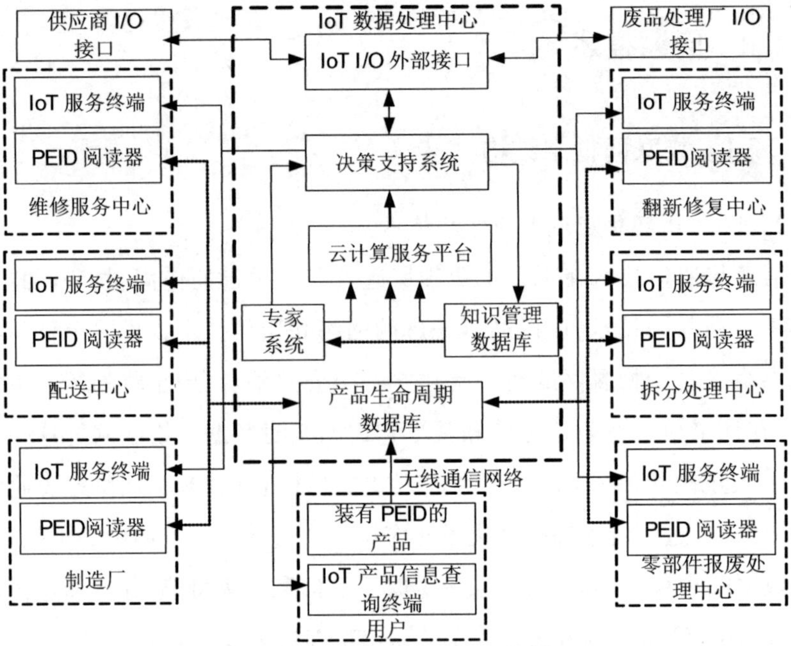

图 2.1 闭环供应链中的物联网系统和数据交换

2.2.1.2 产品嵌入式信息设备

在物联网技术中,产品信息采集、处理和存储的核心是产品嵌入式信息设备(PEID),它也被称为智能产品设备,产品及其零部件的状态可以通过这种设备进行监控、记录并实时处理。这种设备通常由特殊的传感器、射频识别标签及机载计算机等构成。PEID 为实时生产计划和闭环供应链管理提供了可能。更多关于智能产品及其应用的深层研究可以参看 Meyer 等和 Yang 等的相关文献。

在 PEID 中,射频识别(RFID)标签用于识别不同的产品及其相关零部件,而特殊的传感器用于探测并监控它们的状态数据,然后产品数据通过机载计算机进行处理并被转换为闭环供应链中的标准格式。这些标准格式的产品数据存储在内存中,随后会通过物联网信息读取设备被重新读取出来,如一种被称为个人数字助理(Personal Digital Assistant,PDA)的设备或带有内装天线的固定阅读器。产品数据在产品生命周期管理系统中被集成并融合,然后通过产品数据知识管理(Product Data Management,PDM)系统转化为需要的产品信息，这些信息可以很容易被用户访问并转换为每个用户期望的格式。产品数据知识管理系统连接了物联网中所有其他子系统，因此每个物联网用户可以没有任何障碍地提取整个产品生命周期中的产品信息。最后，无线传输技术、决策支持系统将整合物联网信息阅读设备获得产品生命周期信息，并为闭环供应链产品再利用决策提供信息支持。Parlikad等研究了基于RFID的产品识别技术是如何为产品再利用决策提供必要信息的，产品信息会在产品销售出去之后通过RFID系统自动收集。如图2.2所示，本章涉及的回收产品都是装有PEID并联入物联网系统的产品。

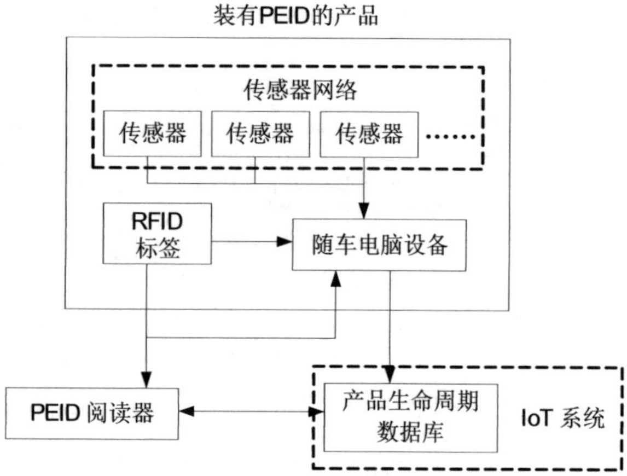

图2.2　本章涉及的回收产品及其数据交换示意图

2.2.2　混合生产系统

在闭环供应链中，制造和再制造共同构成生产过程，这两种方式生产的产品都可以用于满足客户对产品的需求，制造商需要基于回收品产品生命周期数据信息对回收品的处理方式做出适当的选择。图2.3中分别给出了闭环供应链的物质和信息流程图，闭环供应链混合生产系统模型的目标是决策什么时候对哪一个回收品进行什么样的处理，以及为了及时满足需求需要生产多少全新的产品，因此，闭环供应链的一些经济指标可以在安排生产计划的过程中进行优化。此外，因为来源不同，回收品的运行环境、使用模式、维护和其他使用活动都不相同，导致每个回收品的状态都会有所不同。由于缺少关于来源不同的回收品状态的精确生命周期信息，再制造计划将会产生严重的偏差，因此，预先进行检查与测试是企业在做出回收处理决策之前必要的预处理过程，以此来保证回收品处理方案不会出现很大偏差。物联网技术的引入，使产品整个生命周期中精确的数据可以探测、收集并储存，因此，在闭环供应链中极为耗费时间和精力的检查与测试过程不再必要，产品信息可以极大地改善闭环供应链的效率并降低再制造计划中的不确定性，因此，物联网技术可以很容易解决上文描述的因缺乏产品信息而导致的计划方案偏差问题。同时，物联网提供的实时关键产品信息，使制订闭环供应链中混合生产系统中的最优生产计划成为可能。

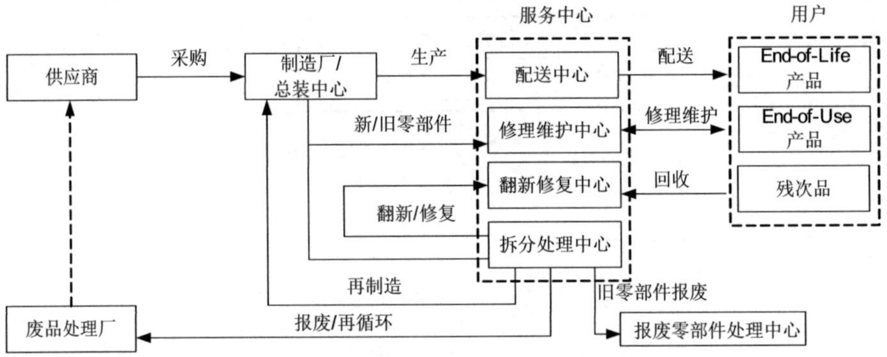

物质流程图

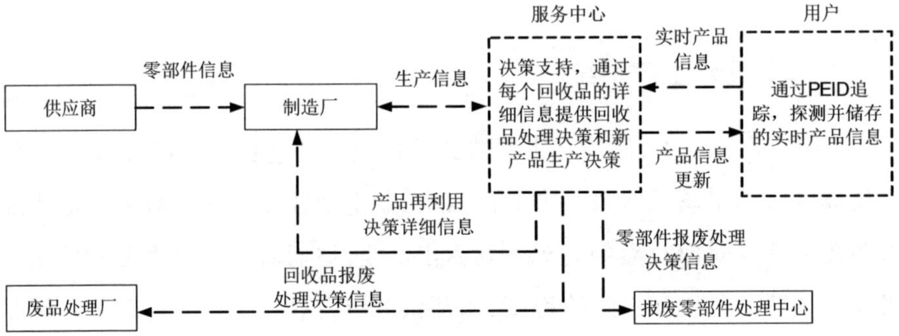

信息流程图

图 2.3　闭环供应链流程图

本章根据物联网收集的实时产品数据,给出了一个基于整数线性规划的明确框架结构,用于做出准确的生产计划并将物联网技术无缝集成于闭环供应链中,目的是决定如何最优地安排生产计划和零部件采购计划,通过再利用回收的旧产品或生产全新的产品来满足客户的产品需求和维护服务需求。

2.2.3　问题定义

本章研究的问题涉及任何可以通过新产品和再制造产品满足客户订单需求的原始设备制造商,终端用户手中不再使用的产品(即残次品、终止使用的产品和达到使用寿命的产品)必须在逆向流中进行回收。这一过程可以由旧产品本身的制造商回收,也可以通过制造商相关的部门(零售部门、配送中心或售后服务中心)在生产计划安排之前回收。基于回收的旧产品和订单需求,企业必须对订单需求的每个产品做出相应决策,也就是决定该产品是通过生产全新产品来满足,还是通过再利用旧产品来满足。在本章研究中,企业有多种方式对旧产品进行再利用,如修复(翻新)、再制造(更换无法再使用的零部件)、拆分或废弃,因此,企业必须从外部供应商处采购新的零部件或者采用合适的方式对旧产品进行再利用以最小化总的生产成本,同时满足客户对于产品和零部件的需求,并合理管理所有回收的旧产品。

在大多数文献中,生产计划模型和旧产品管理模型都用于解决战略层的问题,因此,在再利用过程中必须提出更贴近实际的战术层模型以获取更多旧产品的剩余价值。为了实现这个目标,我们制订战略层的生产计划来决策需要从外部供应商处采购多少零部件以及分别有多少旧产品需要维修和再制造,同时制订更加详细的包含再制造方式的明确描述和相应的操作时间的战术层计划。因此,本章的研究是在一个给定的时间范围内做出集成生产计划,在该时间跨度内,我们根据订单的交货日期将订单产品划分至多个微观时间单元中,在每个微观时间单元中的订单必须得到满足,并且在最优方案中给出了一个更为详细的关于如何满足订单中每个产品的计划。

类似的时间模型也被Salema等应用于他们的研究中，但是他们的模型中没有做出关于每个回收品详细的再制造方式的决策。

如上文提及的，旧产品的产品生命周期信息通过先进的物联网技术被收集、处理并共享，这里研究的混合生产系统中，企业生产出的都是嵌入了PEID的智能产品，因此，PEID中的传感器在产品的整个生命周期中将会保持对其追踪和探测。根据在每个产品的RFID标签中写入的唯一电子产品标识码，该产品相关的产品生命周期数据可以通过不同的阅读设备被提取出来，每个物联网中的用户都可以及时获得这些数据，因此，每个回收品的剩余价值都可以被有效地评估并获取。根据物联网服务平台提供的关键产品信息和回收品的剩余价值，企业将回收品划分为不同的价值等级，并依据订单进行拆分和生产，以不同的方式来满足需求。

传统的生产计划研究中，已经按照时间延迟造成价值损失的方式考虑过时间价值的影响，但是只有很少的文献考虑了逆向流中的时间价值或产品价值损失。然而，很多类型的产品，如个人电脑、手机等电子产品，都是在逆向流中时间敏感性很高的产品，因此，需要一条反应快速的闭环供应链。Guide等已经给出了回收品的时间价值与闭环供应链总成本之间的关系，因为绝大多数可以再利用回收品的价值损失都是由于处理过程的时间延迟造成的，所以必须考虑在整个计划时间跨度内回收品的时间价值损失。前人的研究成果显示，回收品的时间价值取决于所属行业或产品类别。例如，电子产品如个人电脑每周的价值损失超过自身价值的1%，并且这个比例在它们接近产品生命周期终点时会上升至10%~20%。因此，本章模型中考虑了从获得回收品到相应的处理结束整个过程中回收品的时间价值和价值衰减，所以回收品的价值等级在不同的时间单元因为价值衰减而不同，并由PDM系统通过分析物联网系统中的产品生命周期数据提供相应的下降趋势；可再利用的回收品和零部件必须满足一定的条件，也就是该旧产品的价值等级必须不低于某个固定价值等级，以确保回收品在再利用处理之后像全新产品一样可以满足一段固定时间周期内的正常使用。

根据以上描述，以及由相关的物联网技术追踪、监控并收集得到的回收品生命周期信息，在固定时间周期内闭环供应链中的生产主体必须对以下问题做出决策：

(1)每个时间单元需要从外部供应商处采购多少零部件？

(2)回收品是需要进行修复、再制造、拆分还是暂时放置？

(3)哪些零部件可以再使用或在再制造过程中进行更换？

(4)如何处理再制造过程产生的剩余零部件？

(5)拆分后如何分配零部件来满足零部件需求？

2.3　问题建模

2.3.1　关于问题的一些假设

本章中问题的一般背景和相关主要假设概括如下：

(1)本章研究的产品都是全模块化产品，并且可以获得产品必要的生命周期信息。

(2)修复和再制造的产品可以像新产品一样满足产品需求，并且它们的售价相同，新产品和再制造产品没有任何差别，所有需求都必须被满足且不允许延期交货，每个时间单元的生产能力足够满足生产需求。

(3)模型中的产品具有很高的时间敏感性，回收品及其零部件的价值会在每个时间单元上按照一定比例衰减，产品的价值等级不超过其零部件中的最低价值等级，并且每个回收品在计划开始时间点必须包含至少一个可再使用的零部件，无法再使用的回收品不在本研究的考虑范围内。

(4)产品属于短生命周期类型，因此回收品必须在计划周期内合适的时间进行处理，最后一个时间单元放置的产品必须报废处理，因为在下个计划周期这些回收品将变为无法再使用的废品。

(5)再制造过程中不考虑同型更换，也就是再制造过程只能通过用全新的零部件更换无法使用的零部件且每次仅对一个回收品进行处理。

(6)回收品的所有部分都完整，即使某些零部件无法使用，即回收品具有完整的产品结构。

(7)拆分操作指完全拆分,也就是回收品经过该过程将完全变为零部件。

(8)修复操作指回收品可以通过翻新所有零部件来满足同一种类型的产品需求。

(9)回收品及其零部件具有相同的衰减率,这就意味着回收品及其零部件价值都会按照相同的衰减率在计划周期跨度内衰减。

2.3.2 建立模型

2.3.2.1 模型中的参数

基于上述假设,建立整数线性规划模型,该模型涉及一种包含多种型号的单一种类产品,有很多具体的产品类型都符合这种模型,尤其是全模块化产品(如汽车、手机、个人电脑、一次性相机、喷气式飞机等)。在固定的时间周期内,模型用于决策如何处理所有回收品使满足产品和某个价值等级零部件需求的同时降低总成本,该零部件需求是指用作售后服务维修中的备用配件。

假设在计划时间开始时物联网系统中包含I个回收品的记录且索引值$i(i = 1, 2, \cdots, I)$表示在这个时间跨度内需要处理的回收品的编号,同时,有M种产品型号且$m(m = 1, 2, \cdots, M)$表示每种产品型号的编号,所有型号的产品都包含J个核心组件(零部件)且$j(j = 1, 2, \cdots, J)$表示这些零部件的编号,索引值$t(t = 0, 1, \cdots, T - 1)$表示计划跨度内的各时间单元编号,在每个计划周期内计划都是开始于0时间单元且索引值$v(v = 1, 2, \cdots, V)$表示回收品和零部件的价值等级编号。模型中所用其他具体参数和符号如下:

(1)物联网中订单系统提供的精细订单信息如下:

$Dem_{m,k}$　时间单元k上型号m的产品需求量;

$Demc_{j,k,v}$　时间单元k上价值等级v的零部件j的需求量。

(2)物联网中PEID提供的回收品相关信息如下:

k　时间单元编号,编号t的别名;

$br_{i,j}$　如果回收品i中包含零部件j(指最终的回收品材料清单),则参数值为1,否则为0;

$bm_{m,j}$　如果型号m的产品包含零部件j(指型号m的产品原始材料清单),则参数值为1,否则为0;

$type_{i,m}$　如果回收品是型号m的产品,则参数值为1,否则为0;

$a_{i,j,t}$　如果在时间单元t上回收品i的零部件j的价值等级不满足可再使用条件,则参数值为1,否则为0;

α　单位时间单元回收品和零部件的价值等级衰减率;

$L_{i,t}$　时间单元t上回收品i的价值等级;

$\bar{L}_{i,j,k}$　时间单元k上回收品i的零部件j的价值等级;

$Vrep$　计划时间跨度内可以修复的旧产品的价值等级低阈值;

$Vrem_j$　计划时间跨度内可以再制造的零部件j的价值等级低阈值。

(3)物联网中生产系统提供的生产相关信息如下:

P_j　计划时间跨度内从外部供应商处采购单位零部件j的采购成本;

h_1　在配送中心完成的产品单位时间单元的库存成本;

h_2　在拆分中心拆分得到的零部件单位时间单元的库存成本;

ds_j　零部件j的拆分成本;

dis_j　零部件j的报废成本;

as_j　零部件j的装配成本;

ref_j　零部件j的翻新成本;

$tran_j$　零部件j从服务中心(翻新中心)到工厂(装配中心)的运输成本;

sal　闲置的旧产品直接报废的处理成本。

(4)整数线性规划的决策变量如下:

$np_{j,t}$　时间单元t上从外部供应商处采购的用于再制造的零部件j的数量;

$nc_{j,k,v}$　　时间单元k上从外部供应商处采购的用于补足短缺的价值等级为v的零部件j的数量；

$l_{m,k}$　　时间单元k上用新零部件生产的型号m的产品数量；

$x_{i,t}$　　二进制变量，如果回收品i在时间单元t上进行修复处理，则取值为1，否则为0；

$y_{i,t}$　　二进制变量，如果回收品i在时间单元t上进行再制造处理，则取值为1，否则为0；

$z_{i,t}$　　二进制变量，如果回收品i在时间单元t上进行拆分处理，则取值为1，否则为0；

r_i　　二进制变量，如果回收品i为闲置品，则取值为1，否则为0；

$\bar{x}_{i,t,k}$　　二进制变量，如果回收品i在时间单元t上经过修复处理用于满足时间单元k上产品需求，则取值为1，否则为0，且当k小于t时取值也为0；

$\bar{y}_{i,t,m,k}$　　二进制变量，如果回收品i在时间单元t上经过再利用操作用于满足时间单元k上型号m的产品需求，则取值为1，否则为0，且当k小于t时取值也为0；

$rc_{i,t,j,k,v}$　　二进制变量，如果回收品i的零部件j在时间单元t上被拆分并经过翻新用于满足时间单元k上的价值等级为v的零部件需求，则取值为1，否则为0，且当k小于t时取值也为0。

2.3.2.2　目标函数

本章研究问题的目标函数是最小化总成本（Z），即总采购成本（TPC）、总生产成本（$TPDC$）、报废处理总成本（$TDIC$）和库存总成本（THC）之和。

因此，目标函数可表述为：

$$Z = TPC + TPDC + TDIC + THC \tag{2.1}$$

下面给出各项成本的详细构成：

（1）总采购成本（TPC）：当从外部供应商处采购零部件用于生产新产品、更换无法再使用的零部件，以及补足零部件需求的短缺时，就会产生采购成本。该成本可以表示为：

$$TPC = \sum_{j=1}^{J} P_j \cdot \left(\sum_{t=0}^{T-1} np_{j,t} + \sum_{k=0}^{T-1} \sum_{v=1}^{V} nc_{j,k,v} + \sum_{m=1}^{M} \sum_{k=0}^{T-1} bm_{m,j} \cdot l_{m,k} \right) \tag{2.2}$$

(2)总生产成本($TPDC$):生产成本涉及组装新零部件生产全新产品、修复高质量回收品,以及用新零部件替换无法再使用或达到使用寿命的部分。此外,还要拆除不能再使用或达到使用寿命的零部件。因此,拆分成本会伴随组装成本发生。总生产成本可以由以下四个不同成本构成。

新产品生产总成本(TMC):

$$TMC = \sum_{j=1}^{J} as_j \cdot \sum_{m=1}^{M} \sum_{k=0}^{T-1} bm_{m,j} \cdot l_{m,k} \tag{2.3}$$

修复总成本(TRC):

$$TRC = \sum_{j=1}^{J} ref_j \cdot \sum_{i=1}^{I} \sum_{t=0}^{T-1} br_{i,j} \cdot x_{i,t} \tag{2.4}$$

再制造总成本($TRMC$):该成本由拆除不需要部件的成本、更换有缺陷的零部件(拆除旧零部件并装配新零部件)的成本、装配缺少组件的成本,以及翻新和运输可再使用的零部件到工厂的成本构成。

$$TRMC = \sum_{j=1}^{J} \left[\begin{array}{l} ds_j \cdot \sum_{i=1}^{I} \sum_{m=1}^{M} (br_{i,j} \cdot (1 - bm_{m,j}) \cdot \sum_{t=0}^{T-1} \sum_{k=0}^{T-1} \bar{y}_{i,t,m,k}) \\ +(ds_j + as_j) \cdot \sum_{i=1}^{I} \sum_{m=1}^{M} (br_{i,j} \cdot bm_{m,j} \cdot \sum_{t=0}^{T-1} \sum_{k=0}^{T-1} a_{i,j,t} \cdot \bar{y}_{i,t,m,k}) \\ +as_j \cdot \sum_{i=1}^{I} \sum_{m=1}^{M} ((1 - br_{i,j}) \cdot bm_{m,j} \cdot \sum_{t=0}^{T-1} \sum_{k=0}^{T-1} \bar{y}_{i,t,m,k}) \\ +(ref_j + tran_j) \cdot \sum_{i=1}^{I} \sum_{m=1}^{M} (br_{i,j} \cdot bm_{m,j} \cdot \sum_{t=0}^{T-1} \sum_{k=0}^{T-1} (1 - a_{i,j,t}) \cdot \bar{y}_{i,t,m,k}) \end{array} \right] \tag{2.5}$$

拆分总成本(TDC):该成本由回收品完全拆分成本和从再制造或完全拆分过程得到的再使用零部件的翻新成本构成。

$$TDC = \sum_{j=1}^{J} \left(ds_j \cdot \sum_{i=1}^{I} \sum_{t=0}^{T-1} br_{i,j} \cdot z_{i,t} + ref_j \cdot \sum_{i=1}^{I} \sum_{t=0}^{T-1} \sum_{k=0}^{T-1} \sum_{v=1}^{V} rc_{i,t,j,k,v} \right) \tag{2.6}$$

(3)报废处理总成本($TDIC$):再制造过程和完全拆分中剩余的、不能再使用的零部件必须用合适的方式进行报废处理(如焚烧或填埋等),因此,在报废过程中存在处理成本。此外,决策方案中某些回收品将被闲置,它们将在计划时间跨度内的第一个时间单元上直接报废,并且需要支付另外的回收处理成本。该成本可以表示为:

零部件报废处理总成本(*TTC*):

$$TTC=\sum_{j=1}^{J}dis_j\cdot\left[\begin{array}{l}\sum_{i=1}^{I}\sum_{t=0}^{T-1}(\sum_{m=1}^{M}(br_{i,j}\cdot(1-bm_{m,j})\cdot\sum_{k=0}^{T-1}\bar{y}_{i,t,m,k})-\sum_{k=0}^{T-1}\sum_{v=1}^{V}rc_{i,t,j,k,v})\\+\sum_{i=1}^{I}\sum_{t=0}^{T-1}(\sum_{m=1}^{M}\sum_{k=0}^{T-1}br_{i,j}\cdot bm_{m,j}\cdot a_{i,j,t}\cdot\bar{y}_{i,t,m,k}-\sum_{k=0}^{T-1}\sum_{v=1}^{V}rc_{i,t,j,k,v})\\+\sum_{i=1}^{I}\sum_{t=0}^{T-1}(br_{i,j}\cdot z_{i,t}-\sum_{k=0}^{T-1}\sum_{v=1}^{V}rc_{i,t,j,k,v})\end{array}\right]$$

$$=\sum_{j=1}^{J}dis_j\cdot\sum_{i=1}^{I}\sum_{t=0}^{T-1}\left[\begin{array}{l}\sum_{m=1}^{M}(br_{i,j}\cdot(1-bm_{m,j})\cdot\sum_{k=0}^{T-1}\bar{y}_{i,t,m,k})\\+\sum_{m=1}^{M}\sum_{k=0}^{T-1}(br_{i,j}\cdot bm_{m,j}\cdot a_{i,j,t}\cdot\bar{y}_{i,t,m,k})\\+br_{i,j}\cdot z_{i,t}-\sum_{k=0}^{T-1}\sum_{v=1}^{V}rc_{i,t,j,k,v}\end{array}\right]\tag{2.7}$$

闲置产品报废处理总成本(*TSC*):

$$TSC=sal\cdot\sum_{i=1}^{I}r_i\tag{2.8}$$

(4)库存总成本(*THC*):库存总成本由产品库存总成本和零部件库存总成本构成。成品被放置在配送中心并保存在较好的库存环境中,再使用零部件存放在服务中心,但库存条件不如配送中心,因此库存成本相对较低。这两种库存成本可以表示为:

产品库存总成本(*TPHC*):

$$TPHC=h_1\cdot\sum_{i=1}^{I}\sum_{t=0}^{T-1}\sum_{k=0}^{T-1}(k-t)(\sum_{m=1}^{M}\bar{y}_{i,t,m,k}+\bar{x}_{i,t,k})\tag{2.9}$$

零部件库存总成本(*TCHC*):

$$TCHC=h_2\cdot\sum_{i=1}^{I}\sum_{j=1}^{J}\sum_{t=0}^{T-1}\sum_{k=0}^{T-1}(k-t)\sum_{v=1}^{V}rc_{i,t,j,k,v}\tag{2.10}$$

2.3.2.3 约束条件

在计划时间跨度内,所有回收品必须经过修复、再制造、拆分或者闲置

报废处理。因此，

$$\sum_{t=0}^{T-1}(x_{i,t}+y_{i,t}+z_{i,t})+r_i=1,\forall i \tag{2.11}$$

因为一个修复的回收品只能满足在修复处理时间单元后的某个时间单元上一个相同型号的产品需求，因此有下列约束：

$$\sum_{k=0}^{T-1}\bar{x}_{i,t,k}=x_{i,t},\forall i,t \tag{2.12}$$

$$\bar{x}_{i,t,k}=0,\forall i,k<t \tag{2.13}$$

一个再制造的产品也只能满足在再制造处理完成后的某个时间单元上的某个型号的产品需求，因此存在下列约束：

$$\sum_{m=1}^{M}\sum_{k=0}^{T-1}\bar{y}_{i,t,m,k}=y_{i,t},\forall i,t \tag{2.14}$$

$$\sum_{m=1}^{M}\bar{y}_{i,t,m,k}=0,\forall i,k<t \tag{2.15}$$

再使用零部件全部由再制造过程或者完全拆分回收品得到，再制造过程拆除的可用零部件是指多余的零部件或者价值等级不满足要求的零部件，一个拆分得到的零部件只能满足一个价值等级不高于该零部件本身价值等级的零部件需求。相关约束描述如下：

$$\begin{aligned}\sum_{k=0}^{T-1}\sum_{v=1}^{V}rc_{i,t,j,k,v}\leqslant br_{i,j}\cdot\sum_{m=1}^{M}((1-bm_{m,j})\cdot\sum_{k=0}^{T-1}\bar{y}_{i,t,m,k})+\\ br_{i,j}\cdot\sum_{m=0}^{M}(bm_{m,j}\cdot a_{i,j,t}\cdot\sum_{k=0}^{T-1}\cdot\bar{y}_{i,t,m,k})+br_{i,j}\cdot z_{i,t},\forall i,j,t\end{aligned} \tag{2.16}$$

$$\sum_{v=1}^{V}rc_{i,t,j,k,v}=0,\forall i,j,k<t \tag{2.17}$$

精细的产品需求需要由全新产品或者再利用回收品来满足，因此，每个时间单元生产的产品数量必须不少于相应的产品需求。相关约束描述如下：

$$\sum_{i=1}^{I}\sum_{t=0}^{T-1}(type_{i,m}\cdot\bar{x}_{i,t,k}+\bar{y}_{i,t,m,k})+l_{m,k}\geqslant Dem_{m,k},\forall m,k \tag{2.18}$$

零部件需求需要通过翻新拆分的旧零部件或从外部供应商处采购新零

部件满足,再使用零部件是通过再制造过程和完全拆分过程获得的,高价值等级的零部件可能会用于满足一个较低价值等级的零部件需求。因此,

$$\sum_{i=1}^{I}\sum_{t=0}^{T-1} rc_{i,t,j,k,v} + nc_{j,k,v} \geqslant Demc_{j,k,v}, \forall j,k,v \tag{2.19}$$

对于再制造过程,回收品可能通过再制造过程成为另一个型号的产品,因为不同型号产品的材料清单也是不同的,所以再制造过程中会存在某些不需要的零部件和缺少一些零部件,从外部供应商处采购的新零部件可以更换价值等级不满足要求的零部件,也可以补充缺少的部分。新零部件的采购数量必须满足需求,因此,

$$np_{j,t} \geqslant \sum_{i=1}^{I}\sum_{m=1}^{M}\sum_{k=0}^{T-1}(br_{i,j} \cdot bm_{m,j} \cdot a_{i,j,t} \cdot \bar{y}_{i,t,m,k} + (1 - br_{i,j}) \cdot bm_{m,j} \cdot \bar{y}_{i,t,m,k}), \forall j,t \tag{2.20}$$

再利用的回收品包含修复的和再制造的两个部分,显然回收品自身的状态不可能高于其组件中最差零部件的质量,因此,所有修复的回收品包含的零部件及回收品自身必须同时满足修复的价值等级要求,修复过程中回收品包含的所有关键零部件在翻新后都可以被视为新零部件使用并且不需要更多的处理。同时,需要再制造的回收品必须拆除不满足价值等级要求的零部件并用采购的新零部件进行更换,再使用的零部件必须不低于可用零部件的价值等级阈值,被更换的零部件可以作为备用配件满足某个低于其自身价值等级的零部件需求。因此,相关的价值等级约束可以描述如下:

$$x_{i,t} \cdot (L_{i,t} - Vrep) \geqslant 0, \forall i,t \tag{2.21}$$

$$\sum_{t=0}^{T-1}\sum_{v=1}^{V} rc_{i,t,j,k,v} \cdot (\bar{L}_{i,j,k} - v) \geqslant 0, \forall i,j,k \tag{2.22}$$

2.4 仿真实验及分析

2.4.1 数值计算示例

本节将给出一个参考性的示例来说明模型的运用。根据上节中的假设,这里考虑的产品都是来自一家生产个人电脑公司的、带有PEID的完全

模块化产品。为了验证模型的有效性，其中的一些参数与Ondemir等（2012）研究中的值保持一致，如产品型号、零部件数量、各种型号产品的零部件构成（各类型产品的材料清单）、拆分成本，以及新零部件的采购成本等，报废成本设置为与再循环成原材料的成本相同。表2.1中列出了其他参数值。

表2.1　数值计算示例中的其他参数值

价值等级	时间单元	sal	h_1	h_2	$Vrep$
6	5	5	1	0.1	3
零部件(j)	A1 A2 A3	B1 B2 B3	C1 C2 C3 C4	D1 D2	E1 E2 E3 E4 E5
as_j	2	1	4	2	3
ref_j	1	0.5	2	1	1.5
$tran_j$	0.1	0.1	0.2	0.1	0.1
$Vrem_j$	3	3	3	3	3

本示例定义了零部件和回收品的六个不同价值等级，按照从低到高的顺序，等级一和等级二的回收品及零部件状况很差并且剩余使用寿命很短，等级二的回收品及零部件要好于等级一，等级一的回收品及零部件基本无法继续使用。这两个等级的零部件无法再制造，只能在维护中根据客户需求作为备件，而这两个等级的回收品也不能修复后作为新产品满足需求。等级三和等级四是中间价值等级，零部件拥有足够的剩余使用寿命，并可以在翻新后装配到新产品中再使用。假设价值等级三是回收品可以用来进行修复或再制造的临界价值等级。状况较好的回收品被定义为等级五和等级六，这两种价值等级的回收品都可以在翻新后作为新产品使用且拥有很长的剩余使用寿命，其中等级六的回收品状况较等级五的更好一些。

示例中，我们将计划时间跨度划分为五个微观时间单元，零部件和回收品的价值等级会在这些时间单元上不断衰减。假设价值等级衰减函数是线性函数且衰减率α为10%，各时间单元上的回收品及其零部件的价值等级都是通过物联网系统直接给出的。类似地，假设在计划时间开始前共有400个回收品需要处理，这些回收品及其零部件的信息已经记录在物联网系统中且所有回收品都满足可再使用条件；假设每个型号产品各时间单元上的需求量均为8且总需求量为400;各价值等级的每种零部件各时间单元上的需求量在[0,2]范围内随机产生且总需求量为447。

根据该示例建立整数线性规划模型并运用VS2010C#/CPLEX(built 25.1)语言进行编程,在CPU配置为Intel Core i5-2.6 GHz,内存4 GB的个人电脑中进行求解,建立的模型包含964153个变量和148153个约束。计算求解得到最优方案消耗CPU时间1168 s,最优解给出了在各时间单元应该如何处理每个回收品,以及各时间单元上需要从外部供应商处采购多少新零部件。表2.2至2.5分别给出了部分最优方案参数。

表2.2 最优目标函数值

目标函数	*TPC*	*TMC*	*TRC*	*TRMC*	*TDC*	*TTC*	*TSC*	*TPHC*	*TCHC*	总计
函数值	34337	60	1394.5	1762.7	12	388	25	72	0	38051.2

表2.3 各时间单元上不同再制造方式处理的回收品数量

时间单元	1	2	3	4	5
修复数量	31	44	79	22	62
再制造数量	49	53	37	5	13
生产数量	0	0	0	2	3
拆分数量	0	0	0	0	0
报废数量	5	—	—	—	—

表2.4 最优方案中各时间单元的零部件采购计划

零部件		A1	A2	A3	B1	B2	B3	C1	C2	C3	C4	D1	D2	E1	E2	E3	E4	E5
时间单元	1	17	8	14	9	10	10	7	8	16	11	10	7	8	12	9	10	11
	2	16	11	20	13	18	8	10	5	14	10	13	16	5	11	10	7	4
	3	21	7	17	6	10	7	3	10	13	9	13	7	8	14	10	11	4
	4	10	8	6	5	6	7	7	6	7	7	8	7	6	7	6	8	3
	5	13	10	8	8	9	13	5	10	7	9	11	7	9	14	3	6	5

表2.5 部分回收品的处理过程

<table>
<tr><td rowspan="2">再制造(i)</td><td colspan="17">零部件(j)</td><td rowspan="2">处理时间</td></tr>
<tr><td>A1</td><td>A2</td><td>A3</td><td>B1</td><td>B2</td><td>B3</td><td>C1</td><td>C2</td><td>C3</td><td>C4</td><td>D1</td><td>D2</td><td>E1</td><td>E2</td><td>E3</td><td>E4</td><td>E5</td></tr>
<tr><td>1</td><td></td><td></td><td>U</td><td>U</td><td></td><td></td><td></td><td></td><td>U</td><td></td><td></td><td>U</td><td></td><td></td><td>R</td><td></td><td></td><td>2</td></tr>
<tr><td>2</td><td>R</td><td></td><td></td><td></td><td></td><td>U</td><td></td><td>R</td><td></td><td></td><td>R</td><td></td><td></td><td>R</td><td></td><td></td><td></td><td>3</td></tr>
<tr><td>4</td><td></td><td></td><td>U</td><td></td><td>R</td><td></td><td>R</td><td></td><td></td><td></td><td>U</td><td></td><td></td><td>R</td><td></td><td></td><td></td><td>2</td></tr>
<tr><td>…</td><td></td><td></td><td></td><td></td><td></td><td></td><td></td><td></td><td></td><td></td><td></td><td></td><td></td><td></td><td></td><td></td><td></td><td>…</td></tr>
<tr><td>399</td><td>R</td><td></td><td></td><td>U</td><td></td><td></td><td>U</td><td></td><td></td><td></td><td>R</td><td></td><td>U</td><td></td><td></td><td></td><td></td><td>1</td></tr>
<tr><td colspan="2">修复(i)</td><td colspan="5">处理时间(t)</td><td colspan="7">满足需求时间单元(k)</td><td colspan="5">产品型号(m)</td></tr>
<tr><td colspan="2">3</td><td colspan="5">3</td><td colspan="7">3</td><td colspan="5">2</td></tr>
<tr><td colspan="2">7</td><td colspan="5">2</td><td colspan="7">2</td><td colspan="5">8</td></tr>
<tr><td colspan="2">8</td><td colspan="5">5</td><td colspan="7">5</td><td colspan="5">1</td></tr>
<tr><td colspan="2">10</td><td colspan="5">3</td><td colspan="7">4</td><td colspan="5">3</td></tr>
<tr><td colspan="2">…</td><td colspan="5">…</td><td colspan="7">…</td><td colspan="5">…</td></tr>
<tr><td colspan="2">400</td><td colspan="5">2</td><td colspan="7">2</td><td colspan="5">1</td></tr>
<tr><td colspan="2">报废(i)</td><td colspan="17">16,18,129,198,208</td></tr>
</table>

注:表中U代表再利用,R代表更换。

基于上面的参数设定和产品数据,最优目标函数值为38051.2。表2.2、2.3给出了目标函数中各部分的值和各时间单元上每种再制造方式处理的回收品数量,共有238个回收品进行修复处理,157个回收品进行再制造用于满足新产品需求,仅需要生产5个全新产品来满足产品需求。此外,5个状况很差的回收品被直接报废处理,没有回收品经过拆分处理用于满足零部件需求,零部件需求大都通过从外部供应商处采购满足,最优方案中给出了详细的采购数量和精细的回收品再利用计划。

表2.4给出了各时间单元的零部件采购计划。根据给出的结果,可以了解到每个时间单元上不同零部件的准确采购数量,这些采购的零部件用于在再制造中更换不满足要求的零部件或作为备用配件进行维护。

表2.5给出了一小部分再制造和修复计划。可以看出,编号1的回收品在第二个时间单元进行再制造处理,并且被用来生产一个型号8的新产品,

其中该回收品的零部件A3、B1、C3和D2可以在翻新后再使用，而零部件E3必须在装配中心更换为新零部件。换言之，计划方案中要求编号1的回收品经过再制造满足一个型号8的新产品需求；同时，修复计划给出了每个时间单元回收品经过修复处理后的产品类型和修复处理操作在哪个时间单元进行。直接报废的回收品也在表2.5中给出了，可以看出，模型中只有5个回收品是被闲置的，该示例回收品的再使用率超过了98%。

尽管没有回收品被计划用于拆分以获得其有用零部件作为备用配件使用，但是再制造过程中被拆除或更换的某些零部件仍然可以作为备用配件再使用。表2.6中给出了详细的再使用零部件信息，零部件的再使用计划包含了各时间单元上拆分后再使用的零部件作为哪个价值等级的备用配件来使用。

表2.6　再制造过程中拆分的零部件的详细再使用计划

回收(i)	零部件(j)	处理时间(t)	满足需求时间单元(k)	价值等级(v)	回收(i)	零部件(j)	处理时间(t)	满足需求时间单元(k)	价值等级(v)
16	A3(3)	2	2	1	256	B1(4)	5	5	2
39	B1(4)	3	3	2	304	B1(4)	3	3	3
93	B1(4)	5	5	4	336	A2(2)	3	3	1
106	B1(4)	3	3	1	346	A2(2)	3	3	4
124	D1(11)	1	1	3	369	A2(2)	3	3	4
194	E1(13)	2	2	5	382	A2(2)	2	2	4
245	B3(6)	3	3	2	389	D1(11)	3	3	3

2.4.2　灵敏度分析

为了分析数学模型中某些参数变化给最终方案带来的影响，我们进行了相关的灵敏度分析，主要目的是分析这些参数的变化对最终方案中以下各值的影响：回收品利用率、修复比率、再制造比率、拆分比率、报废比率和生产新产品比率等。被考查参数的灵敏度分别通过下列表达式进行计算：

$$\frac{\text{修复数量}+\text{再制造数量}+\text{拆分数量}}{\text{回收数量}}\times 100\%,\frac{\text{修复数量}}{\text{回收数量}}\times 100\%,$$

$$\frac{\text{再制造数量}}{\text{回收数量}}\times 100\%,\frac{\text{拆分数量}}{\text{回收数量}}\times 100\%,$$

$$\frac{\text{报废数量}}{\text{回收数量}}\times 100\%,\frac{\text{新产品数量}}{\text{需求数量}}\times 100\%$$

表2.7中描述了8种测试,参数值的变化与上面使用的初始值有关。为了更好地分析,回收品的详细信息在每次测试中都是随机产生的。

表2.7　灵敏度分析中的参数设定

参数	初始值	测试范围	增量
回收数量	400	200～650	50
产品需求	400	200～650	50
零部件需求	0～2随机	(0～1)～(0～9)随机	1
价值等级衰减率	0	0～45%	5%
组装成本	见表2.1	0～225%	25%
拆分成本	作为参考	0～225%	25%
翻新成本	见表2.1	0～450%	50%
报废成本	作为参考	0～225%	25%

(1)回收品数量。

这里针对参数I进行灵敏度分析,该参数值从200到650按50的增长幅度对模型进行测试,回收品的详细信息在每次测试中随机产生,测试结果见图2.4。

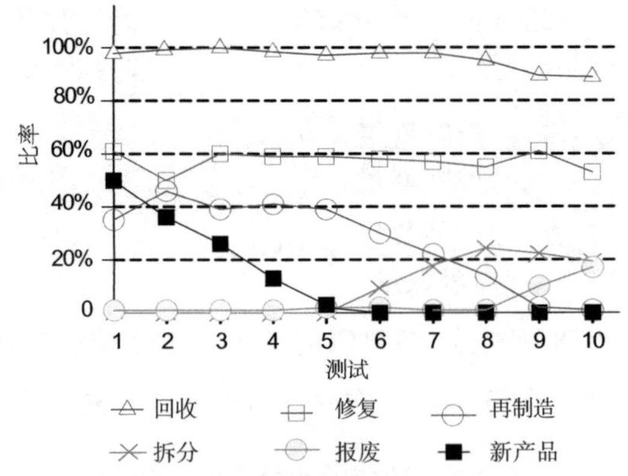

图2.4　回收品数量灵敏度分析

从图2.4中可以看出,回收品的再利用率和修复比率并未随着回收品数量的增加而受到很大的影响,测试中生产新产品的比率在第1次和第5次测试之间急剧减少,第1次测试和第5次测试中回收品的数量分别是200和400,需求量保持初始值400不变,因此,产品需求量明显超过了第1次和第5次测试之间的回收品数量,并且无法通过再利用回收品满足的产品需求量只能通过生产新产品来满足;随着回收品数量的进一步增加,生产新产品的数量继续下降,当回收品数量远远超过产品需求量时,最终生产新产品的数量下降到0。这里得出的主要结论是当回收品数量很少时,新产品生产在整个混合生产系统的生产计划中将会占据很大一部分比例。

在回收品数量与产品需求量相等的第5次测试之后,再制造比率从40%逐渐下降到0;同时,拆分比率增加直至零部件需求得到满足,报废比率也在回收品数量达到600的第8次测试后开始上升,这意味着回收品数量已经过量,并且过量的部分全部闲置报废处理。

可见,如果回收品数量相比于产品需求太少或者过多,本章提出的模型可以在这些生产过程的选择中灵活转换,回收品会尽可能地通过修复或再制造进行再利用以便满足产品需求,并且零部件需求在回收品数量较少时通过外部采购满足;相反,在回收品数量很多且产品需求可以通过再利用回收品得到满足时,多余的回收品会被完全拆分以便满足零部件需求,或被闲置直接报废。

(2)产品需求。

本节分析的是参数 $Dem_{m,k}$ 的灵敏度,该参数值从200到650按50的增长幅度对模型进行测试,每个时间单元上每种型号产品的需求量是相同的且需求量总数等于设定的参数值,测试结果如图2.5中所示。

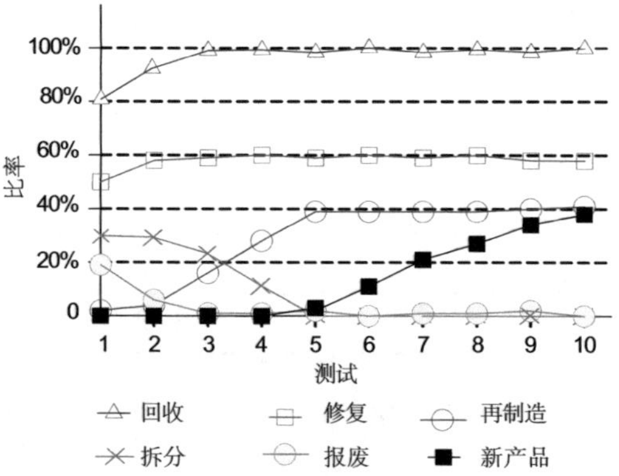

图2.5 产品需求灵敏度分析

从图2.5可以看出,三种再利用方式所占比例在产品需求量与回收品数量相同的第5次测试后保持稳定,第1次测试中产品需求量为200,回收品数量是产品需求量的2倍,因此回收品的再使用率仅有约80%,高报废率的发生是回收品过量导致的。其中,共有197个回收品通过修复来满足产品需求,有3个回收品进行再制造,有近30%的回收品可以进行拆分来满足零部件需求;随着产品需求量的增加,拆分比率从30%下降到0;此外,生产过程中新产品的生产比率从开始的0上升至38%,在第5次测试之后回收品的数量就开始短缺。

可以看出,本节的结论与研究回收品数量的结论是完全相反的,在产品需求量较低时,更多的回收品将被拆分为零部件来满足维护服务中的备用配件需求;然而,当回收品数量发生短缺时,修复和再制造成为首选策略。

(3)零部件需求。

本节分析的是参数 $Demc_{j,k,v}$ 对最终方案的影响,该参数的测试范围是从

0～1随机选择值(每个时间单元上的每种价值等级的零部件需求在0～1随机产生)到0～9随机选择值按1的增量变化。为了更加清楚地分析该参数的灵敏度,产品需求量降低为100,这就意味着回收品在满足产品需求的同时仍有富余,因此,产品需求仅需要通过修复翻新就可以满足;再制造和新产品生产比率在该参数的分析中均为0,所以这两项未显示于结果中,其余各项指标的测试结果如图2.6所示。

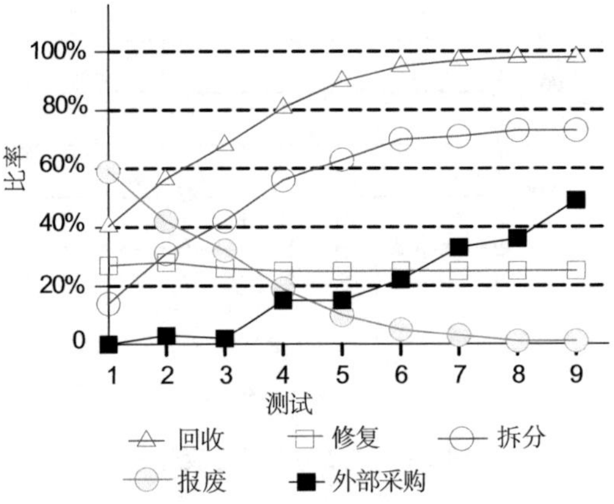

图2.6　零部件需求灵敏度分析

根据图2.6,回收品再利用率逐渐增加并在总零部件需求为1499的第7次测试时达到98%,在此之后的测试中,回收品再利用率稳定维持在98%左右;同时,随着零部件需求的增加,拆分比率像预期的一样逐渐增加,增加趋势与再利用率变化趋势相同,零部件需求必须通过拆分更多的回收品才能满足;随着零部件需求的增加,回收品报废比率从开始的60%下降,到第7次测试时接近2%。

外部采购所占比例在第3次测试之后开始明显上升,也就是总零部件需求数量达到918时,这对应于零部件价值等级衰减,意味着有更多的零部件需求在后期的时间单元上无法通过再利用回收品的零部件来满足;在第7次测试之后,零部件需求量超过了可以用于拆分的回收品包含的零部件数量总和,因此,从外部供应商处采购是满足额外需求量的唯一途径;在第9次测试中,零部件需求量达到了2012,回收品总零部件数量为1500,考虑零部件价值衰减，最终方案中的采购比率达到了48%。

有趣的是，可以看出，当零部件需求量低于某个水平时，比如第3次测试时的612，回收品修复的数量超过了产品的实际需求量（参数设定值为100），在前3次测试中，回收品修复的数量分别为107、108和101，主要原因是回收品零部件的数量远远超过了零部件的需求量，此时在满足产品和零部件需求的同时，需要在报废处理成本与修复翻新成本和库存成本之和之间进行权衡。

（4）价值等级衰减率。

本节分析的是参数α，该参数值从0～45%按5%的增长幅度对模型进行测试，测试结果如图2.7所示。

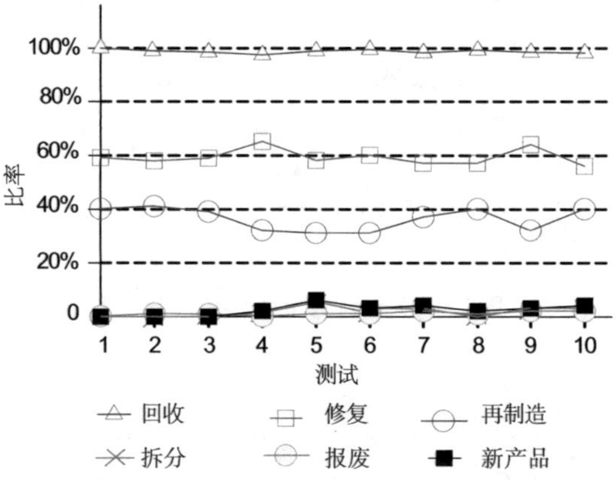

图2.7　价值等级衰减率灵敏度分析

回收品再利用的各种方式所占比例在整个测试中都保持稳定，再制造比率在第4次和第7次测试中有很小的波动，此时的价值等级衰减率分别为15%和30%，回收品价值等级随着时间衰减，最终方案依然可以保证很高的回收品再利用率。

图2.8和图2.9中分别给出了各时间单元上修复数量所占比率和再制造数量所占比率与价值等级衰减率之间的关系，修复和再制造的回收品所占比率在各时间单元上都是保持稳定的，没有随价值等级衰减率的变化而产生波动；从第4次到第7次测试，修复和再制造比率在第5、4和3时间单元上

变为0;在第7次测试之后,只在第1和2时间单元上才有被修复的回收品;在第8次测试之后,再制造比率在第1个时间单元上就超过了90%,这是因为很高的价值等级衰减率导致回收品及其零部件的价值等级随着时间的推移很快低于可以修复的临界价值等级。假如模型中每个时间单元上回收品再利用能力是有限的,那么在第2个时间单元之后的产品需求只能通过生产新产品来满足。可以看出,模型中价值等级衰减率对回收品再利用决策产生极大的影响,决策者需要在再利用成品的库存成本和价值等级衰减导致的再利用成本变化之间进行权衡。

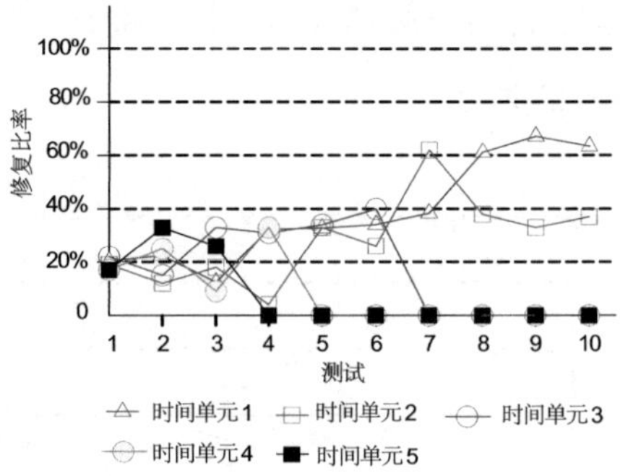

图2.8　各时间单元上的修复比率

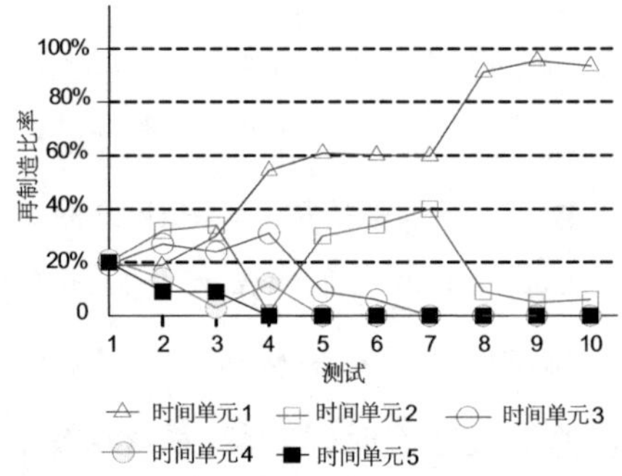

图2.9　各时间单元上的再制造比率

(5)零部件组装成本。

本节分析的是参数 as_j,主要目的是评估组装成本对各再利用策略数量的影响,测试范围是该参数值从0到225%乘以初始值按照25%的增量变化,测试结果如图2.10所示。

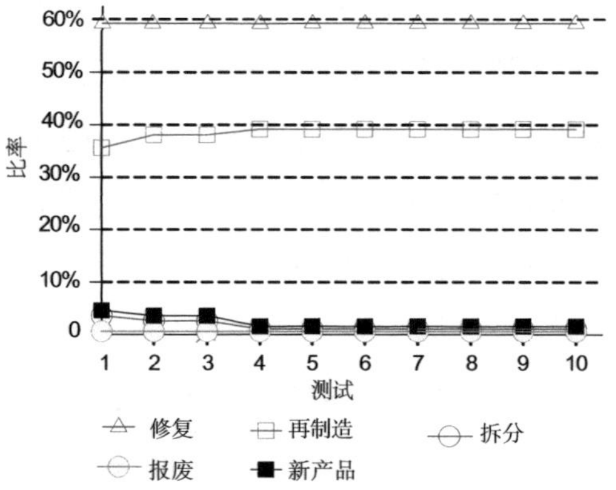

图 2.10　零部件组装成本灵敏度分析

从图 2.10 可以看出，再利用回收品中再制造比率在第 4 次测试之前随着组装成本的增长而增加，此时的组装成本是初始值的 75%；然而，在第 4 次测试之后，再制造数量达到顶峰并且保持稳定；同时，制造新产品和拆分回收品的数量有轻微下降，以平衡再制造数量的变化，但是组装成本的变化不能影响回收品修复和报废的决策；总的再利用率虽然没有在图中显示，但当组装成本增长时该值始终稳定在 99%。可见，最优决策需要在再制造方式和生产新产品之间进行权衡，在组装成本达到某个值之前来平衡组装成本的变化。

(6)零部件拆分成本。

本节分析的是参数 ds_j，测试范围是该参数值从 0 到 225% 乘以初始值按照 25% 的增量变化，测试结果如图 2.11 所示。

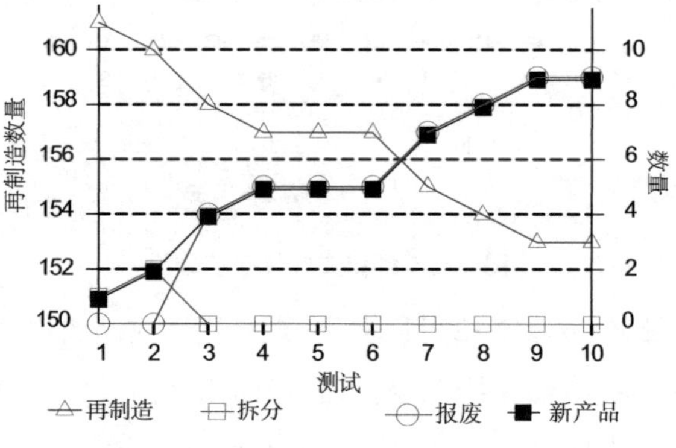

图 2.11　零部件拆分成本灵敏度分析

从图2.11可以看出最优方案中再利用策略和零部件拆分成本之间的关系，再制造数量随着零部件拆分成本的增加有轻微下降；相反，拆分数量和新产品数量都从第1次测试时（此时该参数值为0）的0增长到第10次测试时的9。显然，最终方案在再制造成本加上废弃零部件报废成本和新产品生产成本加上回收品闲置报废成本之间做了平衡，再制造数量十分稳定并保持在第4次测试时的75%到第6次测试时的125%之间，在这个范围内，再制造成本、零部件报废成本和回收品闲置报废成本之间达到平衡。

回收品拆分数量在第1次和第2次测试时分别为1和2，其中该参数值分别为0和初始值的25%，拆分数量在此之后下降为0并在随后的测试中一直保持不变，这意味着拆分回收品来再利用其零部件的成本要高于从外部供应商处直接采购新零部件的成本。

（7）翻新成本。

本节主要目的是分析零部件翻新成本对再制造系统中生产策略的影响，该参数值从0到450%乘以初始值按照50%的增量变化，测试结果如图2.12所示。

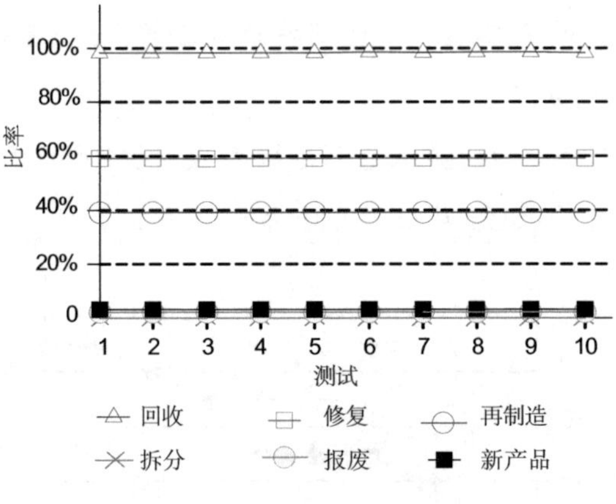

图2.12　翻新成本灵敏度分析

如期望的那样，从图2.12可以看出，再利用回收品的比率和生产新产品的比率在整个测试中都保持不变：再利用的回收品总数为395个，其中238个用于修复，157个用于再制造，5个闲置报废，而生产新产品的数量为5个。

可见，再利用中修复策略是最佳选择，并且在所有再利用方式中成本最低，当且仅当翻新成本高于零部件采购成本加上组装成本时，制造商才倾向于考虑再制造策略。

(8)零部件报废成本。

本节主要分析参数 dis_j，测试范围为该参数值从0到225%乘以初始值按照25%的增量变化。为了更有效地分析，产品需求量被设置为300，测试结果如图2.13所示。

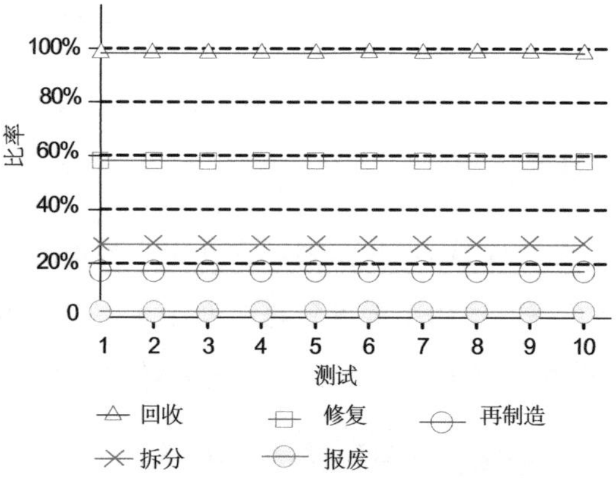

图2.13　零部件报废成本灵敏度分析

三种再利用方式的比率在测试中保持不变：修复数量为232，再制造数量为68，95个回收品完全拆分为零部件，还有5个回收品闲置报废。

显然，从结果可以看出，测试中需要报废的废弃零部件数量很少。除非零部件报废成本高于废弃零部件拆分加上再制造中零部件的采购成本，最优再利用策略才会发生改变，但是这种情况在实际工业情境中是不会出现的。

(9)综合分析。

根据以上参数分析可以看出，所提出的模型可以基于闭环供应链生产和再利用系统中回收品详细的产品信息给出最优再利用方案，即使参数改变，最优方案的效果依然稳定并且可以获得很高的回收品再利用率，模型中的所有参数都会影响最优值和最优再制造策略的选择。然而，某些参数相对于其他参数而言作用更加明显，回收品数量和产品需求量的比率对再利用率和最优再利用策略选择有非常大的影响；价值等级衰减率是另一个敏感度较高的参数，如果衰减率超过30%，绝大多数回收品都必须在前两个时间单元进行再利用处理。

总之，以上分析的参数对于制造和再利用决策都十分重要，并且反映了实际生产情形中需要考虑的因素。某些参数，如价值等级衰减率和产品及零部件价值等级对于最优策略都有显著的影响，而这些参数的值都依赖于先进的物联网和PEID系统，因此，精细的产品信息彰显了物联网和PEID系统在模型中的重要性。

2.4.3 模型效果测试

为了评价模型的整体性能，我们测试了几组大规模的示例，其中的参数值都是随机产生的，有差别的主要参数是时间单元数量和价值等级数量，如表2.8所示。产品物料清单和产品型号数量与初始设定保持一致。

表2.8 模型性能测试中的主要参数

示例	回收	产品需求	零部件需求	时间单元	价值等级	阈值水平
1	400	300	0～2随机	6	6	3
2	500	360	0～2随机	6	6	3
3	400	350	0～2随机	7	7	4
4	500	400	0～2随机	8	7	4
5	800	600	0～2随机	5	6	4
6	800	600	0～2随机	6	6	3
7	800	630	0～2随机	7	7	4
8	800	600	0～2随机	10	10	6

这些示例的计算结果见表2.9。从结果中可以看出，模型的性能在较大参数规模下表现良好，除了最后2个示例外，所有测试在4小时内都能够得出结果。计算结果表明，模型可以较好地适用于大规模问题。

表2.9　计算结果

示例	总变量	总约束	客观价值	回收率	CPU 时间
1	1632162	200562	21089.8	99.7%	2136 s
2	2040111	250611	18191.7	98.8%	3696 s
3	2554290	261090	44468.4	98.2%	3716 s
4	4168797	410797	46798.9	98.8%	10909 s
5	2268260	296260	30773.1	97.5%	6492 s
6	3263615	400415	19458.7	96.6%	13073 s
7	—	—	—	—	>72 h
8	—	—	—	—	>72 h

根据给出的结果，这些示例均为大规模问题，包含更多回收品、时间单元和价值等级，变量总数均超过100万。在第4和第5示例中，得出结果所需要的CPU时间要超过其他示例所消耗的时间，可见，计划时间跨度内回收品数量和时间单元的增加是导致模型规模变大的主要原因，而价值等级的数量主要依赖于不同类型的产品和工业领域。

为了展示该模型可以用CPLEX求解多大规模问题，我们将回收品数量增加到800并且时间单元数从7增加到10，用VS C#/CPLEX可以建立模型并对其进行简化处理，但是依然无法在短时间内得出最优方案，因此在未来的研究中，需要提出更加有效的启发式算法来求解大规模问题。

2.5　本章小结

本章提出了一种回收品再利用的战略层和战术层生产计划模型，主要目的是解决闭环供应链中基于物联网服务的混合制造与再制造系统生产计划问题，同时优化相关的零部件采购计划、回收品再利用计划、再制造计划、零部件再利用计划和回收品拆分计划，计划跨度被划分为几个更小的时间单元，从管理学的角度在每个时间单元上考虑详细的生产计划和回收品价值等级衰减问题。

研究中考虑了实际生产中混合生产系统的几个特征，即逆向供应链、回收品再利用方式、维护服务、产品物料清单和回收品价值等级衰减。此外，模型中考虑了法规强制要求的回收品和零部件的报废过程。同时，模型中的重要参数是基于实际制造业中新兴的物联网技术获取的，展示了如何在闭环供应链管理中运用物联网和PEID技术收集必要的产品生命周期数据来进行最优生产计划决策。

最后本章使用了一个关于生产个人电脑公司的数值实例来证明模型的实用性和有效性。结果显示，基于物联网产品生命周期数据提出的模型可以提供精确的回收品再利用、新产品生产计划和适当的回收品处理方案。此外，本章提出的模型可以很方便地进行修改以便适用实际工业领域中的特殊应用。例如，当再制造过程中考虑同型更换或者不是所有回收品都必须在计划时间内进行处理时，只需加入一些额外的约束或者去掉一些多余的约束即可满足问题需要。

第三章　物联网环境下考虑回收定价和供应商选择的混合生产系统生产计划问题

3.1　引言

近年来,制造业的快速发展,导致了各种各样意想不到的环境影响和社会问题,同时自然资源也在迅速枯竭,这些问题的日益严重迫使各国政府强制制造商负责处理各自生产的客户手中不再使用的产品。由于全球环境问题日益严重,很多国家已经通过立法来规定制造商在其中应该承担的责任、回收产品的义务和明确的回收目标。例如,欧盟已经强制规定制造商必须回收再利用电器和电子产品垃圾。从根本上说,制造商现在必须考虑如何使用合适的方式来处理客户结束使用的产品,如通过翻新或者再制造旧产品或旧零部件试图在生产过程中显著减少原材料的使用,降低生产成本并减少报废品的焚烧和填埋。在这方面,回收再利用的方式必须视回收品的状况而定。确切地说,有两个非常重要的问题需要得到解决:如何从客户手中回收结束使用的产品,以及如何获取有关每个回收品及其包含的零部件的精确详细信息。

近些年出现并开始应用的一项名为物联网的新技术在处理上述问题时展现出了非常大的潜力。运用物联网技术,可以随时随地通过传感器网络和无线传输网络根据产品中嵌入的唯一标识码来对产品进行跟踪和监控。这项技术已经开始被应用在工业供应链生产的不同层级和阶段中,如物流和库存管理、装配线、售后服务等,这是因为在战略层面上,制造商总是致力于对他们生产的产品的整个生命周期,特别是客户使用过程中的状态保持监控,产品中嵌入的传感器设备不仅可以实现对结束使用的产品的追踪和回收,还可以实现对每个产品独立个体的使用及其状态的关键信息的收集和存储，并将其发送到物联网数据平台，实现与产品制造商的信息共享。

本章研究的问题涉及整个混合生产系统的三个阶段，即回收品回收阶段、制造和再利用阶段，以及原材料采购阶段。我们同时将这三个阶段整合到一个混合模型中求解，建立该模型的主要目的是在产品生命周期所有阶段得到最优的回收策略，确定合适的回收价格、再利用方式、生产计划和原材料采购计划。

3.2 问题描述

3.2.1 物联网框架结构

经典的物联网框架结构主要包含三个层次，分别是感知层、网络层和应用层，当前还没有一种被广泛接受的统一物联网框架结构，因此，对于不同的应用领域，研究者将相关的系统和设备划分为不同的层次来建立一个合适的框架结构。为了连接本章研究问题中供应链的三个部分，即供应商、制造商和客户，我们基于物联网应用的CCIoT-CMfg系统提出了一个服务性的多层物联网框架结构，如图3.1所示，它包含四个层次，分别是感知层、服务层、应用层和数据与知识管理层。一般来说，回收品的剩余价值不是恒定不变的，特别是短生命周期和时间敏感性产品，其剩余价值会随时间发生严重的价值衰减。Guide等给出了关于时间价值衰减量与提前策略收益之间的关系，对于同样数量的回收品，提前策略收益随着时间价值衰减量的增加而增长，因此对于短生命周期产品来说，考虑时间价值是非常关键的。本章模型考虑了回收品价值衰减，基于提出的物联网框架结构，旧产品及其零部件的价值衰减情况的有关数据可以通过PEID进行检测和采集。

在旧产品回收过程中，制造商需要为回收这些旧产品支付一定的费用。根据关于产品回收的消费者行为，制造商愿意为其支付的费用越高，消费者愿意提供旧产品的意愿就越强。物联网的相关服务足以连接产品及其对应的每个客户，因此可以对客户期望得到的报酬做出很好的评估，并按照可回收数量与制造商支付的费用之间的关系对可回收品进行分类。

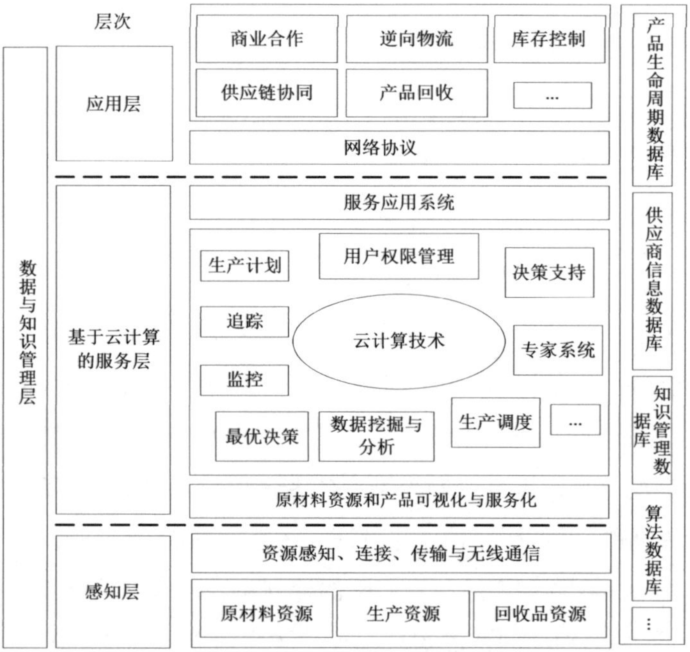

图3.1　基于CCIoT-CMfg服务系统的物联网框架结构

3.2.2　混合生产系统描述

本章研究原始设备制造商如何在整个产品生命周期上获得最大利润。该制造商可以通过利用新零部件或旧零部件来生产新产品，或者直接翻新高品质的旧产品来满足需求。图3.2中给出了本章研究的生产系统，终止使用的产品可以由制造商从客户手中有偿回收，这些旧产品被集中存放在一个回收中心等待再利用；同时，制造商必须为每个旧产品提供合适的再制造方式，也就是确定何时并且如何再利用这些旧产品来节约生产成本。本章研究提供了三种可以选择的旧产品再利用方式来利用回收品的剩余价值，即翻新、拆分后再利用和报废。此外，制造商需要选择合适的供应商并向其采购原材料以生产新的零部件来弥补回收再利用的短缺，回收、生产和采购三个阶段共同构成了这个混合生产系统。

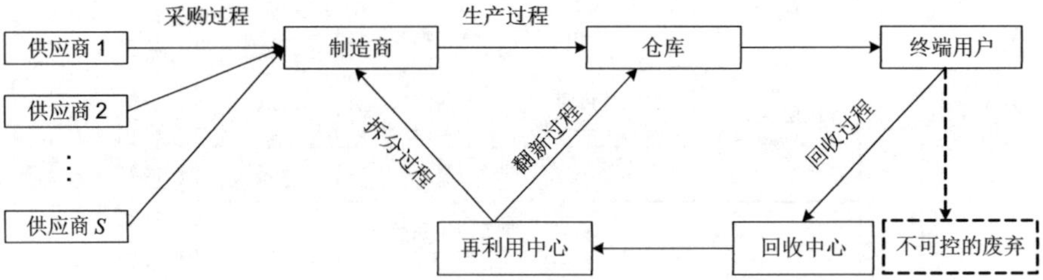

图 3.2　本章研究的生产系统

回收过程中的旧产品回收数量由制造商在先前周期中销售的产品数量决定，换句话说，先前周期的产品需求决定了当前周期的可回收的旧产品数量。经典的假设是在产品生命周期中的需求是恒定不变的，其已经成为传统长生命周期产品的库存控制模型中的普遍假设，它们都是建立在产品处于其生命周期的成熟阶段的模型。然而，在笔者看来，上面假设并不适合本章研究中的短生命周期产品。在有限的计划跨度内的需求反映了产品生命周期的特征，每个周期的产品需求都反映了生命周期的四个阶段，即引入、增长、成熟和衰退，因此，如图 3.3 所示，计划跨度内的产品需求随着产品生命周期进入不同阶段而变化。

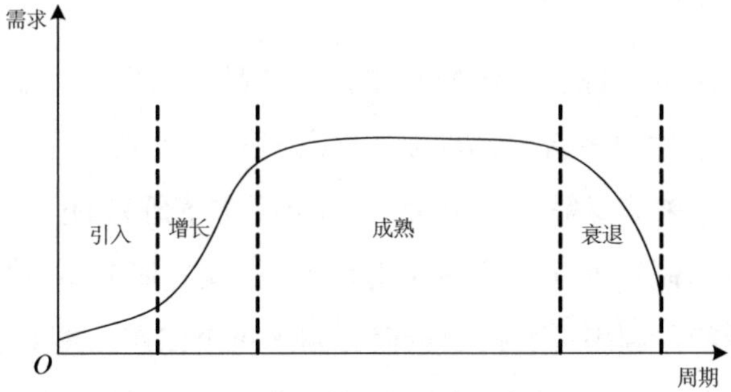

图 3.3　产品生命周期内的需求

图 3.4 反映了本章研究问题中物料流动的情况，其中包含两个库存存储点，分别用于存储原材料和回收的旧产品；制造商从外部供应商处采购原材料，然后生产新的零部件；高品质的回收品可以直接翻新并运输到新产品零售商处出售，其中一些旧产品因为质量等级不够无法直接翻新，因此需要拆分为零部件。可以再使用的零部件与新零部件一起组装成新产品。本章中

的这两个库存点不考虑补给策略和最低库存水平，仅在模型中考虑库存成本，从客户手中回收旧产品所需支付的费用由制造商支付，更多具体细节将在下节中详细阐述。

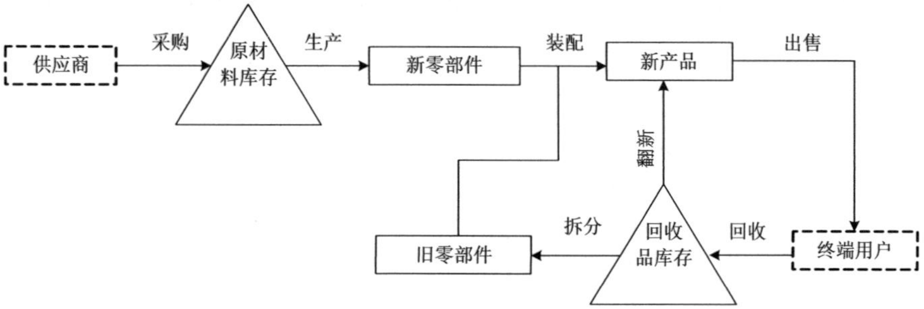

图3.4 生产系统中的物料流动

回收品的价值等级衰减也是一个非常重要的特征，传统问题中的价值损失是作为时间延迟来考虑的，实际上，产品生产出之后的所有时间都会产生价值损失，特别是从客户手中采购或者是通过逆向供应链存储于回收中心的终止使用的旧产品，价值损失的速度会很快。为了处理这类时间敏感性产品，如个人电脑、移动手机等，我们必须要在逆向流中考虑价值等级衰减。Guide等给出了回收品时间价值与闭环供应链总成本之间的关系，逆向流中绝大多数可回收品价值损失都是因为处理不及时导致的。过去的研究发现，回收品的价值因工业领域和产品种类的不同而不同，如电子产品的价值损失比率高达每周1%，并且在产品接近使用寿命的时候会提高到10%~20%，因此，每个零部件的价值都会有单位周期的价值损失。本章模型使用价值等级来表示零部件和产品的剩余价值。Jayaraman给出了六种价值等级来区分不同质量和特征的回收品，可再利用的回收品和零部件的价值等级不能低于某个固定值，以确保翻新的产品和再使用的零部件能够在一定周期内正常使用。

根据上面的描述，本章主要考虑下列问题：

（1）如何在产品生命周期的每个周期上得出最优生产计划？

（2）如何处理回收的产品？翻新、拆分后再利用，或是暂时搁置。

(3)如何处理拆分后产品的每个零部件?

(4)如何决策产品的回收价格?

(5)如何决策多供应商的原材料采购?

基于物联网相关技术追踪,以及探测并收集的产品生命周期管理中的产品生命周期信息,本章建立下面数学模型。

3.3 问题建模

3.3.1 关于问题的一些假设

本章研究的问题背景和相关的主要假设如下:

(1)制造商出售的所有产品都是PEID产品,且可以通过物联网跟踪并收集每个产品的相关信息,因此所有物联网中的用户均可以通过授权获得产品生命周期管理中的任何产品相关信息。

(2)研究的产品是全模块化产品且产品的零部件都是由相同的原材料生产而成的。

(3)使用旧零部件生产的产品被视为全新的产品共同满足产品需求,且它们的售价相同,新产品和再制造或翻新的产品之间没有任何差别。

(4)产品生命周期中每个周期的需求都是已知的,并且不允许延期交货,制造商的生产能力足够满足生产需求。

(5)模型中涉及的产品具有高度时间敏感性,回收品及其零部件的价值等级单位周期上按一定的比率发生衰减,产品的价值等级等于其所包含的零部件中的最低价值等级,且回收的旧产品都是可再利用的回收品,无再利用价值的旧产品不在本研究考虑的范围内。

(6)质量等级低的旧产品比质量等级高的旧产品更容易在回收过程中获得,因此旧产品回收的顺序是按照价值等级从低到高进行的。

(7)两个库存点,即原材料库存点和回收中心的回收品库存点,它们的存储能力足够存储相关物品。

(8)回收的旧产品必须包含所有零部件,即使其中某些零部件已经丧失功能无法使用,残缺的旧产品不在本研究考虑的范围内。

(9)回收中心对旧产品按照计划会进行完全拆分操作,也就是旧产品会被完全拆分为零部件,其中无法使用的以及不在计划中被使用的零部件和旧产品必须进行报废处理。

(10)新产品可以在进入市场后经过一定周期后进行回收,如果可以回收的终止使用的产品没有在当前周期被回收,则它们仍然可以在未来的周期内进行回收,并且它们的剩余价值会在这期间持续衰减。

基于上述假设,本章建立一个单种类产品包含多个零部件的多周期最优化模型,计划周期内的产品需求反映了市场角度产品生命周期的四个阶段;在计划周期内模型由三个主要决策过程组成,即回收过程、生产过程和采购过程,每个过程都独立建立模型,然后再集成为一体,这些模型建立过程会在后面逐一介绍。

假设有S个原材料供应商在物联网系统资源数据库中并且索引编号$s(s=1,2,\cdots,S)$用来区分不同的供应商;同时,每个产品包含J个不同的零部件并且编号$j(j=1,2,\cdots,J)$用来区分不同的零部件;索引编号$i(i=1,\cdots,I_1,\cdots,I_2,\cdots,I_3,\cdots,I)$用来表示不同的计划周期;产品生命周期分为四个部分,也就是引入、增长、成熟和衰退,以周期I_1,I_2和I_3为时间节点;三个决策过程中的其他参数、变量、目标函数和相关约束将在各小节中详细描述。

3.3.2 回收过程

在回收过程中,制造商需要提供一些补偿或者支付现金以从客户手中收购旧产品,因为所有市场中的产品都可以通过物联网进行追踪,所以制造商可以选择其中有再利用价值的旧产品进行回收。假设在周期i上存在e_i个终止使用的旧产品,且用集合$E_i=\{1,2,\cdots,e_i\}$表示可以回收的旧产品。

3.3.2.1 回收率(r_i)

在回收过程模型中,将终止使用的产品划分成两个部分:第一部分rd_i表示已经报废的或在使用过程中遭受不可控损坏或者剩余价值已经不足以再利用的旧产品，这部分产品的相关信息一般是不全的，因此这些产品无法或者很难进行回收，而报废或者剩余价值很低的产品即使相关信息是完整的也不会被回收利用；另一部分 ra_i 是客户手中可回收且可再利用的终止使用的产品，因为可再利用的旧产品信息是存储在物联网数据库中的，所以可以追踪旧产品进行回收操作，将所有这一部分产品都放入上述集合 E_i 中。

客户对产品回收有不同行为，不是所有可回收产品都能够从客户手中回收，即使这些产品都可以通过物联网追踪到并和其所有者建立联系，有意愿提供旧产品回收的客户比例是由制造商愿意为回收旧产品支付的费用决定的。因此，本章所用回收率 r_i 是回收价格 pa_i（也就是制造商用于回收旧产品支付给客户的费用）的非线性函数。图3.5中反映了 r_i 和 pa_i 之间的相互关系。

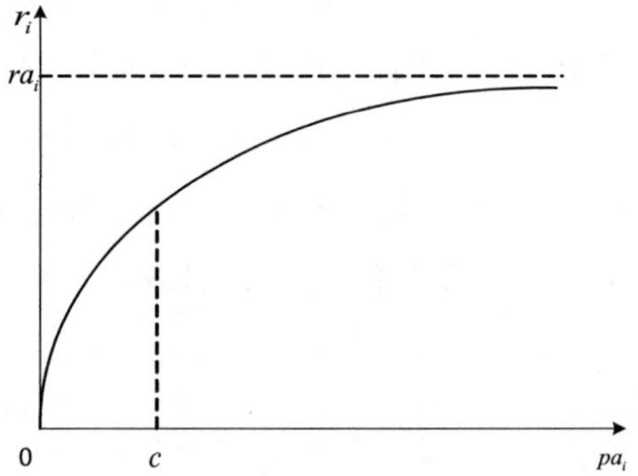

图3.5　回收率和回收价格之间的相互关系

$$r_i = (1 - \lambda) ra_i, \forall i \tag{3.1}$$

其中，λ 是回收价格和回收率之间的规模因子，因为回收率总是非负的，所以 λ 值的选择就必须保证 $r_i \geqslant 0$。这里假设回收价格与规模因子之间的关系为指数函数：

$$\lambda = e^{-\frac{pa_i}{c}} \tag{3.2}$$

其中，c 是客户期望获得的回报，这个参数是由物联网系统给出的，通过回收过程的历史数据统计计算得出，在制造商选定了回收价格之后，就可以得到λ的值并计算出从客户那里获得旧产品的实际回收率。

3.3.2.2　物联网提供的客户手中的旧产品相关信息及参数

e_i　至周期i时终止使用的产品数量；

E_i　周期i上可回收且可再利用的旧产品集合，其中集合元素的顺序按照产品的价值等级升序排列；

c　客户期望从制造商处获得的回报；

rd_i　周期i上报废和遭受不可控损坏的旧产品比例；

ra_i　周期i上最大可回收旧产品比例；

l　新产品在客户手中使用的时间跨度(单位:周期)；

af_i　周期i上用于联系客户和运输旧产品的单位固定回收费用。

3.3.2.3　回收模型

(1)决策变量：

pa_i　周期i上制造商给客户支付的用于回收他们手中产品的回收价格；

u_i　周期i上从客户那里回收的旧产品数量；

λ　回收价格与回收率之间的规模因子；

r_i　周期i上旧产品的回收率。

(2)目标函数：最小化回收总成本(TAC)。

$$\min TAC = \sum_i (pa_i + af_i) \cdot u_i \tag{3.3}$$

(3)约束条件：回收过程受到如下约束。

条件1：当$i \leqslant l$时，客户手中不存在任何终止使用的旧产品，因此

$$E_i = \varnothing, e_i = 0 \tag{3.4}$$

所以$pa_i = 0$且$u_i = 0$，也就是说，在这种情况下不存在回收过程。

条件2：当$i > l$时，在周期$i - l$内售出的新产品，其中一部分已经终止使用并可以从客户那里进行回收。

客户手中的旧产品由两个部分组成，即无法再利用的部分和可以再利用的部分。因此

$$rd_i + ra_i = 1, \forall i > l \tag{3.5}$$

回收产品数量是通过实际回收率乘以可再利用且可回收的旧产品数量计算得到的。

$$u_i = \lfloor r_i \cdot e_i \rfloor, \forall i > l \tag{3.6}$$

其中,$\lfloor * \rfloor$是不超过 * 的最大整数。

回收率和回收价格都需要满足约束条件1和2,并且所有决策变量取值都是非负的。

3.3.3 混合生产过程

当决策者决定了回收价格后,可回收的旧产品就从客户那里被回收并运输至回收中心,相关产品信息也会发送至物联网生产系统的回收品数据库中以供安排生产计划使用。我们定义集合N_t包含周期t内回收中心获得的旧产品,且n_t为集合元素索引号,即$N_t = \{1, 2, \cdots, n_t\}$,其中$t$为周期索引值,等同于$i$。下面列出了生产模型中使用的其他参数。

(1)物联网提供的集合N_t中回收品相关信息如下:

k_t　集合N_t中的旧产品索引值;

α_j　当产品终止使用或者存放在回收中心时,零部件j的价值等级单位周期上的衰减率;

$v_{k_t j}$　周期t内回收的回收品k_t中零部件j的价值等级;

$v_{\inf}$　可以用于翻新或再利用的产品和零部件的最低价值等级。

(2)物联网中生产系统提供的生产相关信息如下:

dem_i周期i上的新产品需求量;

cr_j　生产零部件j所需要的单位原材料消耗;

cc_j　生产零部件j所需要的单位成本;

cf　组装新产品所需要的单位固定生产成本;

ref　翻新旧产品所需要的单位成本;

dis_j　拆分零部件j并用于再制造的单位成本;

dp_j 拆分并报废废弃零部件j的单位成本；

hc 旧产品在回收中心的单位周期库存成本；

hr 原材料在原材料仓库的单位周期库存成本。

(3)生产模型中的决策变量描述如下：

m_i 周期i上的新产品生产数量；

rm_i 周期i上的旧产品翻新数量；

w_i 周期i上的旧产品拆分数量；

rc_{ji} 周期i上通过拆分旧产品得到的零部件j的再利用数量；

o_{ji} 周期i上通过原材料生产的新零部件j的数量；

$x_{k_t i}$ 二进制变量，如果回收品k_t在周期i上进行翻新处理，则取值为1，否则为0；

$y_{n_t i}$ 二进制变量，如果回收品k_t在周期i上进行拆分处理，则取值为1，否则为0；

$y'_{n_t j}$ 二进制变量，如果回收品k_t的零部件j拆分后再利用，则取值为1，否则为0；

gc_{ti} 周期t开始时回收的旧产品在周期i结束时存放在回收中心的数量；

gr_i 周期i结束时存放在仓库的原材料的数量。

(4)生产模型：

生产模型的目标函数涉及两个部分，即各周期上的制造和再利用的总成本(*TMRC*)与原材料短缺数量(*TRS*)。

第一部分由成品组装成本、翻新成本、零部件制造成本、拆分成本和库存成本构成，其中，拆分成本包括再利用部分和报废部分的相关成本，库存成本是回收中心的旧产品库存成本加上原材料库存成本。因此，目标函数表示如下：

$$\min TMRC = cf \cdot \sum_i m_i + ref \cdot \sum_i rm_i + \sum_j (cc_j \cdot \sum_i o_{ji}) + \sum_j (dis_j \cdot \sum_i rc_{ji}) + \sum_j (dp_j \cdot \sum_i (w_i - rc_{ji})) + hc \cdot \sum_i \sum_{t \leq i} gc_{ti} + hr \sum_i gr_i \tag{3.7}$$

第二部分 *TRS* 是可以用于生产新零部件的原材料的总数，可以表示如下：

$$TRS_i = \sum_j cr_j \cdot o_{ji} + gr_i - gr_{i-1}, \forall i > 1 \tag{3.8}$$

$$TRS_1 = \sum_j cr_j \cdot o_{j1} + gr_1 \tag{3.9}$$

除了所有变量非负约束之外，生产模型的其他约束表述如下：

因为假设中说明了每个周期的需求必须满足，并且不允许延期交货，所以有：

$$m_i + rm_i \geq dem_i, \forall i \tag{3.10}$$

回收的产品需要经过一个合适的时间进行拆分或者翻新处理，并且处理的时间不能早于回收的时间，因此有：

$$\sum_i (x_{k_t i} + y_{k_t i}) = 1, \forall k_t, t \tag{3.11}$$

$$\sum_{i < t} (x_{k_t i} + y_{k_t i}) = 0, \forall k_t, t \tag{3.12}$$

翻新和拆分的产品数量可以基于下列等式计算得出：

$$rm_i = \sum_{t < i} \sum_{k_t} (x_{k_t i}), \forall i \tag{3.13}$$

$$w_i = \sum_{t < i} \sum_{k_t} (y_{k_t i}), \forall i \tag{3.14}$$

再利用的零部件和生产新产品的数量可以通过下列等式计算得出：

$$rc_{ji} = \sum_{t < i} \sum_{k_t} (y'_{k_t j} \cdot y_{k_t i}), \forall j, i \tag{3.15}$$

$$o_{ji} = m_i - rc_{ji}, \forall j, i \tag{3.16}$$

再利用的零部件必须通过相关产品的拆分得到，并且该零部件的价值等级不能低于最低再利用等级，因此有以下约束：

$$y'_{k_t j} \leq \sum_i y_{k_t i}, \forall k_t, t \tag{3.17}$$

$$y_{k_t i} \cdot y'_{k_t j} \cdot (v_{k_t j} - (i - t) \cdot \alpha_j - v_{\text{inf}}) \geqslant 0, \forall k_t, j, t, i \geqslant t \tag{3.18}$$

翻新的产品需要有足够的价值等级,因此存在约束:

$$x_{k_t i} \cdot (\min_j \{v_{k_t j} - (i - t) \cdot \alpha_j\} - v_{\text{inf}}) \geqslant 0, \forall k_t, t, i \geqslant t \tag{3.19}$$

在回收中心的旧产品库存时间依赖于该回收品的回收周期,因此有以下约束:

$$gc_{ti} = 0, \forall t, i < t \tag{3.20}$$

$$gc_{ti} = n_t - w_i - rm_i, \forall t, i = t \tag{3.21}$$

$$gc_{ti} = g_{t(i-1)} - w_i - rm_i, \forall t, i > t \tag{3.22}$$

3.3.4　采购过程

根据生产过程的决策,可以得到每个周期上短缺的原材料数量。所需原材料要从联入物联网的外部供应商处进行采购,其相关信息都可以在物联网资源数据库中获得。假设供应商的供给能力总和足够满足制造商的原材料需求。

(1)物联网提供的供应商的相关共享信息如下:

TRS_i　周期i上制造商原材料的需求(短缺);

cp_{si}　周期i上从供应商s处采购原材料的单位采购成本;

cf_{si}　周期i上从供应商s处采购原材料的固定采购成本;

cap_s　供应商s的原材料供给能力;

mq_s　从供应商s处采购原材料的最小订购量。

(2)采购模型。

决策变量如下:

q_{si}　周期i上从供应商s处采购原材料的数量;

z_{si}　二进制变量,如果制造商在周期i上从供应商s处采购原材料,则取值为1,否则为0。

目标函数最小化总采购成本(TPC)表示如下:

$$\min TPC = \sum_i \sum_s (cp_{si} \cdot q_{si} + cf_{si} \cdot z_{si}) \tag{3.23}$$

采购模型需要满足如下约束：

从供应商处采购的原材料数量必须足够弥补短缺的数量，并且从各供应商处采购的数量不低于其最小订购量也不超过其供应能力。相关约束表示如下：

$$\sum_{s} q_{si} \geqslant TRS_i, \forall i \tag{3.24}$$

$$q_{si} \geqslant mq_s, \forall s, i \tag{3.25}$$

$$q_{si} \leqslant cap_s, \forall s, i \tag{3.26}$$

$$z_{si} = \begin{cases} 0 & q_{si} = 0, \\ 1 & q_{si} > 0, \end{cases} \quad \forall s, i \tag{3.27}$$

$$q_{si} \geqslant 0, z_{si} = \{0, 1\}, \forall s, i \tag{3.28}$$

3.3.5 集成的三阶段生产过程

集成上述三个过程的模型，可以得到产品生命周期上的混合生产系统模型，这里给出集成的数学模型，即混合生产系统目标函数是最大化出售新产品的总利润。

$$\max TR = \sum_{i} p_i \cdot dem_i - TAC - TMRC - TPC \tag{3.29}$$

其中，p_i是周期i上新产品的销售价格，模型满足的相关约束为式(3.1)至(3.28)。

3.4 PSO启发式算法

PSO，即粒子群优化(Particle Swarm Optimization)。在本章问题中，计划跨度内存在两种不同的情况：第一种情况是当计划周期$i \leqslant l$时，客户手中不存在可供回收利用的旧产品，因此需求只能通过从供应商处采购原材料生产新零部件组装新产品来满足；第二种情况是当计划周期$i > l$时，客户手中有可供回收利用的旧产品。因此，解决方法分为两种情况。

情况1：当计划周期$i \leqslant l$时，问题中不存在回收过程，采购过程是模型中考虑的主要问题。

情况2：当计划周期$i > l$时，模型中集成了三个过程，回收品需要选择合适的再利用方式来节约生产总成本。

3.4.1　集成模型的PSO算法设计

混合生产计划的主要任务可以看作一个组合最优化问题，在求解方面，很多搜索算法都可以有效解决各种优化问题，如遗传算法、蚁群算法、模拟退火算法和粒子群优化算法等，其中粒子群优化算法因为优秀的全局搜索能力和快速的收敛速度，经常被用于解决混合组合优化问题。

在三个过程集成的模型中，粒子群优化算法用于评估总利润以寻找更好的解。图3.6中给出了算法的整个流程，相关细节在Kennedy和Eberhart的研究中有详细说明。本章中，粒子群优化算法的惯性权重以及编码和解码过程将在下文中详细介绍。

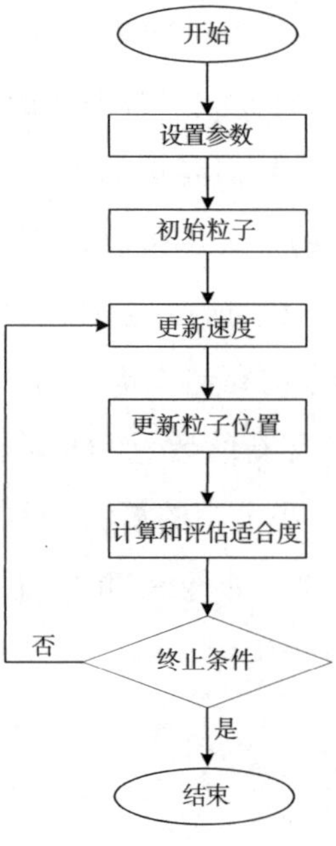

图3.6　粒子群优化算法流程

在编码过程中，一个粒子表示制造商原材料的库存数量和从客户手中回收的旧产品数量。表3.1中给出了粒子$p(p = 1, 2, \cdots, P)$的编码示例，其中粒子维度为I,即整个计划跨度周期,并且原材料库存表示各周期上完成生产新零部件之后制造商的原材料库存数量,回收数量表示各周期上从客户手中回收的旧产品数量。根据假设(8),在前一个周期内没有旧产品可以回收,同时,最后一个周期结束时原材料库存应该为零。为了满足粒子对应解的可行性,在周期i上的原材料库存不超过$\max\{0, gr_{i-1} - dr_i\}$,其中,$dr_i$表示周期$i$上原材料的需求。如果粒子的位置在迭代过程中不满足约束条件,相关的不满足约束的位置更改为$\max\{0, gr_{i-1} - dr_i\}$,并且各周期上回收品的数量必须保证在0到$ra_i \cdot e_i$的范围内。

表3.1 粒子的编码示例

粒子维度	1	2	3	…	l	l+1	…	I-1	I
原材料库存量	30	55	110	…	60	18	…	42	0
回收数量	0	0	0	…	0	20	…	26	15

根据启发式解码规则,各周期上回收方案的解是由后面3.4.2小节中给出的启发式算法决定的。在启发式过程开始时,回收品数量等于回收数量加上上一个周期的库存数量,然后各周期上的回收价格和再利用零部件数量、翻新的旧产品以及报废的部分都可以计算出来。如果回收品没有在它回收的周期内报废,结果就需要进行一个修正,将报废操作转移到该产品回收的周期上进行,以避免多余的存储成本。因此,各周期原材料的需求可以通过产品的需求量、旧产品翻新的数量和再使用零部件的数量计算得出。采购决策可以通过后面3.4.2小节中的算法1计算得出。将以上得出的解集成起来,就可以得到集成问题的可行解,并且每一代总利润都可以计算得出并作为适应度函数来评价解的优劣。

3.4.2 采购方案启发式算法

首先考虑一个周期上的采购过程,通过以下引理可以得到某些特殊情形下的最优解。

引理1 已知S个供应商,当$d \leqslant mq_s, s = 1, 2, \cdots, S$($d$是原材料的需求

量)时,最优采购方案的采购成本为$\min\{cp_s \cdot mq_s + cf_s \mid s = 1, 2, \cdots, S\}$。

证明:因为$d \leqslant mq_s$,每个供应商都可以不通过与其他供应商合作就能满足原材料需求,因此当选择供应商s进行采购时,总成本为$cp_s \cdot mq_s + cf_s$,最优采购成本的值为$\min\{cp_s \cdot mq_s + cf_s \mid s = 1, 2, \cdots, S\}$。

引理2　已知两个供应商1和2,当$mq_s \leqslant d \leqslant cap_s$, $s = 1, 2$并且$cp_1 + \dfrac{cf_1}{d} \leqslant cp_2 + \dfrac{cf_2}{d}$时,采购过程的最优解等于$cp_1 \cdot d + cf_1$。

证明:由给定的两个供应商可以提供三种可能的采购方案,可以得到:

$$\begin{cases} cp_1 \cdot d + cf_1 & (3.30) \\ cp_1 \cdot d_1 + cf_1 + cp_2 \cdot (d - d_1) + cf_2\ , 0 < d_1 < d & (3.31) \\ cp_2 \cdot d + cf_2 & (3.32) \end{cases}$$

显然,$cp_2 \cdot d + cf_2 \geqslant cp_1 \cdot d + cf_1$。现在将(3.31)-(3.30)得到:

$$\begin{aligned} & cp_1 \cdot d_1 + cf_1 + cp_2 \cdot (d - d_1) + cf_2 - (cp_1 \cdot d + cf_1) \\ = & (cp_2 - cp_1) \cdot (d - d_1) + cf_2 \geqslant \frac{cf_1 - cf_2}{d} \cdot (d - d_1) + cf_2 \\ = & \frac{cf_1 \cdot (d - d_1) + cf_2 \cdot d_1}{d} > 0 \end{aligned}$$

因此,$cp_1 \cdot d_1 + cf_1 + cp_2 \cdot (d - d_1) + cf_2 > cp_1 \cdot d + cf_1$,最优解为$cp_1 \cdot d + cf_1$。

引理3　已知S个供应商,当$mq_s \leqslant d \leqslant cap_s$, $s = 1, 2, \cdots, S$并且$cp_1 + \dfrac{cf_1}{d} \leqslant cp_s + \dfrac{cf_s}{d}$, $s = 2, 3, \cdots, S$时,采购过程的最优解为$cp_1 \cdot d + cf_1$。

证明:假设存在一个解为$C = cp_1 \cdot d_1 + cf_1 + cp_2 \cdot d_2 + cf_2 + \cdots + cp_s \cdot d_s + cf_s$,其中$\sum_{1 \leqslant s \leqslant S} d_s = d$,可以将$C$重新写为$C = cp_1 \cdot d_1 + cf_1 + \dfrac{\sum_{2 \leqslant s \leqslant S} cp_s \cdot d_s}{\sum_{2 \leqslant s \leqslant S} d_s} \cdot (d - d_1) + \sum_{2 \leqslant s \leqslant S} cf_s$。

可以用一个虚拟的供应商v来表示供应商2, 3, $\cdots$, S,其中$cp_v =$

$\dfrac{\sum_{2\leqslant s\leqslant S} cp_s \cdot d_s}{\sum_{2\leqslant s\leqslant S} d_s}$ 并且 $cf_s = \sum_{2\leqslant s\leqslant S} cf_s, cp_v + \dfrac{cf_v}{d} = \dfrac{\sum_{2\leqslant s\leqslant S} cp_s \cdot d_s}{\sum_{2\leqslant s\leqslant S} d_s} + \dfrac{\sum_{2\leqslant s\leqslant S} cf_s}{d}$。现在可以考查下列不等式：

$$
\begin{aligned}
cp_v + \frac{cf_v}{d} - (cp_1 + \frac{cf_1}{d}) &= \frac{\sum_{2\leqslant s\leqslant S} (cp_s - cp_1) \cdot d_s}{\sum_{2\leqslant s\leqslant S} d_s} + \frac{cf_v}{d} - \frac{cf_1}{d} \\
&\geqslant \frac{\sum_{2\leqslant s\leqslant S} \frac{(cf_1 - cf_s)}{d} \cdot d_s}{\sum_{2\leqslant s\leqslant S} d_s} + \frac{cf_v}{d} - \frac{cf_1}{d} \\
&= \frac{cf_1 \cdot \sum_{2\leqslant s\leqslant S} d_s}{d \cdot \sum_{2\leqslant s\leqslant S} d_s} - \frac{cf_1}{d} + \frac{cf_v}{d} - \frac{\sum_{2\leqslant s\leqslant S} cf_s \cdot d_s}{d \cdot \sum_{2\leqslant s\leqslant S} d_s} \\
&= \frac{\sum_{2\leqslant s\leqslant S} d_s \cdot \sum_{2\leqslant s\leqslant S} cf_s - \sum_{2\leqslant s\leqslant S} cf_s \cdot d_s}{d \cdot \sum_{2\leqslant s\leqslant S} d_s} > 0
\end{aligned}
$$

因此可以得出 $cp_1 + \dfrac{cf_1}{d} < cp_v + \dfrac{cf_v}{d}$。基于引理2可以看出，采购过程的最优解为 $cp_1 \cdot d + cf_1$。

基于以上引理，本章提出一个启发式算法来解决采购问题。在给出算法之前首先给出需要用到的一些符号。算法中需要用到三个集合 S, A 和 B，初始状态均为 $\varnothing$，以及整数 n 和 d_n，分别表示迭代次数和第 n 代时满足的需求量。

3.4.2.1　算法1

步骤1　初始化算法，记 $n = 1$，并将所有供应商都加入集合 S 中。

步骤2　如果 $cap_s \geqslant d, \forall s \in S$，则将满足 $d > mq_s$ 的供应商 s 加入集合 B 中，并将满足 $d \leqslant mq_s, s \in S$ 的供应商 s 加入集合 A 中，最优解的其中一部分为 $\min\{cp_a \cdot mq_a + \dfrac{mq_a}{q_a + mq_a} cf_a, cp_b \cdot d + \dfrac{d}{q_b + d} cf_b | a \in A, b \in B\}$，然后转到步骤6；如果存在供应商 s 满足 $cap_s < d, s \in S$，则转到步骤3。

步骤3　记 $d_n = \min\{cap_s | s \in S\}$。

步骤4　计算 $cp_s + \frac{cf_s}{q_s + d_n}, s \in S$，并将供应商按照该值以升序进行排列。

步骤5　最优解的其中一部分为 $cp_{s1} \cdot d_n + \frac{d_n}{q_{s1} + d_n} \cdot cf_{s1}$，其中 $s1$ 是集合 S 中的第一个元素，然后更新值 $d = d - d_n, q_{s1} = q_{s1} + d_n, cap_{s1} = cap_{s1} - d_n$ 以及 $mq_{s1} = \max\{mq_{s1} - d_n, 0\}$；如果 $cap_{s1} = 0$，则将 $s1$ 从集合 S 中移除，然后转到步骤2并且令 $n = n + 1$。

步骤6　运行算法2。

3.4.2.2　算法2

已知一个解 $\{q_s | s \in S\}$，可以用以下算法对解进行改进并为原问题的可行解。

步骤1　如果存在不止一个供应商 $s(q_s > 0)$ 满足 $q_s < cap_s$（这里的 cap_s 是供应商原始的供给能力）在算法1给出的解中，则计算 $cp_s + \frac{cf_s}{cap_s}$ 的值，并选择满足 $cp_{\bar{s}} + \frac{cf_{\bar{s}}}{cap_{\bar{s}}} = \min\{cp_s + \frac{cf_s}{cap_s}\}$ 的供应商 $\bar{s}$。将其他满足 $cap_s > q_s > 0$ 的供应商 s 的采购量转移到供应商 $\bar{s}$ 上直到 $q_{\bar{s}} = cap_{\bar{s}}$ 或者没有其他供应商 s 可供选择为止，重复该步骤直至在得出的解中不超过一个供应商 s 满足 $0 < q_s < cap_s$。如果不存在供应商 s 满足 $0 < q_s < cap_s$，则算法停止；否则，转到步骤2。

步骤2　如果在步骤1中仅有一个供应商满足 $q_s \geq mq_s$，此时的解即为可行解并且算法结束；否则，执行下列操作：

选择满足以下条件的供应商 s''：

$cp_{s''} \cdot q_{s''} + cf_{s''} = \min\{cp_a \cdot q_s + cf_a, cp_b \cdot mq_b + cf_b | cap_a \geq q_s, mq_a \leq q_s, mq_b > q_s, a,b \in S\}$。如果 $cp_{s''} \cdot q_{s''} + cf_{s''} < cp_s \cdot q_s + cf_s$，则将解中的 $cp_s \cdot q_s + cf_s$ 更改为 $cp_{s''} \cdot q_{s''} + cf_{s''}$。

步骤3　如果 $\sum_{s \in S} q_s > d$（d 为原材料需求量），则选择满足 $cp_{s_1} =$

$\max\{cp_s | q_s > 0, s \in S\}$的供应商。如果$q_{s_1} = mq_{s_1}$且$q_{s_1} > (\sum_{s \in S} q_s - d)$，则将供应商$s_1$从集合$S$中移除，并且重复该步骤。如果$q_{s_1} > mq_{s_1}$且$q_{s_1} > (\sum_{s \in S} q_s - d)$，则更新值$q_{s_1} = q_{s_1} - \min\{\sum_{s \in S} q_s - d, mq_{s_1} - q_{s_1}\}$，再将供应商$s_1$从集合$S$中移除并重复该步骤；如果$q_{s_1} > mq_{s_1}$且$q_{s_1} \leqslant (\sum_{s \in S} q_s - d)$，则更新$q_{s_1} = 0$并将供应商$s_1$从集合$S$中移除，然后重复该步骤。当$\sum_{s \in S} q_s = d$时，算法终止。

3.4.3 混合生产计划启发式算法

生产过程的混合制造与再制造系统是我们考虑的另外一个重要问题，这里主要的复杂问题是如何处理回收的旧产品。我们首先给出了一个简单的过程来解决对哪些旧产品进行再利用的问题。

根据需求量与产品回收数量之间的关系，在再利用过程中需要考虑两种可能存在的情况。

情况1：回收品的数量不超过需求量，最好的方式就是对所有回收品都进行再利用，根据它们的价值等级进行翻新或者拆分后再利用其中有用的零部件，翻新或是拆分后再利用的决策是根据每个回收品的价值等级来确定的，在这种情形下周期中不存在回收品库存。

情况2：回收品的数量超过了需求量，此时将回收品分为两个部分，第一部分为可翻新的旧产品，而剩下的旧产品则为第二部分。将第一部分回收品按照T_{k_t}的值以升序排列，其中$T_{k_t} = \min_j \left\{ \left\lfloor \frac{v_{k_t j} - v_{\inf}}{|v| \cdot \alpha_j} \right\rfloor \right\}$且$|v|$表示划分的价值等级数量，按照该排序对回收品进行翻新直到需求已经满足或者没有可供翻新的回收品。

如果需求量已经满足，则剩下的回收品当中满足$\bar{T}_{k_t} = 0$，其中$\bar{T}_{k_t} = \left\lfloor \max_j \left\{ \frac{v_{k_t j} - v_{\inf}}{|v| \cdot \alpha_j} \right\} \right\rfloor$的部分到下个周期时就无法再利用，必须在当前周期进行

拆分并报废，最终剩余的回收品将被存放在回收中心供下个周期继续使用。

如果需求量未满足且已无回收的旧产品可供翻新，则将第二部分中的回收品进行拆分并再利用其中有效的零部件。首先，计算每种零部件的可再利用总数(nu_j)和需求量(dc_j)，如果$nu_j \leqslant dc_j, \forall j$，则所有回收品都必须进行拆分；否则，执行以下步骤。

步骤1　选择零部件j可再利用并且满足$nu_j = \min\limits_j \{nu_j | 0 < nu_j \leqslant dc_j, \forall j\}$的回收品，拆分这些回收品并再利用其中有效的零部件，将剩下的不可用部分进行报废，然后分别更新nu_j和dc_j的值。

步骤2　重复步骤1直至$nu_j = 0(nu_j \leqslant dc_j)$。如果$dc_j = 0(nu_j > dc_j)$，则已得出所需的再利用方案，拆分并报废其中$\bar{T}_{k_t} = 0$的未利用的回收品，剩余的回收品作为库存储存在回收中心；如果$dc_j > 0(nu_j > dc_j)$，则转到步骤3。

步骤3　选择零部件j可再利用并满足$nu_j - dc_j = \min\limits_j \{nu_j - dc_j | nu_j > dc_j > 0, \forall j\}$的回收品，将这些回收品按照$T'_{k_t}$的值进行升序排列，其中$T'_{k_t} = \left\lfloor \min\limits_j \left\{ \frac{v_{k_t j} - v_{\inf}}{|v| \cdot \alpha_j} \middle| v_{k_t j} \geqslant v_{\inf} \right\} \right\rfloor$，按照顺序依次拆分并再利用其有效零部件直至零部件$j$的需求被满足，然后分别更新$nu_j$和$dc_j$的值，并报废超过需求量的可再利用零部件。

步骤4　重复步骤3直至$dc_j = 0(nu_j > dc_j)$，所给出的再利用计划即为最终解决方案，拆分并报废其中$\bar{T}_{k_t} = 0$的未利用的回收品，剩余的回收品作为库存存放在回收中心。

3.5　仿真实验及分析

本节给出了一个指示性的数值实例来说明模型的运用和算法的实现，我们使用一家生产个人电脑公司的数据来证明所提出模型的有效性和适用性，模型中的拆分成本被设置为与Ondemir等(2012)描述的值相同，拆分后报废的成本被设置为仅有拆分操作成本的三倍。表3.2给出了其他所需的数据。

表3.2 数值实例中各参数的值

c	l		cf			ref			h_c			h_r		
15	2		5			3			0.1			0.05		
周期i			1	2	3	4	5	6	7	8	9	10	11	12
ra_i/%			0	0	60	70	80	85	90	85	80	75	70	60
af_i			0	0	0.3	0.3	0.25	0.25	0.3	0.3	0.2	0.2	0.2	0.2
p_i			120	120	115	115	110	110	110	105	105	105	80	70
cp_{si}	供应商s	1	1	1	1.2	1.2	1	1	1.3	1.3	1.2	1	1.2	1
		2	0.9	0.9	1.1	1.1	0.9	0.9	1.1	1.1	1.1	0.9	1.1	0.9
		3	0.8	0.8	0.9	0.9	0.8	0.8	1.0	1.0	0.9	0.8	0.9	0.8
		4	0.7	0.7	0.8	0.8	0.7	0.7	0.9	0.9	0.8	0.7	0.8	0.7
		5	0.6	0.6	0.7	0.7	0.6	0.6	0.8	0.8	0.7	0.6	0.7	0.6
		6	0.5	0.5	0.6	0.6	0.5	0.5	0.7	0.7	0.6	0.5	0.6	0.5
cf_{si}	供应商s	1	50	50	70	70	65	65	55	55	60	60	55	55
		2	60	60	80	80	75	75	60	60	70	70	65	65
		3	70	70	90	90	80	80	70	70	80	80	80	80
		4	80	80	100	100	80	80	75	75	90	90	85	85
		5	90	90	120	120	110	110	90	90	100	100	95	95
		6	100	100	150	150	120	120	100	100	120	120	110	110
供应商s			1		2		3		4		5		6	
cap_s			500		1000		1500		2000		2500		3000	
mq_s			100		300		500		700		800		900	
零部件j			A			B		C		D		E		
cr_j			2			3		4		3		4		
cc_j			0.5			2.5		10		5		7.5		
dis_j			0.1			0.5		2		1		1.5		
dp_j			0.3			1.5		6		3		4.5		
α_j			10%			20%		15%		10%		20%		

如Jayaraman(2006)定义的那样，我们的实例中也将回收品的质量等级分为六个不同的层次，这六个等级是按照回收品状态的降序进行排列的，前

三种等级的回收品都是可以很容易用很低的成本进行翻新的，因此，前三个等级回收品的零部件也是可以在拆分后当作新的零部件来再利用的；后三个等级的回收品不能再利用，并且需要按照环境保护相关法律法规的规定选用合适的方式进行报废处理，各周期上旧产品的价值等级数据是从实际的数据库中随机选择并按照回收品价值等级的升序进行排列的。

在计算实例中，我们假设产品生命周期跨度为12个计划时间周期，因此，计划跨度内包含12个周期，产品生命周期的4个阶段分别覆盖2、2、6和2个周期，类似地，如图3.7所示，各周期产品需求量的变化趋势符合产品生命周期的4个不同阶段。

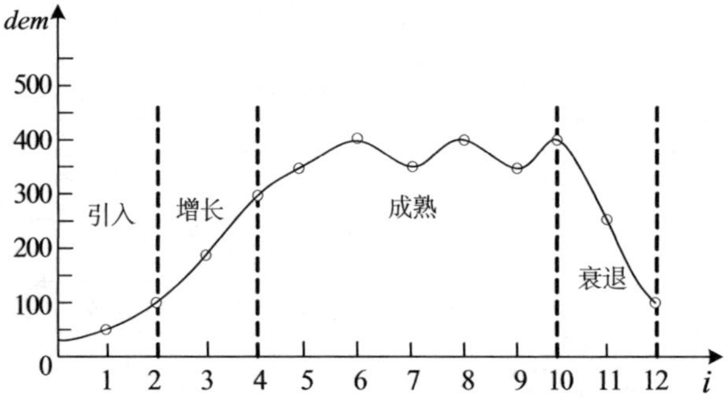

图3.7　产品生命周期上各周期的产品需求量

3.5.1　数值实例

计算程序是利用C#（VS2010）语言编写的，并在一台配置为Intel Core™ i5-2.6 GHz CPU和4 GB内存的个人电脑上运行。表3.3中给出了粒子群优化算法的4个主要参数值，计算得出问题的最好解决方案的时间为3390 s CPU时间。如图3.8所示，粒子群优化算法在669代后收敛并且最大适应度函数值为211583.85。表3.4中给出了反应最终方案的粒子，最终解的详细方案分别在表3.5至表3.7中给出。

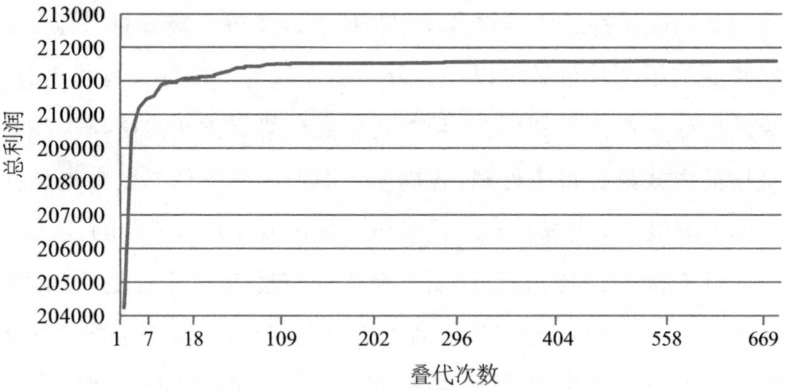

图3.8　粒子群优化算法的计算结果

表3.3　粒子群优化算法的四个主要参数值

参数	迭代次数	粒径	惯性权重范围(ω_1,ω_2)	速度常数(c_1,c_2)
参数值	1000	100	(0.9,0.4)	(2,2)

表3.4　实例中全局最优粒子

粒子维度	1	2	3	4	5	6	7	8	9	10	11	12
原材料库存	2200	4917	1800	0	0	0	0	0	0	0	0	0
回收数量	0	0	9	0	30	0	60	123	38	0	0	0

表3.5　各周期上详细的原材料采购计划

周期		1	2	3	4	5	6	7	8	9	10	11	12
供应商	1	0	0	0	0	0	0	0	0	0	0	0	0
	2	0	0	0	0	0	0	0	0	0	0	0	0
	3	0	0	0	0	0	0	0	0	0	0	0	0
	4	0	0	0	0	0	900	0	0	0	900	0	0
	5	0	1317	0	0	2354	2500	2126	2412	2275	2500	1000	0
	6	3000	3000	0	3000	3000	3000	3000	3000	3000	3000	3000	1600
	总计	3000	4317	0	3000	5354	6400	5126	5412	5275	6400	4000	1600

表3.6　各周期上回收价格和详细的回收品再利用方案

周期		1	2	3	4	5	6	7	8	9	10	11	12
详细方案	回收价格	0	0	5.35	0	3.11	0	3.17	6.74	2.19	0	0	0
	翻新数量	0	0	0	0	0	0	0	0	0	0	0	0
	拆分数量	0	0	9	0	30	0	60	123	38	0	0	0
	库存数量	0	0	0	0	0	0	0	0	0	0	0	0
	报废数量	0	0	0	0	0	0	0	0	0	0	0	0

表3.7　各周期上再利用零部件的数量

周期		1	2	3	4	5	6	7	8	9	10	11	12
零部件	1	0	0	6	0	19	0	25	61	23	0	0	0
	2	0	0	4	0	19	0	30	60	21	0	0	0
	3	0	0	5	0	20	0	28	62	12	0	0	0
	4	0	0	5	0	9	0	30	62	24	0	0	0
	5	0	0	6	0	11	0	33	63	24	0	0	0

表3.8给出了每个周期上各阶段的目标值和总利润，经过5个周期后，制造商开始从客户手中回收旧产品，回收数量处于一个很低的水平，因为参数c被设置为15，与全新产品的生产成本相比，这是一个很高的水平。本研究的问题参数c具有很高的敏感性，我们将在下一小节中对该参数进行详细讨论。

表3.8　三个阶段中的全局最优解

周期		1	2	3	4	5	6	7	8	9	10	11	12	总计
目标	*TAC*	0	0	50.85	0	100.94	0	208.18	865.39	90.74	0	0	0	1316.1
	TMRC	1635	3295.85	6141.5	9150	10595.7	12200	10522	11865.7	10578.8	12200	7625	3050	98859.55
	TPC	1600	2480.2	0	1950	3142.4	3940	3990.8	4219.6	3612.5	3940	2705	910	32490.5
	TR	2765	6223.95	16807.65	23400	24660.96	27860	23779.02	25049.31	22467.96	25860	9670	3040	211583.85

图3.9描述了整个产品生命周期中三阶段的详细成本和总利润。可见，*TMRC*的变化趋势和产品生命周期中需求量的变化趋势相同；*TPC*随着采购成本的变化而变化，但与产品需求量的变化不完全相同，在第3个周期上就

没有采购成本，因为原材料的库存量足够满足生产需求；在周期3、7、8和9上，*TAC*随着原材料采购成本的增长而增长，因此旧产品的回收和再利用是降低生产成本的同时最大化总利润的一条非常有效的途径；此外，在产品生命周期的成熟阶段*TR*达到了整个产品生命周期中的最高水平。

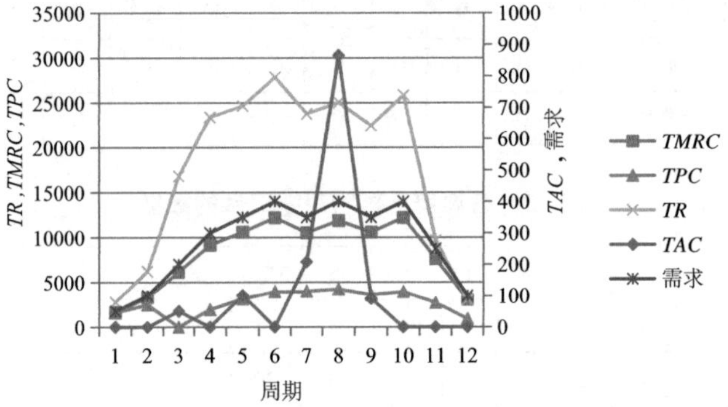

图3.9　各周期上三阶段的详细成本和总利润

表3.6显示了各周期上再利用过程及回收价格的详细方案，所有回收品都在它们被回收的周期上进行拆分和再利用，在整个计划中，没有回收品进行翻新、报废或者暂存，并且回收价格保持在一个很低的水平，因此没有足够用于翻新的高价值等级的旧产品被回收，主要原因是客户期望获得的回报(c)在数值实例中被设置得太高了。如果制造商想要回收更高价值的旧产品，就需要向客户提供更多的报酬，在回收价格加上再制造成本与生产新产品的成本之间就会存在一个权衡。当回收成本高于生产一个新产品的总成本时，制造商就会对旧收品的回收和再利用失去兴趣。

表3.7中给出了各周期上再利用零部件的数量，回收品的其余部分都通过合适的方式进行报废处理，在回收成本加上无用零部件的报废成本和利用旧零部件生产新产品的成本之间存在一个权衡。从计算结果中可以看出，回收的旧产品中高达60%的零部件被再利用到新产品的生产中。

由于搜索算法计算结果的稳定性受到很多因素的影响，为了考查设计的PSO算法对该问题计算结果的稳定性，我们对本节算例的20次计算结果进行统计分析，结果见表3.9。可以看出，变异系数仅为0.05%，计算结果的离散程度很小，因此基于PSO的启发式算法对本节研究问题具有很好的稳定性。

表 3.9　本节算例的计算结果统计分析

统计指标	最大值	最小值	均值	标准差
目标函数值	211834.78	211473.06	211629.97	111.63

3.5.2　灵敏度分析

为了确定参数 c 的变化对本文的模型结论产生的影响，我们对该参数进行了灵敏度分析，主要目标是评价该参数值的改变对回收价格、回收数量、翻新数量、拆分数量、报废数量和回收品库存等的影响。为了更好地进行评价，回收品及其零部件的价值等级都在数值实验时随机生成。

参数测试范围从 1 到 15，每次增量为 1。表 3.10 中给出了不同参数 c 时模型的最终解和对应的运行时间。当参数 c 的值小于 12 时，客户手中的旧产品大部分都被回收并再利用，高价值等级的旧产品可以被低价回收并直接翻新成为新产品以满足需求。如表 3.11 所示，在 c 值超过 12 后没有旧产品可以进行翻新。在所有测试中都没有回收品暂存在回收中心。实际上，在测试 1 和 2 中有 19 个回收品需要报废，在测试 3 和 4 中有 5 个回收品需要报废，在测试 6 中有 2 个回收品需要报废，在测试 7 和 8 中有 1 个回收品需要报废。正如表 3.12 所给出的，在测试 12 之前回收价格都相对较高，因为此时高价值等级的回收品可以回收并用很低的成本进行翻新，尽管回收价格看起来似乎有点高，但实际上相对于制造新产品的成本来说，它仍然是值得做的。

表 3.10　不同参数 c 时模型的最终解和对应的计算时间

c	周期												计算时间/s
	1	2	3	4	5	6	7	8	9	10	11	12	
1	100	1500	977	0	0	1833	57	0	0	0	0	0	1454
	0	0	29	68	155	248	306	331	272	291	238	166	
2	100	0	0	0	453	0	0	0	0	0	0	0	1485
	0	0	0	68	150	240	297	320	263	281	230	166	

续 表

c	周期												计算时间/s
	1	2	3	4	5	6	7	8	9	10	11	12	
3	100	0	0	0	0	1990	6	0	0	0	0	52	1531
	0	0	27	64	145	237	293	310	254	275	223	152	
4	2133	4333	1133	0	0	1340	0	0	189	0	0	52	1612
	0	0	0	65	140	224	277	300	246	263	215	152	
5	1807	4007	1105	0	0	0	0	0	0	1499	0	0	1493
	0	0	25	60	135	216	269	290	237	254	208	0	
6	668	2068	1137	0	0	0	0	0	0	307	0	22	1730
	0	0	24	58	130	208	259	286	229	244	200	149	
7	100	1500	1169	0	0	1439	0	0	0	0	0	0	1582
	0	0	24	56	126	202	251	286	221	233	193	147	
8	1951	4151	1217	0	0	0	0	0	0	0	0	0	1663
	0	0	23	53	122	194	242	267	221	225	186	147	
9	100	0	0	0	0	1231	505	0	0	0	0	0	1727
	0	0	22	52	118	189	234	254	221	220	180	0	
10	100	0	0	0	0	0	0	0	0	0	0	0	2249
	0	0	21	50	114	181	230	243	221	0	38	29	
11	100	1500	1281	0	0	1039	0	0	0	0	0	0	1980
	0	0	21	49	110	177	220	237	192	206	168	0	
12	2200	5000	1800	0	0	1637	0	0	0	0	0	0	3255
	0	0	0	0	74	78	113	123	85	0	34	0	
13	100	1500	0	100	0	0	0	0	0	0	0	0	3678
	0	0	0	0	0	0	60	123	90	113	34	0	
14	2200	5000	1800	0	0	0	0	0	0	0	0	0	3764
	0	0	0	0	51	0	65	123	0	0	34	0	
15	2200	4917	1800	0	0	0	0	0	0	0	0	0	3390
	0	0	9	0	30	0	60	123	38	0	0	0	

表 3.11　不同参数 c 时旧产品翻新数量和拆分数量

c		周期												总量
		1	2	3	4	5	6	7	8	9	10	11	12	
1	*ref*	0	0	14	33	75	121	149	161	132	141	116	46	988
	dis	0	0	15	35	80	127	157	170	140	150	122	101	1097
2	*ref*	0	0	0	20	69	113	140	150	123	131	108	46	900
	dis	0	0	0	48	81	127	157	170	140	150	122	101	1096
3	*ref*	0	0	12	29	65	110	136	140	114	125	101	32	864
	dis	0	0	15	35	80	127	157	170	140	150	122	115	1111
4	*ref*	0	0	0	17	57	97	120	130	106	113	93	32	765
4	*dis*	0	0	0	48	83	127	157	170	140	150	122	115	1112
5	*ref*	0	0	10	25	55	89	112	120	97	104	86	0	698
	dis	0	0	15	35	80	127	157	170	140	150	122	0	996
6	*ref*	0	0	9	23	50	81	102	116	89	94	78	29	671
	dis	0	0	15	35	80	127	157	170	140	150	122	118	1114
7	*ref*	0	0	9	21	46	75	94	116	81	83	71	27	623
	dis	0	0	15	35	80	127	157	170	140	150	122	119	1115
8	*ref*	0	0	8	18	42	67	85	97	81	75	64	27	564
	dis	0	0	15	35	80	127	157	170	140	150	122	119	1115
9	*ref*	0	0	7	17	38	62	77	84	81	70	58	0	494
	dis	0	0	15	35	80	127	157	170	140	150	122	0	996
10	*ref*	0	0	6	15	34	54	73	73	81	0	0	0	336
	dis	0	0	15	35	80	127	157	170	140	0	38	29	791
11	*ref*	0	0	6	14	30	50	63	67	52	56	46	0	384
	dis	0	0	15	35	80	127	157	170	140	150	122	0	996
12	*ref*	0	0	0	0	0	0	0	0	0	0	0	0	0
	dis	0	0	0	0	74	78	113	123	85	0	34	0	507
13	*ref*	0	0	0	0	0	0	0	0	0	0	0	0	0
	dis	0	0	0	0	0	0	60	123	90	113	34	0	420
14	*ref*	0	0	0	0	0	0	0	0	0	0	0	0	0
	dis	0	0	0	0	51	0	65	123	0	0	34	0	273

续 表

c		周期												总量
		1	2	3	4	5	6	7	8	9	10	11	12	
15	*ref*	0	0	0	0	0	0	0	0	0	0	0	0	0
	dis	0	0	9	0	30	0	60	123	38	0	0	0	260

表3.12　不同参数c时各周期上的回收价格

c	周期											
	1	2	3	4	5	6	7	8	9	10	11	12
1	0	0	3.4	3.56	3.47	3.6	3.56	3.63	3.56	3.51	3.56	1.18
2	0	0	0	7.11	5.55	5.67	5.72	5.67	5.6	5.52	5.59	2.35
3	0	0	6.91	7.37	7.1	7.95	7.98	7.28	7.13	7.45	7.23	3.01
4	0	0	0	10.56	8.32	8.43	8.46	8.56	8.43	8.37	8.4	4.01
5	0	0	8.96	9.73	9.28	9.39	9.62	9.58	9.37	9.38	9.45	0
6	0	0	9.66	10.58	10.04	10.15	10.36	11.04	10.22	10.07	10.17	5.82
7	0	0	11.27	11.27	10.84	11	11.16	12.88	10.9	10.49	10.85	6.64
8	0	0	11.64	11.32	11.5	11.44	11.7	12.31	12.46	11.09	11.39	7.58
9	0	0	11.9	12.22	12.04	12.16	12.22	12.37	14.02	11.9	11.94	0
10	0	0	12.04	12.53	12.47	12.37	13.1	12.54	15.57	0	1.69	1.29
11	0	0	13.24	13.24	12.79	13.03	13.19	13.14	12.73	12.77	12.73	0
12	0	0	0	0	7.45	4.38	5.33	5.39	4.34	0	1.79	0
13	0	0	0	0	0	0	2.75	5.84	5.04	6.14	1.94	0
14	0	0	0	0	5.37	0	3.24	6.29	0	0	2.09	0
15	0	0	5.35	0	3.11	0	3.17	6.74	2.19	0	0	0

图3.10说明了总利润随着参数c的增大明显下降，而制造与再利用成本变化趋势与之正好相反。如图3.11所示，采购成本随着制造与再利用成本的增加而缓慢增加，在测试12之前，回收成本基本处于增长趋势，但在这之后急剧下降，因为此时制造商对于回收旧产品已经失去了兴趣。换句话说，在产品生命周期前几个阶段，制造商都愿意为从客户手中回收旧产品支付更多费用，即使客户期望从中得到更高的回报，因此，回收成本会增加。但

是因为可回收的旧产品数量下降，制造商就要生产更多的全新产品来满足需求，如此就导致了相关成本的增加。当客户的期望回报达到了某个水平，导致回收成本高于生产全新产品的成本时，制造商就会放弃回收旧产品转而生产新产品，此时回收成本就会急剧下降。

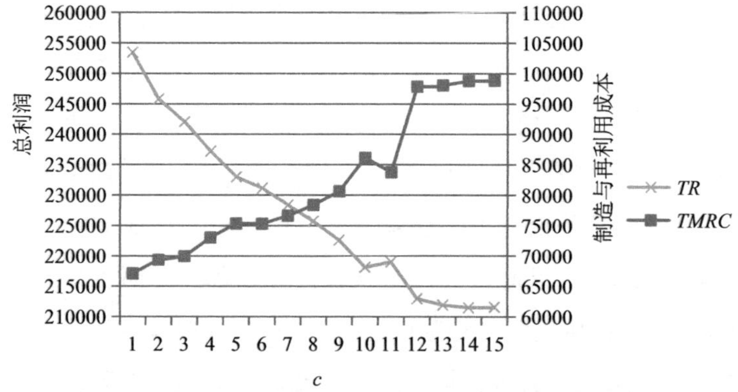

图3.10　不同参数 c 时总利润和制造与再利用总成本

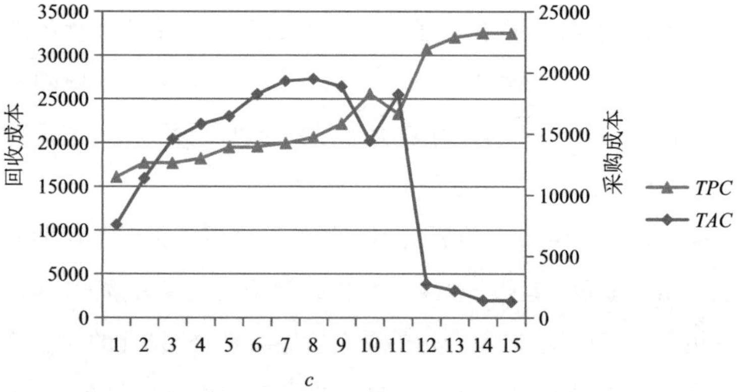

图3.11　不同参数 c 时回收成本和采购成本

我们可以得出的一个结论是，在客户的期望收益加上再利用成本和新产品的生产成本之间存在一个权衡，在产品生命周期的不同阶段，新产品的生产成本可能会不同，因此，回收策略在整个产品生命周期中并不是保持不变的。

3.6　本章小结

本章提出了一个集成回收过程、带有回收品再利用的混合生产过程和原材料采购过程的三阶段模型,主要目标是提出一个有效的模型来解决闭环供应链中基于物联网服务的产品生命周期混合回收、采购、生产和再利用系统的生产计划问题,在产品生命周期中最优化相关的集成计划,同时处理原材料采购、回收定价与回收数量决策、生产计划、旧产品再利用和拆分计划,各周期上的产品需求随着产品生命周期的四个阶段而改变,并且从管理学的角度考虑从客户手中回收的旧产品及其零部件的库存和价值等级衰减问题。

模型考虑了产品生命周期中现实行业的一些特征,包括通过支付一定费用从客户手中回收旧产品、回收品再利用方式、从多个供应商处选择采购原材料,以及旧产品的价值等级衰减等。已经在很多行业实际中应用的先进物联网信息技术,可以通过嵌入的传感器等设备收集回收品必要的产品生命周期数据,并提供给联入物联网的企业使用,这些技术使我们提出的模型可以在实际中运用。另外,供应商、客户和制造商的相关数据也可以在物联网服务平台上实现共享。

根据模型的特点,本章提出了一个有效的基于粒子群优化的启发式算法进行求解,并设计了一种以矩阵粒子形式作为解决方案的新的编码和解码方式,在解码过程中,分别针对采购过程和回收品再利用方案设计了两个启发式过程,从而提高了算法整体的收敛速度。

本章通过一个数值实例的测试和对解的详细讨论说明了模型的实用性和有效性。结果显示,模型可以在产品生命周期上提供有效的回收策略、精细的再利用和生产计划,以及合理的采购方案。此外,设计的粒子群启发式算法只需要很少的迭代次数就可以收敛并得出最优或近似解,求解消耗的时间也是可以接受的。最后,我们针对参数 c(客户对回收旧产品的期望收益)进行了灵敏度分析。此外,集成的模型可以经过细微调整应用于实际工业中其他特定的行业。例如,当再利用中可以将回收品还原成原材料时,或者新产品可以以库存形式存放于仓库中时,只需在模型中加上某些额外的约束同时去掉一些多余的约束即可满足问题需要。

第四章　物联网环境下考虑资源能力计划的混合生产系统随机生产计划问题

4.1　引言

利用旧零部件来制造新产品的生产方式在钢铁工业中已经使用了很多年。这种方式不仅可以利用旧产品和旧零部件减少生产成本，而且可以节省宝贵的原材料资源。许多制造商经常一方面为新产品市场生产并提供全新的产品，另一方面也对旧产品进行再制造并提供给二手产品市场。这种混合制造与再制造系统会对整个逆向流过程的所有活动都产生影响，而且考虑到生产成本的结构，该系统涉及的计划问题更为复杂。因此，研究该混合生产系统中最小化生产总成本的生产计划问题具有现实意义。

本章研究的是一个多模式集成混合生产过程的生产计划问题，涉及新零部件生产、旧零部件再制造、旧产品拆分与回收，以及生产的零部件和回收品的库存。可回收的旧产品可以通过第三方机构进行回收并存储于回收中心用于再制造。这里旧产品需要完全拆分为零部件后才能进行再制造。制造商需要为这套混合制造与再制造系统选择合适的生产能力。生产计划需要在无延期交货的条件下满足新零部件和再制造零部件的随机需求。基于实际的生产过程和生产计划安排，生产计划问题采用以天为计划的周期单位并且计划跨度不超过一周时间。

4.2　带有资源能力计划且需求量随机的生产计划问题

4.2.1　问题描述

本章研究的混合制造与再制造系统，制造商专门为下游组装成品的企业生产不同类型的零部件，如图4.1所示。根据不同类型的市场需求，制造商除了用原材料生产新零部件外，还利用旧产品中的有用部分生产再制造零部件，这些再制造零部件是从回收品拆分得到的所有旧零部件中筛选并修复得到的。回收品可以直接从客户手中回收，也可以间接从第三方回收机构处购买，这里假设回收品的数量足够满足回收过程的需求；在工业实践中，新零部件、再制造零部件和回收的旧产品会被分别储存在各自的仓库中。在本章研究的混合生产系统中，制造过程和再制造过程必须共用同一种有限的生产资源。例如，在钢铁生产过程中，加热设备是铁矿石炼钢和废铁炼钢需要共用的有限的生产资源，共用资源的能力需要在每个周期开始时决策并设置或者转换。混合生产过程的总成本包括制造和再制造成本、回收和拆分成本、共用的生产资源成本，以及生产的新零部件、再制造零部件和回收的旧产品的库存成本。对于在一个周期上生产的每种新的或者再制造零部件，发生的成本包括与零部件类型有关的设置成本和固定的制造或再制造成本；拆分过程的成本包括与产品类型有关的设置成本、固定的旧产品拆分成本，以及与旧产品类型和质量等级有关的回收成本；对于在某个周期上选择的共用生产资源能力，其成本包括与能力等级有关的运营成本、在第一周期上的设置成本和在以后相邻两个周期之间的转换成本。

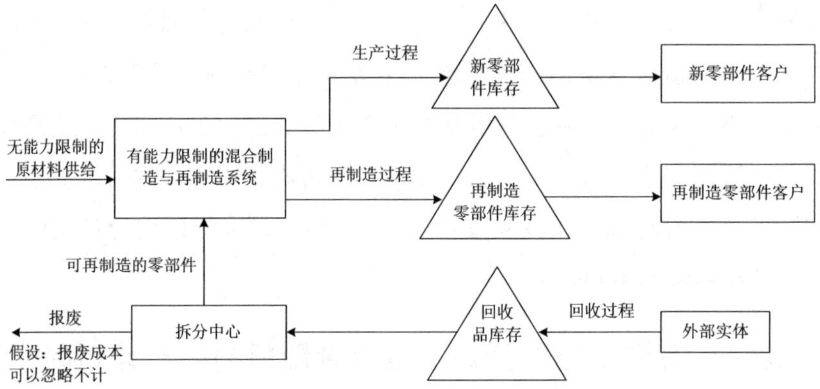

图4.1　本章研究的混合生产系统

新零部件和再制造零部件的需求本质上是不确定的，并会对混合生产过程产生影响，这种不确定性受很多因素的影响，如下游客户生产计划的变更、市场规模的变化、零部件价格的变化等，这些市场因素的波动最终决定了需求不确定性的本质。此外，零部件的需求很难精确预测，因为影响因素会发生变化，如能源和原材料的价格波动、宏观经济状况、政府政策等，因此，随机需求是该模型中必须考虑的因素。

为了获得零部件需求的历史数据及回收品的详细信息，本章提出一个基于服务的多层次物联网结构，如图4.2所示。它包含四个层次，分别是感知层、服务层、应用层和数据管理层。存储于零部件需求数据库中的历史信息，可以反映出新的和再制造零部件需求的已有情形，根据这些信息可以构建随机模型来模拟未来的可能需求量。可回收品数据库中存储了感知层中获取的回收品资源的信息，包括每个回收品及其零部件的状态数据，为制定精细的再制造方案提供数据；资源能力数据库中提供了混合生产系统中必需的共享型生产资源的可选能力及其相关的成本等信息；经过服务层中各功能模块对这些数据的处理，可以制订出包含混合生产、资源能力、回收和库存的集成计划，并且基于历史数据的随机需求模型可以保证计划的可行性，增强生产计划应对需求量波动时的鲁棒性。

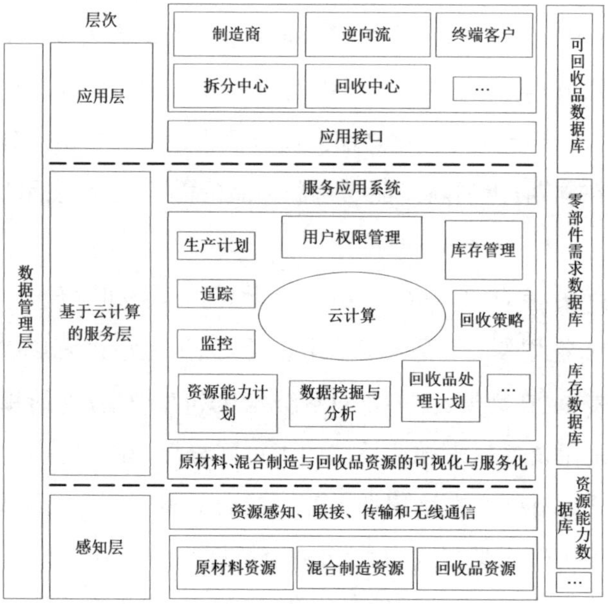

图4.2　基于服务的四层次物联网结构

本章针对带有资源能力计划的混合制造与再制造系统多零部件、多周期生产计划问题，建立了一个基于情境方法的混合整数线性规划模型，目标是最小化总成本，包括设置成本、生产成本、库存成本、拆分和回收过程相关的成本，以及资源能力相关的成本。因为问题规模庞大且无法用标准求解器直接求解，故本章使用基于拉格朗日松弛技术的启发式算法进行求解，主要的难点是处理每个周期上带有不可区分性约束的不可区分情境。本章利用Rockafellar和Wets提出的方法针对研究的问题设计启发式规则，并通过计算实验来测试提出的算法的有效性。

4.2.2 基于情境的需求量随机性描述

用基于情境的方法将不确定性构建为一个情境集合的建模方式已经被有效地用于解决各类不确定性生产计划问题和随机产能规划问题。根据这个方法，假设在计划跨度内存在有限个随机需求的可能情况，并且每种情况都对应于一种情境，每种情境发生的概率已知并且描述如下：

$$P\{D_{i,t}=D_{i,t}^{s}DR_{i,t}=DR_{i,t}^{s}\}=P_s, \sum_{s\in S}P_s=1$$

其中，$i(i=1,2,\cdots,I)$表示零部件的种类，$t(t=1,2,\cdots,T)$表示在计划跨度内的周期，$s(s=1,2,\cdots,S)$表示需求情境的编号，$D_{i,t}$与$DR_{i,t}$分别表示在周期t上产品i的新产品与再制造品的随机需求量，$D_{i,t}^{s}$与$DR_{i,t}^{s}$分别表示在情境s中产品i在周期t上的新产品与再制造品的需求量，P_s表示情境s发生的概率。

当且仅当$D_{i,t}^{s_1}=D_{i,t}^{s_2}$且$DR_{i,t}^{s_1}=DR_{i,t}^{s_2}$对于$1\leqslant t\leqslant t_1$和所有的$i$都同时成立时，情境$s_1$和$s_2$在周期$t_1$上是不可区分情境，因为无法提前知道或预知在后续周期上的需求，在周期t上的不可区分情境和在周期t上的相关决策都必须相同。这里用情境树来描述情境的不可区分性，在某周期上的情境树将所有情境划分为有限个在该周期上互不相交的不可区分情境集合，并且每个情境集合表示一个情境树，因此，每个情境都属于并且只属于一个情境树。记B_t表示在周期t上的情境树集合，周期t上的每个情境必须恒定地属

于一个情境树 B 并且 $B \in \mathbf{B}_t$。记 B_{b_t} 表示在周期 t 上的情境树编号，因此 $\mathbf{B}_t = \{B_1, \cdots, B_{b_t}, \cdots, B_{|\mathbf{B}_t|}\}$，其中，$|*|$表示集合 $*$ 的元素数量。

命题1　对于任意一对在周期 t 上的不可区分情境 s_1 和 s_2，集合 $\{s_1, s_2\}$ 是 $\mathbf{B}_t$ 中的一个情境树的子集。

根据不可区分情境的定义可以知道该命题显然成立。

为了清楚地描述多阶段随机需求，这里用情境树的形式对所有可能发生的情境进行建模，图4.3给出了一个示例来说明。可以看出，每个情境都由根节点到叶节点的一条路径表示，在周期1上，情境1、2和3的需求完全相同，即 $D_{1,1}^1 = D_{1,1}^2 = D_{1,1}^3 = 20$，$D_{2,1}^1 = D_{2,1}^2 = D_{2,1}^3 = 25$ 且 $DR_{1,1}^1 = DR_{1,1}^2 = DR_{1,1}^3 = 20$，$DR_{2,1}^1 = DR_{2,1}^2 = DR_{2,1}^3 = 25$，而余下的两个情境则共用另外一条路径。根据以上描述，情境1、2和3在周期1上是不可区分的，而情境4与5在周期1上也是不可区分的。周期1上的情境树为 $\mathbf{B}_1 = \{B_1, B_2\}$，其中，$B_1 = \{1, 2, 3\}$，且 $B_2 = \{4, 5\}$。因此，从图4.3中可以得出，$\mathbf{B}_1 = \{\{1, 2, 3\}, \{4, 5\}\}$，$\mathbf{B}_2 = \{\{1, 2\}, \{3\}, \{4, 5\}\}$，且 $\mathbf{B}_3 = \{\{1\}, \{2\}, \{3\}, \{4\}, \{5\}\}$，那么对于情境1、2和3在周期1上的决策需要完全相同，同时情境4和5在周期1和2上的决策也要完全相同。

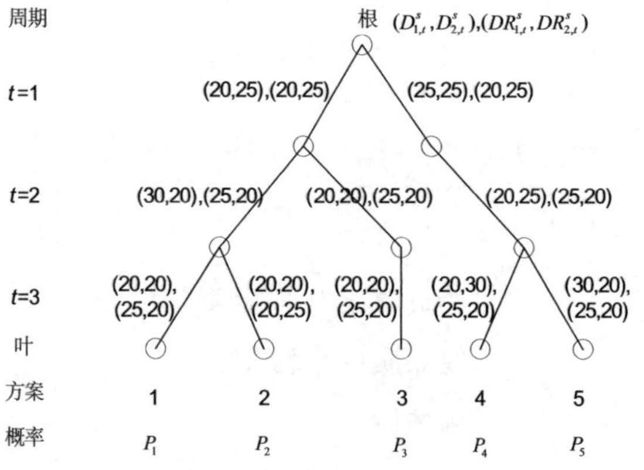

图4.3　用情境树描述随机需求的两种产品三周期的一个示例

4.2.3 参数定义

本章考虑的是混合制造与再制造系统中的多周期生产计划问题,问题涉及的旧产品回收过程在物联网环境下具有确定性的本质,也就是依赖于回收品质量等级的回收价格是已知的,并且外部可回收产品的供应量充足。该生产系统既生产用于满足新产品市场的新零部件需求,同时利用拆分旧的回收品得到的可用旧零部件进行再制造生产用于满足二手零部件市场的再制造零部件需求,新、旧两种零部件的需求是随机且相互独立的。由于随机需求的分布在实际中因为缺乏足够的信息而难以获得,所以这里根据计划者的知识和相关的历史信息,采用基于情境的方法来描述随机需求,计划时间跨度内各周期的制造与再制造过程都包含三种成本,分别为生产成本、设置成本和库存成本,回收品的拆分过程也具有与制造过程相似的成本结构。此外,关键生产资源的能力是有限的,并且需要在第一个周期开始时进行选择设置,其他周期开始阶段可以进行产能的转换,这些过程中会有设置和转换成本。研究该问题的目的是在随机需求的条件下,最小化总成本并为有限的计划跨度内各周期选择合适的生产资源能力。

基于以上关于情境树的说明,决策变量需要满足模型中不可区分性约束。模型中所用的编号、参数及决策变量如下:

(1)编号。

j: 1, 2, ⋯, J　　产品编号;

r: 1, 2, ⋯, T　　周期编号;

l, l_1, l_2: 1, 2, ⋯, L　　生产资源能力等级编号;

k: 1, 2, ⋯, K　　回收品质量等级编号;

s_1: 1, 2, ⋯, S　　需求情境编号。

(2)参数。

$MC_{i,t}$　　周期 t 内新零部件 i 的单位制造成本;

$SC_{i,t}$　　周期 t 内新零部件 i 的制造设置成本;

$IC_{i,t}$　周期t内新零部件i的单位库存成本；

$RMC_{i,t}$　周期t内再制造零部件i的单位再制造成本；

$SRC_{i,t}$　周期t内再制造零部件i的再制造设置成本；

$IRC_{i,t}$　周期t内再制造零部件i的单位库存成本；

$DC_{j,t}$　周期t内回收品j的单位拆分成本；

$SDC_{j,t}$　周期t内回收品j的拆分设置成本；

$IUC_{j,t}$　周期t内回收品j的单位库存成本；

$N_{i,j}$　回收品j中包含的零部件i的数量；

$R_{i,k}$　质量等级k的所有回收品中零部件i的可再制造率；

$AC_{j,k,t}$　周期t内质量等级k的回收品j的单位回收成本；

CAP_l　能力等级l的可用生产资源量；

$SCC_{l,1}$　第一周期开始时能力等级l的设置成本；

SWC_{l_1,l_2}　能力等级l_2转换为能力等级l_1的转换成本（当$l_2=l_1$时，$SCC_{l_1,l_2}=0$）；

MCC_i　生产单位新零部件i的生产资源消耗；

RCC_i　再制造单位零部件i的生产资源消耗；

$PC_{l,t}$　周期t内生产能力等级l的运营成本；

M　很大的正整数。

(3)决策变量。

$m_{i,t}^s$　情境s中周期t内新产品i的制造数量；

$x_{i,t}^s$　情境s中新产品i在周期t结束时的库存数量；

$rm_{i,t}^s$　情境s中周期t内再制造品i的再制造数量；

$y_{i,t}^s$　情境s中再制造品i在周期t结束时的库存数量；

$d_{j,k,t}^s$　情境s中质量等级k的回收品j在周期t内的拆分数量；

$r_{j,k,t}^s$　情境s中质量等级k的回收品j在周期t内的回收数量；

$z_{j,k,t}^s$　情境s中质量等级k的回收品j在周期t结束时的库存数量；

c_t^s　情境s中周期t内选择的生产能力；

$\alpha_{i,t}^{s}$　　二进制变量，当情境s中生产系统在周期t内设置为生产新产品i时，该变量取值为1，否则取值为0；

$\beta_{i,t}^{s}$　　二进制变量，当情境s中生产系统在周期t内设置为生产再制造零部件i时，该变量取值为1，否则取值为0；

$\delta_{j,t}^{s}$　　二进制变量，当情境s中回收品j在周期t内被拆分时，该变量取值为1，否则取值为0；

$\sigma_{l,t}^{s}$　　二进制变量，当情境s中在周期t内生产能力等级选择为l时，该变量取值为1，否则取值为0；

$\theta_{l_1,l_2,t}^{s}$　　二进制变量，当情境s中在周期$t(t \geqslant 2)$开始时生产能力等级由l_2转换为l_1时，该变量取值为1，否则取值为0。

4.2.4　问题建模

对于混合制造与再制造系统中的随机生产计划问题，构建MILP模型如下：

$$\min Z = \sum_{s} P_s \cdot \Big[\sum_{t}\sum_{i}(MC_{i,t} \cdot m_{i,t}^{s} + SC_{i,t} \cdot \alpha_{i,t}^{s} + IC_{i,t} \cdot x_{i,t}^{s} + RMC_{i,t} \cdot rm_{i,t}^{s} + SRC_{i,t} \cdot \beta_{i,t}^{s} + IRC_{i,t} \cdot y_{i,t}^{s}) + \sum_{t}\sum_{j}\big(\sum_{k}(AC_{j,k,t} \cdot r_{j,k,t}^{s} + DC_{j,t} \cdot d_{j,k,t}^{s} + IUC_{j,t} \cdot z_{j,k,t}^{s}) + SDC_{j,t} \cdot \delta_{j,t}^{s}\big) + \sum_{l} SCC_{l,1} \cdot \sigma_{l,1}^{s} + \sum_{t \geqslant 2}\sum_{l_1}\sum_{l_2} SWC_{l_1,l_2} \cdot \theta_{l_1,l_2,t}^{s} + \sum_{t}\sum_{l} PC_{l,t} \cdot \sigma_{l,t}^{s} \Big] \tag{4.1}$$

约束如下：

$$x_{i,t-1}^{s} + m_{i,t}^{s} - x_{i,t}^{s} = D_{i,t}^{s} \tag{4.2}$$

$$m_{i,t}^{s} \leqslant M \cdot \alpha_{i,t}^{s} \tag{4.3}$$

$$y_{i,t-1}^{s} + rm_{i,t}^{s} - y_{i,t}^{s} = DR_{i,t}^{s} \tag{4.4}$$

$$rm_{i,t}^{s} \leqslant M \cdot \beta_{i,t}^{s} \tag{4.5}$$

$$z_{j,k,t-1}^{s} + d_{j,k,t}^{s} - z_{j,k,t}^{s} = r_{j,k,t}^{s} \tag{4.6}$$

$$\sum_{k} d_{j,k,t}^{s} \leqslant M \cdot \delta_{j,t}^{s} \tag{4.7}$$

$$\sum_{l}\sigma_{l,t}^{s}=1 \tag{4.8}$$

$$c_{t}^{s}=\sum_{l}CAP_{l}\cdot\sigma_{l,t}^{s} \tag{4.9}$$

$$\sum_{l_1}\sum_{l_2}\theta_{l_1,l_2,t}^{s}=1,t\geqslant 2 \tag{4.10}$$

$$\sum_{l_2}\theta_{l,l_2,t}^{s}=\sigma_{l,t}^{s},t\geqslant 2 \tag{4.11}$$

$$\sum_{l_1}\theta_{l_1,l,t}^{s}=\sigma_{l,t-1}^{s},t\geqslant 2 \tag{4.12}$$

$$c_{t}^{s}\geqslant\sum_{i}(MCC_{i}\cdot m_{i,t}^{s}+RCC_{i}\cdot rm_{i,t}^{s}) \tag{4.13}$$

$$rm_{i,t}^{s}\leqslant\sum_{k}\sum_{j}R_{i,k}\cdot N_{i,j}\cdot d_{j,k,t}^{s} \tag{4.14}$$

$$\begin{aligned}&m_{i,t}^{s_1}=m_{i,t}^{s_2},x_{i,t}^{s_1}=x_{i,t}^{s_2},rm_{i,t}^{s_1}=rm_{i,t}^{s_2},y_{i,t}^{s_1}=y_{i,t}^{s_2},d_{j,k,t}^{s_1}=d_{j,k,t}^{s_2},\\&r_{j,k,t}^{s_1}=r_{j,k,t}^{s_2},z_{j,k,t}^{s_1}=z_{j,k,t}^{s_2},c_{t}^{s_1}=c_{t}^{s_2},\alpha_{i,t}^{s_1}=\alpha_{i,t}^{s_2},\beta_{i,t}^{s_1}=\beta_{i,t}^{s_2},\\&\delta_{j,t}^{s_1}=\delta_{j,t}^{s_2},\sigma_{l,t}^{s_1}=\sigma_{l,t}^{s_2},\theta_{l_1,l_2,t}^{s_1}=\theta_{l_1,l_2,t}^{s_2},\{s_1,s_2\}\subseteq B_{b_t}\end{aligned} \tag{4.15}$$

$$x_{i,0}^{s}=y_{i,0}^{s}=z_{j,k,0}^{s}=0 \tag{4.16}$$

$$m_{i,t}^{s},x_{i,t}^{s},rm_{i,t}^{s},y_{i,t}^{s},d_{j,k,t}^{s},r_{j,k,t}^{s},z_{j,k,t}^{s},c_{t}^{s}\geqslant 0 \tag{4.17}$$

$$\alpha_{i,t}^{s},\beta_{i,t}^{s},\delta_{j,t}^{s},\sigma_{l,t}^{s},\theta_{l_1,l_2,t}^{s}=\{0,1\} \tag{4.18}$$

等式(4.1)是该模型的优化目标函数,其为在计划跨度内混合生产系统所有情境的最小化总成本;等式(4.2)、(4.4)和(4.6)表示库存平衡约束;不等式(4.3)、(4.5)和(4.7)是反映三对变量的一致性约束,即$m_{i,t}^{s}$和$\alpha_{i,t}^{s}$、$rm_{i,t}^{s}$和$\beta_{i,t}^{s}$、$d_{j,k,t}^{s}$和$\delta_{j,t}^{s}$;等式(4.8)和(4.10)表示在每个周期只能设定一个生产能力等级;等式(4.9)表示在各周期所选择的生产能力;等式(4.11)和(4.12)是变量$\theta_{l,l_2,t}^{s}$和$\sigma_{l,t}^{s}$的一致性约束;不等式(4.13)表示在混合生产系统中的生产能力约束;不等式(4.14)反映各周期再制造数量与在拆分过程中获得的可再制造零部件数量之间的关系;等式(4.15)表示决策变量的不可区分性约束;等式(4.16)给出了库存的初始状态;等式(4.17)和(4.18)分别是变量的非负约束和二进制约束。

4.3 基于拉格朗日松弛技术的启发式算法

本节设计了一种基于拉格朗日松弛技术的启发式算法，用其求解得到本研究问题的一个有效的近似解。通过拉格朗日松弛技术将原问题分解成四类子问题，所有子问题都用相应的启发式算法分别进行求解，第一和第二类子问题可以转化为凸二次规划问题，并使用Rockafellar等（1991）的一些结论进行求解。根据本节设计的算法，可以得到原问题目标函数的一个上界和相应的一个近似解。

4.3.1 松弛问题描述

将等式（4.9）带入目标函数，并且松弛约束（4.13）与（4.14），原问题被转化为如下松弛问题（LR模型）：

$$
\begin{aligned}
\min Z(\lambda,\gamma) = \sum_s P_s \cdot \Bigg[& \sum_t \sum_i (MC_{i,t} \cdot m^s_{i,t} + SC_{i,t} \cdot \alpha^s_{i,t} + IC_{i,t} \cdot x^s_{i,t} + \\
& RMC_{i,t} \cdot rm^s_{i,t} + SRC_{i,t} \cdot \beta^s_{i,t} + IRC_{i,t} \cdot y^s_{i,t}) + \\
& \sum_t \sum_j (\sum_k (AC_{j,k,t} \cdot r^s_{j,k,t} + DC_{j,t} \cdot d^s_{j,k,t} + IUC_{j,t} \cdot z^s_{j,k,t}) + SDC_{j,t} \cdot \delta^s_{j,t}) + \\
& \sum_l SCC_{l,1} \cdot \sigma^s_{l,1} + \sum_{t\geq 2} \sum_{l_1} \sum_{l_2} SWC_{l_1,l_2} \cdot \theta^s_{l_1,l_2,t} + \sum_t \sum_l PC_{l,t} \cdot \sigma^s_{l,t} + \\
& \sum_t \lambda^s_t (\sum_i (MCC_i \cdot m^s_{i,t} + RCC_i \cdot rm^s_{i,t}) - \sum_l CAP_l \cdot \sigma^s_{l,t}) + \\
& \sum_t \sum_i \gamma^s_{i,t} \cdot (rm^s_{i,t} - \sum_k \sum_j R_{i,k} \cdot N_{i,j} \cdot d^s_{j,k,t}) \Bigg]
\end{aligned} \tag{4.19}
$$

约束为（4.2）至（4.14），（4.17），（4.18）且

$$\lambda^s_t, \gamma^s_{i,t} \geq 0 \tag{4.20}$$

在目标函数（4.19）中，λ^s_t和$\gamma^s_{i,t}$分别为被松弛约束（4.13）和（4.14）相关的拉格朗日乘子。对于固定值的λ^s_t和$\gamma^s_{i,t}$，松弛问题可以分解为四类子问题。

4.3.2 子问题描述

松弛后的四类子问题可以表示如下：

4.3.2.1　子问题 1（$i, i = 1, 2, \cdots, I$）

$$\min Z_{sub-1}(\lambda) = \sum_s P_s \cdot \left[\sum_t ((MC_{i,t} + \lambda_t^s \cdot MCC_i) \cdot m_{i,t}^s + SC_{i,t} \cdot \alpha_{i,t}^s + IC_{i,t} \cdot x_{i,t}^s)\right] \tag{4.21}$$

约束为(4.2)和(4.3)且

$$m_{i,t}^{s_1} = m_{i,t}^{s_2}, x_{i,t}^{s_1} = x_{i,t}^{s_2}, \alpha_{i,t}^{s_1} = \alpha_{i,t}^{s_2}, \{s_1, s_2\} \subseteq B_{b_t} \tag{4.22}$$

$$x_{i,0}^s = 0, x_{i,t}^s \geqslant 0 \tag{4.23}$$

$$m_{i,t}^s \geqslant 0 \tag{4.24}$$

$$\alpha_{i,t}^s = \{0, 1\} \tag{4.25}$$

4.3.2.2　子问题 2（$i, i = 1, 2, \cdots, I$）

$$\min Z_{sub-2}(\lambda, \gamma) = \sum_s P_s \cdot \left[\sum_t ((RMC_{i,t} + \lambda_t^s \cdot RCC_i + \gamma_{i,t}^s) \cdot rm_{i,t}^s + SRC_{i,t} \cdot \beta_{i,t}^s + IRC_{i,t} \cdot y_{i,t}^s)\right] \tag{4.26}$$

约束为(4.5)和(4.6)且

$$rm_{i,t}^{s_1} = rm_{i,t}^{s_2}, y_{i,t}^{s_1} = y_{i,t}^{s_2}, \beta_{i,t}^{s_1} = \beta_{i,t}^{s_2}, \{s_1, s_2\} \subseteq B_{b_t} \tag{4.27}$$

$$y_{i,0}^s = 0, y_{i,t}^s \geqslant 0 \tag{4.28}$$

$$rm_{i,t}^s \geqslant 0 \tag{4.29}$$

$$\beta_{i,t}^s = \{0, 1\} \tag{4.30}$$

4.3.2.3　子问题 3（$j, j = 1, 2, \cdots, J$）

$$\min Z_{sub-3}(\gamma) = \sum_s P_s \cdot \left[\sum_t (\sum_k (AC_{j,k,t} \cdot r_{j,k,t}^s + (DC_{j,t} - \sum_i (\gamma_{i,t}^s \cdot R_{i,k} \cdot N_{i,j}))\, d_{j,k,t}^s + IUC_{j,t} \cdot z_{j,k,t}^s) + SDC_{j,t} \cdot \delta_{j,t}^s)\right]$$

约束为(4.8)和(4.9)且

$$d_{j,k,t}^{s_1} = d_{j,k,t}^{s_2}, r_{j,k,t}^{s_1} = r_{j,k,t}^{s_2}, z_{j,k,t}^{s_1} = z_{j,k,t}^{s_2}, \delta_{j,t}^{s_1} = \delta_{j,t}^{s_2}, \{s_1, s_2\} \subseteq B_{b_t}$$

$$z_{j,k,0}^s = 0, z_{j,k,t}^s \geqslant 0$$

$$d_{j,k,t}^s, r_{j,k,t}^s, z_{j,k,t}^s \geqslant 0$$

$$\delta_{j,t}^s = \{0, 1\}$$

4.3.2.4　子问题4

$$\min Z_{sub-4}(\lambda)=\sum_{s}P_{s}\cdot\left[\sum_{l}SCC_{l,1}\cdot\sigma_{l,1}^{s}+\sum_{t\geqslant 2}\sum_{l_1}\sum_{l_2}SWC_{l_1,l_2}\cdot\theta_{l_1,l_2,t}^{s}+\right.$$
$$\left.\sum_{t}\sum_{l}(PC_{l,t}-\lambda_{t}^{s}\cdot CAP_{l})\cdot\sigma_{l,t}^{s}\right]$$

约束为(4.10),(4.12)至(4.14)且

$$\sigma_{l,t}^{s_1}=\sigma_{l,t}^{s_2},\theta_{l_1,l_2,t}^{s_1}=\theta_{l_1,l_2,t}^{s_2},\ \{s_1,s_2\}\subseteq B_{b_t}$$
$$\sigma_{l,t}^{s},\theta_{l_1,l_2,t}^{s}=\{0,1\}$$

4.3.3　求解各子问题的启发式算法

4.3.3.1　求解子问题1和2

增广拉格朗日算法:子问题1集合中的每个问题都是一个包含$3ST$个变量和$3ST$个约束[不包含不可区分性约束(4.22)]的随机问题,在包含不可区分性约束的条件下,这些问题都不能很容易地利用标准求解器进行求解,因此,这里给出基于增广拉格朗日算法和渐进屏障算法的启发式规则。在给出算法之前,将不包含约束(4.22)的基于情境的子问题1写为:

$$\min F(u)=\sum_{s}P_{s}\cdot f_{s}(u),\text{对于 }u\in C_{s}$$

对于问题(4.21)的增广拉格朗日函数,有如下表示:

$$L(u,w,r)=F(u)+\sum_{s}P_{s}\cdot\left(w^{s}\cdot u^{s}+\frac{1}{2}r(u^{s}-\hat{u}^{s})^{2}\right)\tag{4.31}$$

其中,w是拉格朗日乘子向量,r是惩罚向量。

$$\hat{u}^{s}=(\hat{u}_{1}^{s},\cdots,\hat{u}_{t}^{s},\cdots,\hat{u}_{T}^{s}),\hat{u}_{t}^{s}=\sum_{s\in B_{b_t}}P_{s}\cdot u_{t}^{s}\Big/\sum_{s\in B_{b_t}}P_{s},\text{对于所有情境 }s\in B_{b_t}\tag{4.32}$$

用增广拉格朗日算法(AL)求解问题(4.31)可以表示为如下步骤:

步骤1　用式(4.32)计算$\hat{u}(n)$,n是迭代次数,起始值为$n=0$。算法终止条件描述如下:

(1)$\hat{u}=u$。

(2)$\max\limits_{s}\left|u^{s}-\hat{u}^{s}\right|\leqslant\varepsilon$,其中,$\varepsilon$是一个非常小的正数且$|*|$表示$*$的绝对

值。因为本章模型中，所有变量都是整数变量或者二进制变量，所以这个条件等价于条件(1)。

(3)达到预先设定的迭代次数。

步骤2　通过求解问题(4.31)计算$u(n+1)$。

$$\min L(u,w,r)=F(u)+\sum_{s}P_{s}\cdot\left(w^{s}(n)\cdot u^{s}+\frac{1}{2}r(n)\left\|u^{s}-\hat{u}^{s}(n)\right\|^{2}\right),\text{对于 } u\in C_{s}$$

其中，$\|*\|$表示欧几里得范数。这里可以分解为S个子问题来分别求解得到$u^{s}(n+1)$，对于每个情境s的相应子问题为

$$\min L_{s}(u,w,r)=f_{s}(u^{s})+w^{s}(n)\cdot u^{s}+\frac{1}{2}r(n)\left\|u^{s}-\hat{u}^{s}(n)\right\|^{2},\text{对于 } u\in C_{s}$$

步骤3　更新拉格朗日乘子和惩罚参数。

$$w^{s}(n+1)=w^{s}(n)+r(n+1)\cdot(u^{s}(n+1)-\hat{u}^{s}(n+1))r(n+1)=\rho\cdot r(n)$$

其中，ρ为一个参数，通常从区间$[4,10]$中进行选择。记$n=n+1$并返回步骤1。

步骤4　如果未满足终止条件(1)，则解u对于子问题1不是一个可行解，因为此时不满足不可区分性约束，下列步骤可以用于修正决策变量，使其成为可行解。

步骤4.1　记$\bar{t}=1$，$b_{\bar{t}}=1$，$\bar{s}=1$($\bar{s}$是$B_{b_{\bar{t}}}$集合中情境的编号)。

步骤4.2　如果$m_{i,\bar{t}}^{\bar{s}}>0$，计算$\bar{m}_{i,t^{*}}^{s}=m_{i,t^{*}}^{s}+(m_{i,\bar{t}}^{s}-m_{i,\bar{t}}^{\bar{s}})$，其中，$t^{*}$是周期$\bar{t}$之后满足$m_{i,t^{*}}^{\bar{s}}>0$条件的最近的周期，且$s\in B_{b_{\bar{t}}}(s\neq\bar{s})$，然后记$\bar{m}_{i,\bar{t}}^{s}=m_{i,\bar{t}}^{\bar{s}}$，$\bar{x}_{i,\bar{t}}^{s}=x_{i,\bar{t}}^{\bar{s}}$，且$\bar{x}_{i,t'}^{s}=x_{i,t'}^{s}+(m_{i,\bar{t}}^{s}-m_{i,\bar{t}}^{\bar{s}})$，$t'=\bar{t}+1,\cdots,t^{*}-1$。否则，转到步骤4.5。

步骤4.3　如果$\bar{u}=\{\bar{m}_{i,t}^{s},\bar{x}_{i,t}^{s},s\in B_{b_{\bar{t}}}\}$可以给$F(u)$提供一个更低的值，则用$\bar{u}$更新$\hat{u}$。如果$\bar{s}=\left|B_{b_{\bar{t}}}\right|$，其中，$|*|$表示集合$*$的元素个数，则转到步骤4.4；否则，记$\bar{s}=\bar{s}+1$并转到步骤4.2。

步骤4.4　如果$b_{\bar{t}}=\left|\mathrm{B}_{t}\right|$，则转到步骤4.5；否则，记$b_{\bar{t}}=b_{\bar{t}}+1$并转到步骤4.2。

步骤4.5　如果$\bar{t}=T-1$，则算法终止；否则，记$\bar{t}=\bar{t}+1$并转到步

骤4.2。

初始状态下$u(0)$可以通过求解子问题1中已知的每一个情境s下的最优(近似)解$u^s(0)$而得到,且设定初始值$w(n)=0, r(0)>0$。

为了求解每一个情境s下的$u^s(0)$,基于下面两个性质给出一个启发式算法(H1)。为了简化描述过程,记

$$f_s(m,\alpha,x)=\sum_t(C_{i,t}^s\cdot m_{i,t}^s+SC_{i,t}\cdot\alpha_{i,t}^s+IC_{i,t}\cdot x_{i,t}^s) \tag{4.33}$$

其中,$C_{i,t}^s=MC_{i,t}+\lambda_t^s\cdot MCC_i$。

性质1:在问题$\min f_s(m,\alpha,x)$的最优解中,如果D_{i,t_1}^s在周期t_2内生产,且$t_2<t_1$,则可以得到$C_{i,t_1}^s+\dfrac{SC_{i,t_1}}{m_{i,t_1}^s+D_{i,t_1}^s}>C_{i,t_2}^s+\dfrac{SC_{i,t_2}}{m_{i,t_2}^s}+\sum\limits_{t_2\leqslant t<t_1}IC_{i,t}$。

证明:计算当D_{i,t_1}^s在周期t_1内生产时的单位生产成本,可以得到$C_{i,t_1}^s+\dfrac{SC_{i,t_1}}{m_{i,t_1}^s+D_{i,t_1}^s}$,其中,$m_{i,t_1}^s$是最优解中在周期$t_1$内的生产数量,且如果$D_{i,t_1}^s$在周期$t_2$内进行生产时,单位生产成本可以表示为$C_{i,t_2}^s+\dfrac{SC_{i,t_2}}{m_{i,t_2}^s}+\sum\limits_{t_2\leqslant t<t_1}IC_{i,t}$,其中,$m_{i,t_2}^s$是最优解中在周期$t_2$内的生产数量。因此,可以很容易地发现,如果$C_{i,t_2}^s+\dfrac{SC_{i,t_2}}{m_{i,t_2}^s}+\sum\limits_{t_2\leqslant t<t_1}IC_{i,t}<C_{i,t_1}^s+\dfrac{SC_{i,t_1}}{m_{i,t_1}^s+D_{i,t_1}^s}$,那么在周期$t_1$内的需求$D_{i,t_1}^s$将会在周期$t_2$内进行生产。

性质2:如果在周期t_2内的需求是在周期t_1内进行生产,其中,$t_1<t_2$,可以得出在最优解中,不存在任何产品在周期t_2内进行生产,即$m_{i,t_2}^s=\alpha_{i,t_2}^s=0$。

证明:假设存在在周期t_2内的需求是在周期t_1内进行生产,且$m_{i,t_2}^s>0$,$\alpha_{i,t_2}^s=1$。根据上述性质1,有$C_{i,t_2}^s+\dfrac{SC_{i,t_2}}{m_{i,t_2}^s+D_{i,t_2}^s}>C_{i,t_1}^s+\dfrac{SC_{i,t_1}}{m_{i,t_1}^s}+\sum\limits_{t_1\leqslant t<t_2}IC_{i,t}$,因此可以得到$C_{i,t_2}^s+\dfrac{SC_{i,t_2}}{m_{i,t_2}^s}>C_{i,t_1}^s+\dfrac{SC_{i,t_1}}{m_{i,t_1}^s}+\sum\limits_{t_1\leqslant t<t_2}IC_{i,t}$,且可以将在周期$t_2$内生产的$m_{i,t_2}^s$个产品提前到周期$t_1$内进行生产,总的生产成本将会下降,因为有不

等式 $C_{i,t_2}^s + \frac{SC_{i,t_2}}{m_{i,t_2}^s} > C_{i,t_1}^s + \frac{SC_{i,t_1}}{m_{i,t_1}^s + m_{i,t_2}^s} + \sum_{t_1 \leqslant t < t_2} IC_{i,t}$ 成立，因此，可以得到 $m_{i,t_2}^s = \alpha_{i,t_2}^s = 0$，且所有在周期 t_2 内的需求都将在周期 t_1 内进行生产。

启发式算法(H1)如下：

初始化　记 $n = 2, m_{i,1}^s = D_{i,1}^s, \alpha_{i,1}^s = 1, m_{i,t}^s = 0(t \geqslant 2), \alpha_{i,t}^s = 0(t \geqslant 2)$ 且 $x_{i,t}^s = 0(t \geqslant 1)$。

步骤1　通过计算 $\min_{t \leqslant n} \{C_{i,n}^s + \frac{SC_{i,n}}{D_{i,n}^s}, C_{i,t}^s + \frac{SC_{i,t}}{m_{i,t}^s + D_{i,n}^s} + \sum_{t \leqslant t' < n} IC_{i,t'}(t < n, m_{i,t}^s > 0)\}$ 选择合适的周期 $t^*(t^* < n)$ 进行生产，且在该周期内满足需求 $D_{i,n}^s$。

步骤2　更新参数 $m_{i,t^*}^s = m_{i,t^*}^s + D_{i,n}^s, \alpha_{i,t^*}^s = 1$，如果 $t^* < n$，则 $x_{i,t}^s = x_{i,t}^s + D_{i,n}^s, t^* \leqslant t < n$。如果 $n = T$，算法终止；否则，返回步骤1且记 $n = n + 1$。

本节主要讨论在增广拉格朗日算法中步骤2改进后的情境子问题的求解方法。根据本章提出的问题，步骤2中的情境子问题都是凸二次规划问题，这些问题可以通过很多方法，如内点法或标准求解器进行精确求解。实际上，这些问题只需要进行近似求解就可以了。基于最优解在一个固定点的附近这一性质，在问题 $L_s(u, w, r)$ 的情形下，该点为 $\hat{u}^s(n) - r(n)^{-1}w^s(n)$。可以将该点作为初始解，然后根据下面的策略对该点进行修正从而得到改进后的情境问题的近似解。

步骤1　利用 $\lceil \hat{u}^s(n) - r(n)^{-1}w^s(n) \rceil$ 对该点进行整数化，其中，$\lceil * \rceil$ 是不小于 $*$ 的最小整数且 $\hat{u}^s(n) = (\hat{m}_{i,t}^s, \hat{\alpha}_{i,t}^s, \hat{x}_{i,t}^s)(n)$。

步骤2　记 $t = 1$。

步骤3　如果 $t = 1$，记 $m_{i,t}^s = \max\{D_{i,t}^s, \hat{m}_{i,t}^s\}$ 且 $x_{i,t}^s = m_{i,t}^s - D_{i,t}^s$；否则，如果 $t < T$，记 $m_{i,t}^s = \max\{D_{i,t}^s - x_{i,t-1}^s, \hat{m}_{i,t}^s\}$ 且 $x_{i,t}^s = m_{i,t}^s - D_{i,t}^s + x_{i,t-1}^s$；如果 $t = T$，记 $m_{i,t}^s = \max\{D_{i,t}^s - x_{i,t-1}^s, 0\}$ 且 $x_{i,t}^s = m_{i,t}^s - D_{i,t}^s + x_{i,t-1}^s$。

如果 $m_{i,t}^s > 0$，记 $\alpha_{i,t}^s = 1$；否则，记 $\alpha_{i,t}^s = 0$。

步骤4　如果 $t = T$，算法终止；否则，更新 $t = t + 1$ 且转到步骤3。

子问题2的结构与子问题1的结构完全相同，因此可以使用前面提出的类似的算法进行求解，算法内部参数和公式仅需要稍加改动就可以直接使用。

4.3.3.2　求解子问题3

子问题3无法使用上文给出的方法或者直接用求解器求解,因为当$d^{s}_{j,k,t}$的系数为负并足够小时,目标函数不存在最小值且会随着$d^{s}_{j,k,t}$的增大而减小。为了解决这一问题,并得到原问题的一个可行解和子问题3的一个近似最优解,本章提出了一个简单的启发式算法(H2),该启发式算法将子问题3转化为一个两阶段问题,具体步骤如下:

初始化　$t=1$。

第一阶段:计算$AC^{*}_{j,k,t}=\min\{AC_{j,k,t},AC_{j,k,t_1}+\sum\limits_{t_1\leqslant t^*<t}IUC_{j,t^*}\ (1\leqslant t_1<t)\}$。

记$rm^{s*}_{i,t}$为子问题2的当前解。求解下面的整数线性规划问题(ILP)得到在周期t上的$d^{s*}_{j,k,t}$,对于所有$j=1,2,\cdots,J,k=1,2,\cdots,K$。

$$\min\sum_{j}\sum_{k}AC^{*}_{j,k,t}d^{s*}_{j,k,t}$$

约束:$rm^{s*}_{i,t}\leqslant\sum\limits_{j}\sum\limits_{k}R_{i,k}\cdot N_{i,j}\cdot d^{s*}_{j,k,t}$

$d^{s*}_{j,k,t}\geqslant 0$

该ILP问题可以通过单纯形法或者标准求解器进行求解,这里给出一个简单的启发式算法,求解得出一个近似解。

步骤1　计算$AC^{**}_{j,k,t}(i)=AC^{*}_{j,k,t}\cdot rm^{s*}_{i,t}/(R_{i,k}\cdot N_{i,j})$,对于所有的$j,k$和$i$,其中,$rm^{s*}_{i,t}>0$,并且选择满足$AC^{**}_{\bar{j},\bar{k},t}(\bar{i})=\min\limits_{j,k,i}\{AC^{**}_{j,k,t}(i)\}$的$d^{s*}_{\bar{j},\bar{k},t}=\left\lceil rm^{s*}_{\bar{i},t}/(R_{\bar{i},\bar{k}}\cdot N_{\bar{i},\bar{j}})\right\rceil$,然后更新$rm^{s*}_{i,t}=rm^{s*}_{i,t}-R_{i,\bar{k}}\cdot N_{i,\bar{j}}\cdot d^{s*}_{\bar{j},\bar{k},t}$。

步骤2　如果对于所有的i都有$rm^{s*}_{i,t}\leqslant 0$,则算法终止;否则,转到步骤1。

第二阶段:求解子问题3。

步骤1　如果$DC_{j,t}-\sum\limits_{i}\gamma^{s}_{i,t}\cdot R_{i,k}\cdot N_{i,j}+AC^{*}_{j,k,t}>0$,则有$d^{s}_{j,k,t}=r^{s}_{j,k,t}=0$。

如果$-SDC_{j,t}\leqslant DC_{j,t}-\sum\limits_{i}\gamma^{s}_{i,t}\cdot R_{i,k}\cdot N_{i,j}+AC^{*}_{j,k,t}\leqslant 0$并且$d^{s*}_{j,k,t}\geqslant$

$\left\lceil -SDC_{j,t} \big/ (DC_{j,t} - \sum_i \gamma^s_{i,t} \cdot R_{i,k} \cdot N_{i,j} + AC^*_{j,k,t}) \right\rceil$，则有 $d^s_{j,k,t} = \left\lceil \max_i (rm^{s*}_{i,t} / (R_{i,k} \cdot N_{i,j})) \right\rceil$；否则，有 $d^s_{j,k,t} = r^s_{j,k,t} = 0$。

如果 $DC_{j,t} - \sum_i \gamma^s_{i,t} \cdot R_{i,k} \cdot N_{i,j} + AC^*_{j,k,t} < -SDC_{j,t}$，则有 $d^s_{j,k,t} = \left\lceil \max_i (rm^{s*}_{i,t} / (R_{i,k} \cdot N_{i,j})) \right\rceil$。

因此，可以得到子问题3的一个近似解，但这个解可能不是原问题的可行解，需要用下面的步骤来对解进行可行化从而得到原问题的可行解。

步骤2　如果 $d^{s*}_{j,k_1,t} > 0$ 且 $d^s_{j,k,t} = 0$，对于所有 $k = 1, 2, \cdots, K$ 和 $j = 1, 2, \cdots, J$，则有 $d^s_{j,k_1,t} = d^{s*}_{j,k_1,t}$，$\delta^s_{j,t} = 1$。

步骤3　如果 $AC_{j,k,t} = AC^*_{j,k,t}$，则有 $r^s_{j,k,t} = d^s_{j,k,t}$ 且 $z^s_{j,k,t} = 0$；否则，有周期 t^{**} 满足 $AC_{j,k,t^{**}} + \sum_{t^{**} \leqslant t^* < t} IUC_{j,t^*} = \min\{AC_{j,k,t}, AC_{j,k,t_1} + \sum_{t_1 \leqslant t^* < t} IUC_{j,t^*} (1 \leqslant t_1 < t)\}$，然后更新 $r^s_{j,k,t^{**}} = r^s_{j,k,t^{**}} + d^s_{j,k,t}$，$z^s_{j,k,t'} = z^s_{j,k,t'} + d^s_{j,k,t}$，$t' = t^{**}, \cdots, t$。

步骤4　如果 $\sum_k d^s_{j,k,t} = 0$，则有 $\delta^s_{j,t} = 0$；否则，有 $\delta^s_{j,t} = 1$。

步骤5　如果 $t = T$，则算法终止；否则，更新 $t = t + 1$ 并返回第一阶段。

4.3.3.3　求解子问题4

为了求解子问题4得到其最优解并获得原问题的可行解，本章设计了启发式算法(H3)，具体步骤如下：

步骤1　如果 $t = 1$，计算 $\bar{C}_l = PC_{l,1} - \lambda^s_1 \cdot CAP_l + SCC_{l,1}$，对于所有的 l；否则，计算 $\bar{C}_l = PC_{l,t} - \lambda^s_t \cdot CAP_l + SWC_{l,l(t-1)}$，然后有 $\sigma^s_{l^*,t} = 1$，其中，l^* 满足 $\bar{C}_{l^*} = \min(\bar{C}_l, l = 1, 2, \cdots, L)$ 且 $\sigma^s_{l,t} = 0, l \neq l^*$。

这里得到了子问题4的最优解，但是该解可能不是原问题的可行解，需要通过下面的步骤来得到原问题的可行解。

步骤2　计算 $\tilde{C}_l = CAP_l \cdot \sigma^s_{l,t} - \sum_i (MCC_i \cdot m^{s*}_{i,t} + RCC_i \cdot rm^{s*}_{i,t})$，对于所有的 l，其中，$m^{s*}_{i,t}$ 和 $rm^{s*}_{i,t}$ 分别是子问题1和子问题2当前的解。如果 $\tilde{C}_l \geqslant 0$，则

有 $A_t = A_t \cap \{l\}$（A_t 是生产能力等级构成的集合，初始状态为 $\varnothing$），然后有 $\sigma^s_{l^*,t} = 1$，其中，l^* 满足 $\bar{C}_{l^*} = \min(\bar{C}_l, l \in A_t)$ 且 $\sigma^s_{l,t} = 0, l \neq l^*$。如果这里不存在可行解，则令 $\sigma^s_{L,t} = 1$ 且 $\sigma^s_{l,t} = 0, l \neq L$。

步骤3　如果 $t = T$，则算法终止；否则，更新 $t = t + 1$ 且转到步骤1。

4.3.4　次梯度算法

在得到所有子问题的解之后，使用次梯度算法来更新拉格朗日乘子 λ^s_t 和 $\gamma^s_{i,t}$。次梯度算法描述如下：

$$\lambda^{s(n+1)}_t = \max(0, \lambda^{s(n)}_t + \theta^{(n)} \cdot g(\lambda^s_t)^{(n)})$$

$$\gamma^{s(n+1)}_{i,t} = \max(0, \gamma^{s(n)}_{i,t} + \theta^{(n)} \cdot g(\gamma^s_{i,t})^{(n)})$$

其中，

$$\theta^{(n)} = \rho^{(n)} \cdot (Z^{(n)}_{UP} - Z^{(n)}_{LR}) \Big/ \sum_s P_s \cdot (\sum_t g(\lambda^s_t)^{(n)2} + \sum_i \sum_t g(\gamma^s_{i,t})^{(n)2})$$

$$g(\lambda^s_t)^{(n)} = \sum_i (MCC_i \cdot m^s_{i,t}(\lambda^{s(n)}_t, \gamma^{s(n)}_{i,t}) + RCC_i \cdot rm^s_{i,t}(\lambda^{s(n)}_t, \gamma^{s(n)}_{i,t})) - \sum_l CAP_l \cdot \sigma^s_{l,t}(\lambda^{s(n)}_t, \gamma^{s(n)}_{i,t})$$

$$g(\gamma^s_{i,t})^{(n)} = rm^s_{i,t}(\lambda^{s(n)}_t, \gamma^{s(n)}_{i,t}) - \sum_k \sum_j R_{i,k} \cdot N_{i,j} \cdot d^s_{j,k,t}(\lambda^{s(n)}_t, \gamma^{s(n)}_{i,t})$$

$\rho^{(n)}$ 是一个迭代次数因子，初始值为2，当最大下界 $Z_{LB}(\lambda, \gamma)$ 保持连续两代不变时，其变为当前值的一半，并且下一代拉格朗日乘子值返回到取得最大下界时的拉格朗日乘子值，$Z^{(n)}_{UP}$ 和 $Z^{(n)}_{RL}$ 分别表示当前最小上界值和第 n 代时的下界值。

4.3.5　拉格朗日松弛启发式算法

求解原问题的拉格朗日启发式算法步骤如下：

步骤1　初始化拉格朗日松弛算法。记 $n = 1$（n 是迭代次数）并任意选取拉格朗日算子 $\lambda^{s(1)}_t > 0$ 和 $\gamma^{s(1)}_{i,t} > 0$，同时，记 $Z^{(0)}_{UP} = +\infty$ 且 $Z^{(0)}_{LB} = 0$。

步骤2　根据当前的拉格朗日乘子和相应的启发式算法求解所有子问题，得到拉格朗日松弛问题的近似解，且相应的目标函数值为 $Z^{(n)}(\lambda, \gamma)$，如

果 $Z_{LB}^{(n)} < Z^{(n)}(\lambda, \gamma)$，则用 $Z^{(n)}(\lambda, \gamma)$ 更新 $Z_{LB}^{(n)}$。

步骤3　如果子问题4存在可行解，则可以得到原问题的一个可行解，记为 X，且相应的原问题目标函数值为 $Z^{(n)}$，然后转到步骤3.1；否则，转到步骤3.2。

步骤3.1　如果 $Z_{UP}^{(n)} > Z^{(n)}$，则分别用 $Z^{(n)}$ 和 X 来更新 $Z_{UP}^{(n)}$ 和 X^* 的值。

步骤3.2　如果子问题4不存在可行解，并且 $n = 1$，则返回步骤1；否则，转到步骤5。

步骤4　如果满足下列条件中的任意一个，则算法结束；否则，转到步骤5。

（1）上界与下界的差值小于一个很小的正数，即 $(Z_{UP}^{(n)} - Z_{LB}^{(n)})/Z_{LB}^{(n)} < \varepsilon$。

（2）迭代次数 n 达到预先设定的最大值。

步骤5　如果界差连续 m（m 已预先设定）代保持不变，则重新任意选择拉格朗日乘子 $\lambda_t^{s(n)} > 0$ 和 $\gamma_{i,t}^{s(n)} > 0$，且令 $n = n + 1$，然后返回步骤2；否则，通过次梯度算法更新拉格朗日乘子并更新 $n = n + 1$，然后返回步骤2。

4.4　实验设计与数值计算

本节用数值案例实验来测试上文提出的启发式算法。首先，阐述了问题案例产生的过程，并给出在实验中使用的算法的各项参数；其次，报告并统计了实验计算结果；最后，根据数值实验结果分析并讨论了情境数量在模型中的作用。仿真实验程序使用C#（VS2010）语言编写，并在Intel Core™ i5-2.6 GHz CPU和4 GB内存的个人电脑上运行计算。

4.4.1　实验数据的产生和算法参数

数值实例是从中国先进钢铁企业攀枝花钢铁厂的实际生产数据中选择并简化后产生的，在该企业的生产实践中，生产计划的计划跨度通常是一周内的天数，因此实验中计划周期设定为3、5、6和7天。基于历史数据，零部件种类设置为5到10种，而产品种类设置为9种；回收产品的质量等级数为

5;生产资源能力等级数设置为10;情境树设计为二叉树结构,即$S = 2^T$,且假设每个节点都包含两个分支,因为其他情境树结构都可以由一组二叉树结构的情境树集合构成;根据一个工作日内零部件生产能力和零部件种类均值,新零部件的需求从均匀分布中随机产生,D: $U(1350, 1700)$,同时再制造零部件需求随机产生于另一均匀分布,D: $U(350, 800)$,每个情境下不同周期内的需求相互独立。为了不失一般性,每个情境发生的概率都是相同的,即$1/S = 1/2^T$。

对于每种问题规模,随机产生10个不同的实例,每个实例都会在程序中运行10次,计算并分析10次结果的平均值,回收过程的可用零部件比率由零部件的种类和回收品的质量等级共同决定,不同零部件的可用率之间是相互独立的,并且质量等级越高,回收可利用率越高,回收可利用率的范围是0.1～0.9。剩下的参数基于实际历史生产数据的产生方式描述如下:单位制造与再制造成本分别来自两个不同的均匀分布,$U(180, 240)$和$U(30, 50)$;制造与再制造过程的设置成本分别从均匀分布$U(50000, 65000)$和$U(10000, 20000)$中随机产生;新零部件、再制造零部件和回收产品的单位库存成本都从均匀分布$U(1, 10)$中随机产生;回收品的回收成本从均匀分布$U(30, 50)$中产生;产品中零部件个数从均匀分布$U(5, 10)$中产生。回收品拆分成本设置为服从均匀分布$U(5, 20)$,且拆分设置成本从均匀分布$U(200, 500)$中产生;制造与再制造过程的资源消耗量都从均匀分布$U(1, 5)$中产生;能力等级对应的资源量从均匀分布$U(10000, 180000)$中产生,其设置和转换成本分别从均匀分布$U(5000, 10000)$和$U(1000, 18000)$中产生,且其运营成本从均匀分布$U(5000, 40000)$中产生;最后,所有实例的三个初始库存状态均设置为0。

在拉格朗日松弛启发式过程中,一个更小的正数ε、一个更小的正整数m和更大的最大迭代次数可能会得到一个更优的原问题的解,但考虑到计算量增大会使计算时间大幅度增加,在计算时间和精确度之间权衡,我们设定$\varepsilon = 0.0001$,$m = 30$且最大迭代次数为200。

4.4.2　计算结果与算法性能分析

因为对原问题的求解使用的是拉格朗日松弛算法,故本小节将对该算法的性能进行测试。作为整个启发式过程中非常关键的组成部分,拉格朗日松弛算法在整体算法中具有非常重要的作用,因为它将复杂的原问题分解为小规模的子问题从而可以通过设计启发式算法很容易进行求解。在拉格朗日松弛算法中,更小的界差表明找到了更好的可行解,因此原问题解的上下界的界差将作为一个评价指标。如上一小节所述,我们将对每种规模的问题测试10个实例,每个实例运行10次,然后对不同规模问题的100次运行结果的界差平均值进行分析。

求解原问题的拉格朗日松弛算法性能测试实验计算结果如表4.1所示,其中包含最大与最小上界、最大与最小下界,以及每种规模问题的10个实例运行10次的界差平均值。例如:问题规模为5 × 3 × 8的实例1的最大与最小上界分别为6085055.50与6079956.13,最大与最小下界分别为6032043.76与5996961.26,且该实例运行10次结果的界差平均值为1.10%;而问题规模为5 × 3 × 8的10个实例的界差平均值是1.18%。从表4.1中可以得出以下结论:所有规模问题实例的界差平均值都接近1%,并且所有实例的界差平均值的平均值为1.25%,这个界差是可接受的,并且可以表明所提出的算法的有效性;同时,随着问题规模的增大,界差平均值增长的速度十分缓慢,这表明拉格朗日松弛算法具有很好的鲁棒性。

表4.2中给出了表4.1中各实例的计算运行时间。可以看出,拉格朗日松弛算法所需要的时间随着问题规模的增大而缓慢增加,这是因为基于拉格朗日松弛的启发式算法是多项式算法,并且求解原问题所消耗的时间随着问题规模的增大而线性增加,正因为原问题本是一个NP完全问题,因此本章提出基于拉格朗日松弛的启发式算法对其进行求解。

表 4.1　不同问题规模下 10 个实例的实验计算结果

表 4.1（a）　不同问题规模下 10 个实例的实验计算结果（一）

问题规模（$I\times T\times S$）	最大上界			最小上界			最大下界			最小下界		
	实例											
	1	2	3	1	2	3	1	2	3	1	2	3
5×3×8	6085055.50	5700806.38	6117618.38	6079956.13	5700806.38	6113367.38	6032043.76	5678887.07	6075596.72	5996961.26	5662994.97	6030978.87
6×3×8	6740319.63	6970389.13	7018761.38	6732683.50	6970358.13	7016983.38	6698617.65	6936574.79	6978722.82	6587676.82	6875336.73	6926789.44
7×3×8	8554932.25	8051317.38	8679220.50	8537376.38	8035219.38	8641239.00	8474885.01	8021283.92	8626747.00	8385250.65	7928108.75	8343820.59
8×3×8	8937813.50	9531863.75	9470398.25	8927727.38	9519497.75	9454874.38	8877235.62	9447511.18	9398356.81	8842170.56	9320245.36	9286592.35
9×3×8	10513984.13	10844470.25	10583569.00	10506427.25	10836864.75	10559325.75	10476442.41	10791619.10	10498044.03	10406390.92	10708281.99	10402714.59
10×3×8	11909743.38	11827096.88	11792245.88	11893237.75	11824130.00	11772504.88	11852283.53	11804188.74	11725406.24	11724463.70	11711546.89	11645067.83
5×5×32	9366087.91	9779037.28	9583793.50	9359744.19	9777711.81	9581899.19	9286034.53	9692357.82	9517341.76	9163795.72	9578269.66	9427807.09
6×5×32	11673782.19	11661270.72	11877395.88	11653784.34	11632904.19	11874100.97	11583219.95	11573170.81	11817627.00	11446990.49	11273209.59	11663585.58
7×5×32	13348780.13	13476046.38	13394312.81	13296013.78	13387548.78	13376805.63	13191926.59	13351624.40	13295820.04	13141940.44	13178749.08	13120289.27
8×5×32	15230166.84	14941412.13	15402841.41	15179256.06	14922739.25	15384415.41	15130881.44	14858217.43	15305948.56	14878453.36	14708764.66	15103951.94
9×5×32	17029539.59	17096144.50	17086770.78	17025421.50	17035699.63	17065435.81	16942500.76	16996488.74	16964536.64	16756967.05	16679205.39	16616473.59
10×5×32	19021115.31	19046791.53	18900150.88	19003264.38	18968723.19	18768619.81	18905835.12	18938584.27	18809197.38	18503374.54	18700322.10	17679109.61
5×6×64	11066174.36	11346357.97	11630833.94	11013029.64	11306902.61	11609768.45	10914168.59	11202952.00	11522087.96	10657390.19	10844540.77	11408584.26
6×6×64	13611920.25	13408429.97	13937123.67	13599566.22	13390610.98	13935323.81	13509611.23	13302732.14	13868110.36	13324186.59	13096129.75	13727271.85

续　表

问题规模（$I\times T\times S$）	最大上界			最小上界			最大下界			最小下界		
	实例											
	1	2	3	1	2	3	1	2	3	1	2	3
7×6×64	16321208.28	15915229.41	16155616.14	16312579.11	15907277.39	16102864.86	16209061.65	15826600.95	16013036.97	15954056.00	15567825.99	15786662.08
8×6×64	18014853.06	18291746.00	18109621.80	17887489.75	18267939.61	18073408.09	17843120.18	18139305.47	18051369.50	17372728.06	17890637.72	17689020.04
9×6×64	21102567.28	20531878.34	20640952.34	21038580.98	20511841.33	20556559.59	20951001.77	20348194.32	20456416.58	20676818.85	19944171.17	20039078.74
10×6×64	22528676.97	23230980.66	22844123.08	22495399.70	23188648.19	22814194.91	22414431.34	23118856.27	22530321.85	22088506.3	22612830.49	22261391.16
5×7×128	13187195.79	13323874.33	12798939.88	13183010.86	13309539.87	12710866.23	13071422.33	13242657.83	12694070.38	12866577.75	13143491.70	12543834.54
6×7×128	16337825.56	16282672.60	16187482.34	16272148.98	16207954.52	16115925.31	16180778.75	16096630.47	16068127.71	16001368.30	15505692.87	15729365.70
7×7×128	18656780.70	18907317.36	18721906.39	18622595.88	18857351.27	18702898.55	18534704.22	18729378.95	18581095.46	18272852.81	18586828.20	18268947.71
8×7×128	20857426.79	21083599.59	21256624.56	20801633.21	21059587.05	21237822.63	20568663.49	20939718.96	20537031.48	20303136.14	20702810.99	20482426.92
9×7×128	23395365.53	23411093.98	23862207.02	23349741.35	23333947.98	23718036.98	23264209.35	23213183.90	23577737.67	22829703.19	22779290.06	23253976.35
10×7×128	26627427.29	26468206.05	25693011.44	26377381.84	26372634.75	25659771.72	26176978.02	26302582.55	25499046.09	25723678.72	25385843.88	24822071.35

表4.1（b）　不同问题规模下10个实例的实验计算结果（二）

问题规模（$I\times T\times S$）	最大上界			最小上界			最大下界			最小下界		
	实例											
	4	5	6	4	5	6	4	5	6	4	5	6
5×3×8	6190341.25	5824003.00	5734129.75	6167918.25	5820031.50	5733109.25	6050461.47	5779612.57	5711466.62	5996146.34	5737951.83	5687461.36
6×3×8	7055988.50	7167444.50	7014852.00	7055988.50	7163917.75	7014852.00	7022638.47	7132738.26	6975528.31	6945748.84	7063401.49	6944704.72
7×3×8	8185905.13	7959191.88	8448890.13	8184300.50	7950013.38	8448890.13	8154244.91	7910254.92	8385738.09	8101024.76	7832263.23	8315370.50
8×3×8	9339712.50	9390021.75	9288999.13	9339712.50	9387560.50	9279872.88	9288424.39	9323095.86	9243621.63	9235708.62	9244606.96	9105406.26
9×3×8	10867203.13	10703492.38	10833469.13	10848322.13	10689168.00	10820646.75	10795516.10	10644641.72	10783265.36	10729196.44	10509842.88	10675633.98
10×3×8	11998974.25	11739387.38	11542042.00	11990777.38	11722254.88	11503080.75	11937709.75	11667089.30	11466756.53	11783896.23	11565796.92	11302024.88
5×5×32	9498727.22	9592758.31	9659879.69	9498220.75	9580849.31	9654804.91	9409346.83	9499735.99	9590676.39	9329051.03	9352734.81	9514394.33
6×5×32	11787318.59	11610912.13	11511587.06	11764141.78	11603020.00	11502264.75	11697647.48	11533815.29	11440253.95	11306008.29	11376467.33	11296235.86
7×5×32	13442995.94	13100685.16	13319437.25	13436119.19	13065990.25	13309017.19	13372054.43	13020547.56	13239782.23	13141542.17	12867891.56	13043693.57
8×5×32	15185940.06	15392207.13	15005223.16	15174847.16	15337434.56	14987179.59	15099099.50	15300238.01	14907460.45	14924422.58	15034088.74	14437162.83
9×5×32	17230180.50	17042337.00	17165054.22	17202186.81	17000717.88	17105525.00	17102655.92	16935884.27	17019454.42	16972331.07	16853322.70	16798813.93
10×5×32	19092508.97	19440152.34	19512464.56	18984573.38	19420757.03	19490725.72	18967655.16	19339237.44	19386417.19	18714882.54	18986034.52	19345413.55
5×6×64	11167275.30	11386724.84	11336350.72	11158873.84	11357738.78	11327605.00	11078175.64	11322930.37	11250445.28	11008045.91	11252111.15	11168425.5
6×6×64	13589001.91	13709460.27	13689300.94	13571675.88	13682887.69	13676716.02	13487386.61	13596695.43	13616549.68	13203262.06	13295348.15	13222701.48
7×6×64	16242156.72	16327497.75	15414401.94	16186062.66	16288374.36	15376278.80	16128803.69	16030944.22	15346077.47	15787712.45	15631105.99	15089264.95

续　表

问题规模（$I \times T \times S$）	最大上界			最小上界			最大下界			最小下界		
	实例											
	4	5	6	4	5	6	4	5	6	4	5	6
8×6×64	18542912.89	18084698.66	18559407.33	18505331.16	18079181.98	18506908.45	18470044.78	17978860.69	18435037.27	18209856.35	17811005.40	18323553.91
9×6×64	20827374.84	20111723.81	20473772.89	20706732.42	20073055.33	20410891.16	20613251.57	19965738.64	20314849.31	20150800.81	19740823.38	20176587.60
10×6×64	22524796.03	22234385.58	22792496.94	22423247.52	22214977.72	22667914.05	22348904.19	22087052.05	22602258.37	21694810.86	21502611.87	22206545.32
5×7×128	13134568.38	12952599.78	13629660.02	13132779.60	12949862.22	13554187.30	13023827.30	12846443.03	13475823.84	12851888.49	12726772.49	12990225.36
6×7×128	15987626.22	15690876.90	15329877.38	15978129.12	15611309.53	15261461.13	15899264.54	15547168.63	15210558.40	15655751.91	14766916.92	14907293.62
7×7×128	18596642.44	18024908.66	18293174.09	18570669.42	18015848.77	18262679.54	18446973.69	17888365.42	18188638.66	18150652.55	17738729.60	17426016.65
8×7×128	20975277.48	20768072.03	21258160.03	20948408.85	20675963.45	21227083.60	20870603.85	20543879.95	21160695.93	20785227.60	20137121.06	21057768.47
9×7×128	23895628.41	24034875.34	23674908.38	23829680.09	23986136.45	23656498.19	23654644.45	23690986.82	23549492.79	23435181.36	23474443.51	23005748.14
10×7×128	26607458.60	26043342.97	26539377.10	26569250.36	26001321.42	26395568.13	26432052.42	25721574.23	26385050.74	25647123.87	25309313.83	25513663.81

表4.1（c） 不同问题规模下10个实例的实验计算结果（三）

问题规模（$I\times T\times S$）	最大上界			最小上界			最大下界			最小下界		
	实例											
	7	8	9	7	8	9	7	8	9	7	8	9
5×3×8	5900649.00	5903165.00	5735565.25	5900516.38	5903165.00	5735565.25	5868546.22	5859618.81	5697820.99	5815164.90	5818248.39	5643881.72
6×3×8	7128448.00	7302336.50	6980921.13	7128448.00	7302336.50	6980921.13	7092602.23	7245257.96	6930332.38	7033157.66	7213610.83	6882105.83
7×3×8	8611644.50	8152551.25	8329844.00	8606238.75	8150151.75	8329844.00	8557610.17	8121276.07	8273450.03	8444346.28	8046852.01	8196394.98
8×3×8	9435331.25	9324362.50	9708872.00	9435331.25	9312155.50	9693846.38	9381582.94	9246952.72	9636426.71	9264745.41	9133527.07	9515770.43
9×3×8	10787451.75	10614231.50	11028448.50	10770417.75	10599773.75	11017326.25	10722517.43	10568874.43	10975241.46	10658364.17	10448154.41	10868715.88
10×3×8	11421506.00	11968707.00	11953605.75	11412641.50	11937578.75	11943268.75	11377648.97	11890779.01	11895786.93	11280027.28	11809612.64	11852770.45
5×5×32	9702431.47	9810844.19	9259295.09	9695279.78	9802345.38	9238644.78	9645965.13	9754033.35	9211131.91	9589423.3	9675207.65	9044682.99
6×5×32	11616414.41	11363778.66	11926848.16	11588592.91	11359204.88	11916002.88	11522051.90	11306093.09	11844752.57	11228225.83	10959007.43	11719389.51
7×5×32	13109523.94	13161497.22	13579245.63	13100732.19	13129391.69	13564600.97	13052878.76	13062443.58	13487993.78	12954331.27	12870079.11	13277073.19
8×5×32	15658097.09	15023409.72	15505288.31	15634033.16	15013206.47	15481972.53	15546095.50	14917966.96	15401344.63	15123535.84	14729482.58	15170193.38
9×5×32	17447991.25	17077435.88	17087326.56	17404361.41	16970832.28	17013313.78	17345488.71	16900531.61	16989295.65	17073313.58	16688956.18	16695578.91
10×5×32	19674465.25	19211255.06	19072695.41	19633695.53	19139413.91	19026703.19	19529843.77	19120668.96	18927233.75	19229652.78	18905864.99	18596249.53
5×6×64	11932714.59	11596587.36	11468315.98	11907629.89	11593476.27	11462547.13	11839077.36	11488196.67	11372796.96	11510879.07	11281362.61	11251897.96
6×6×64	13940432.06	13560512.66	13513633.81	13926476.41	13555110.92	13487095.00	13842710.92	13442390.07	13418523.17	13490901.70	13229298.42	13263352.27
7×6×64	16058580.33	15775188.53	15516630.25	16017084.63	15759523.23	15509152.25	15972816.87	15691970.37	15424354.19	15548346.31	15506089.61	15286336.82
8×6×64	18102584.53	17698246.06	18686580.20	18090132.72	17627855.88	18617996.61	18016629.87	17568734.40	18539843.99	17773916.8	17368366.55	17904457.27

续 表

问题规模（$I\times T\times S$）	最大上界			最小上界			最大下界			最小下界		
	实例											
	7	8	9	7	8	9	7	8	9	7	8	9
9×6×64	21170806.89	20434386.59	20524062.55	21162956.95	20405412.94	20388812.97	21062963.31	20305897.81	20352630.52	20715978.17	19830708.17	20047950.07
10×6×64	23024837.98	22212545.34	22732361.45	22949039.53	22133740.59	22676895.77	22836840.11	21980359.64	22471129.59	22559555.74	21586023.21	22078595.74
5×7×128	13304437.44	13069769.47	12912348.96	13282538.77	13026068.13	12834674.91	13215278.05	12960550.22	12811015.84	12827899.93	12867496.58	12249003.37
6×7×128	15357086.19	15947782.32	15772374.07	15325017.35	15928142.63	15726412.38	15236299.91	15853400.61	15646220.15	14872095.34	15620640.80	15341091.71
7×7×128	18617771.60	18718264.23	18569062.84	18608831.56	18701137.98	18504039.13	18471456.94	18605425.89	18431343.92	18145339.38	17607105.20	18181814.50
8×7×128	21303803.66	20837217.21	21048715.38	21273008.63	20757951.70	21013186.13	21126015.94	20734425.52	20861954.30	20862838.65	20273528.40	20397176.07
9×7×128	23984055.18	23990993.51	23506718.93	23816153.40	23864711.41	23470037.36	23776210.75	23875177.90	23089297.84	23049179.98	23341188.49	22513943.31
10×7×128	26700045.87	26488184.72	26521870.31	26571878.94	26291338.68	26436071.85	26506565.38	26257543.97	26055561.69	25928378.85	25382652.25	25676367.41

表4.1（d） 不同问题规模下10个实例的实验计算结果（四）

问题规模（$I \times T \times S$）	最大上界	最小上界	最大下界	最小下界	上下界差均值/%										
	实例														
	10	10	10	10	1	2	3	4	5	6	7	8	9	10	Average
5×3×8	6119440.37	6107416.50	6065004.37	5867663.00	1.10	0.48	0.96	2.71	1.08	0.67	0.91	1.03	1.04	1.85	1.18
6×3×8	7141274.00	7141274.00	7099170.27	7069514.40	1.45	0.85	0.81	0.67	0.85	0.70	0.85	0.94	0.93	0.78	0.88
7×3×8	8390197.50	8385157.50	8344461.92	8284712.30	1.23	0.87	1.01	0.62	0.93	1.04	1.41	0.77	1.19	0.75	0.98
8×3×8	9155888.25	9126182.88	9100486.55	9027769.06	0.82	1.16	1.09	0.97	1.04	0.86	1.24	1.26	1.02	0.77	1.02
9×3×8	10819419.38	10775397.50	10770768.83	10640466.29	0.49	0.81	1.16	0.80	0.92	0.91	0.81	0.77	0.76	0.79	0.82
10×3×8	11814154.00	11789918.38	11762395.33	11590731.07	0.80	0.51	0.69	0.83	0.86	0.71	0.57	0.66	0.59	0.94	0.72
5×5×32	9869154.88	9860651.41	9817074.98	9721097.77	1.37	1.61	1.06	1.18	1.49	1.11	0.76	0.90	1.15	0.84	1.15
6×5×32	11318855.81	11309957.16	11243392.60	11112148.39	1.14	1.48	1.10	1.90	1.08	1.06	1.83	1.45	0.99	1.13	1.32
7×5×32	13456465.06	13442267.66	13370412.42	13271984.19	1.07	1.08	1.15	1.05	0.91	1.26	0.74	1.28	1.36	0.92	1.08
8×5×32	15407399.34	15383388.09	15322628.46	14902674.74	1.15	0.83	0.80	0.90	1.01	1.81	1.88	1.03	1.21	1.95	1.26
9×5×32	17607987.03	17502115.50	17492583.13	16988715.01	0.90	1.04	1.36	0.96	0.73	1.14	1.48	0.85	1.10	1.18	1.07
10×5×32	19130499.94	19120815.88	19002709.96	18700137.82	1.69	0.95	1.73	0.89	1.02	0.66	1.53	0.92	1.47	1.13	1.20
5×6×64	11061899.83	11045782.44	10994647.75	10917175.16	2.60	2.50	1.21	0.93	0.88	1.11	1.60	1.56	1.40	0.80	1.46
6×6×64	13392331.56	13324837.83	13311731.99	13128936.58	1.48	1.37	1.07	1.50	1.63	1.03	1.26	1.46	1.05	1.13	1.30
7×6×64	16422713.72	16421860.66	16316000.34	16070497.95	1.10	1.15	1.06	1.53	3.00	0.87	1.43	0.91	1.00	1.17	1.32
8×6×64	18619072.61	18575531.34	18470967.66	17946903.97	1.47	1.33	1.12	0.98	1.01	0.82	0.99	0.96	1.60	1.83	1.21

续　表

问题规模（$I\times T\times S$）	最大上界	最小上界	最大下界	最小下界	上下界差均值/%										
	实例														
	10	10	10	10	1	2	3	4	5	6	7	8	9	10	Average
10×6×64	20823442.05	20755280.23	20693130.11	20362398.39	1.19	1.47	1.66	1.77	1.05	0.80	0.88	1.59	1.26	0.97	1.26
5×7×128	22175857.27	22078519.31	21975517.52	21418332.84	0.85	1.12	1.82	2.16	1.49	1.31	0.97	1.89	1.94	2.02	1.56
6×7×128	13166821.53	13153502.62	13074810.30	12933263.19	1.49	0.86	1.01	1.37	1.11	2.73	1.75	1.01	3.01	0.99	1.53
7×7×128	15949153.31	15898326.55	15808239.17	15525830.76	1.21	2.92	0.96	1.08	2.67	1.45	1.09	1.16	1.21	1.17	1.49
8×7×128	18382594.74	18365180.06	18227191.03	18010425.65	1.28	1.06	1.21	1.37	1.15	1.45	1.25	1.70	1.36	1.31	1.31
9×7×128	21147151.52	21132050.94	20968464.15	20678282.52	2.16	0.97	3.64	0.62	1.42	0.54	1.23	1.28	1.84	1.33	1.50
10×7×128	23555564.80	23291117.12	23457294.22	22837292.47	1.23	1.86	1.40	1.28	1.83	0.99	2.04	0.96	3.09	1.95	1.66
10×6×64	26848731.91	26681564.29	26417185.32	25879083.24	1.92	1.65	1.26	1.15	1.82	1.68	1.43	1.91	2.46	1.93	1.72

注：问题规模的其他参数为 $J=9, K=5, L=10$。

表 4.2　使用拉格朗日松弛算法求解原问题的运行时间（单位：s）

问题规模（$I \times T \times S$）	实例										
	1	2	3	4	5	6	7	8	9	10	平均值
5×3×8	0.71	0.66	0.71	0.64	0.68	0.79	0.68	0.74	0.76	0.75	0.71
6×3×8	0.99	0.93	0.93	0.85	0.99	0.93	1.03	0.89	0.99	0.97	0.95
7×3×8	1.19	1.13	1.09	1.13	1.15	1.11	1.12	1.21	1.07	1.08	1.13
8×3×8	1.50	1.56	1.27	1.32	1.17	1.16	1.25	1.12	1.09	1.09	1.25
9×3×8	1.22	1.26	1.19	1.20	1.18	1.31	1.24	1.30	1.22	1.18	1.23
10×3×8	1.44	1.33	1.44	1.43	1.34	1.31	1.42	1.42	1.60	1.46	1.42
5×5×32	4.25	4.21	4.21	4.12	4.33	4.08	4.23	4.22	4.44	4.37	4.25
6×5×32	6.31	5.40	4.94	5.03	4.89	5.33	5.24	4.85	5.17	5.05	5.22
7×5×32	6.66	5.88	5.96	6.19	5.94	5.65	5.94	5.67	6.06	6.18	6.01
8×5×32	7.01	6.64	6.49	7.26	8.17	7.54	6.98	6.96	7.05	7.25	7.14
9×5×32	7.81	8.02	7.89	7.56	8.06	8.07	7.75	7.80	7.39	8.15	7.85
10×5×32	8.94	9.04	9.36	8.74	8.46	8.53	8.13	9.23	10.48	9.17	9.01
5×6×64	10.72	10.29	10.30	10.84	10.81	12.83	12.48	12.70	11.54	10.62	11.31
6×6×64	12.80	12.79	11.31	13.12	13.15	12.62	13.24	12.32	12.16	12.48	12.60
7×6×64	14.98	14.86	15.63	15.35	15.12	15.29	15.51	15.49	14.48	14.94	15.17
8×6×64	17.17	19.13	19.34	19.78	18.94	18.88	19.23	17.62	17.07	17.79	18.50
5×7×128	18.75	19.94	19.00	20.35	19.84	19.12	19.22	19.27	18.61	18.99	19.31
6×7×128	21.54	21.79	21.79	21.52	20.62	21.32	22.52	21.81	22.44	21.82	21.72
7×7×128	27.94	27.55	28.15	28.42	27.53	27.61	27.93	27.04	27.88	27.05	27.71
8×7×128	32.98	36.45	33.58	31.78	32.09	31.14	35.38	36.41	31.24	31.54	33.26
9×7×128	38.32	37.86	35.79	36.99	36.32	35.34	37.50	36.96	35.26	38.02	36.84
10×7×128	43.59	42.29	42.58	40.07	43.12	43.10	44.32	42.18	42.25	41.68	42.52
10×6×64	50.56	49.50	50.06	48.62	47.46	50.17	48.99	49.77	48.34	49.94	49.34
5×7×128	56.11	52.52	51.92	54.10	51.55	54.31	53.26	53.99	51.68	56.27	53.57

4.4.3　对情境数量的灵敏度分析

为了讨论情境数量的变化对随机模型的影响，本节给出对情境数量的灵敏度分析。本节的主要目的是说明需求不确定性的变化对最终解所产生的影响，这里需求量不确定性的变化可以用原问题中情境数量的变化来反映，因此，我们增加另外三种不同的情境树结构来对最终解的变化进行评价。第一种结构仅有一种情境，这一极端的结构等价于确定性模型；第二种结构包含2^{T-1}种情境，这一结构第一个周期的节点仅有一个分支，而其他周期的节点与上一节中描述的结构相同；最后一种结构拥有$2^{\lfloor T/2 \rfloor} \cdot 3^{\lceil T/2 \rceil}$种情境，其中，前$\lfloor T/2 \rfloor$个周期的各节点有两个分支，而剩余周期上的各节点有三个分支，其他各参数均与4.2节中的参数产生方法相同。

实验计算结果见表4.3。可以看出，生产成本随着情境数量的增多而增加，这就意味着需求量不确定性会影响生产计划的决策，生产成本随着需求量不确定性的增加而增加，因此需求量不确定条件下的情境的精确信息可以降低整个生产系统的总成本，并且因为问题规模会随着情境数量的增加而增大，所以计算运行时间也会随着情境数量的增加而线性增长。

表4.3　不同情境树结构下各问题实例最终解的生产成本和计算运行时间

问题规模 $(I \times T)$	生产成本				计算运行时间			
	$S=1$	$S=2^{T-1}$	$S=2^T$	$S=2^{\lfloor T/2 \rfloor} \cdot 3^{\lceil T/2 \rceil}$	$S=1$	$S=2^{T-1}$	$S=2^T$	$S=2^{\lfloor T/2 \rfloor} \cdot 3^{\lceil T/2 \rceil}$
5 × 3	6014368.47	6047336.21	6079956.13	6096031.73	0.30	0.57	0.71	0.93
6 × 3	6372438.68	6621407.35	6732683.50	6792106.72	0.48	0.83	0.99	1.21
7 × 3	8517146.50	8532205.29	8537376.38	8589241.61	0.82	1.15	1.19	1.31
8 × 3	8893856.96	8897562.47	8927727.38	8943175.23	0.89	1.37	1.50	1.48
9 × 3	10332108.73	10418901.41	10506427.25	10643528.80	0.91	1.08	1.22	1.41
10 × 3	11846685.21	11892196.96	11893237.75	11914659.68	0.94	1.25	1.44	1.80
5 × 5	9352238.39	9356718.93	9359744.19	9361370.43	2.23	3.48	4.25	5.42
6 × 5	11621397.78	11656843.08	11653784.34	11688694.18	3.98	6.10	6.31	8.03
7 × 5	13251179.04	13266932.84	13296013.78	13358103.23	4.91	5.34	6.66	8.47
8 × 5	15171294.67	15179357.68	15179256.06	15181224.93	4.83	5.99	7.01	9.17
9 × 5	16942381.78	16993152.44	17025421.50	17041974.28	5.13	6.08	7.81	9.94
10 × 5	18994508.03	18996370.24	19003264.38	19011693.70	6.37	8.22	8.94	10.11

续 表

问题规模($I \times T$)	生产成本				计算运行时间			
	$S=1$	$S=2^{T-1}$	$S=2^T$	$S=2^{\lfloor T/2\rfloor}\cdot 3^{\lceil T/2\rceil}$	$S=1$	$S=2^{T-1}$	$S=2^T$	$S=2^{\lfloor T/2\rfloor}\cdot 3^{\lceil T/2\rceil}$
5 × 6	11008702.57	11010935.19	11013029.64	11021794.88	7.91	9.28	10.72	13.46
6 × 6	13574851.20	13601539.09	13599566.22	13610513.47	8.02	10.54	12.80	15.37
7 × 6	16291740.17	16293694.53	16312579.11	16345979.01	9.14	14.03	14.98	17.58
8 × 6	17860043.03	17869015.29	17887489.75	17905731.85	10.58	13.16	17.17	19.44
9 × 6	21029894.66	21031017.04	21038580.98	21046118.29	12.47	15.94	18.75	22.60
10 × 6	22479035.18	22483391.65	22495399.70	22491850.93	14.05	19.92	21.54	24.68
5 × 7	13170942.55	13174210.37	13183010.86	13199243.69	16.53	25.05	27.94	35.11
6 × 7	16225037.63	16233079.24	16272148.98	16294708.71	18.03	26.97	32.98	40.30
7 × 7	18589931.54	18603772.59	18622595.88	18641389.01	19.57	29.71	38.32	49.60
8 × 7	20798766.52	20801872.30	20801633.21	20836194.74	20.09	32.80	43.59	55.23
9 × 7	23312075.80	23340839.27	23349741.35	23371804.98	22.31	38.92	50.56	64.88
10 × 7	26358496.17	26369915.06	26377381.84	26382410.72	24.10	43.58	56.11	70.03

4.5 本章小结

本章研究了物联网环境下三种混合生产系统中带有生产能力计划的随机生产计划问题,该问题的特点是生产能力计划与生产计划相结合,需求具有随机性,并通过混合整数线性规划形式体现。研究该问题的主要目的是提供新零部件和再制造零部件的生产与库存决策,并同时设置合适的生产能力。为了解决该问题,本章建立了基于情境的随机模型并提出了一种基于拉格朗日松弛的启发式算法对其进行求解。计算实验仿真表明,给出的算法对于该类型问题非常有效并且具有很强的鲁棒性。对于情境数量的灵敏度分析说明了制造与再制造需求的信息准确性的重要性。此外,该随机模型可以进行拓展并应用于其他实际工业领域,并且给出的算法仅需要进行简单的调整就可以解决混合制造与再制造系统中的其他随机生产计划问题。

本章从实际电子产品制造和钢铁制造企业出发,在物联网环境下针对各种混合生产系统中的生产计划问题进行了系统分析和研究,提出了适应不同工业领域的物联网应用框架结构。主要研究成果有以下三点：

(1)针对考虑回收品价值衰减设备的混合生产系统生产计划问题，引入物联网系统和PEID来监控，追踪和存储整个产品生命周期的产品数据，并给出一个精细的最优生产计划模型，包括零部件采购、针对回收品的再制造策略、确定何时以及如何进行再制造、回收品的拆分和零部件的再利用等详细的再利用策略；建立的模型给出了一个时间周期上满足订单需求的生产计划，以及在微尺度时间单元上使用根据订单拆分策略和根据订单生产策略的详细生产计划；针对该模型中的主要参数和模型自身的性能进行了详细的分析和讨论，数值计算示例的结果显示，该模型可以在考虑回收品价值等级衰减时保证很高的回收品再利用率，而灵敏度分析中较高的回收品平均利用率充分证明了模型的有效性和实用性。

(2)针对原始设备制造商考虑回收定价和供应商选择的混合生产系统生产计划问题，以该制造商可以通过利用新零部件或旧零部件来生产新产品，或者直接翻新高品质的旧产品来满足需求并在整个产品生命周期上获得最大的利润为目标，基于相应的物联网框架结构与相关服务，建立了一个包含回收过程、带有回收品再利用的混合生产过程和原材料采购过程的协同优化模型；针对模型的特点，提出了一个有效的基于粒子群优化的启发式算法对模型进行求解；实例仿真的结果显示，提出的模型和设计的算法可以在产品生命周期上提供有效的回收定价策略，同时还能提供精细的回收品再利用和生产计划，以及合理的原材料采购方案。

(3)针对一种整合了资源能力计划的混合生产系统随机生产计划问题，利用物联网技术取得的历史数据，运用一种基于情境的随机建模方法，根据系统中采集的历史数据来表达随机需求；针对产品回收、混合生产和关键资源能力配置的协同优化问题，建立了相应的混合整数线性规划模型；针对问题的特点，设计了一种基于拉格朗日松弛技术的启发式算法，并用于求解得到本研究问题的一个有效的近似解；实例计算结果中，所有规模问题实例的界差平均值都接近1%，并且所有实例的界差平均值的平均值为1.25%，这个界差是可接受的并充分说明了设计算法的有效性；随着问题规模的增大，界差平均值增长的速度十分缓慢，表明基于拉格朗日松弛的启发式算法具有很好的鲁棒性。

无论从实际情况考虑还是作为前瞻性理论研究，物联网环境下混合生产系统中三种新的生产计划问题的研究工作都具有重大意义。本章分别从考虑回收品价值等级衰减，考虑回收定价和供应商选择，以及考虑资源能力计划且产品需求量随机三个不同的角度研究了基于物联网平台的混合生产系统中三种新的生产计划问题，分别提出了各自的物联网框架结构并建立了相应的优化模型，分析了模型的有效性，设计了有效的求解算法，取得了一定的研究成果。基于本章的研究内容和已经完成的研究工作，有以下几点可以进一步完善的部分和值得进一步深入研究的内容：

(1)在研究考虑回收品价值等级衰减的生产计划问题时，本章直接运用CPLEX标准求解器来解决提出的整数线性规划问题，研究发现，模型的复杂性随着参数维度的增加而增大，求解难度很大，达到一定的规模之后，不再适合运用通用求解器进行求解。因此，可以对模型的特点进一步研究，设计一种新的算法或启发式方法对其进行求解。

(2)在研究考虑回收定价和供应商选择的混合生产系统生产计划问题时，本章设计的是基于PSO的启发式算法对模型进行求解，在仿真过程中，发现求解的复杂度随着模型维度的增加而增大，模型维度随着计划周期数、各周期需求量和供应商数量等的增大而急剧增大，因此粒子群优化算法将要消耗很长的时间来得出最终解决方案，问题规模越大，所消耗的时间也越长。因此，可以针对模型的特点进一步研究，考虑设计更快、更稳定的求解大规模问题的方法。

(3)在研究考虑资源能力计划的混合生产系统随机生产计划问题时，求解子问题过程中，本章根据设计的增广拉格朗日算法求解子问题1和2的凸二次规划问题得出的不是最优解，因此所给算法得到的下界并不是真实的下界，在某些时候有可能会超过原问题的最优解。因此，可以针对子问题1和2的特点做更深入的研究，考虑设计一个更为有效的方法来得到原问题更加有效的下界。

第五章　第三方再制造对原始设备制造商的影响

5.1　研究背景

再制造通过更换零部件或对旧零部件进行再加工，使其达到全新的状态，从而回收旧产品中固有的剩余价值，这是传统制造的一种自然的低成本替代方式。因此，再制造在实践中已被越来越多地采用，以提高公司的利润和竞争优势。许多行业的成功案例都证明了这一点，如硒鼓、汽车零部件和电子产品等行业，它可以带来很高的利润。然而，一个覆盖超过2000多家再制造企业的数据库显示，只有6%的企业是原始设备制造商（OEM）。再制造通常由第三方再制造商（TPR）主导，其主要业务是再制造OEM的旧产品。

从原始设备制造商的角度来看，在第三方再制造商的竞争下，它们应该怎么做？在实践中，如果再制造能够独立获利，OEM需要决定是制造再制造产品还是专门提供新产品，这是很常见的。现有的关于再制造的研究表明，TPR的竞争对OEM来说是不利的。因此，OEM应该选择再制造或预先收集其二手产品，以应对TPR的竞争。然而实践中，很少有OEM选择在TPR的竞争下进行再制造。例如，许多OEM如思科从未提供再制造产品，惠普公司没有再制造打印机墨盒，但它们面临TPR的竞争。

上述研究中一个重要的基本假设是，消费者对新产品的评价（即对新产品的感知价值）在再制造中保持不变。根据Agrawal等（2015）的实证研究，消费者对OEM新产品的感知价值受到再制造产品的显著影响。这种影响的大小和方向性，取决于再制造者的身份，即它是一个OEM还是一个TPR。由于对比效应，TPR的再制造产品对消费者对OEM新产品的感知价值有积极影响，消费者可能对TPR的再制造产品提出质量担忧，从而增加对新产品的感知价值。然而,OEM 的再制造产品会通过同化效应将消费者对新产品的感知价值向下转变。

再制造与对比效应和同化效应(即对消费者对新产品感知价值的转变)自然地相互影响。再制造会给予购买再制造产品的客户价格折扣,从而使企业能够对购买新产品和再制造产品的客户进行价格歧视。在 TPR 再制造竞争下,当 OEM 放弃再制造时,OEM 的新产品将以消费者对新产品感知价值上移(即对比效应)的形式获得更多的利润,这一点被 OEM 和 TPR 再制造所忽略。因此,在 TPR 再制造竞争下,不同的 OEM 对再制造的态度可能导致截然不同的市场结果。尽管对比效应和同化效应在文献中得到了广泛的认可,但目前还不清楚它们在 TPR 竞争下 OEM 的再制造策略选择中会起到什么作用。

再制造的过程是从旧产品中回收零部件来生产新产品或类似的新产品,被视为产品回收过程的一种形式。再制造的动机有两方面:一是它利用仍然可利用的零部件,从而减少了所需的新零部件的数量,使产品成本更低;二是它使大量二手产品远离垃圾填埋,从而大大减小了对环境的影响,并有助于可持续运营。因此,再制造在实践中越来越多地被采用。它可以提高公司的营利能力。再制造通常由第三方再制造商主导,OEM 很少会采用再制造。

本章的主要目标是更多地了解再制造竞争中的两种效应。具体地说,本章分析了消费者对新产品感知价值的变化对 OEM 的再制造决策的影响。为此,我们建立了一个由一个 OEM 和一个 TPR 组成的双头垄断模型。本研究选择了双头垄断竞争模式,而不是只有一个 OEM,这有两个原因。一方面,由于回收能力有限,OEM 不可能收集每一个核心零部件,因此很大一部分由 TPR 回收。另一方面,当再制造营利时,TPR 将积极生产再制造产品。为了描述消费者对新产品感知价值的对比效应和同化效应,我们考虑了两种情况:(1)OEM 首先专门生产新产品,然后 TPR 收集旧产品(即再制造核心)。OEM 新产品与 TPR 再制造产品之间的对比效应将提高 OEM 新产品的感知价值。(2)OEM 生产新产品和再制造产品,而 TPR 生产再制造产品;值得一提的是，OEM制造的新产品以不同的渠道销售。例如，苹果公司只在网上销售再制造产品，而惠普公司则在欧洲只通过单独的二级渠道销售再制造产品。因此，客户可以区分OEM的新产品和再制造产品。对于OEM，其再制造产品引起的同化效应可以抵消TPR再制造产品的对比效应。因此，消费者对新产品的感知价值保持不变。由于消费者品牌偏好，消费者购买OEM再制造产品的意愿（*WTP*）高于TPR再制造产品。因此，需要分析一个利润最大化的OEM是否应该参与再制造。本章讨论了以下问题：

（1）随着消费者对新产品感知价值的变化，上述两种情况下双方的均衡策略是什么？

（2）在TPR再制造环境下，消费者对新产品感知价值的变化在这两种情况下如何影响OEM的利润？

（3）为了追求更多的利润，在对比效应、同化效应和TPR竞争下，OEM有什么更好的选择（即是否再制造）？

本章发现了消费者对新产品感知价值的变化是如何影响OEM的利润和再制造策略的。我们研究的一个关键信息是，OEM的再制造并不总是有利可图的，而且会受到消费者对新产品感知价值变化的显著影响。正如我们所证实的，在TPR再制造竞争下，OEM再制造就像一把双刃剑。一方面，正如文献中公认的，OEM再制造使更多的消费者购买OEM的产品，从而有利于OEM营利。另一方面，OEM再制造产品引起的同化效应消除了导致OEM新产品价格降低的对比效应，当消费者感知价值的上移比较明显时，它将导致OEM新产品的价格降低。我们发现，TPR再制造的对比效应带来的利润提升可能比OEM再制造的利润提升要显著得多。结果表明，在面对TPR竞争时，OEM的一个主要优势是利用新产品感知价值的增加，这在以前的文献中没有被发现。此外，基于数值研究和相关实证研究结论，本研究证明了只有当OEM的再制造成本足够低时，再制造才能为OEM带来利润。即使TPR竞争对消费者感知价值增加的对比效应很小，这一结果也是成立的。因此，在面对TPR竞争时，OEM从新产品中获得的收益最大。可见，在各种条件下找到OEM的最佳策略将会很有意义。这些问题尚未在目前的文献中得到解决。

5.2 模型概述

本章使用一个程式化的模型来捕捉感知价值变化的主要影响，并在存在OEM-TPR竞争的情况下对其有效性提供见解。我们考虑了OEM可以再制造和销售再制造产品，TPR也可以在同一市场上再制造和销售再制造产品。两种竞争情境如图5.1所示。在情境Ⅰ中，OEM不进行再制造，只销售新产品，而TPR则销售再制造产品。在情境Ⅱ中，OEM也采用了再制造的方式。下面首先介绍这两种情境中的假设，然后介绍受再制造产品影响的OEM新产品感知价值的效用模型，最后在这两种情境下模拟OEM-TPR竞争问题。

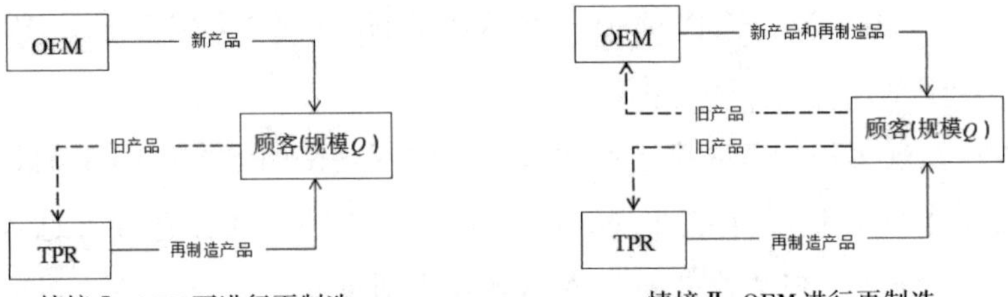

图5.1 两种情境OEM-TPR竞争的流程图

我们使用q_N来表示OEM新产品的数量，并使用q_R和q_T来分别表示OEM和TPR再制造产品的数量。成本参数c描述了OEM制造新产品的单位成本，而参数c_R和c_T分别表示OEM和TPR的单位再制造成本。比例γ描述了OEM收集和再制造的旧产品可用性。具体参数及其含义如表5.1所示。

表5.1 参数汇总

参数	含义
Ⅰ	第一种情境:OEM只生产新产品,TPR提供再制造产品
Ⅱ	第二种情境:OEM以不同的渠道提供新产品和再制造产品,TPR同时生产再制造产品
Π_{OEM}, Π_{TPR}	OEM / TPR的总收入
Q	潜在市场规模

续 表

参数	含义
c	OEM生产新产品的单位成本
c_R, c_T	OEM / TPR的单位再制造成本
γ	OEM可用的旧产品的比例($\gamma \leqslant 1$),定义为可回收给OEM的旧产品的比例
z	客户支付OEM新产品的意愿,它在0到Q之间统一分配
ρ_N	消费者感知价值的变动因素,定义为客户对OEM新产品感知价值的比率($\rho_N \geqslant 1$)
α_R, α_T	客户支付OEM和TPR再制造产品的意愿,分别是新产品价值的一小部分($0 < \alpha_T \leqslant \alpha_R < 1$)
p_N, q_N	OEM新产品价格和生产数量
p_R, q_R	情境Ⅱ中,OEM再制造产品价格和生产数量
p_T, q_T	TPR再制造产品价格和生产数量

假设OEM和TPR在一个时期内面临决策,且OEM和TPR在市场上参与Stackelberg竞争。对于OEM,有两种情况:一是只提供新产品,二是同时提供新产品和再制造产品,但采用不同的渠道。因此,OEM决定在情境Ⅰ中生产多少新产品q_N,以及在情境Ⅱ中生产多少新产品q_N和再制造产品q_R。之后,TPR将选择最优应对策略,决定收集多少核心零部件和再制造产品q_T去竞争。参考Ferrer和Swaminathan的研究,假设只有来自新产品销售的核心零部件才能被重新制造。这一假设背后的基本原理如下:大多数被再制造的产品,如手机等电子产品,很容易过时。一旦一个核心零部件被重新制造,然后达到它的生命周期,它不仅已经过时,而且两个生命周期后的磨损是巨大的,所以它将不能用于另一个生命周期。我们模拟了一个市场,其中OEM和TPR有单独的收集渠道,部分旧产品(γq_N)可以返回给OEM,其余部分$(1-\gamma)q_N$由TPR回收。

我们通过施加一个定义为比率ρ_N($\rho_N \geqslant 1$)的因素来模拟消费者对新产品感知价值的向上转变,即消费者在非再制造产品市场上对OEM新产品估值的上升程度,并捕获了上述两种情境的两种不同的实现。首先,根据情境Ⅰ中的消费者效用来计算自选择数量,这与OEM和TPR的新产品和再制造产品的数量相关。这里使用的消费者偏好模型遵循Ferrer和Swaminathan的研究成果。消费者可以选择从OEM或TPR购买新产品或再制造产品，或者什么也不选择，并会选择最大化它们的效用。将z定义为消费者对于市场上新产品的支付意愿，该参数服从$[0,Q]$上的均匀分布。假设当OEM只提供新产品时，z型消费者以p_N价格购买新产品的效用来源为消费者盈余$U_{Z-N}=z\rho_N-p_N$。对于TPR的再制造产品的支付意愿是$z\alpha_T(0<\alpha_T<1)$，购买再制造产品的消费者类型z的效用是$U_{Z-T}=z\alpha_T-p_T$。因此，当$U_{Z-N}\geqslant U_{Z-T}$时，消费者将购买新产品，数量为$q_N=Q\times\int_{\frac{p_N-p_T}{\rho_N-\alpha_T}}^{Q}\frac{1}{Q}\mathrm{d}z=\frac{Q(\rho_N-\alpha_T)-p_N+p_T}{\rho_N-\alpha_T}$。同样，在$U_{Z-N}\leqslant U_{Z-T}$和$U_{Z-T}\geqslant 0$时，消费者将选择TPR的再制造产品。然后可以得出再制造产品的数量，$q_T=Q\times\int_{\frac{p_T}{\alpha_T}}^{\frac{p_N-p_T}{\rho_N-\alpha_T}}\frac{1}{Q}\mathrm{d}z=\frac{\alpha_Tp_N+p_T\rho_N}{(\rho_N-\alpha_T)\alpha_T}$。从$q_N$和$q_T$中，可以得到以下方程式：$p_N=(Q-q_N)\rho_N-\alpha_Tq_T$和$p_T=\alpha_T(Q-q_N-q_T)$。

接下来考虑情境Ⅱ，其中OEM在不同渠道中提供新产品和再制造产品。这里使用的消费者偏好模型遵循Atasu等的研究成果。我们假设α_Rz和$\alpha_Tz(0<\alpha_T\leqslant\alpha_R<1)$分别代表$z$型消费者对于OEM和TPR再制造产品的WTP。与Agrawal等相同，OEM再制造产品对新产品WTP的消极影响高达8%，对TPR再制造产品的积极影响高达7%。因此，可以看到，由于新产品联合存在的影响，WTP将会有轻微的变化，而且实际上是轻微的负面影响。为了保持模型简单且更利于分析，我们忽略了这种对新产品轻微的负面影响，消费者对于新产品的WTP保持不变。假设$\frac{p_N-p_R}{1-\alpha_R}>\frac{p_N-p_T}{1-\alpha_T}>\frac{p_R-p_T}{\alpha_R-\alpha_T}>\frac{p_T}{\alpha_T}$。在此假设下，OEM新产品、OEM再制造产品和TPR再制造产品可以在市场上共存。z型消费者购买情况如下：

(1)当$U_{Z-N}=z-p_N\geqslant\alpha_Rz-p_R=U_{Z-R}$和$U_{Z-R}=\alpha_Rz-p_R\geqslant\alpha_Tz-p_T=U_{Z-T}$成立，i.e.$z\geqslant\frac{p_N-p_R}{1-\alpha_R}$，$z>\frac{p_R-p_T}{\alpha_R-\alpha_T}$，消费者购买新产品。新产品的数量

为$q_N = Q \times \int_{\frac{p_N - p_T}{\rho_N - \alpha_T}}^{Q} \frac{1}{Q} \mathrm{d}z = \frac{Q(1-\alpha_R) - p_N + p_T}{1-\alpha_R}$。

（2）当 $U_{Z-R} \geqslant U_{Z-N}$ 和 $U_{Z-R} \geqslant \alpha_T z - p_T = U_{Z-T}$ 成立，i.e.$\frac{p_R - p_T}{\alpha_R - \alpha_T} < z \leqslant \frac{p_N - p_R}{1-\alpha_R}$，消费者购买OEM再制造产品。再制造产品的数量为$q_R = Q \times \int_{\frac{p_R - p_T}{\alpha_R - \alpha_T}}^{\frac{p_N - p_R}{1-\alpha_R}} \frac{1}{Q} \mathrm{d}z = \frac{\alpha_R(p_N - p_T) - (p_N - p_R)\alpha_T - p_R + p_T}{(1-\alpha_R)(\alpha_R - \alpha_T)}$。

（3）当$U_{Z-T} \geqslant U_{Z-N}, U_{Z-R} \geqslant U_{Z-N}$和$U_{Z-T} \geqslant 0$成立，i.e.$\frac{p_T}{\alpha_T} \leqslant z \leqslant \frac{p_R - p_T}{\alpha_R - \alpha_T}$，消费者购买TPR再制造产品。再制造产品的数量为$q_R = Q \times \int_{\frac{p_R - p_T}{\alpha_R - \alpha_T}}^{\frac{p_N - p_R}{1-\alpha_R}} \frac{1}{Q} \mathrm{d}z = \frac{\alpha_R(p_N - p_T) - (p_N - p_R)\alpha_T - p_R + p_T}{(1-\alpha_R)(\alpha_R - \alpha_T)}$。

因此，可以得到以下方程式：$p_N = Q - q_N - q_T\alpha_T - q_R\alpha_R, p_R = Q\alpha_R - q_T\alpha_T - (q_N + q_R)\alpha_R$和$p_T = \alpha_T(Q - q_T - q_N - q_R)$。

最后在两种情况下模拟竞争问题。首先，我们说明了当OEM只生产新产品时，OEM和TPR所面临的问题。事件顺序如下：OEM宣布价格p_N，并决定生产数量q_N。TPR观察p_N和q_N，然后宣布价格p_T，并决定再制造数量q_T。每个客户都知道自己的类型z，并决定是购买新产品还是购买再制造产品。情境Ⅰ中OEM和TPR的问题可描述如下：

OEM的目标函数是：

$$\operatorname*{Max}_{q_N > 0} \Pi^{\mathrm{I}}_{\mathrm{OEM}} = (p_N - c)q_N = \big((Q - q_N)\rho_N - q_T\alpha_T - q_R\alpha_R - c\big)q_N \tag{5.1}$$

同样，TPR的目标函数是：

$$\operatorname*{Max}_{q_T > 0} \Pi^{\mathrm{I}}_{\mathrm{TPR}} = (p_T - c_T)q_T = \big(\alpha_T(Q - q_T - q_N - q_R) - c_T\big)q_T \tag{5.2}$$

约束：$(1-\gamma)q_N \geqslant q_T$

函数（5.2）中的约束可以用如下方式来解释。和Esenduran等一样，单周期模型可以解释为成熟度阶段的表示。时期与时期之间，新产品与再制造产品的数量在这个阶段是不变的。因此，在一个阶段，可用的核心零部件的总量与每个时期该阶段销售的新产品数量相同，即 q_N，其中，TPR 提供 $(1-\gamma)q_N$。因此，它的产量不能超过这个数量。

接下来考虑情境Ⅱ。与情境Ⅰ的不同之处在于，OEM还在不同的渠道中提供再制造产品。情境Ⅱ中的事件顺序如下：OEM宣布价格 p_N、p_R，并首先决定生产数量 q_N 和 q_T。TPR 观察 p_N、p_R、q_N 和 q_T，然后宣布价格 p_T，并决定再制造数量 q_T。每个客户都知道自己的类型 z，并决定是购买新产品还是购买再制造产品。因此，OEM的目标函数为：

$$\begin{aligned}&\underset{q_N,q_R>0}{\mathrm{Max}}\ \Pi_{\mathrm{OEM}}^{\mathrm{II}}=\left(p_N-c\right)q_N+\left(p_R-c_R\right)q_R\\&=\left(Q-q_N-q_T\alpha_T-q_R\alpha_R-c\right)q_N+\left(Q\alpha_R-q_T\alpha_T-\left(q_N+q_R\right)\alpha_R-c_R\right)q_R\end{aligned}\tag{5.3}$$

同样，TPR的目标函数是：

$$\underset{q_T>0}{\mathrm{Max}}\ \Pi_{\mathrm{TPR}}^{\mathrm{II}}=\left(p_T-c_T\right)q_T=\left(\alpha_T(Q-q_T-q_N-q_R)-c_T\right)q_T\tag{5.4}$$

约束：$(1-\gamma)q_N\geqslant q_T$

下面介绍这两种情况的平衡策略，并通过逆向归纳推导出OEM和TPR之间博弈的Stackelberg均衡。

5.3 均衡分析

本节首先描述了上述两种情况下OEM和TPR在Stackelberg均衡下的最优决策，然后调查了再制造成本和消费者感知价值的变化对OEM决策和利润的影响。上标 *、† 分别表示相应决策变量的最优值、临界值。

5.3.1 情境Ⅰ中的平衡分析：OEM只生产新产品

首先，OEM作为Stackelberg的领导者，选择市场上的新产品数量，它知道自己将面临与TPR再制造产品的竞争。其次，TPR作为Stackelberg的追随者，决定了再制造产品的数量。OEM会注意到新产品数量对TPR及自身的影响。最后，OEM考虑到TPR的反应来决定生产数量。TPR根据竞争中的新产品数量来选择再制造产品的价格和数量。因此，TPR的响应函数可以由以下KKT（Karush-Kuhn-Tucker，卡鲁什-库恩-塔克）条件的方程式推导出：

$$\frac{\partial}{\partial q_T} L\left(\Pi_{\mathrm{OEM}}^{\mathrm{I}}\right) = -\alpha_T q_T + \alpha_T(Q - q_N - q_T) - c_T - \lambda_T = 0$$

$$\lambda_T((1-\gamma)q_N - q_T) = 0$$

其中，$L\left(\Pi_{\mathrm{OEM}}^{\mathrm{I}}\right) = \left(\alpha_T(Q - q_N - q_T) - c_T\right)q_T + \lambda_T((1-\gamma)q_N - q_T)$，$\lambda_T$是拉格朗日乘子。

下面引理描述了TPR的最佳响应函数，即根据OEM的生产数量q_N决定。

引理1　TPR应根据运营参数和竞争中OEM新产品的数量，选择以下数量之一：

如果$\frac{Q\alpha_T - c_T(3-2\gamma)}{\alpha_T} < q_N < \frac{Q\alpha_T - c_T}{\alpha_T}$，那么$q_T^{1*} = \frac{(Q - q_N)\alpha_T - c_T}{2\alpha_T}$。

如果$q_N \leqslant \frac{Q\alpha_T - c_T(3-2\gamma)}{\alpha_T}$，那么$q_T^{2*} = (1-\gamma)q_N$。

证明见附录B。

给定这个最佳响应函数，OEM可以得到关于新产品数量的最佳决策（见定理1）。引理1给出了q_N的两个可能的值：

情况1：TPR不转换它收集的所有核心零部件，即$q_T^{1*} = \frac{(Q - q_N)\alpha_T - c_T}{2\alpha_T}$。

情况2：TPR转换所有可用的核心零部件，即$q_T^{2*} = (1-\gamma)q_N$。

下面开发定理1，给出OEM对上述两种情况下的最佳决策。

定理1　OEM的最优数量决定如下：

情况1（TPR不转换它收集的所有核心零部件）：

A1　如果$c_T^{1*} < c_T < c_T^{2*}$，则OEM的生产数量为

$$q_N^{1*} = \frac{Q}{2} + \frac{c_T - 2c}{2\left(2\rho_N - \alpha_T\right)} \tag{5.5}$$

情况2（TPR转换所有可用的核心零部件）：

B1　如果$c_T < c_T^{3*}$，则OEM的生产数量为

$$q_N^{2*} = \frac{Q\rho_N - c}{2\left(\rho_N + (1-\gamma)\alpha_T\right)} \tag{5.6}$$

其中，$c_T^{1*} = \alpha_T Q + \frac{\alpha_T(6-4\gamma)(Q\rho_N - c)}{(2\gamma-1)\alpha_T - 4\rho_N}$，$c_T^{2*} = \alpha_T Q + \frac{\alpha_T(2c - 2Q\rho_N)}{4\rho_N - \alpha_T}$，$c_T^{3*} = \alpha_T Q + \frac{\alpha_T(2\gamma-3)(Q\rho_N - c)}{2\left(\rho_N - (1-\gamma)\alpha_T\right)}$。

定理1表明，由于制造商是领导者，TPR是追随者，OEM可以通过调整新产品的生产来影响TPR的再制造决策。因此，面对TPR不同的最佳生产策略，OEM将相应地选择最佳决策，以使自己的利润最大化。

下面探讨γ对OEM最佳决策的影响，结果在定理2中给出。

定理2　(1)如果$\gamma > \frac{8\rho_N - 7\alpha_T}{8\rho_N - 6\alpha_T}$，则OEM的最佳决策是

$$q_N^* = \begin{cases} \frac{Q\rho_N - c}{2\left(\rho_N + (1-\gamma)\alpha_T\right)}, & 0 < c_T \leqslant c_T^{4*} \\ \frac{Q}{2} + \frac{c_T - 2c}{2(2\rho_N - \alpha_T)}, & c_T^{4*} < c_T \leqslant c_T^{2*} \\ \frac{Q\rho_N - c}{2\left(\rho_N + (1-\gamma)\alpha_T\right)}, & c_T^{2*} < c_T \leqslant c_T^{3*} \end{cases} \tag{5.7}$$

(2)如果$\gamma \leqslant \frac{8\rho_N - 7\alpha_T}{8\rho_N - 6\alpha_T}$，则OEM的最佳决策是

$$q_N^* = \begin{cases} \frac{Q\rho_N - c}{2\left(\rho_N + (1-\gamma)\alpha_T\right)}, & 0 < c_T \leqslant c_T^{4*} \\ \frac{Q}{2} + \frac{c_T - 2c}{2(2\rho_N - \alpha_T)}, & c_T^{4*} < c_T \leqslant c_T^{2*} \end{cases} \tag{5.8}$$

其中，$c_T^{4*} = \alpha_T Q + (Q\rho_N - c)\left(\sqrt{\frac{4\rho_N - 2\alpha_T}{(1-\gamma)\alpha_T + \rho_N}} - 2\right)$。

定理2表明，OEM核心零部件（即二手产品）的比例γ对OEM的最优决

策有重大影响。一方面，当γ高于阈值$\frac{8\rho_N - 7\alpha_T}{8\rho_N - 6\alpha_T}$时，这意味着TPR再制造可用核心零部件数量低于$\frac{\alpha_T}{8\rho_B\alpha - 6\alpha_T}$，OEM新产品的最优产量为$\frac{Q\rho_N - c}{2\left(\rho_N + (1-\gamma)\alpha_T\right)}$，当$c_T^{2*} < c_T \leqslant c_T^{3*}$时，最优产量低于$\frac{Q\rho_N - c}{2\left(\rho_N + (1-\gamma)\alpha_T\right)}$。也就是说，在某些条件下，当TPR的再制造产品竞争力较低（γ较高时c_T增加）时，OEM将减少新产品的数量。另一方面，当γ低于阈值$\frac{8\rho_N - 7\alpha_T}{8\rho_N - 6\alpha_T}$时，OEM将在竞争中选择生产更多的新产品，尽管TPR的产品盈利由于OEM旧产品的回收渠道而变少（c_T增加）。应该注意的是，当再制造成本c_T在$\left(c_T^{4*}, c_T^{2*}\right)$之间变动，OEM在B1的利润始终大于A1（即$\Pi_{\mathrm{OEM}}^{\mathrm{B1}} > \Pi_{\mathrm{OEM}}^{\mathrm{A1}}$）时，OEM将选择低生产数量$\frac{Q\rho_N - c}{2\left(\rho_N + (1-\gamma)\alpha_T\right)}$以应对TPR的激烈竞争。

5.3.2 情境Ⅱ中的均衡分析：OEM从事再制造

在这种情况下，OEM作为Stackelberg的领导者，选择市场上新产品和再制造产品的数量，TPR作为Stackelberg的追随者，决定了再制造产品的数量。TPR的最佳响应函数可以与情境Ⅰ相同的方式推导出，并在下一个引理中给出。

引理2 TPR应根据运营参数和OEM的新产品和再制造产品数量选择以下数量之一：

（1）如果$q_N \leqslant \frac{(Q - q_R)\alpha_T - c_T}{(3-2\gamma)\alpha_T}$，那么$q_T = (1-\gamma)q_N$。

（2）如果$\frac{(Q - q_R)\alpha_T - c_T}{(3-2\gamma)\alpha_T} \leqslant q_N < \frac{(Q - q_R)\alpha_T - c_T}{\alpha_T}$，那么$q_T = \frac{(Q - q_N - q_R)\alpha_T - c_T}{2\alpha_T}$。。

定理3 当OEM生产新产品和再制造产品时，存在TPR竞争威胁的

Stackelberg均衡生产策略，根据c_R、c_T和γ的值，有如下四种情况：

(1)如果TPR的再制造产品数量小于可用的核心零部件[即$q_T = \frac{(Q - q_N - q_R)\alpha_T - c_T}{2\alpha_T}$]，则存在两种情况。

A2 如果$c_R^{2\dagger} < c_R < \min\{c_R^{1\dagger}, c_R^{3\dagger}\}$，OEM生产的数量为

$$q_N^{1\dagger} = \frac{((2\alpha_R - \alpha_T)\gamma + 2 - \alpha_T)Q - 2(c + c_R\gamma) + c_T(1 + \gamma)}{2((2\alpha_R - \alpha_T)(2 + \gamma)\gamma + 2 - \alpha_T)}$$

$$q_R^{1\dagger} = \frac{(((2\alpha_R - \alpha_T)\gamma + 2 - \alpha_T)Q - 2(c + c_R\gamma) + c_T(1 + \gamma))\gamma}{2((2\alpha_R - \alpha_T)(2 + \gamma)\gamma + 2 - \alpha_T)}$$

B2 如果$\max\{c_R^{1\dagger}, c_R^{5\dagger}\} < c_R < \min\{c_R^{4\dagger}, c_R^{6\dagger}\}$，$\alpha_R < \frac{1 + (1 - \gamma)\alpha_T}{3 - 2\gamma}$或$\max\{c_R^{1\dagger}, c_R^{5\dagger}, c_R^{6\dagger}\} < c_R < c_R^{4\dagger}$，$\alpha_R > \frac{1 + (1 - \gamma)\alpha_T}{3 - 2\gamma}$，OEM生产的数量为

$$q_N^{2\dagger} = \frac{(1 - \alpha_R)Q - c + c_R}{2(1 - \alpha_R)}$$

$$q_R^{2\dagger} = \frac{(2\alpha_R - \alpha_T)c + (1 - \alpha_R)c_T - (2 - \alpha_T)c_R}{2(2\alpha_R - \alpha_T)(1 - \alpha_R)}$$

(2)如果TPR再制造所有核心零部件[即$q_T = (1 - \gamma)q_N$]，则存在两种情况。

C2 如果$c_R^{1\dagger\dagger} < c_R < c_R^{2\dagger\dagger}$，则OEM生产的数量为

$$q_N^{3\dagger} = \frac{(Q\alpha_R - c_R)\gamma + Q - c}{2((\alpha_R - \alpha_T)\gamma^2 + 2\gamma\alpha_R + \alpha_T + 1)}$$

$$q_R^{3\dagger} = \frac{((Q\alpha_R - c_R)\gamma + Q - c)\gamma}{2((\alpha_R - \alpha_T)\gamma^2 + 2\gamma\alpha_R + \alpha_T + 1)}$$

D2 如果$\max\{c_R^{2\dagger\dagger}, c_R^{3\dagger\dagger}, c_R^{5\dagger\dagger}\} < c_R < c_R^{4\dagger\dagger}$，$\alpha_R < \frac{2 - (2\gamma^2 - 3\gamma + 1)\alpha_T}{6 - 4\gamma}$或$\max\{c_R^{2\dagger\dagger}, c_R^{3\dagger\dagger}\} < c_R < \min\{c_R^{4\dagger\dagger}, c_R^{5\dagger\dagger}\}$，$\alpha_R > \frac{2 - (2\gamma^2 - 3\gamma + 1)\alpha_T}{6 - 4\gamma}$，则OEM生产的数量为

$$q_N^{4\dagger} = \frac{(Q-c)2\alpha_R + (Q-c_R)\big(2\alpha_R + (1-\gamma)\alpha_T\big)}{4\alpha_R(\alpha_R - 1) + (\gamma - 1)^2 {\alpha_T}^2}$$

$$q_R^{4\dagger} = \frac{(\gamma - 1)\Big(\big((Q\alpha_R - c_R)2 - Q + c\big)\alpha_T + 2(c_R - c\alpha_R)\Big)}{4\alpha_R(\alpha_R - 1) + (\gamma - 1)^2 {\alpha_T}^2}$$

c_R的临界值见附录A。

定理3说明，当TPR再制造一些核心零部件时，OEM可以在其单位再制造成本c_R的范围$\left[c_R^{2\dagger}, \min\left\{c_R^{1\dagger}, c_R^{3\dagger}\right\}\right]$内，选择再制造其收集的所有核心零部件。然而，如果$c_R^{1\dagger\dagger} < c_R < c_R^{2\dagger\dagger}$，当TPR再制造它收集的所有核心零部件时，OEM可以选择再制造它收集的所有核心零部件。定理3还表明，当c_R值在一定范围内变化时，OEM的新产品和再制造产品的利润最大化$(q_N^*, q_R^*) = \underset{(q_N, q_R)}{\operatorname{argmax}}\left\{\Pi_{\mathrm{OEM}}^{\mathrm{some}}(q_N, q_R), \Pi_{\mathrm{OEM}}^{\mathrm{all}}(q_N, q_R)\right\}$，而OEM的利润的最优值是$\Pi_{\mathrm{OEM}}^*(q_N, q_R) = \underset{(q_N, q_R)}{\max}\left\{\Pi_{\mathrm{OEM}}^{\mathrm{some}}(q_N, q_R), \Pi_{\mathrm{OEM}}^{\mathrm{all}}(q_N, q_R)\right\}$（“some”=A2，B2；“all”=C2，D2）。这指出了当c_R在一定范围内变化时，OEM如何获得新产品和再制造产品的最佳数量，以使其利润最大化。虽然在OEM再制造条件下的分析结果相当具有挑战性，但OEM的最优策略可以在定理4的一定条件下得到证明。

定理4　如果$c_R^{2\dagger} < c_R < \min\left\{c_R^{1\dagger}, c_R^{3\dagger}\right\}$，则$\alpha_R < \dfrac{1 + (1-\gamma)\alpha_T}{3 - 2\gamma}$。因此，OEM的均衡决策可总结如下：

（1）当$q_T = \dfrac{(Q - q_N - q_R)\alpha_T - c_T}{2\alpha_T}$时，OEM的均衡决策如下：

$$(q_N^\dagger, q_R^\dagger) = \begin{cases} (q_N^{1\dagger}, q_R^{1\dagger}), c_R^{2\dagger} < c_R < c_R^{1\dagger} \\ (q_N^{2\dagger}, q_R^{2\dagger}), c_R^{1\dagger} < c_R < c_R^{4\dagger} \end{cases}$$

（2）当$q_T = (1-\gamma)q_N$时，OEM的均衡决策如下：

$$(q_N^\dagger, q_R^\dagger) = \begin{cases} (q_N^{3\dagger}, q_R^{3\dagger}), c_R^{1\dagger\dagger} < c_R < c_R^{2\dagger\dagger} \\ (q_N^{4\dagger}, q_R^{4\dagger}), c_R^{2\dagger\dagger} < c_R < c_R^{4\dagger\dagger} \end{cases}$$

下面从OEM的角度探讨消费者感知价值的影响。首先在两种情况下对再制造成本c_R和c_T进行了灵敏度分析，以揭示其对再制造的影响。

命题1 在情境Ⅰ中，如果$\gamma > \frac{8\rho_N - 7\alpha_T}{8\rho_N - 6\alpha_T}$，当$c_T \in \left(0, c_T^{4*}\right)$，$\frac{\partial q_N^*}{\partial c_T} = 0$，$\frac{\partial q_T^*}{\partial c_T} = 0$；当$c_T \in \left(c_T^{4*}, c_T^{2*}\right)$，$\frac{\partial q_N^*}{\partial c_T} > 0$，$\frac{\partial q_T^*}{\partial c_T} < 0$；当$c_T \in \left(c_T^{2*}, c_T^{3*}\right)$，$\frac{\partial q_N^*}{\partial c_T} = 0$，$\frac{\partial q_T^*}{\partial c_T} = 0$。

从命题1中可以发现，当$c_T < c_T^{4*}$、$c_T^{2*} < c_T < c_T^{3*}$和TPR可回收比例低时（即$1 - \gamma < \frac{\alpha_T}{8\rho_N - 6\alpha_T}$），TPR的再制造数量保持不变，这意味着最佳产量与TPR再制造成本无关。当TPR的再制造成本较低时，OEM注意到TPR可以再制造所有可用的核心零部件以获得最大利润。然而，当TPR的再制造成本很高时，OEM也采用了同样的策略。原因是当TPR的竞争薄弱（即再制造成本高、收集能力低）时，高价低量策略更有利于OEM。此外，我们观察到，在再制造成本$c_T \in \left(c_T^{4*}, c_T^{2*}\right)$下，新产品的数量随着$c_T$单调增加，而再制造产品的数量减少。对这一观察结果有两种解释。一方面，TPR作为追随者，选择再制造部分它回收的核心零部件，在再制造成本变高时，最大化自己的利润。因此，对于OEM来说，低价格和高产量策略获得了更多的利润。另一方面，OEM和TPR在潜在规模共同的市场上竞争，因此，当TPR因再制造成本增加而决定减少再制造产品数量时，OEM增加新产品数量以提高利润。

下面论述当OEM参与再制造时，与再制造相关的参数c_R和c_T可能会对OEM的平衡生产决策和利润产生重要影响。

命题2 在情境Ⅱ中，如果$c_R^{2\dagger} < c_R < \min\left\{c_R^{1\dagger}, c_R^{3\dagger}\right\}$，则$\alpha_R < \frac{1 + (1 - \gamma)\alpha_T}{3 - 2\gamma}$。

（1）当$q_T = \frac{(Q - q_N - q_R)\alpha_T - c_T}{2\alpha_T}$，$\frac{\partial q_N^{1\dagger}}{\partial c_R} < 0$，$\frac{\partial q_N^{1\dagger}}{\partial c_T} > 0$；$\frac{\partial q_N^{2\dagger}}{\partial c_R} > 0$，$\frac{\partial q_N^{2\dagger}}{\partial c_T} = 0$；否则$\frac{\partial q_N^{3\dagger}}{\partial c_R} < 0$，$\frac{\partial q_N^{3\dagger}}{\partial c_T} = 0$；$\frac{\partial q_N^{4\dagger}}{\partial c_R} > 0$，$\frac{\partial q_N^{4\dagger}}{\partial c_T} = 0$。

（2）$\frac{\partial \Pi_{\mathrm{OEM}}^{\mathrm{II}}\left(q_N^{1\dagger}, q_R^{1\dagger}\right)}{\partial c_T} > 0$，$\frac{\partial \Pi_{\mathrm{OEM}}^{\mathrm{II}}\left(q_N^{2\dagger}, q_R^{2\dagger}\right)}{\partial c_T} > 0$；

$\frac{\partial \Pi_{OEM}^{\mathrm{II}}\left(q_N^{3\dagger}, q_R^{3\dagger}\right)}{\partial c_T} = 0, \frac{\partial \Pi_{OEM}^{\mathrm{II}}\left(q_N^{4\dagger}, q_R^{4\dagger}\right)}{\partial c_T} = 0$。

命题2说明了OEM新产品的数量和利润是如何随c_R和c_T而变化的。值得注意的是，随着OEM的再制造成本c_R从$c_R^{2\dagger}$增加到$\min\left\{c_R^{1\dagger}, c_R^{3\dagger}\right\}$，新产品的数量就减少了。但当$\max\left\{c_R^{1\dagger}, c_R^{5\dagger}\right\} < c_R < \min\left\{c_R^{4\dagger}, c_R^{6\dagger}\right\}$或$\max\left\{c_R^{2\dagger\dagger}, c_R^{3\dagger\dagger}, c_R^{5\dagger\dagger}\right\} < c_R < c_R^{4\dagger\dagger}$时，新产品的数量增加了。以上结果表明，OEM的再制造成本存在一个阈值，超过这个阈值，OEM将增加新产品的数量。这是合理的，因为当再制造成本相对较低时，再制造产品对于OEM更有利可图。此外，可以推导出，当TPR再制造它回收的所有可用的核心零部件（定理3中C2和D2）时，新产品的最佳数量与c_T无关，而当TPR只再制造部分可用的核心零部件时，OEM的利润随着c_T的增加而增加（定理3中A2和B2）。这是很直观的，因为提高再制造成本会降低TPR的竞争力，但会提高对OEM产品的需求。

下面描述感知价值的变化是如何影响OEM的决策和利润的。

命题3　当OEM不进行再制造时，ρ_N和α_T对最佳生产数量决策和利润的影响如下：

（1）$\frac{\partial q_N^{1*}}{\partial \rho_N} > 0, \frac{\partial q_N^{2*}}{\partial \rho_N} > 0$；$\frac{\partial q_T^{1*}}{\partial \rho_N} < 0, \frac{\partial q_T^{2*}}{\partial \rho_N} < 0$；$\frac{\partial p_N^{1*}}{\partial \rho_N} > 0, \frac{\partial p_N^{2*}}{\partial \rho_N} > 0$；$\frac{\partial p_N^{1*}}{\partial \rho_N} < 0, \frac{\partial p_N^{2*}}{\partial \rho_N} < 0$。

（2）$\frac{\partial \Pi_{OEM}^{\mathrm{I}}\left(q_N^{1*}\right)}{\partial \rho_N} > 0, \frac{\partial \Pi_{OEM}^{\mathrm{I}}\left(q_N^{2*}\right)}{\partial \rho_N} > 0, \frac{\partial \Pi_{TPR}^{\mathrm{I}}\left(q_T^{1*}\right)}{\partial \rho_N} < 0$；如果$\gamma \leqslant \frac{8\rho_N - 7\alpha_T}{8\rho_N - 6\alpha_T}, \frac{\partial \Pi_{TPR}^{\mathrm{II}}\left(q_T^{2*}\right)}{\partial \rho_N} < 0$；如果$\gamma > \frac{8\rho_N - 7\alpha_T}{8\rho_N - 6\alpha_T}, \frac{\partial \Pi_{TPR}^{\mathrm{II}}\left(q_T^{2*}\right)}{\partial \rho_N} > 0$。

（3）$\frac{\partial \Pi_{OEM}^{\mathrm{I}}\left(q_N^{1*}\right)}{\partial \alpha_T} < 0, \frac{\partial \Pi_{OEM}^{\mathrm{I}}\left(q_N^{2*}\right)}{\partial \alpha_T} < 0$。

命题3说明了随着消费者感知价值ρ_N变化的最佳生产数量决策和利润的趋势。直观上，随着新产品感知价值的增加，TPR降低其价格和数量，即$q_T^{1*}\left(q_T^{2*}\right)$和$p_T^{1*}\left(p_T^{2*}\right)$随着$\rho_N$的增加而下降，而对OEM产品的需求增加。因此，新产品感知价值的增加使消费者从再制造产品转向新产品。更重要的是，应注意到，在$\gamma < \frac{8\rho_N - 7\alpha_T}{8\rho_N - 6\alpha_T}$的情况下，提高消费者感知价值对OEM有利，但对TPR有害。这表明，当TPR的旧产品回收渠道更好时，OEM可以利用消费者的感知价值并从中受益。然而当$\gamma > \frac{8\rho_N - 7\alpha_T}{8\rho_N - 6\alpha_T}$时，TPR的利润随着消费者感知价值$\rho_N$的增加而增加。这表明，如果OEM的旧产品回收渠道更好，OEM和TPR的利润随着消费者感知价值的增加而增加，这意味着低回收率对TPR的竞争不利。TPR的部分比例可以使OEM采用低产量和高价格策略，以达到利润最大化。所以TPR最好选择收集所有核心零部件。此外，我们发现α_T的增加降低了OEM的利润，这非常直观，因为当α_T增加时，TPR的再制造产品将更具竞争力。

下面以一个非再制造的基准场景作为基本例子进行分析，其中，OEM只提供新产品，而TPR不进入市场。换句话说，没有再制造发生。OEM的问题是$\max_{q_N} \Pi_{NB} = (p_N - c)q_N$，它通过$q_N^* = \frac{Q - c}{2}$来最大化。因此，最佳利润为$\Pi_{NB}^* = \frac{\left(Q - c\right)^2}{4}$。现在刻画$\rho_N$的影响，以及对TPR和OEM均衡产量和利润的影响，详见命题4。

命题4 如果$\gamma < \frac{8\rho_N - 7\alpha_T}{8\rho_N - 6\alpha_T}$，那么$\Pi_{\text{OEM}}^{\text{I}}\left(q_N^{2*}\right) < \Pi_{NB}^*$且$0 < c_T < c_T^{4*}$，$1 \leqslant \rho_N < \rho_N^{1*}$；$\Pi_{\text{OEM}}^{\text{I}}\left(q_N^{1*}\right) > \Pi_{NB}^*$且$c_T^{4*} < c_T < c_T^{2*}$，$\rho_N > \rho_N^{2*}$，其中，

$$\rho_N^{1*} = \frac{Q^2 + c^2 + \sqrt{\left(Q - c\right)^2\left(4\left(1 - \gamma\right)\alpha_T Q^2 + \left(Q - c\right)^2\right)}}{2Q^2}$$

$$\rho_N^{1*} = \frac{\sqrt{\left(Q - c\right)^2\left(\left(Q + c\right)^2 - 2\alpha_T Q^2\right)} + \left(\alpha_T + 1\right)Q^2 - c_T Q + c^2}{2Q^2}$$

从命题4中可以发现，消费者对新产品感知价值的转变对OEM的最佳策略有重要影响。在一定阈值以上，TPR的再制造产品对OEM有利。这是直观有趣的，因为引入TPR的再制造产品可以增加消费者对新产品的感知

价值,从而对OEM产生积极的影响(见Agrawal等,2015)。然而,我们的分析表明,OEM的利润也受到TPR再制造成本的影响。这是因为TPR的再制造产品蚕食了OEM新产品的一部分销量,这将对OEM的利润产生负面影响。

TPR再制造竞争有两种影响:一是蚕食效应,即TPR的再制造产品可以影响OEM的新产品销量;二是对比效应,即TPR的再制造产品为OEM的新产品提供了更好的质量保证。这里要注意的是,第一个效应对OEM不利,而第二个效应提高了OEM的利润。因此,对OEM利润的影响取决于上述两种影响的整体影响。

当TPR非常强大(即再制造成本低)、对比效应低(即消费者感知价值的增长较弱)时,对比效应导致的利润增长只能部分抵消TPR再制造产品激烈竞争导致的利润下降。因此,当TPR具有强大的竞争地位,且消费者感知价值的变化较低时,TPR的存在将不利于OEM的利润[即$\Pi_{\text{OEM}}^{\text{I}}\left(q_N^{2*}\right) < \Pi_{NB}^{*}$]。然而,当TPR的竞争力薄弱(即再制造成本高)且对比效应显著时,OEM可受益于TPR竞争[即$\Pi_{\text{OEM}}^{\text{I}}\left(q_N^{1*}\right) > \Pi_{NB}^{*}$]。因此,我们的结果提供了一个重要信息,对OEM来说,允许弱TPR竞争对手的主要驱动因素是利用对比效应导致新产品感知价值的增加,这在之前的文献中还没有发现。

命题5　当OEM参与再制造时,α_R和α_T对OEM利润的影响如下:

(1)对于A2,如果$\alpha_R > \alpha_R^{1\dagger}$,那么$\dfrac{\partial \Pi_{\text{OEM}}^{\text{II}}\left(q_N^{1\dagger}, q_R^{1\dagger}\right)}{\partial \alpha_R} > 0$;如果$\alpha_R < \alpha_R^{1\dagger}$,那么$\dfrac{\partial \Pi_{\text{OEM}}^{\text{II}}\left(q_N^{1\dagger}, q_R^{1\dagger}\right)}{\partial \alpha_R} < 0$。

(2)对于B2,如果$\alpha_R > \alpha_R^{2\dagger}$,那么$\dfrac{\partial \Pi_{\text{OEM}}^{\text{II}}\left(q_N^{2\dagger}, q_R^{2\dagger}\right)}{\partial \alpha_R} > 0$;如果$\alpha_R < \alpha_R^{2\dagger}$,那么$\dfrac{\partial \Pi_{\text{OEM}}^{\text{II}}\left(q_N^{2\dagger}, q_R^{2\dagger}\right)}{\partial \alpha_R} < 0$。

(3)$\dfrac{\partial \Pi_{\text{OEM}}^{\text{II}}\left(q_N^{1\dagger}, q_R^{1\dagger}\right)}{\partial \alpha_T} < 0$, $\dfrac{\partial \Pi_{\text{OEM}}^{\text{II}}\left(q_N^{2\dagger}, q_R^{2\dagger}\right)}{\partial \alpha_T} < 0$,其中,

$$\alpha_R^{1\dagger} = \frac{\left(\left(Q\alpha_T - 2c_R + c_T\right)\gamma - 2\left(c - c_T\right)\right)\left(1 - \gamma\right) + 2\left(\left(Q - c_R\right)\gamma - c\right)}{2Q\gamma\left(\gamma + 2\right)}$$

$$\alpha_R^{2\dagger} = \frac{\left(\alpha_T + 2\right)c_R - \alpha_T c - c_T}{4c_R - 2c - c_T}$$

命题5揭示了客户支付OEM再制造产品的意愿α_R对OEM利润的影响。为了简单起见，我们只分析了$q_T = \frac{(Q - q_N - q_R)\alpha_T - c_T}{2\alpha_T}$（即A2和B2）的情况。从命题5中可以发现，存在一个阈值，低于这个阈值，OEM的利润随着α_T的增加而下降，这很直观且很有意义。结果表明，当客户支付OEM再制造产品的意愿相对较低时，即α_R低于阈值$\alpha_R^{1\dagger}\left(\alpha_R^{2\dagger}\right)$时，OEM再制造产品的估值增加不能补偿侵蚀新产品利润造成的利润损失，这会损害OEM总利润（即Π_{OEM}^{II}随着α_R的增加而减少）。当α_R高于阈值时，客户对OEM再制造产品的支付意愿越高，OEM获得的利润就越多。这表明，OEM注意客户在实践中对其再制造产品的估值很重要，特别是当OEM再制造产品对客户没有价值时，客户对OEM再制造产品的支付意愿可能对利润有害。此外，我们还得出了OEM的利润随着α_T的增加而下降；直观地看，α_T的值越高，TPR的竞争力就越强。

在OEM再制造条件下获得分析结果是相当具有挑战性的，这就是OEM在情境Ⅱ中不能完全显示最佳决策的原因。因此，我们无法通过比较OEM的利润来获得OEM是否再制造的最佳决策。下面使用数值分析来获得对上述决策的见解。

5.4 实际案例的仿真分析

本节使用情境Ⅰ和情境Ⅱ下的Stackelberg均衡问题，并得到了数值结果。我们的目标是强调和验证在命题1至5中获得的结果。为了获得情境Ⅱ中OEM生产策略的每个解决方案的最佳生产数量，我们相应计算相关OEM的利润。我们使用汽车发动机零部件作为代表性产品类别，且在中国提供新产品和再制造产品。公司“安徽瑞赛克”是奇瑞汽车有限公司的全资子公司，是中国知名再制造公司。汽车零部件可由原始设备制造商（奇瑞在其4S店销售再制造汽车零部件）和一些零部件供应商TPR（如潍柴动力再制造有限公司）再制造。具体来说，我们选择再制造成本节省值为制造成本的40%和60%来解释再制造的差异，与Giuntini和Gaudette的研究一致。实际上，一次性汽车零部件的回收率为70%左右。$\gamma \in \{0.4, 0.8\}$，这与Guide和Ferrer的研究一致。为了简便起见，我们在分析中设置了再制造产品的WTP系数$\alpha \in \{0.55, 0.5\}$。与Agrawal的研究一致，将消费者对新产品的感知价值ρ_N设定为1.07。在数值分析中使用的参数及其数值见表5.2。

表5.2　参数及其数值

参数	数值
Q	1000
c	600
c_R	100,285
c_T	285
ρ_N	1.07
γ	0.4,0.8
α_T	0.5
α_R	0.55

5.4.1和5.4.2小节分析了两种情况下的等效结果，5.4.3小节介绍了消费者感知价值对OEM再制造决策的影响。我们比较了两种情境的OEM利润，并分析了再制造在同类竞争、再制造成本和消费者对新产品感知价值方面的优缺点。

5.4.1　OEM只生产新产品

在这种情况下，OEM在Stackelberg均衡问题中的最佳新产品数量对应于A1和A2之间利润较高的新产品。我们首先通过数值模拟研究了c_T对均衡产量和利润的影响（如图5.2和5.3所示）。这里$Q = 1000, c = 600, \rho_N = 1.07, \alpha_{T1} = \alpha_{T2} = 0.5, \gamma_1 = 0.8, \gamma_2 = 0.4$。

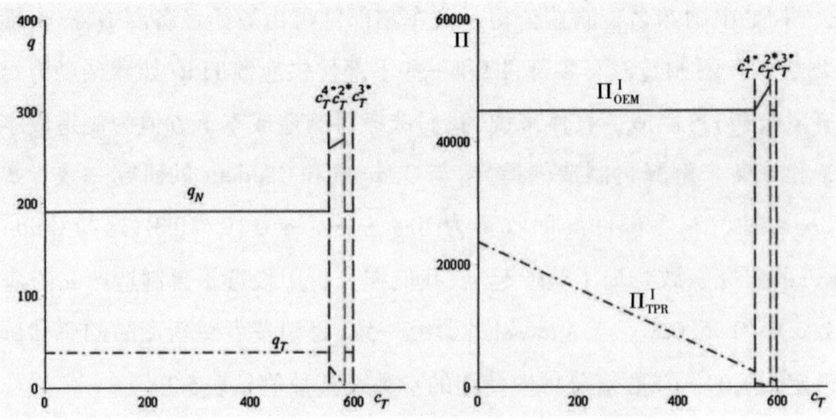

图5.2　c_T对TPR和OEM均衡产量和利润的影响

$(Q = 1000, c = 600, \rho_N = 1.07, \alpha_{T1} = 0.5, \gamma_1 = 0.8)$

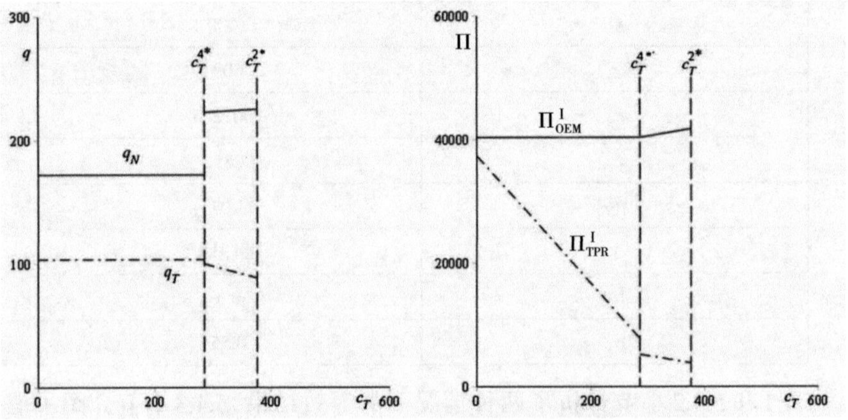

图5.3　c_T对TPR和OEM均衡产量和利润的影响

$(Q = 1000, c = 600, \rho_N = 1.07, \alpha_{T2} = 0.5, \gamma_2 = 0.4)$

当比例$\gamma > \dfrac{8\rho_N - 7\alpha_T}{8\rho_N - 6\alpha_T}(\gamma = 0.8)$时，使用这些参数值，$c_T$的阈值和最佳产量如下：$c_T^{4*} = 553.77$，$c_T^{2*} = 583.91$，$c_T^{3*} = 586.02$，$q_N^{1*} = 0.37cT + 52.24$，$q_N^{2*} = 191$。图5.2描述了均衡产量和利润如何随$c_T$变化的。如图5.2所示，$q_N$、$q_T$是$c_T$的一个分段线性函数。对于$0 < c_T < 553.77$和$583.91 < c_T < 586.02$，$q_N^{2*}$是相当稳定的，其中$c_T$的增加并不影响OEM的利润，最佳数量为$q_N^{2*} = 191$。当$c_T \in (553.77, 583.91)$时，$q_N^{1*}$随着再制造成本的增加而减少，而增加$c_T$有利于

OEM，新产品q_N^{1*}单调增加，$q_N^{1*}= 0.37c_T + 52.24$。很明显，在这个参数设置下，$c_T$的增加（从553.77提高到583.91）将提高OEM的利润，这意味着当TPR有动机减少再制造产品的生产时，OEM会发现生产更多的新产品是有利可图的。上述结果与命题1和命题2相一致。我们可以对图5.3所示的$\gamma = 0.4$情况进行同样的分析。

5.4.2　OEM生产新产品和再制造产品

在这种情况下，我们探索了均衡产量和利润的c_R和如图5.4所示的数值模拟（$Q = 1000, c = 600, c_T = 285, \rho_N = 1.07, \alpha_R = 0.55, \alpha_T = 0.5, \gamma = 0.4$）。图5.4a描述了四种不同条件下的均衡利润。我们注意到，c_R存在一个阈值，即$c_R^* = 156.64$，低于此时，OEM的最佳决策是$q_N^{1\dagger}$和$q_N^{1\dagger}$（$\Pi_{\text{OEM}}^{\text{II}\dagger} > \Pi_{\text{OEM}}^{\text{II}\dagger\dagger}$）。但当$c_R^* < c_R$时，OEM将生产数量调整为C2和D2（$\Pi_{\text{OEM}}^{\text{II}\dagger} < \Pi_{\text{OEM}}^{\text{II}\dagger\dagger}$）。更具体地说，均衡可以总结为

$$\left(q_N^{1\dagger}, q_R^{1\dagger}\right) = \begin{cases} \left(q_N^{1\dagger}, q_R^{1\dagger}\right), c_R^{2\dagger} < c_R \leqslant c_R^* \\ \left(q_N^{3\dagger}, q_R^{3\dagger}\right), c_R^* < c_R \leqslant c_R^{2\dagger\dagger} \\ \left(q_N^{4\dagger}, q_R^{4\dagger}\right), c_R^{2\dagger\dagger} < c_R < c_R^{4\dagger\dagger} \end{cases}$$

其中，$c_R^{1\dagger} = 301.29, c_R^{4\dagger} = 325.5, c_R^{2\dagger\dagger} = 317.10, c_R^{4\dagger\dagger} = 334.62$。均衡产量如图5.4b所示，可以观察到，当$c_R < c_R^{2\dagger\dagger}$时，OEM产量减少，$q_N$变化高于$q_T$，可以推断出，对领导者来说，再制造比增加新产品的数量更有利可图。一旦$c_R > c_R^{2\dagger\dagger}$，OEM的最佳决策是$q_N^{4\dagger}$和$q_R^{4\dagger}$。在这种情况下，OEM减少了再制造产品的数量，同时生产更多的新产品以满足需求。

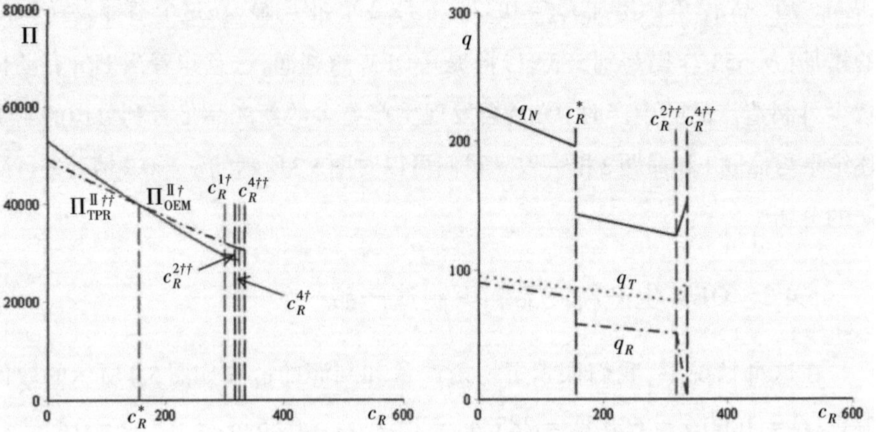

a　　　　　　　　b

图5.4　c_R对TPR和OEM的均衡产量和利润的影响

($Q = 1000, c = 600, c_T = 285, \alpha_R = 0.55, \rho_N = 1.07, \alpha_T = 0.5, \gamma = 0.4$)

5.4.3　消费者感知价值对OEM再制造决策的影响

在这组实验中,我们比较了OEM在情境Ⅰ(Π_{OEM}^{I})和情境Ⅱ(Π_{OEM}^{II})的利润。其中,$Q = 1000, c = 600, c_T = 285, \alpha_R = 0.55, \alpha_T = 0.5, \gamma = 0.4$。根据上面给出的参数值,我们得到了阈值$\rho_N^* = 1.016(c_R = 285)$和$\rho_N^* = 1.098(c_R = 100)$,这使得$\Pi_{OEM}^{I} = \Pi_{OEM}^{II}$。

研究结果表明,OEM是否选择再制造取决于ρ_N的估值。对于$c_R = 285$,如图5.5所示,当$1 < \rho_N < \rho_N^* = 1.016$,情境Ⅰ的利润低于情境Ⅱ的利润;当$\rho_N > \rho_N^*$,情境Ⅰ的利润高于情境Ⅱ的利润。对于$c_R = 100$,如图5.5所示,当$\rho_N$在(1,1.098)范围内时,情境Ⅱ的OEM更有利可图;当$\rho_N > 1.098$时,情境Ⅰ的OEM更有利可图。总而言之,存在一个ρ_N^*,当$\rho_N < \rho_N^*$时,再制造对OEM更有利可图(即$\Pi_{OEM}^{II} > \Pi_{OEM}^{I}$),而当$\rho_N > \rho_N^*$(即$\Pi_{OEM}^{II} < \Pi_{OEM}^{I}$)时,最佳的决策是仅仅生产新产品。值得注意的是,根据实证研究,TPR再制造产品的存在可以将新产品的感知价值提高到7%,即$\rho_N = 1.07$。因此,当$\rho_N^* = 1.016$,尽管TPR的再制造产品对OEM新产品的销售产生负面影响,OEM不会选择再制造($1.07 > \rho_N^*$),而是更愿意将再制造交给TPR,即使OEM的再制造成本较低

（$c_R = 285$，低于新产品成本的一半）。当$\rho_N^* = 1.098$时，结果正好相反。此外，我们发现，当c_R减小时，ρ_N的阈值就会增加。也就是说，只有当c_R足够低时，OEM销售再制造产品才能获得比销售新产品更高的利润。上述调查结果提供了一个管理上的见解，如果采取措施去大大降低再制造成本，OEM再制造是有利可图的，这可在实践中看到。例如，苹果公司只收集高质量的旧设备和有缺陷的新产品进行翻新（足够低的再制造成本），并只在线上渠道销售翻新产品。

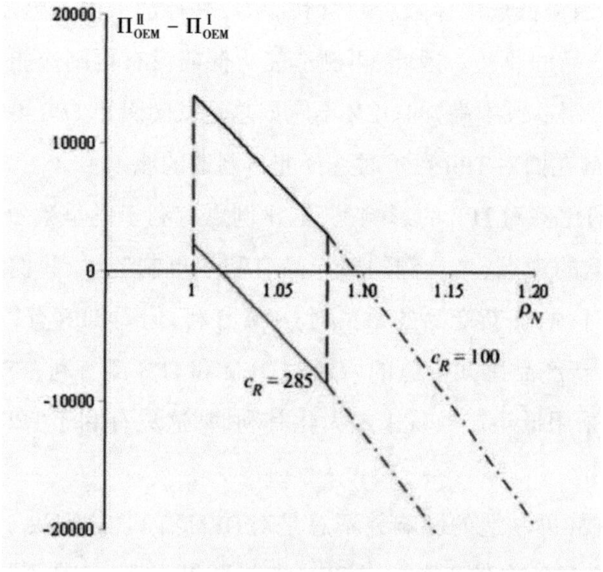

图5.5　两种情况下ρ_N对OEM最大利润的影响

（$Q = 1000, c = 600, c_T = 285, \alpha_R = 0.55, \alpha_T = 0.5, \gamma = 0.4$）

5.5　本章小结

本章建立了两个Stackelberg博弈模型，其中OEM是Stackelberg的领导者，而TPR是一个追随者。根据实证和实验结果，我们考虑了消费者对OEM新产品感知价值的变化。我们希望通过研究其对OEM最佳运营策略的影响，帮助面对TPR竞争的OEM决定是否进行再制造。主要研究结果总结如下：

首先在两种情况下明确描述了OEM和TPR的均衡策略。TPR竞争造成的消费者对新产品感知价值转变的影响有利于OEM营利,即它有助于开发新产品的价值。当积极效应显著时,非再制造策略对OEM的效果更好,尤其是TPR的竞争力较弱时。消费者对新产品感知价值的增加,基本上为新产品提供了更高的WTP,从而为新产品提供了更高的营利能力。这表明,TPR的竞争并不总是对OEM有害。否则,再制造的决定对OEM来说将比独家销售新产品更有利可图。特别是当OEM的再制造成本足够低时,OEM可能更喜欢再制造,因为低成本伴随着高营利能力,这补偿了由于感知价值的增加而导致的新产品的收益。因此,再制造能力低或没有再制造能力(低再制造能力意味着再制造成本高)的OEM不应该总是试图阻止TPR再制造,这可能是大多数OEM在面对TPR竞争时选择非再制造的原因。

旧产品的比例对TPR的影响是,低比例更有利于竞争激烈的TPR,这不同于人们普遍的观点(高比例的旧产品有利于再制造)。我们发现,当TPR的比例很高时,增加新产品的估值对OEM有利,但对TPR有害。当TPR的比例较低时,新产品感知价值的增加对OEM和TPR都有利。TPR的低比例可以使OEM采用低生产数量来最大化其利润,这更有利于TPR选择收集所有核心零部件。

此外,OEM再制造的影响并不总是对OEM有利,这取决于新产品的增值和再制造产品的支付意愿。当OEM参与再制造时,OEM再制造产品的高WTP可能会对OEM的利润产生有害影响,除非WTP大于一定值。因此,对于再制造产品估值低的OEM,采用再制造时需要谨慎,这可能会对OEM有害。研究结果表明,OEM再制造产品的支付意愿在评估再制造对OEM利润的影响方面起着重要作用。

本章的一些局限性值得一提。第一,本章研究的是一个OEM和一个TPR之间的竞争,而实际上可能会有多个OEM和TPR在市场上竞争。第二,在情境Ⅱ中,当OEM和TPR都再制造时,WTP很难用于探索产品选择的所有情况。第三,对于不同的产品类别,感知价值的影响可能会有所不同。在未来的研究中,探讨消费者的新产品感知价值对不同类别产品的影响可能会很有意义。

5.6 附录

注意：在所有证明中，本章着重于拉格朗日乘数和卡鲁什–库恩–塔克定理的正交条件。我们使用Maple 18来解方程组。为了避免琐碎，要求参数满足以下不等式：

$$Q > c \geqslant c_T, c \geqslant c_R, \rho_N \geqslant 1 > \alpha_R \geqslant \alpha_T, 1 \geqslant \gamma \geqslant 0$$

附录A：每个方案的临界值

表F1　TPR再制造一些核心零部件时的临界值

临界值	表达式
$c_R^{1\dagger}$	$\dfrac{\left(\left(2\alpha_R-\alpha_T\right)\gamma+2-\alpha_T\right)\left(1-\alpha_R\right)c_T-\left(2\alpha_R-\alpha_T\right)\left(\left(Q\left(1-\alpha_R\right)-c\right)\gamma-c\right)}{\left(2\alpha_R-\alpha_T\right)\gamma+2-\alpha_T}$
$c_R^{2\dagger}$	$\dfrac{\left[\begin{array}{c}\left(\left(4\alpha_R-\alpha_T\right)\left(\gamma+1\right)^2+4\left(1-\alpha_R\right)\right)c_T-\\ \left(\left(Q\left(2\alpha_R-\alpha_T\right)\left(\gamma+1\right)+2c\right)\left(\gamma+1\right)+2Q\left(1-\alpha_R\right)\left(1-\gamma\right)\right)\alpha_T\end{array}\right]}{2\gamma\alpha_T\left(\gamma+1\right)}$
$c_R^{3\dagger}$	$\dfrac{\left[\begin{array}{c}\left(\left(4\alpha_R-\alpha_T\right)\left(\gamma+1\right)^2+4\left(1-\alpha_R\right)+2\alpha_T\left(1-\gamma^2\right)\right)c_T-\\ \left(\left(\left(2\alpha_R-\alpha_T\right)\left(3\gamma^2+\gamma\right)-\left(2-\alpha_T\right)\left(1-\gamma\right)\right)Q+2c\left(3-\gamma\right)\right)\end{array}\right]}{2\left(3-\gamma\right)\alpha_T\gamma}$
$c_R^{4\dagger}$	$\dfrac{\left(1-\alpha_R\right)c_T+\left(2\alpha_R-\alpha_T\right)c}{2-\alpha_T}$
$c_R^{5\dagger}$	$\dfrac{\left(4\alpha_R-\alpha_T\right)c_T+Q\alpha_T\left(\alpha_T-2\alpha_R\right)}{2\alpha_T}$
$c_R^{6\dagger}$	$\dfrac{\left(1-\alpha_R\right)\left(4\alpha_R-\alpha_T\right)c_T+\alpha_T\left(2\alpha_R-\alpha_T\right)\left(\left(Q\left(\alpha_R-1\right)+c\right)\left(2\gamma-1\right)-c\right)}{2\alpha_T\left(\left(2\alpha_R-\alpha_T\right)\left(\gamma-1\right)+1-\alpha_R\right)}$

表F2 TPR再制造所有可被拦截的可用核心零部件时的临界值

临界值	表达式
$c_R^{1\dagger\dagger}$	$\dfrac{\left[\begin{array}{c}\left(\left(\alpha_R-\alpha_T\right)\gamma^2+2\gamma\alpha_R+\alpha_T+1\right)c_T-Q\alpha_T\left(\left(3\alpha_R-2\alpha_T\right)\gamma^2+\left(2\alpha_T-1\right)\right)+\\ \left(\left(\alpha_R+1\right)Q-c\right)\gamma+3c\end{array}\right]}{2(3-\gamma)\gamma\alpha_T}$
$c_R^{2\dagger\dagger}$	$\dfrac{(\gamma-1)\left(\left((2+\gamma)\alpha_R-1\right)Q+c\right)\alpha_T-2\alpha_R\left(\left(Q\left(\alpha_R-1\right)+c\right)\gamma+c\right)}{\left(\gamma^2+\gamma-2\right)\alpha_T-2\left(1+\gamma\alpha_R\right)}$
$c_R^{3\dagger\dagger}$	$\dfrac{\left(Q(\gamma-1)\alpha_T-2\left(\left(\alpha_R-1\right)Q+c\right)\right)\alpha_R}{(\gamma-1)\alpha_T-2\alpha_R}$
$c_R^{4\dagger\dagger}$	$\dfrac{\left(\left(2\alpha_R-1\right)Q+c\right)(\gamma-1)\alpha_T-2c\alpha_R}{2\left((\gamma-1)\alpha_T-1\right)}$
$c_R^{5\dagger\dagger}$	$\dfrac{\left[\begin{array}{c}\left((1-\gamma)^2\alpha_T^2-4\alpha_R\left(1-\alpha_R\right)\right)c_T+\\ \left(\left(\alpha_T(1-\gamma)-1+\alpha_R\right)\left(2\alpha_R-\alpha_T\right)Q+\left(4\alpha_R-\alpha_T\right)c\right)(1-\gamma)+2Q\alpha_R\gamma\left(1-\alpha_R\right)\end{array}\right]}{\left(2\gamma^2-3\gamma+1\right)\alpha_T^2+2\left((3-2\gamma)\alpha_R-1\right)}$

附录B：引理、定理和命题的证明

引理1的证明：TPR的Lagrangean和KKT最优条件为

$$\begin{aligned}L_{\mathrm{TPR}}\left(q_T,\lambda_T\right)&=\Pi_{\mathrm{TPR}}^{\mathrm{I}}+\lambda_T\left((1-\gamma)q_N-q_T\right)\\&=\left(\alpha_T\left(Q-q_N-q_R-q_T\right)-c_T\right)q_T+\lambda_T\left((1-\gamma)q_N-q_T\right)\end{aligned}\tag{A.1}$$

分析通过逆向归纳进行，首先解决第三部分的问题。一阶条件和互补松弛条件是

$$\frac{\partial}{\partial q_T}\left(L_{\mathrm{TPR}}\right)=\left(Q-q_N-q_R-2q_T\right)\alpha_T-c_T-\lambda_T=0\tag{A.2}$$

$$\lambda_T\left((1-\gamma)q_N-q_T\right)=0\tag{A.3}$$

$$\lambda_T\geqslant 0$$

根据(A.2)和(A.3)，有以下解决方案：

情况A1：$\lambda_T=0$

TPR再制造一些可以被拦截的核心零部件，生产数量为

$$q_T^{1*} = \frac{(Q - q_N - q_R)\alpha_T - c_T}{2\alpha_T} \tag{A.4}$$

为了确保$(1-\gamma)q_N > q_T$和$q_T > 0$，可以得到

$$\frac{(Q - q_R)\alpha_T - c_T}{(3-2\gamma)\alpha_T} < q_N, q_N < \frac{(Q - q_R)\alpha_T - c_T}{\alpha_T}$$

情况B1：$\lambda_T > 0$

TPR再制造所有核心零部件，最佳决策是

$$q_T^{2*} = (1-\gamma)q_N \tag{A.5}$$

为了确保$\lambda_T > 0$，可以得到

$$q_N < \frac{(Q - q_R)\alpha_T - c_T}{(3-2\gamma)\alpha_T}$$

定理1的证明：TPR再制造产品对新产品的感知价值有积极影响。将(A.4)和(A.5)分别代入OEM的利润函数，得到OEM的最优条件是

$$L_{\text{OEM}}^{\text{I}} = \Pi_{\text{OEM}}^{\text{I}} = (p_N - c)q_N = ((Q - q_N)\rho_N - \alpha_T q_T - c)q_N$$

情况A1：$\lambda_T = 0, q_T^{1*} = \dfrac{(Q - q_N - q_R)\alpha_T - c_T}{2\alpha_T}$，可以得到

$$q_N^{1*} = \frac{2(\rho_N - \alpha_T)Q - 2c + c_T}{2(2\rho_N - \alpha_T)} \tag{A.6}$$

将(A.6)代入(A.4)，可以得到

$$q_T^{1*} = \frac{(Q\alpha_T - c_T)(2\rho_N - \alpha_T) - 2(c_T\rho_N - c\alpha_T)}{4\alpha_T(2\rho_N - \alpha_T)}$$

为了确保$q_T > 0$和$(1-\gamma)q_N > q_T$，可以得到

$$c_T^{1*} = \frac{\alpha_T(((2\gamma-1)\alpha_T - 4\rho_N)Q + (6-4\gamma)(Q\rho_N - c))}{(2\gamma-1)\alpha_T - 4\rho_N} < c_T$$

$$c_T < \frac{\alpha_T((2\rho_N - \alpha_T)Q + 2c)}{4\rho_N - \alpha_T} = c_T^{2*}$$

情况B1：$\lambda_T > 0, q_T^{2*} = (1-\gamma)q_N$，有

$$q_N^{2*} = \frac{Q\rho_N - c}{2\left(\rho_N + (1-\gamma)\alpha_T\right)} \tag{A.7}$$

因此，可以得到$q_T^{2*} = \dfrac{(1-\gamma)(Q\rho_N - c)}{2\left(\rho_N + (1-\gamma)\alpha_T\right)}$。

为了确保$\lambda_T > 0$，可以得到

$$c_T < \frac{\alpha_T\left(2Q\left(\rho_N + (1-\gamma)\alpha_T\right) - (3-2\gamma)(Q\rho_N - c)\right)}{2\left(\rho_N + (1-\gamma)\alpha_T\right)} = c_T^{3*}$$

定理2的证明：

(1)当$\gamma > \dfrac{8\rho_N - 7\alpha_T}{8\rho_N - 6\alpha_T}$，有

$$c_T^{3*} - c_T^{2*} = \frac{\alpha_T\left((8\rho_N - 6\alpha_T)\gamma - (8\rho_N - 7\alpha_T)\right)(Q\rho_N - c)}{2\left(\rho_N + (1-\gamma)\alpha_T\right)(4\rho_N - \alpha_T)} > 0$$

因此，可以得到$c_T^{1*} < c_T^{2*} < c_T^{3*}$。有以下情况：

(i)当$c_T \leqslant c_T^{1*}$，OEM的最佳决策是定理1中的B1情况，即

$$q_N^{2*} = \frac{Q\rho_N - c}{2\left(\rho_N + (1-\gamma)\alpha_T\right)}$$

(ii)当$c_T^{1*} < c_T \leqslant c_T^{2*}$，现在考虑

$$\Pi_{\text{OEM}}^{\text{I}}\left(q_N^{1*}\right) - \Pi_{\text{OEM}}^{\text{I}}\left(q_N^{2*}\right) = \frac{\left(2(\rho_N Q - c) - (Q\alpha_T - c_T)\right)^2}{16\rho_N - 8\alpha_T} - \frac{(\rho_N Q - c)^2}{4\left(\rho_N + (1-\gamma)\alpha_T\right)} \tag{A.8}$$

令(A.8)=0，可以得到

$$c_T^{4*} = \frac{(Q\rho_N - c)\sqrt{4\rho_N - 2\alpha_T} - \left(2(Q\rho_N - c) - Q\alpha_T\right)\sqrt{(1-\gamma)\alpha_T + \rho_N}}{\sqrt{(1-\gamma)\alpha_T + \rho_N}}$$

如果$c_T \geqslant c_T^{4*}$，即$\Pi_{\text{OEM}}^{\text{I}}\left(q_N^{1*}\right) \geqslant \Pi_{\text{OEM}}^{\text{I}}\left(q_N^{2*}\right)$，OEM的最佳决策是定理1中的A1情况，即

$$q_N^{1*} = \frac{(2\rho_N - \alpha_T)Q - 2c + c_T}{2(2\rho_N - \alpha_T)}$$

否则，$c_T < c_T^{4*}$，$\Pi_{\text{OEM}}^{\text{I}}(q_N^{1*}) < \Pi_{\text{OEM}}^{\text{I}}(q_N^{2*})$，OEM 的最佳决策是定理 1 中的 B1 情况，即

$$q_N^{2*} = \frac{Q\rho_N - c}{2(\rho_N + (1-\gamma)\alpha_T)}$$

现在考虑

$$c_T^{4*} - c_T^{1*} = \frac{2(Q\rho_N - c)\sqrt{4\rho_N - 2\alpha_T}\left(\sqrt{(4\rho_N + (1-2\gamma)\alpha_T)^2} - \sqrt{4((1-\gamma)\alpha_T + \rho_N)(4\rho_N - 2\alpha_T)}\right)}{\sqrt{(1-\gamma)\alpha_T + \rho_N}\,(4\rho_N + (1-2\gamma)\alpha_T)}$$

$$c_T^{2*} - c_T^{4*} = \frac{(Q\rho_N - c)\sqrt{(1-\gamma)\alpha_T + \rho_N}\left(\sqrt{(4\rho_N + (1-2\gamma)\alpha_T)^2} - \sqrt{4((1-\gamma)\alpha_T + \rho_N)(4\rho_N - 2\alpha_T)}\right)}{2\sqrt{(1-\gamma)\alpha_T + \rho_N}\,((1-\gamma)\alpha_T + \rho_N)}$$

可以很容易地得到

$$(4\rho_N + (1-2\gamma)\alpha_T)^2 - 4((1-\gamma)\alpha_T + \rho_N)(4\rho_N - 2\alpha_T) = (3-2\gamma)\alpha_T > 0$$

因此，有 $c_T^{1*} < c_T^{4*} < c_T^{2*}$。

(iii)当 $c_T^{2*} < c_T < c_T^{3*}$，OEM 的最优决策也是定理 1 中的 B1 情况。

因此，可以得到

$$q_N^* = \begin{cases} \dfrac{Q\rho_N - c}{2(\rho_N + (1-\gamma)\alpha_T)}, & c_T \leqslant c_T^{4*} \\[2ex] \dfrac{(2\rho_N - \alpha_T)Q - 2c + c_T}{2(2\rho_N - \alpha_T)}, & c_T^{4*} < c_T \leqslant c_T^{2*} \\[2ex] \dfrac{Q\rho_N - c}{2(\rho_N + (1-\gamma)\alpha_T)}, & c_T^{2*} < c_T < c_T^{3*} \end{cases}$$

(2)当 $\gamma \leqslant \dfrac{8\rho_N - 7\alpha_T}{8\rho_N - 6\alpha_T}$，可以得到 $c_T^{1*} < c_T^{3*} < c_T^{2*}$。

(i)当 $c_T < c_T^{1*}$，OEM 的最佳决策是 $q_N^{2*} = \dfrac{Q\rho_N - c}{2(\rho_N + (1-\gamma)\alpha_T)}$。

(ii)当$c_T^{1*} < c_T < c_T^{3*}$,还考虑到

$$\Pi_{\text{OEM}}^{\text{I}}\left(q_N^{1*}\right) - \Pi_{\text{OEM}}^{\text{I}}\left(q_N^{2*}\right) = \frac{\left(2\left(\rho_N Q - c\right) - \left(Q\alpha_T - c_T\right)\right)^2}{16\rho_N - 8\alpha_T} - \frac{\left(\rho_N Q - c\right)^2}{4\left(\rho_N + (1-\gamma)\alpha_T\right)}$$

令(A.8)=0,可以得到

$$c_T^{4*} = \frac{\left(Q\rho_N - c\right)\sqrt{4\rho_N - 2\alpha_T} - \left(2\left(Q\rho_N - c\right) - Q\alpha_T\right)\sqrt{(1-\gamma)\alpha_T + \rho_N}}{\sqrt{(1-\gamma)\alpha_T + \rho_N}}$$

如果 $\Pi_{\text{OEM}}^{\text{I}}\left(q_N^{1*}\right) > \Pi_{\text{OEM}}^{\text{I}}\left(q_N^{2*}\right)$, 即 $c_T^{4*} < c_T$, OEM 的最佳决策是 $q_N^{1*} = \frac{\left(2\rho_N - \alpha_T\right)Q - 2c + c_T}{2\left(2\rho_N - \alpha_T\right)}$。

如果 $\Pi_{\text{OEM}}^{\text{I}}\left(q_N^{1*}\right) < \Pi_{\text{OEM}}^{\text{I}}\left(q_N^{2*}\right)$, 即 $c_T^{4*} > c_T$, OEM 的最佳决策是 $q_N^{2*} = \frac{Q\rho_N - c}{2\left(\rho_N + (1-\gamma)\alpha_T\right)}$。

$$c_T^{3*} - c_T^{4*} = \frac{\left(Q\rho_N - c\right)\sqrt{4\rho_N - 2\alpha_T}\left(\sqrt{16\left((1-\gamma)\alpha_T + \rho_N\right)\left(4\rho_N - 2\alpha_T\right)} - \sqrt{\left(4\rho_N - \alpha_T\right)^2}\right)}{2\sqrt{(1-\gamma)\alpha_T + \rho_N}\left(4\rho_N - \alpha_T\right)}$$

从$16\left((1-\gamma)\alpha_T + \rho_N\right)\left(4\rho_N - 2\alpha_T\right) - \left(4\rho_N - \alpha_T\right)^2 > 0$,可以得到$c_T^{3*} > c_T^{4*}$。

(3)当$c_T^{3*} < c_T < c_T^{2*}$,可以得到OEM只有一个最优的解,那就是$q_N^{1*} = \frac{\left(2\rho_N - \alpha_T\right)Q - 2c + c_T}{2\left(2\rho_N - \alpha_T\right)}$。

因此,OEM的最佳决策是

$$q_N^{1*} = \begin{cases} \dfrac{Q\rho_N - c}{2\left(\rho_N + (1-\gamma)\alpha_T\right)}, c_T < c_T^{4*} \\ \dfrac{\left(2\rho_N - \alpha_T\right)Q - 2c + c_T}{2\left(2\rho_N - \alpha_T\right)}, c_T^{4*} < c_T < c_T^{2*} \end{cases}$$

定理3的证明:TPR的Lagrangean和KKT最优条件为

$$L_{\mathrm{TPR}}\left(q_T, \lambda_T\right)=\Pi_{\mathrm{TPR}}^{\mathrm{II}}+\lambda_T\left(\left(1-\gamma\right)q_N-q_T\right)$$
$$=\left(\alpha_T\left(Q-q_N-q_R-q_T\right)-c_T\right)q_T+\lambda_T\left(\left(1-\gamma\right)q_N-q_T\right) \quad \text{(B.1)}$$

一阶条件和互补松弛条件是

$$\frac{\partial}{\partial q_T}\left(L_{\mathrm{TPR}}\right)=\left(Q-q_N-q_R-2q_T\right)\alpha_T-c_T-\lambda_T=0 \quad \text{(B.2)}$$

$$\lambda_T\left(\left(1-\gamma\right)q_N-q_T\right)=0 \quad \text{(B.3)}$$

证明与定理1相似,故省略了一些重复过程。

$$L_{\mathrm{OEM}}^{\mathrm{II}}\left(q_N, q_R, \lambda_A\right)=\Pi_{\mathrm{OEM}}^{\mathrm{II}}+\lambda_A\left(\gamma q_N-q_R\right) \quad \text{(B.4)}$$

将q_T^{1*}代入(B.4),可以得到一阶条件和互补松弛条件:

$$\frac{\partial}{\partial q_N}\Pi_{\mathrm{OEM}}^{\mathrm{II}}=\frac{2\left(Q-c\right)-\left(Q-2\left(q_N+q_R\right)\right)\alpha_T-4\left(q_R\alpha_R+q_N\right)+c_T+2\gamma\lambda_A}{2}$$
$$=0 \quad \text{(B.5)}$$

$$\frac{\partial}{\partial q_R}\Pi_{\mathrm{OEM}}^{\mathrm{II}}=\frac{\left(Q-2\left(q_N+q_R\right)\right)\left(2\alpha_R-\alpha_T\right)-2c_R+c_T-2\lambda_A}{2}=0 \quad \text{(B.6)}$$

$$\lambda_A\left(\gamma q_N-q_R\right)=0 \quad \text{(B.7)}$$

根据(B.5)至(B.7),可以得出以下结论:

情况A2:$\lambda_T=0$和$\lambda_A>0$

$$q_N^{1\dagger}=\frac{\left(\left(2\alpha_R-\alpha_T\right)\gamma+2-\alpha_T\right)Q-2\left(c+c_R\gamma\right)+c_T\left(1+\gamma\right)}{2\left(\left(2\alpha_R-\alpha_T\right)\left(2+\gamma\right)\gamma+2-\alpha_T\right)}$$

$$q_R^{1\dagger}=\frac{\left(\left(\left(2\alpha_R-\alpha_T\right)\gamma+2-\alpha_T\right)Q-2\left(c+c_R\gamma\right)+c_T\left(1+\gamma\right)\right)\gamma}{2\left(\left(2\alpha_R-\alpha_T\right)\left(2+\gamma\right)\gamma+2-\alpha_T\right)}$$

为了确保$\lambda_A>0$, $q_T>0$和$\left(1-\gamma\right)q_N>q_T$,可以得到

$$c_R<\frac{\left(\left(2\alpha_R-\alpha_T\right)\gamma+2-\alpha_T\right)\left(1-\alpha_R\right)c_T-\left(2\alpha_R-\alpha_T\right)\left(\left(Q\left(1-\alpha_R\right)-c\right)\gamma-c\right)}{\left(2\alpha_R-\alpha_T\right)\gamma+2-\alpha_T}$$
$$=c_R^{1\dagger}$$

$$c_R > \frac{\left[\begin{array}{c}\left((4\alpha_R - \alpha_T)(1+\gamma)^2 + 4(1-\alpha_R)\right)c_T - \\ \alpha_T\left(\left(Q(2\alpha_R - \alpha_T)(\gamma+1) + 2c\right)(\gamma+1) + 2Q(1-\alpha_R)(1-\gamma)\right)\end{array}\right]}{2\gamma\alpha_T(1+\gamma)}$$

$$= c_R^{2\dagger}$$

$$c_R < \frac{\left[\begin{array}{c}\left((4\alpha_R - \alpha_T)(1+\gamma)^2 + 4(1-\alpha_R) + 2\alpha_T(1-\gamma^2)\right)c_T - \\ \left((2\alpha_R - \alpha_T)(3\gamma^2+\gamma) - (2-\alpha_T)(1-\gamma)\right)Q - 2c(3-\gamma)\end{array}\right]}{2(3-\gamma)\alpha_T\gamma}$$

$$= c_R^{3\dagger}$$

当 $c_R^{1\dagger} > c_R^{2\dagger}$，可以得到

$$c_T^{1\dagger} = \frac{\left(2Q\left(1-(1-2\alpha_R)\gamma\right) - (1+\gamma)(Q\alpha_T - 2c)\right)\alpha_T}{(4\alpha_R - \alpha_T)\gamma - \alpha_T + 4} > c_T$$

$$c_R^{3\dagger} - c_R^{1\dagger} = \frac{\left[\begin{array}{c}\left((1+\gamma)^2(2\alpha_R - \alpha_T) + 2(1-\alpha_R)\right)\left((1-3\gamma)Q\alpha_T{}^2 + \right. \\ \left.\left(\left(2\left((1+\alpha_R)2Q - c\right) + 3c_T\right)\gamma - 2(Q-3c) - c_T\right)\alpha_T - 4c_T(1+\gamma\alpha_R)\right)\end{array}\right]}{2\gamma\alpha_T(\gamma-3)\left(2(1+\gamma\alpha_R) - (1+\gamma)\alpha_T\right)}$$

为了确保 $c_R^{3\dagger} > c_R^{1\dagger}$，可以得到：

$$c_T^{2\dagger} = \frac{\alpha_T\left((4\alpha_R - 3\alpha_T + 2)Q - 2c\right)\gamma + \alpha_T\left((\alpha_T - 2)Q + 6c\right)}{(4\alpha_R - 3\alpha_T)\gamma + \alpha_T + 4} < c_T$$

情况 B2：$\boldsymbol{\lambda}_T = 0$ 和 $\boldsymbol{\lambda}_A = 0$

$$q_N^{2\dagger} = \frac{Q(1-\alpha_R) - c + c_R}{2(1-\alpha_R)}$$

$$q_R^{2\dagger} = \frac{(2\alpha_R - \alpha_T)c + (1-\alpha_R)c_T - (2-\alpha_T)c_R}{2(1-\alpha_R)(2\alpha_R - \alpha_T)}$$

为了确保 $q_R > 0$, $\gamma q_N - q_R > 0$, $q_T > 0$, $(1-\gamma)q_N > q_T$，可以得到

$$c_R < \frac{(2-\alpha_T)(1-\alpha_R)c_T + (2\alpha_R - \alpha_T)c}{2-\alpha_T} = c_R^{4\dagger}$$

$$c_R^{1\dagger}=\frac{\left[\begin{array}{c}\left(\left(2\alpha_R-\alpha_T\right)\gamma+2-\alpha_T\right)\left(1-\alpha_R\right)c_T-\\ \left(2\alpha_R-\alpha_T\right)\left(\left(Q\left(1-\alpha_R\right)-c\right)\gamma-c\right)\end{array}\right]}{\left(2\alpha_R-\alpha_T\right)\gamma+2-\alpha_T}<c_R$$

$$c_R^{5\dagger}=\frac{\left(4\alpha_R-\alpha_T\right)c_T+Q\alpha_T\left(\alpha_T-2\alpha_R\right)}{2\alpha_T}<c_R$$

$$c_R^{6\dagger}=\frac{\left(1-\alpha_R\right)\left(4\alpha_R-\alpha_T\right)c_T+\alpha_T\left(2\alpha_R-\alpha_T\right)\left(\left(Q\left(\alpha_R-1\right)+c\right)\left(2\gamma-1\right)-c\right)}{2\alpha_T\left(\left(2\alpha_R-\alpha_T\right)\left(\gamma-1\right)+1-\alpha_R\right)}$$

因此,这里有两种情况:

(i)$\alpha_R<\frac{1+(1-\gamma)\alpha_T}{3-2\gamma}$,有 $c_R<c_R^{6\dagger}$。

(ii)$\alpha_R>\frac{1+(1-\gamma)\alpha_T}{3-2\gamma}$,有 $c_R>c_R^{6\dagger}$。

为了简化讨论,下面选择情况(i)来分析。

当 $c_T^{3\dagger}=\frac{\left(Q\left(2\gamma-1\right)\alpha_T-4\left(Q-c\right)\gamma+2Q-6c\right)\alpha_T}{\alpha_T\left(2\gamma-1\right)-4}>c_T$,可以得到

$$c_R^{4\dagger}-c_R^{6\dagger}=$$
$$\frac{\left(\alpha_R-1\right)\left(2\alpha_R-\alpha_T\right)\left(Q\left(2\gamma-1\right)\alpha_T^{\ 2}-\left(2\left(2\left(Q-c\right)+c_T\right)\gamma+2Q-6c+c_T\right)\alpha_T+4c_T\right)}{2\left(\alpha_T-2\right)\alpha_T\left(\left(2\gamma-3\right)\alpha_R+\left(1-\gamma\right)\alpha_T+1\right)}>0$$

为了确保解决方案的合理性,我们必须确保 $c_R^{4\dagger}>c_R^{1\dagger}$。

$$c_R^{4\dagger}-c_R^{1\dagger}=\frac{\left(1-\alpha_R\right)\left(2\left(Q-c\right)-Q\alpha_T+c_T\right)\left(2\alpha_R-\alpha_T\right)\gamma}{\left(2-\alpha_T\right)\left(2\left(1+\gamma\alpha_R\right)-\left(1+\gamma\right)\alpha_T\right)}>0$$

当 $c_T^{2\dagger}<c_T$,可以得到

$$c_R^{6\dagger}-c_R^{1\dagger}=$$
$$\frac{\left[\begin{array}{c}\left(\alpha_R-1\right)\left(8\alpha_R-\alpha_T\right)\\ \left(Q\left(1-3\gamma\right)\alpha_T^{\ 2}+\left(\left(\left(4\alpha_R+2\right)Q-2c+3c_T\right)\gamma-2Q+6c-c_T\right)\alpha_T-4c_T\left(1+\gamma\alpha_R\right)\right)\end{array}\right]}{2\alpha_T\left(\left(2\gamma-3\right)\alpha_R+\alpha_T\left(1-\gamma\right)+1\right)\left(2\left(1+\gamma\alpha_R\right)-\left(1-\gamma\right)\alpha_T\right)}>0$$

当 $c_T<\frac{\alpha_T\left(2\left(Q+c\right)-Q\alpha_T\right)}{4-\alpha_T}=c_T^{4\dagger}$,可以得到

$$c_R^{4\dagger} - c_R^{5\dagger} = \frac{(2\alpha_R - \alpha_T)\left(Q\alpha_T{}^2 - \left(2(Q + c) + c_T\right)\alpha_T - 4c_T\right)}{2(\alpha_T - 2)\alpha_T} > 0$$

当$c_T^{5\dagger} = \dfrac{\alpha_T\left((4\alpha_R - \alpha_T)Q - 2(Q - c)\right)}{4\alpha_R - \alpha_T} < c_T$,可以得到

$$c_R^{6\dagger} - c_R^{5\dagger} = \frac{\left(\left((4\alpha_R - \alpha_T - 2)Q + 2c\right)\alpha_T - (4\alpha_R - \alpha_T)c_T\right)(2\alpha_R - \alpha_T)(\gamma - 1)}{2\alpha_T\left((2\alpha_R - \alpha_T)\gamma + 1 + \alpha_T - 3\alpha_R\right)} > 0$$

$$c_R^{1\dagger} - c_R^{5\dagger} = \frac{(2\alpha_R - \alpha_T)\begin{pmatrix}\left(\left((4\alpha_R - 2)Q + 2c + c_T\right)\gamma + 2(Q + c) + c_T\right)\alpha_T \\ -Q(\gamma + 1)\alpha_T{}^2 - 4c_T(1 + \alpha_R\gamma)\end{pmatrix}}{2\left(2(1 + \gamma\alpha_R)\alpha_T - (1 + \gamma)\alpha_T{}^2\right)}$$

当$c_T^{1\dagger} > c_T$,有$c_R^{1\dagger} > c_R^{5\dagger}$。

将q_T^{2*}代入(B.4),可以得到一阶条件和互补松弛条件:

$$\frac{\partial}{\partial q_N}\Pi_{\mathrm{OEM}}^{\mathrm{II}} = (2q_N + q_R)\left((\gamma - 1)\alpha_T - 1\right) + q_R(1 - 2\alpha_R) + Q - c + \lambda_A\gamma = 0 \quad (\mathrm{B.8})$$

$$\frac{\partial}{\partial q_R}\Pi_{\mathrm{OEM}}^{\mathrm{II}} = \left(Q - 2(q_N + q_R)\right)\alpha_R + \alpha_T(\gamma - 1)q_N - c_R - \lambda_A = 0 \quad (\mathrm{B.9})$$

$$\lambda_A(\gamma q_N - q_R) = 0 \quad (\mathrm{B.10})$$

根据(B.8)至(B.10),可以得出以下结论。

情况C2:$\lambda_T > 0$和$\lambda_A > 0$

$$q_N^{3\dagger} = \frac{(Q\alpha_R - c_R)\gamma + Q - c}{2\left((\alpha_R - \alpha_T)\gamma^2 + 2\gamma\alpha_R + \alpha_T + 1\right)}$$

$$q_R^{3\dagger} = \frac{\left((Q\alpha_R - c_R)\gamma + Q - c\right)\gamma}{2\left((\alpha_R - \alpha_T)\gamma^2 + 2\gamma\alpha_R + \alpha_T + 1\right)}$$

为了确保$\lambda_T > 0$和$\lambda_A > 0$,可以得到

$$c_R > \frac{\begin{bmatrix}\left((\alpha_R - \alpha_T)\gamma^2 + 2\gamma\alpha_R + \alpha_T + 1\right)c_T - Q\alpha_T\left((3\alpha_R - 2\alpha_T)\gamma^2 + (2\alpha_T - 1)\right) + \\ \left((\alpha_R + 1)Q - c\right)\gamma + 3c\end{bmatrix}}{2(3 - \gamma)\gamma\alpha_T}$$

$$= c_R^{1\dagger\dagger}$$

$$c_R < \frac{(\gamma-1)\Big(\big(((2+\gamma)\alpha_R-1)Q+c\big)\alpha_T-2\alpha_R\big((Q(\alpha_R-1)+c)\gamma+c\big)}{(\gamma^2+\gamma-2)\alpha_T-2(\gamma\alpha_R+1)} = c_R^{2\dagger\dagger}$$

$c_R^{2\dagger\dagger} - c_R^{1\dagger\dagger} =$

$$\frac{\left[\begin{array}{c} 2\big((1-\gamma^2)\alpha_T+(2+\gamma)\gamma\alpha_R+1\big) \\ \Big(Q(2+\gamma)(1-\gamma)\alpha_T{}^2-\big(\big(((2\alpha_R+1)Q-c+c_T)\gamma-Q+3c+c_T(\gamma^2-2)\big)\alpha_T+2c_T(1+\gamma\alpha_R)\big)\Big) \end{array}\right]}{(3-\gamma)\big((\gamma^2+\gamma-2)\alpha_T-2(1+\gamma\alpha_R)\big)\gamma\alpha_T}$$

当$c_R^{2\dagger\dagger} > c_R^{1\dagger\dagger}$,可以得到

$$c_T < \frac{\alpha_T\big(Q\gamma^2\alpha_T+(Q\alpha_T-(2\alpha_R+1)Q+c)\gamma+Q(1-2\alpha_T)-3c\big)}{\gamma^2\alpha_T-(2\alpha_R-\alpha_T)\gamma-2(1+\alpha_T)} = c_T^{1\dagger\dagger}$$

情况D2:$\lambda_T > 0$和 $\lambda_A = 0$

$$q_N^{4\dagger} = \frac{2Q\alpha_R{}^2+\big(Q(1-\gamma)\alpha_T-2(Q-c+c_R)\big)\alpha_R+c_R\alpha_T(\gamma-1)}{4\alpha_R(\alpha_R-1)+(\gamma-1)^2\alpha_T{}^2}$$

$$q_R^{4\dagger} = \frac{(\gamma-1)(2Q\alpha_R-Q+c-2c_R)\alpha_T+2(c_R-c\alpha_R)}{4\alpha_R(\alpha_R-1)+(\gamma-1)^2\alpha_T{}^2}$$

为了确保$q_N > 0$, $q_R > 0$,$\gamma q_N > q_R$,$\lambda_T > 0$,可以得到

$$c_R^{3\dagger\dagger} = \frac{\big(Q(\gamma-1)\alpha_T-2((\alpha_R-1)Q+c)\big)\alpha_R}{(\gamma-1)\alpha_T-2\alpha_R} < c_R$$

$$c_R < \frac{\big((2\alpha_R-1)Q+c\big)(\gamma-1)\alpha_T-2c\alpha_R}{2\big((\gamma-1)\alpha_T-1\big)} = c_R^{4\dagger\dagger}$$

$$c_R^{2\dagger\dagger} = \frac{(\gamma-1)\Big(\big(((2+\gamma)\alpha_R-1)Q+c\big)\alpha_T-2\alpha_R\big((Q\alpha_R-Q+c)\gamma+c\big)\Big)}{(\gamma^2+\gamma-2)\alpha_T-2\gamma\alpha_R-2} < c_R$$

$$c_R^{5\dagger\dagger} = \frac{\begin{array}{c}\big((1-\gamma)^2\alpha_T{}^2-4\alpha_R(1-\alpha_R)\big)c_T+ \\ \big((\alpha_T(1-\gamma)-1+\alpha_R)(2\alpha_R-\alpha_T)Q+(4\alpha_R-\alpha_T)c\big) \\ (1-\gamma)+2Q\alpha_R\gamma(1-\alpha_R)\end{array}}{(2\gamma^2-3\gamma+1)\alpha_T{}^2+2\big((3-2\gamma)\alpha_R-1\big)}$$

因此,这里有两种情况:

(i)$\alpha_R < \dfrac{2-(2\gamma^2-3\gamma+1)\alpha_T}{6-4\gamma}$,有 $c_R > c_R^{5\dagger\dagger}$。

当 $c_T^{1\dagger\dagger} < c_T$,可以确保

$$c_R^{5\dagger\dagger} - c_R^{2\dagger\dagger} = \frac{\left[\begin{array}{c}\left(Q(2+\gamma)(1-\gamma)\alpha_T{}^2 + \left(\left((1+2\alpha_R)Q - c + c_T(1+\gamma^2)\right)\gamma - Q + 3c - 2c_T\right)\right. \\ \left.\alpha_T - 2c_T(1+\gamma\alpha_R)\right)\left((\gamma-1)^2\alpha_T{}^2 + 4\alpha_R(\alpha_R - 1)\right)\end{array}\right]}{\left[\begin{array}{c}\left((2\gamma^2-3\gamma+1)\alpha_T - 4\gamma\alpha_R + 6\alpha_R - 2\right) \\ \left((\gamma^2+\gamma-2)\alpha_T - 2\gamma\alpha_R - 2\right)\alpha_T\end{array}\right]} > 0$$

当 $c_T < \dfrac{\left(2\left(Q(\gamma-1)\alpha_T - (Q-c)\gamma\right) + Q - 3c\right)\alpha_T}{2\left((\gamma-1)\alpha_T - 1\right)} = c_T^{2\dagger\dagger}$,可以发现

$$c_R^{4\dagger\dagger} - c_R^{5\dagger\dagger} = \frac{\left[\begin{array}{c}\left((\gamma-1)^2\alpha_T{}^2 + 4\alpha_R(\alpha_R-1)\right) \\ \left(2Q(\gamma-1)\alpha_T{}^2 - 2\left((Q-c+c_T)\gamma + Q - 3c + 2c_T\right)\alpha_T + 2c_T\right)\end{array}\right]}{2\left((2\gamma^2-3\gamma+1)\alpha_T - 4\gamma\alpha_R + 6\alpha_R - 2\right)\left((\gamma-1)\alpha_T - 1\right)\alpha_T} > 0$$

(ii)$\alpha_R > \dfrac{2-(2\gamma^2-3\gamma+1)\alpha_T}{6-4\gamma}$,可以得到 $c_R^{5\dagger\dagger} > c_R$。

当 $c_T > c_T^{2\dagger\dagger}$,可以得到 $c_R^{4\dagger\dagger} > c_R^{5\dagger\dagger}$。

为了确保 $c_R^{5\dagger\dagger} - c_R^{2\dagger\dagger} > 0$,可以得到 $c_T^{1\dagger\dagger} > c_T$。

命题1的证明:均衡决策和数量相对于 c_T,其一阶导数由以下公式给出。

当 $c_T \in (0, c_T^{4*})$,$\dfrac{\partial q_N^{2*}}{\partial c_T} = 0$, $\dfrac{\partial q_T^{2*}}{\partial c_T} = 0$。

当 $c_T \in (c_T^{4*}, c_T^{2*})$,$\dfrac{\partial q_N^{1*}}{\partial c_T} = \dfrac{1}{2(2\rho_N - \alpha_T)} > 0$, $\dfrac{\partial q_T^{1*}}{\partial c_T} = \dfrac{-4\rho_N + \alpha_T}{4\alpha_T(2\rho_N - \alpha_T)} < 0$。

当 $c_T \in (c_T^{2*}, c_T^{3*})$,$\dfrac{\partial q_N^{2*}}{\partial c_T} = 0$, $\dfrac{\partial q_T^{2*}}{\partial c_T} = 0$。

命题2的证明:均衡决策的一阶导数和关于 ρ_N 的利润如下。

$$\frac{\partial q_N^{1*}}{\partial \rho_N}=\frac{2c-c_T}{\left(2\rho_N-\alpha_T\right)^2}>0,\ \frac{\partial q_N^{2*}}{\partial \rho_N}=\frac{Q\left(1-\gamma\right)\alpha_T+c}{2\left(\left(\gamma-1\right)\alpha_T-\rho_N\right)^2}>0$$

$$\frac{\partial q_T^{1*}}{\partial \rho_N}=-\frac{2c-c_T}{2\left(2\rho_N-\alpha_T\right)^2}<0,\ \frac{\partial q_T^{2*}}{\partial \rho_N}=-\frac{\left(1-\gamma\right)\left(Q\left(\gamma-1\right)\alpha_T-c\right)}{2\left(\left(\gamma-1\right)\alpha_T-\rho_N\right)^2}<0$$

$$\frac{\partial p_N^{1*}}{\partial \rho_N}=\frac{1}{2}Q>0,\ \frac{\partial p_N^{2*}}{\partial \rho_N}=\frac{1}{2}Q>0$$

$$\frac{\partial p_T^{1*}}{\partial \rho_N}=-\frac{\alpha_T\left(2c-c_T\right)}{2\left(2\rho_N-\alpha_T\right)^2}<0,\ \frac{\partial p_T^{2*}}{\partial \rho_N}=\frac{\left(2-\gamma\right)\left(Q\left(\gamma-1\right)\alpha_T-c\right)}{2\left(\left(\gamma-1\right)\alpha_T-\rho_N\right)^2}<0$$

$$\frac{\partial \Pi_{\mathrm{OEM}}^{\mathrm{I}}\left(q_N^{1*}\right)}{\partial \rho_N}=\frac{\left(\left(2\rho_N-\alpha_T\right)Q+2c-c_T\right)\left(\left(2\rho_N-\alpha_T\right)Q-2c+c_T\right)}{2\left(2\rho_N-\alpha_T\right)^2}>0$$

$$\frac{\partial \Pi_{\mathrm{OEM}}^{\mathrm{I}}\left(q_N^{2*}\right)}{\partial \rho_N}=\frac{\left(2Q\left(\left(1-\gamma\right)\alpha_T+\rho_N\right)+c\right)\left(Q\rho_N-c\right)}{4\left(\left(\gamma-1\right)\alpha_T-\rho_N\right)^2}>0$$

$$\frac{\partial \Pi_{\mathrm{OEM}}^{\mathrm{I}}\left(q_N^{1*}\right)}{\partial \alpha_T}=-\frac{\left(\left(2\rho_N-\alpha_T\right)Q-2c+c_T\right)\left(\left(2\rho_N-\alpha_T\right)Q+2c-c_T\right)}{8\left(2\rho_N-\alpha_T\right)^2}<0$$

$$\frac{\partial \Pi_{\mathrm{OEM}}^{\mathrm{I}}\left(q_N^{2*}\right)}{\partial \alpha_T}=\frac{2\left(Q\rho_N-c\right)^2\left(1-\gamma\right)}{\left(\left(4\gamma-4\right)\alpha_T-4\rho_N\right)^2}<0$$

$$\frac{\partial \Pi_{\mathrm{TPR}}^{\mathrm{I}}\left(q_T^{1*}\right)}{\partial \rho_N}=\frac{\left(Q\left(1-\gamma\right)\alpha_T^2+\left(\left(\left(\rho_N Q-\left(c-c_T\right)\right)\left(\gamma-1\right)+c\right)\alpha_T+c\right)\alpha_T\right)\left(Q\left(1-\gamma\right)\alpha_T+c\right)\left(1-\gamma\right)}{2\left(\left(1-\gamma\right)\alpha_T+\rho_N\right)^3}$$

有以下结果：

当 $c_T^{5*}=\dfrac{\left(\left(Q\alpha_T-\left(Q\rho_N-c\right)\right)\left(1-\gamma\right)+c\right)\alpha_T}{\rho_N+\left(1-\gamma\right)\alpha_T}<c_T$，$\dfrac{\partial \Pi_{\mathrm{TPR}}^{\mathrm{I}}\left(q_T^{1*}\right)}{\partial \rho_N}<0$；

当 $c_T^{5*}>c_T$，$\dfrac{\partial \Pi_{\mathrm{TPR}}^{\mathrm{I}}\left(q_T^{1*}\right)}{\partial \rho_N}>0$。

其中，

$$c_T^{4*} - c_T^{5*} = \frac{(Q\rho_N - c)\sqrt{\rho_N + (1-\gamma)\alpha_T}\left(\sqrt{(4\rho_N - 2\alpha_T)(\rho_N + (1-\gamma)\alpha_T)} - \sqrt{(2\rho_N - \gamma\alpha_T)^2}\right)}{\sqrt{(1-\gamma)\alpha_T + \rho_N}\,(\rho_N + (1-\gamma)\alpha_T)} > 0$$

$c_T^{2*} - c_T^{5*} = \dfrac{(Q\rho_N - c)\alpha_T}{2(\rho_N + (1-\gamma)\alpha_T)} > 0$。因此，可以得到$\dfrac{\partial \Pi_{\text{TPR}}^{\text{I}}(q_T^{1*})}{\partial \rho_N} < 0$。

$$\frac{\partial \Pi_{\text{TPR}}^{\text{I}}(q_T^{2*})}{\partial \rho_N} = \frac{\left(Q\alpha_T^2 - (2(Q\rho_N + c) + c_T)\alpha_T + 4\rho_N c_T\right)(2c - c_T)}{4(2\rho_N - \alpha_T)^3}$$

当$c_T < \dfrac{\alpha_T((2\rho_N - \alpha_T)Q + 2c)}{4\rho_N - \alpha_T} = c_T^{2*}$，$\dfrac{\partial \Pi_{\text{TPR}}^{\text{I}}(q_T^{2*})}{\partial \rho_N} < 0$；$c_T > c_T^{2*}$，$\dfrac{\partial \Pi_{\text{TPR}}^{\text{I}}(q_T^{2*})}{\partial \rho_N} > 0$。

因此，当$\gamma < \dfrac{8\rho_N - 7\alpha_T}{8\rho_N - 6\alpha_T}$，$\dfrac{\partial \Pi_{\text{TPR}}^{\text{I}}(q_T^{2*})}{\partial \rho_N} < 0$；当$\gamma > \dfrac{8\rho_N - 7\alpha_T}{8\rho_N - 6\alpha_T}$，$\dfrac{\partial \Pi_{\text{TPR}}^{\text{I}}(q_T^{2*})}{\partial \rho_N} > 0$。

命题4的证明：从定理3可以推导出如下结果。

（1）当$\dfrac{1 + (1-\gamma)((\gamma+1)\alpha_T - 3)}{\gamma(3 - 2\gamma)} < \alpha_R < \dfrac{1 + (1-\gamma)\alpha_T}{3 - 2\gamma}$，可以得到$c_T^{4\dagger} > c_T^{1\dagger} > c_T^{3\dagger} > c_T^{2\dagger} > c_T^{5\dagger}$。因此：

（i）如果$c_T^{1\dagger} > c_T > c_T^{2\dagger}$，OEM的生产数量为

$$q_N = \begin{cases} \dfrac{((2\alpha_R - \alpha_T)\gamma + 2 - \alpha_T)Q - 2(c + c_R\gamma) + c_T(1+\gamma)}{2((2\alpha_R - \alpha_T)(2+\gamma)\gamma + 2 - \alpha_T)}, & c_R^{2\dagger} < c_R < c_R^{1\dagger} \\ \dfrac{Q(1-\alpha_R) - c + c_R}{2(1-\alpha_R)}, & c_R^{1\dagger} < c_R < c_R^{4\dagger} \end{cases}$$

（ii）如果$c_T^{2\dagger} > c_T$和${c_R}^{2\dagger} < c_T < {c_R}^{3\dagger}$，则OEM的生产数量为

$$q_N = \frac{((2\alpha_R - \alpha_T)\gamma + 2 - \alpha_T)Q - 2(c + c_R\gamma) + c_T(1+\gamma)}{2((2\alpha_R - \alpha_T)(2+\gamma)\gamma + 2 - \alpha_T)}$$

（2）当$\alpha_R < \dfrac{1 + (1-\gamma)((\gamma+1)\alpha_T - 3)}{\gamma(3 - 2\gamma)}$，可以得到$c_T^{4\dagger} > c_T^{3\dagger} > c_T^{1\dagger} > c_T^{2\dagger} > c_T^{5\dagger}$。因此：

（i）如果$c_T^{4\dagger} > c_T > c_T^{3\dagger}$和$c_R^{5\dagger} < c_R < c_R^{4\dagger}$，则OEM的生产数量为

$$q_N = \frac{Q(1-\alpha_R)-c+c_R}{2(1-\alpha_R)}$$

(ii)如果$c_T^{3\dagger} > c_T > c_T^{1\dagger}$和$c_R^{5\dagger} < c_R < c_R^{6\dagger}$，则OEM的生产数量为

$$q_N = \frac{Q(1-\alpha_R)-c+c_R}{2(1-\alpha_R)}$$

(iii)如果$c_T^{1\dagger} > c_T > c_T^{2\dagger}$，则OEM的生产数量为

$$q_N = \begin{cases} \dfrac{((2\alpha_R-\alpha_T)\gamma+2-\alpha_T)Q-2(c+c_R\gamma)+c_T(1+\gamma)}{2((2\alpha_R-\alpha_T)(2+\gamma)\gamma+2-\alpha_T)}, c_R^{2\dagger} < c_R < c_R^{1\dagger} \\ \dfrac{Q(1-\alpha_R)-c+c_R}{2(1-\alpha_R)}, c_R^{1\dagger} < c_R < c_R^{6\dagger} \end{cases}$$

(iv)如果$c_T^{2\dagger} > c_T$和$c_R^{2\dagger} < c_T < c_R^{3\dagger}$，则OEM的生产数量为

$$q_N = \frac{((2\alpha_R-\alpha_T)\gamma+2-\alpha_T)Q-2(c+c_R\gamma)+c_T(1+\gamma)}{2((2\alpha_R-\alpha_T)(2+\gamma)\gamma+2-\alpha_T)}$$

(3)当$\alpha_R < \dfrac{2-(2\gamma^2-3\gamma+1)\alpha_T}{6-4\gamma}$，可以得到$c_T^{1\dagger\dagger} < c_T^{2\dagger\dagger}$。因此：

(i)$c_T < c_T^{1\dagger\dagger}$，

$$q_N = \begin{cases} \dfrac{(Q\alpha_R-c_R)\gamma+Q-c}{2((\alpha_R-\alpha_T)\gamma^2+2\gamma\alpha_R+\alpha_T+1)}, c_R^{1\dagger\dagger} < c_R < c_R^{2\dagger\dagger} \\ \dfrac{(Q-c)2\alpha_R+(Q+c_R)(2\alpha_R+(1-\gamma)\alpha_T)}{4\alpha_R(\alpha_R-1)+(\gamma-1)^2{\alpha_T}^2}, c_R^{2\dagger\dagger} < c_R < c_R^{4\dagger\dagger} \end{cases}$$

(ii)$c_T^{1\dagger\dagger} < c_T$和$c_R^{5\dagger\dagger} < c_R < c_R^{4\dagger\dagger}$，

$$q_N = \frac{(Q-c)2\alpha_R+(Q+c_R)(2\alpha_R+(1-\gamma)\alpha_T)}{4\alpha_R(\alpha_R-1)+(\gamma-1)^2\alpha_T^2}$$

(4)当$\alpha_R^{1\dagger\dagger} > \dfrac{2-(2\gamma^2-3\gamma+1)\alpha_T}{6-4\gamma}$，可以得到$c_T^{2\dagger\dagger} < c_T^{1\dagger\dagger}$。因此：

(i)$c_T < c_T^{2\dagger\dagger}$，

$$q_N=\begin{cases}\dfrac{(Q\alpha_R-c_R)\gamma+Q-c}{2\left((\alpha_R-\alpha_T)\gamma^2+2\gamma\alpha_R+\alpha_T+1\right)}, & c_R^{1\dagger\dagger}<c_R<c_R^{2\dagger\dagger}\\ \dfrac{(Q-c)2\alpha_R+(Q+c_R)\left(2\alpha_R+(1-\gamma)\alpha_T\right)}{4\alpha_R(\alpha_R-1)+(\gamma-1)^2\alpha_T{}^2}, & c_R^{2\dagger\dagger}<c_R<c_R^{4\dagger\dagger}\end{cases}$$

(ii)$c_T^{2\dagger\dagger}<c_T<c_T^{1\dagger\dagger}$,

$$q_N=\begin{cases}\dfrac{(Q\alpha_R-c_R)\gamma+Q-c}{2\left((\alpha_R-\alpha_T)\gamma^2+2\gamma\alpha_R+\alpha_T+1\right)}, & c_R^{1\dagger\dagger}<c_R<c_R^{2\dagger\dagger}\\ \dfrac{(Q-c)2\alpha_R+(Q+c_R)\left(2\alpha_R+(1-\gamma)\alpha_T\right)}{4\alpha_R(\alpha_R-1)+(\gamma-1)^2\alpha_T{}^2}, & c_R^{2\dagger\dagger}<c_R<c_R^{5\dagger\dagger}\end{cases}$$

可以很容易地得到$c_T^{3\dagger}<c_T^{2\dagger\dagger}$。因此，当$c_T^{2\dagger}<c_T<\min\{c_T^{1\dagger},\ c_T^{3\dagger}\}$和$\alpha_R^{1\dagger}<\dfrac{1+(1-\gamma)\alpha_T}{3-2\gamma}$,可以得到:

当$q_T=\dfrac{(Q-q_N-q_R)\alpha_T-c_T}{2\alpha_T}$,OEM的均衡决策可以推导为:

$$(q_N^{\dagger},\ q_R^{\dagger})=\begin{cases}(q_N^{1\dagger},\ q_R^{1\dagger}), & c_R^{2\dagger}<c_R<c_R^{1\dagger}\\ (q_N^{2\dagger},\ q_R^{2\dagger}), & c_R^{1\dagger}<c_R<c_R^{4\dagger}\end{cases}$$

当$q_T=(1-\gamma)q_N$,OEM的均衡决策由以下给出:

$$(q_N^{\dagger},\ q_R{}^{\dagger})=\begin{cases}(q_N^{3\dagger},\ q_R^{3\dagger}), & c_R^{1\dagger\dagger}<c_R<c_R^{2\dagger\dagger}\\ (q_N^{4\dagger},\ q_R^{4\dagger}), & c_R^{2\dagger\dagger}<c_R<c_R^{4\dagger\dagger}\end{cases}$$

均衡决策和利润相对于c_R和c_T的一阶导数如下:

$$\frac{\partial q_N^{1\dagger}}{\partial c_R}=\frac{-\gamma}{\left((2\alpha_R-\alpha_T)(2+\gamma)\gamma+2-\alpha_T\right)}<0$$

$$\frac{\partial q_N^{1\dagger}}{\partial c_T}=\frac{\gamma(\gamma+1)}{2\left((2\alpha_R-\alpha_T)(2+\gamma)\gamma+2-\alpha_T\right)}>0$$

$$\frac{\partial q_N^{2\dagger}}{\partial c_R}=\frac{1}{2(1-\alpha_R)}>0,\ \ \frac{\partial q_N^{2\dagger}}{\partial c_T}=0$$

$$\frac{\partial q_N^{3\dagger}}{\partial c_R}=\frac{-\gamma}{2\left(\left(\alpha_R-\alpha_T\right)\gamma^2+2\gamma\alpha_R+\alpha_T+1\right)}<0,\ \frac{\partial q_N^{3\dagger}}{\partial c_T}=0$$

$$\frac{\partial q_N^{4\dagger}}{\partial c_R}=\frac{\left(1-\gamma\right)\alpha_T+2\alpha_R}{4\alpha_R\left(1-\alpha_R\right)-\left(\gamma-1\right)^2{\alpha_T}^2}>0,\ \frac{\partial q_N^{3\dagger}}{\partial c_T}=0$$

$$\frac{\partial\Pi_{\mathrm{OEM}}^{\mathrm{II}}\left(q_N^{1\dagger},q_R^{1\dagger}\right)}{\partial c_R}=-\frac{\left(\left(2\left(Q\alpha_R-c_R\right)-Q\alpha_T+c_T\right)\gamma+2\left(Q-c\right)-Q\alpha_T+c_T\right)\gamma}{\left(2\alpha_R-\alpha_T\right)\left(2+\gamma\right)\gamma+2-\alpha_T}<0$$

$$\frac{\partial\Pi_{\mathrm{OEM}}^{\mathrm{II}}\left(q_N^{1\dagger},q_R^{1\dagger}\right)}{\partial c_T}=\frac{\left(\left(2\left(Q\alpha_R-c_R\right)-Q\alpha_T+c_T\right)\gamma+2\left(Q-c\right)-Q\alpha_T+c_T\right)\left(\gamma+1\right)}{4\left(\left(2\alpha_R-\alpha_T\right)\left(2+\gamma\right)\gamma+2-\alpha_T\right)}>0$$

$$\frac{\partial\Pi_{\mathrm{OEM}}^{\mathrm{II}}\left(q_N^{2\dagger},q_R^{2\dagger}\right)}{\partial c_R}=\frac{\left(2\alpha_R-\alpha_T\right)c+\left(1-\alpha_R\right)c_T-\left(2-\alpha_T\right)c_R}{2\left(\alpha_R-1\right)\left(2\alpha_R-\alpha_T\right)}<0$$

$$\frac{\partial\Pi_{\mathrm{OEM}}^{\mathrm{II}}\left(q_N^{2\dagger},q_R^{2\dagger}\right)}{\partial c_T}=\frac{2\left(Q\alpha_R-c_R\right)-Q\alpha_T+c_T}{8\alpha_R-4\alpha_T}>0$$

$$\frac{\partial\Pi_{\mathrm{OEM}}^{\mathrm{II}}\left(q_N^{3\dagger},q_R^{3\dagger}\right)}{\partial c_R}=\frac{-\left(\left(Q\alpha_R-c_R\right)\gamma+Q-c\right)\gamma}{2\left(\left(\alpha_R-\alpha_T\right)\gamma^2+2\gamma\alpha_R+\alpha_T+1\right)}<0$$

$$\frac{\partial\Pi_{\mathrm{OEM}}^{\mathrm{II}}\left(q_N^{3\dagger},q_R^{3\dagger}\right)}{\partial c_T}=0$$

$$\frac{\partial\Pi_{\mathrm{OEM}}^{\mathrm{II}}\left(q_N^{4\dagger},q_R^{4\dagger}\right)}{\partial c_R}=\frac{\left(1-\gamma\right)\left(2\left(Q\alpha_R-c_R\right)-Q+c\right)\alpha_T+2\left(c\alpha_R-c_R\right)}{\left(1-\gamma\right)^2\alpha_T^2+4\alpha_R\left(\alpha_R-1\right)}<0$$

$$\frac{\partial\Pi_{\mathrm{OEM}}^{\mathrm{II}}\left(q_N^{4\dagger},q_R^{4\dagger}\right)}{\partial c_T}=0$$

命题5的证明：当 $q_T=\dfrac{\left(Q-q_N-q_R\right)\alpha_T-c_T}{2\alpha_T}$，关于 α_R 和 α_T，OEM利润的导数如下。

$$\frac{\partial\Pi_{\mathrm{OEM}}^{\mathrm{II}}\left(q_N^{1\dagger},q_R^{1\dagger}\right)}{\partial\alpha_R}=\frac{\begin{pmatrix}\left(\left(2\alpha_R-\alpha_T\right)\left(1+\gamma\right)+2\left(\alpha_R-1\right)\right)Q\gamma+\\\left(\left(2c_R-c_T\right)\gamma+\left(2c-c_T\right)\right)\left(2+\gamma\right)\end{pmatrix}\gamma q_N^{1\dagger}}{2\left(\left(2\alpha_R-\alpha_T\right)\left(\gamma+2\right)\gamma-\alpha_T+2\right)}$$

当 $\alpha_R^{1\dagger}=\dfrac{\left(\left(Q\alpha_T-2c_R+c_T\right)\gamma-2\left(c-c_T\right)\right)\left(1+\gamma\right)+2\left(\left(Q-c_R\right)\gamma-c\right)}{2Q\gamma\left(\gamma+2\right)}<\alpha_R$，

$\frac{\partial \Pi_{\mathrm{OEM}}^{\mathrm{II}}\left(q_N^{1\dagger}, q_R^{1\dagger}\right)}{\partial \alpha_R} > 0$。

当 $\alpha_R^{1\dagger} > \alpha_R$，$\frac{\partial \Pi_{\mathrm{OEM}}^{\mathrm{II}}\left(q_N^{1\dagger}, q_R^{1\dagger}\right)}{\partial \alpha_R} < 0$。

$$\frac{\partial \Pi_{\mathrm{OEM}}^{\mathrm{II}}\left(q_N^{2\dagger}, q_R^{2\dagger}\right)}{\partial \alpha_R} = \frac{\left(\left(2c - 4c_R + c_T\right)\alpha_R + \left(c_R - c\right)\alpha_T + 2c_R - c_T\right)q_R^{2\dagger}}{\left(1 - \alpha_R\right)\left(2\alpha_R - \alpha_T\right)}$$

当 $\alpha_R^{2\dagger} = \frac{\left(\alpha_T + 2\right)c_R - \alpha_T c - c_T}{4c_R - 2c - c_T} < \alpha_R$，$\frac{\partial \Pi_{\mathrm{OEM}}^{\mathrm{II}}\left(q_N^{2\dagger}, q_R^{2\dagger}\right)}{\partial \alpha_R} > 0$。

当 $\alpha_R^{2\dagger} > \alpha_R$，$\frac{\partial \Pi_{\mathrm{OEM}}^{\mathrm{II}}\left(q_N^{2\dagger}, q_R^{2\dagger}\right)}{\partial \alpha_R} < 0$。

$$\frac{\partial \Pi_{\mathrm{OEM}}^{\mathrm{II}}\left(q_N^{1\dagger}, q_R^{1\dagger}\right)}{\partial \alpha_R} = -\frac{\begin{bmatrix}\left(\left(\left(2\alpha_R - \alpha_T\right)Q + 2c_R - c_T\right)\gamma^2 - \left(3Q\left(1 - \alpha_R\right) - c_R\right)2\gamma + \right. \\ \left. c + \left(\left(2 - \alpha_T\right)Q + \left(c - c_T\right)\right)\left(2\gamma + 1\right)\right)\left(\gamma + 1\right)q_N^{1\dagger}\end{bmatrix}}{\left(2\alpha_R - \alpha_T\right)\left(\gamma^2 + 2\gamma\right) - \alpha_T + 2} < 0$$

$$\frac{\partial \Pi_{\mathrm{OEM}}^{\mathrm{II}}\left(q_N^{2\dagger}, q_R^{2\dagger}\right)}{\partial \alpha_T} = -\frac{\left(\left(2\alpha_R - \alpha_T\right)Q - 2c_R + c_T\right)\left(\left(2\alpha_R - \alpha_T\right)Q + 2c_R - c_T\right)}{8\left(2\alpha_R - \alpha_T\right)^2} < 0$$

第六章　第三方再制造企业优势下原始设备制造商再制造策略的选择

6.1　引言

2019年，大约有5360万吨电子废物（不包括光伏板）产生，人均7.3千克。随着人们可持续发展意识的增强，环境友好型再制造已被广泛认可，在实践中越来越多地被采用，以提高企业在市场上的竞争优势和公众形象。再制造是指使用再利用的、修复的和新的零部件组合，按照原制造产品的规格重新制造产品。

一大批原始设备制造商（OEM），如通用电气、施乐、惠普、IBM和卡特彼勒，都在从事再制造活动。虽然制造商在再制造活动中具有技术和品牌优势，但当制造商远离产品销售地时，旧产品收集不可避免地会带来更高的运输和库存成本。然而，一些OEM不愿意参与再制造或外包/授权给第三方再制造商（TPR），由于原始设备制造商的专利产品受专利法保护，TPR必须支付固定或可变的技术授权费以获得OEM的授权。

TPR的一个基本问题是如何吸引OEM与之合作，这取决于其再制造的优势。2020年，伟创力公司（Flex）获得“可持续发展领导奖”，这是该公司连续第三次获得该奖项，它将此归功于其子公司Sinctronics开发的名为Smartbin的物联网（IoT）设备。Sinctronics使用Smartbin来收集电子材料进行翻新或再制造，以确保制造商能够处理IT行业的电子废物。新设备改善了电子废物的收集过程，并在测试阶段中减少了40%的回收成本。因此，TPR的再制造将更具成本效益且对环境友好。此外，TPR通过其回收平台扩大回收渠道，可以实现比OEM更高的回收质量。例如，爱回收是中国一个成功的在线回收平台，其年交易量超过2200万台，价值超过200亿元，2019年其线下门店覆盖140多个城市。爱回收拥有优秀的质量评估体系和先进的处理技术,能够处理各种质量等级的二手产品。在实际中,更广泛的回收渠道是TPR在再制造方面的另一个竞争优势,也就是说,TPR再制造会比OEM再制造更具质量效益。由于TPR再制造有两种不同的效果/优势,OEM的选择可能导致截然不同的结果。尽管成本效益和质量效益在再制造中已被广泛认可,但现有文献并没有研究清楚它们在OEM的再制造策略选择中会起什么作用。

本章的主要目标是深入了解OEM再制造决策中的两种影响,分析TPR再制造的两个优势对OEM决策的影响。为此,我们考虑了一个由一个OEM和一个TPR组成的单期模型。为了描述外包再制造的成本效益和质量效益,我们考虑了一个基准和TPR再制造优势的三种情况:(1)OEM自己再制造(模式O);(2)OEM将再制造外包给TPR,后者通过改进再制造系统和设备具有维修成本优势(成本效益)(模式C);(3)OEM将再制造外包给TPR,后者通过品牌保证具有质量优势(质量效益)(模式Q)。因此,需要分析利润最大化的OEM是否应该将再制造外包给TPR。

据了解,以前很少有专门探讨OEM和TPR之间关系并考虑到具体优势的研究。本章着重于此,并解决以下问题:

(1)在上述三种情况下,最佳均衡策略是什么?

(2)在后两种情况下,维修成本和外包优势如何影响OEM的利润?

(3)为了追求更多的利润,对于OEM来说,什么是最好的选择(即外包给具有成本效益的TPR,还是外包给具有质量效益的TPR或不外包)?

本章研究的一个关键信息是,由于TPR的再制造效率不明显,客户对平均回收质量的效用较低,OEM的内部再制造仍然是有利可图的,这在以前的文献中没有发现。一方面,在低外包效率下(即成本节约低或质量优势不明显),额外的外包费用提高了再制造产品的成本,不利于OEM营利。另一方面,客户对平均回收质量的低效用可能限制了TPR的质量优势。本章研究结果表明,维修成本和客户对回收质量的感知对OEM的再制造策略至关重要。在维修成本较高而质量稍有优势的情况下,具有成本优势的TPR在再制造中发挥的作用更大,可以节约更多的成本。当质量优势明显时,客户对再制造产品质量的感知会得到改善,并为OEM提供更强的与具有质量优势的TPR合作的动力。这说明,明显的质量优势比成本优势更有效。

从消费者剩余和环境的角度来看,当再制造产品的环境影响相对较低或客户对再制造的接受度相对较高时,最优的再制造策略可以获得客户和环境的双赢。然而,当再制造的环境影响相对较大时,最优策略会造成经济、客户和环境之间的矛盾。

6.2　研究背景

本章涉及三个独立的研究方向:外包再制造、TPR再制造的优势,以及客户感知。我们对每个领域的重要研究进行了回顾,并将本研究定位在它们的交汇点上。

外包再制造对原始设备制造商再制造决策的影响已经得到了研究者的广泛关注。Ferguson等(2010)指出,由于缺乏收集和再制造OEM报废(EOL)产品的基础设施和专业知识,OEM可能会将再制造外包给外部承包商。在原始设备制造商的再制造业务中,Zou等(2016)表明,原始设备制造商通过外包获得的利润高于内部再制造。Wang等(2017)评估了制造商应该在内部进行再制造还是外包,并证明了可变再制造成本的差异推动了策略选择,即内部再制造的固定成本较高,有利于外包。Zhang等(2020)研究了原始设备制造商在再制造外包中两种策略(即使用核心收集和再制造产品再营销)的影响。上述研究表明,将再制造外包给TPR对OEM有利,但没有人考虑TPR的优势差异。本章通过研究再制造对TPR的优势价值和OEM的外包策略,对这一研究流派做出了贡献。

本章也与研究TPR优势的文献有关,然而,研究TPR优势的文献并不多。在成本优势方面,Örsdemir等(2014)指出,TPR再制造由于其规模经济优势,已经成为再制造的主导模式。Habibi等(2017)提出,再制造产品的回收水平可能取决于回收者的回收效率和加工技术。在回收质量优势方面,Huang等(2013)证明,具有双重回收渠道的闭环供应链(CLSC)优于单一回收渠道的CLSC。与传统模式相比,具有绿色和可持续发展意识的客户可能愿意通过在线回收渠道(如京东商城、爱回收)回收旧产品。综合性的回收渠道可能会带来更多具有更高回收质量的二手产品。我们捕捉到TPR的不同优势,其影响着OEM的再制造策略。

关于顾客感知的文献也在迅速增多。一个被普遍接受的关于感知价值的定义是“顾客对产品(或服务)效用的总体评估,其依据是对收到的东西和给予的东西的感知”。早期的学者根据经验研究了顾客感知的影响,比如由于价格和质量的差异导致的感知变化。因此,Ferguson等(2006)引入了顾客对质量的感知,并假设再制造产品的质量低于新产品的质量。他们建立了模型来支持制造商在面对再制造产品市场竞争威胁时的恢复策略,并分析了新产品和再制造产品之间的竞争。除了从产品质量上研究,Aydin等(2018)提出回收质量是客户效用的重要因素,并开发了一种新颖的方法来确定在回收质量不确定情况下二手产品的最佳数量和质量水平。与Aydin等(2018)考虑的二手产品的质量水平不同,我们将回收质量视为与Zhang等(2021)类似的平均回收质量。他们表明,核心零部件的平均质量和环境处理成本在本质上影响了监管机构的再制造政策。我们的研究与他们研究的关键区别在于,我们认为平均回收质量可能影响客户对再制造产品的看法,从而增加客户的效用。

总之,我们借鉴并扩展了前人在再制造策略方面的研究,研究了OEM内部再制造和外包给TPR的策略选择。此外,我们还探讨了客户对回收质量和质量优势的看法,分析了策略选择对经济效益、消费者剩余和环境的影响。

6.3 模型概述

本章考虑一个原始设备制造商(m)在单一时期内向客户销售新产品(n)和再制造产品(r),其中原始设备制造商生产新产品,而它可能生产再制造产品或将再制造外包给第三方再制造商(t)。单一时期的设定已经有文献进行了研究(如 Örsdemir et al., 2014; Zou et al., 2016; Zhang et al., 2020)。

OEM考虑了三种生产再制造产品的方案:要么在内部生产,要么外包给具有维修成本优势的TPR,要么外包给具有质量优势的TPR(客户认为其再制造产品的质量更高)。当把再制造外包给TPR时,OEM向TPR支付外包费用。原始设备制造商保留了同时销售新产品和再制造产品的营销业务(Zou et al.,2016)。

二手产品是从客户那里收集的。由于再制造产品将从旧产品中生产出来,我们假设OEM的单位维修成本为γ,$0 < \gamma < c$。这一假设在关于再制造的文献中被广泛使用。对于收集旧产品,我们假设收集旧产品的单位成本随着收集数量的增加而凸显,记为$\frac{1}{2}\eta(\lambda q_n)^2$,其中$q_n$是销售给客户的新产品数量,$\lambda$是收集率,$\eta$是收集成本系数。

按照运营管理的营销研究(Örsdemir et al.,2014;Zou et al.,2016),假设客户对新产品的估值在区间[0,1]内均匀分布。效用函数为

$$u_n = v - p_n \tag{6.1}$$

此外,我们还假设顾客对再制造产品的价值感知有一个折扣系数(δ)。对于具有质量优势的TPR来说,由于TPR可以收集到高质量的二手产品,并且这些信息对客户来说是公开的,客户对这些产品的感知与OEM生产的再制造产品的质量差异较小。为了数学上的可追溯性,我们假设客户对再制造产品的感知评价(δv)是相同的。与Aydin等(2018)类似,平均回收质量可能会影响客户对再制造产品的感知,β是客户效用对用于再制造的回收产品平均质量的敏感性。TPR的可信品牌是产品质量的一致象征,客户会购买他们认为可靠和值得信赖的品牌产品,作为减少风险的策略(Clemenz et al.,2012;Calvo-Porral et al.,2017)。因此,我们假设客户从专注于收集平均质量较高的二手产品的TPR那里购买再制造产品会感知到更高的价值(θ)。

如果客户购买OEM生产的再制造产品,其效用是

$$u_r = \delta v - p_r + \beta m \tag{6.2}$$

如果客户购买TPR生产的具有成本优势的再制造产品,其效用是

$$u_r = \delta v - p_r + \beta m \tag{6.3}$$

如果客户购买TPR生产的具有质量优势的再制造产品,其效用是

$$u_r = \delta v - p_r + \beta(m + \theta) \tag{6.4}$$

本章使用的符号及其定义见表6.1。

表6.1　符号及其定义

符号	定义
$i = n, r$	新产品(n)和再制造产品(r)的索引
u_i	客户对i类型产品的效用
q_i	i类型产品的数量
p_i	i类型产品的价格
δ	再制造产品的客户价值折扣系数
λ	收集率
c	生产新产品的成本
η	收集成本的系数
p_o	外包费用
γ	再制造旧产品的成本
m	回收产品的平均质量
β	客户的效用对用于生产再制造产品的回收产品平均质量的敏感性
θ	由TPR收集的废旧产品质量高,具有质量优势导致的效用增加
π_m, π_t	OEM/TPR的利润

6.4　三种再制造策略的平衡点

本节讨论OEM的三种再制造策略X,即内部生产(模式O)、外包给具有成本优势的TPR(模式C),以及外包给具有质量优势的TPR(模式Q),其中,$X \in \{O, C, Q\}$。

事件的顺序是:在$X = O$时,OEM决定新产品的生产数量(q_n)。在客户购买了新产品后,OEM决定旧产品的收集率(λ)并生产再制造产品;在$X = \{C, Q\}$时,OEM决定新产品的生产数量(q_n)和外包费用(p_o)。在新产品售出后,TPR决定收集率(λ)并收集旧产品。

OEM的生产策略表示为$W \in \{N, B, \varnothing\}$,分别代表只生产新产品、生产两种产品和不生产任何产品。

6.4.1　OEM再制造（模式O）

首先讨论基本模型($X = O$),在这个模型中,OEM在内部进行再制造。它将决定新产品和再制造产品的生产数量以满足需求。通过式(6.1)和(6.2),新产品和再制造产品的需求函数为

$$q_n = 1 - \frac{p_n - p_r + \beta m}{1 - \delta}, q_r = \frac{\delta p_n - p_r + \beta m}{(1 - \delta)\delta} \tag{6.5}$$

再制造产品是在使用新产品后生产的。式(6.5)表明,当$\frac{p_r - \beta m}{\delta} \leqslant p_n \leqslant 1 - \delta + p_r - \beta m$,则$q_n \geqslant 0, q_r \geqslant 0$。通过式(6.5),可以推导出两种产品价格的反需求函数如下:

$$p_n = 1 - q_r\delta - q_n, p_r = (1 - q_n - q_r)\delta + \beta m \tag{6.6}$$

OEM决定q_n和λ,以实现其利润最大化。

$$\max_{q_n, \lambda} \pi_m^O = (p_n - c)q_n + (p_r - \gamma)q_r - \frac{1}{2}\eta(q_r)^2, \text{s.t.} q_r = \lambda q_n \tag{6.7}$$

式(6.7)的第一项和第二项代表OEM销售新产品和再制造产品的利润;最后一项是收集旧产品的成本。

设 $c_1^O = \frac{\gamma - \beta m}{\delta}$, $c_2^O = \frac{\kappa_1 + 4(1 + \delta)(\gamma - \beta m)}{2(4\delta + \eta)}$, $c_3^O = \frac{\kappa_1 + 4\delta(\gamma - \beta m)}{2(2\delta + \eta)}$,那么有$c_1^O < c_2^O < c_3^O$。有了式(6.5)至(6.7),OEM在内部进行再制造的最佳生产策略被总结在命题1中(如图6.1所示),最佳决策被总结在表6.2中。

命题1　在$X = O$时,OEM的最佳生产策略是:

(1)策略N^O:如果$c \leqslant c_1^O$,只生产新产品。

(2)策略B^O:只有在$c_1^O < c < c_3^O$(其中,$c_1^O < c < c_2^O$,收集部分旧产品;$c_2^O < c < c_3^O$,收集所有旧产品)时,才同时生产新产品和再制造产品。

(3)策略$\varnothing^O$:只有在$c > c_3^O$时,不生产任何产品。

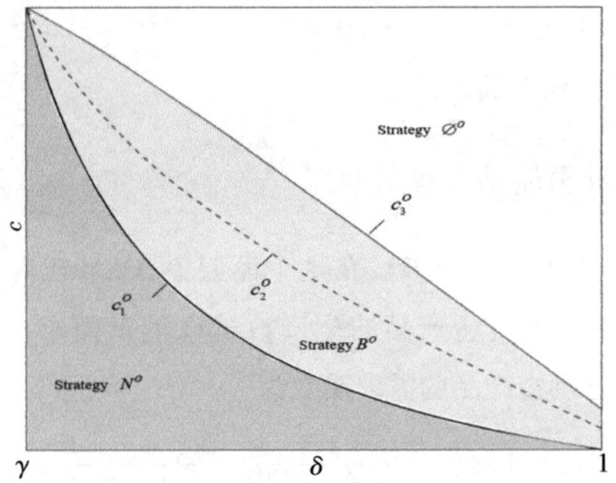

图6.1 OEM在内部进行再制造时的最佳生产策略

命题1表明,随着新产品单位成本的增加,原始设备制造商的最佳生产策略会从只生产新产品变为同时生产新产品和再制造产品,然后变为不生产任何产品。这是由于新产品的成本增加带来了更多的成本负担,因此原始设备制造商更愿意生产具有较少生产成本的再制造产品。然而,当再制造产品的利润不能弥补新产品高成本的差距时,OEM就不愿意生产。成本也会影响到OEM对收集的选择。当新产品的成本相对较高时($c_2^O < c < c_3^O$),为了获得更多的利润,OEM可能会收集所有旧产品以减少新产品的生产。当新产品的成本变低时($c_1^O < c < c_2^O$),部分收集满足了成本差距,OEM不需要进行额外的收集工作。

表6.2 OEM在内部进行再制造时的最佳决策

参数	策略 N^O	策略 B^O(收集所有)	策略 B^O(收集部分)
q_n^{O*}	$\frac{1-c}{2}$	$\frac{A_1+(1+\delta)(1-c)}{B_1}$	$\frac{\kappa_1(1-c)-4\delta A_1}{2\kappa_1}$
q_r^{O*}	—	$\frac{A_1+(1+\delta)(1-c)}{B_1}$	$\frac{2A_1}{\kappa_1}$
λ^{O*}	—	1	$\frac{4A_1}{\kappa_1(1-c)-4\delta A_1}$
π_m^{O*}	$\frac{(1-c)^2}{4}$	$\frac{\left(A_1+(1+\delta)(1-c)\right)^2}{2B_1}$	$\frac{4{A_1}^2+\kappa_1(1-c)^2}{4\kappa_1}$

注:$\kappa_1 = 4\delta(1-\delta)+2\eta, A_1 = c\delta-\gamma+\beta m, B_1 = 6\delta+\eta+2$。

6.4.2　由具有成本优势的TPR再制造（模式C）

在模式C中，OEM将再制造外包给具有成本优势的TPR，单位外包费用为p_o。我们认为具有成本优势的TPR的维修成本为零，以显示其在模型中的明显特征。通过式(6.1)和(6.3)，模式C中新产品和再制造产品的需求函数为

$$q_n = 1 - \frac{p_n - p_r + \beta m}{1 - \delta}, q_r = \frac{\delta p_n - p_r + \beta m}{(1 - \delta)\delta} \tag{6.8}$$

通过式(6.8)，可以推导出两种产品价格的反需求函数如下：

$$p_n = 1 - \delta q_r - q_n, p_r = \left(1 - q_n - q_r\right)\delta + \beta m \tag{6.9}$$

OEM决定q_n和p_o，以使其利润最大化。TPR决定λ，以使其利润最大化。

$$\max_{q_n, p_o} \pi_m^C = \left(p_n - c\right)q_n + \left(p_r - p_o\right)q_r \tag{6.10}$$

$$\max_{\lambda} \pi_t^C = p_o q_r - \frac{1}{2}\eta\left(q_r\right)^2 \tag{6.11}$$

$$\text{s.t.} q_r = \lambda q_n$$

设$c_1^C = \dfrac{\kappa_2 - 4(1 + \delta)\beta m}{4(2\delta + \eta)}$，$c_2^C = \dfrac{\kappa_2 - 4\beta\delta m}{4(\delta + \eta)}$，有$c_1^C < c_2^C$。有了式(6.8)至(6.11)，OEM将再制造外包给具有成本优势的TPR的最佳生产策略被总结在命题2中（如图6.2所示），最佳决策被总结在表6.3中。

命题2　在$X = C$时，OEM的最佳生产策略是：

(1)策略B^C：只有在$c < c_2^C$（其中，$c < c_1^C$，收集部分旧产品；$c_1^C < c < c_2^C$，收集所有旧产品）时，才同时生产新产品和再制造产品。

(2)策略$\varnothing^C$：只有在$c > c_2^C$时，不生产任何产品。

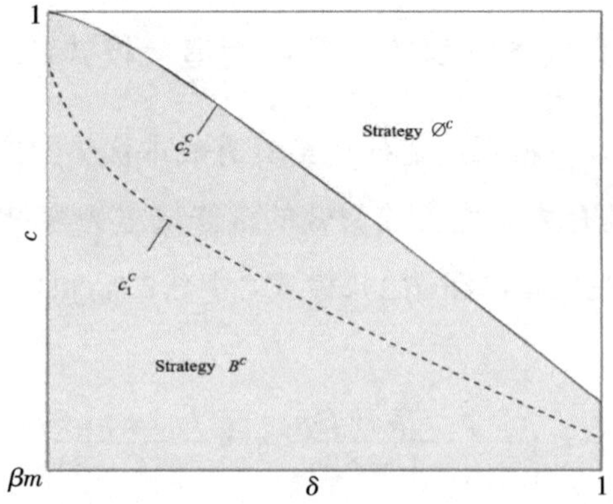

图6.2　OEM将再制造外包给具有成本优势的TPR的最佳生产策略

与命题1相比,命题2表明,由于假设具有成本优势的TPR的维修成本为零,OEM总是以低成本生产新产品和再制造产品。随着新产品成本的增加,原始设备制造商将再制造外包给具有成本优势的TPR的最优策略与命题1相似。

表6.3　OEM将再制造外包给具有成本优势的TPR的最佳决策

参数	策略B^C(收集所有)	策略B^C(收集部分)
p_o^{C*}	$\frac{\left(A_2+(1+\delta)(1-c)\right)\eta}{2B_2}$	$\frac{2\eta A_2}{\kappa_2}$
q_n^{C*}	$\frac{A_2+(1+\delta)(1-c)}{2B_2}$	$\frac{\kappa_2(1-c)-4\delta A_2}{2\kappa_2}$
q_r^{C*}	$\frac{A_2+(1+\delta)(1-c)}{2B_2}$	$\frac{2A_2}{\kappa_2}$
λ^{C*}	1	$\frac{4A_2}{\kappa_2(1-c)-4\delta A_2}$
π_m^{C*}	$\frac{\left(A_2+(1+\delta)(1-c)\right)^2}{4B_2}$	$\frac{4{A_2}^2+\kappa_2(1-c)^2}{4\kappa_2}$
π_t^{C*}	$\frac{\left(A_2+(1+\delta)(1-c)\right)^2\eta}{8B_2^2}$	$\frac{2\eta A_2^2}{\kappa_2^2}$

注:$\kappa_2=4\delta(1-\delta)+4\eta, A_2=\beta m+c\delta, B_2=3\delta+\eta+1$。

6.4.3　由具有质量优势的TPR再制造(模式Q)

在模式Q中,OEM将再制造外包给具有质量优势的TPR。模式Q中新

产品和再制造产品的需求函数为

$$q_n = 1 - \frac{(m+\theta)\beta + p_n - p_r}{1-\delta}, q_r = \frac{(m+\theta)\beta + p_n - p_r}{1-\delta} - \frac{p_r - \beta(m+\theta)}{\delta} \tag{6.12}$$

通过式(6.12),可以推导出两种产品价格的反需求函数如下:

$$p_n = 1 - q_r\delta - q_n, p_r = (1 - q_n - q_r)\delta + \beta(m+\theta) \tag{6.13}$$

OEM决定q_n和p_o,以使其利润最大化。TPR决定λ,以使其利润最大化。

$$\max_{q_n, p_o} \pi_m^Q = (p_n - c)q_n + (p_r - p_o)q_r \tag{6.14}$$

$$\max_{\lambda} \pi_t^Q = (p_o - \gamma)q_r - \frac{1}{2}\eta(q_r)^2 \tag{6.15}$$

$$\text{s.t.} q_r = \lambda q_n$$

定义$c_r^t = \gamma - \beta(m+\theta)$为再制造产品的单位成本。

设 $c_1^Q = \dfrac{\gamma - \beta(m+\theta)}{\delta}$, $c_2^Q = \dfrac{\kappa_2 - 4(\beta(m+\theta) - \gamma)(1+\delta)}{4(2\delta + \eta)}$, $c_3^Q = \dfrac{\kappa_2 - 4(\beta(m+\theta) - \gamma)\delta}{4(\delta + \eta)}$,有$c_1^Q < c_2^Q < c_3^Q$。有了式(6.12)至(6.15),OEM将再制造外包给具有质量优势的TPR的最佳生产策略被总结在命题3中(如图6.3所示),最佳决策被总结在表6.4中。

命题3 在$X = Q$时,OEM的最佳生产策略是:

(1)策略N^Q:如果$c \leqslant c_1^Q$,只生产新产品。

(2)策略B^Q:只有在$c_1^Q < c < c_3^Q$(其中,$c_1^Q < c < c_2^Q$,收集部分旧产品;$c_2^Q < c < c_3^Q$,收集所有旧产品)时,才同时生产新产品和再制造产品。

(3)策略$\varnothing^Q$:只有在$c > c_3^Q$时,不生产任何产品。

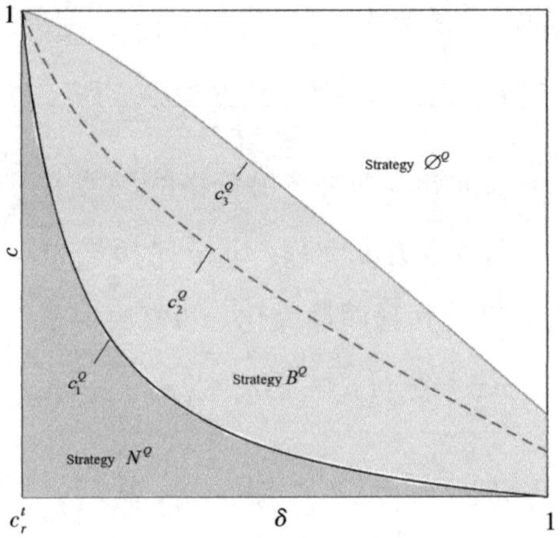

图6.3　OEM将再制造外包给具有质量优势的TPR的最佳生产策略

表6.4　OEM将再制造外包给具有质量优势的TPR的最佳决策

参数	策略N^Q	策略B^Q(收集所有)	策略B^Q(收集部分)
p_o^{Q*}	—	$\frac{\left(A_3+(1+\delta)(1-c)\right)\eta}{2B_2}+\gamma$	$\frac{\gamma\kappa_2-2\eta A_3}{\kappa_2}$
q_n^{Q*}	$\frac{1-c}{2}$	$\frac{A_3+(1+\delta)(1-c)}{2B_2}$	$\frac{(1-c)\kappa_2-2\delta A_3}{2\kappa_2}$
q_r^{Q*}	—	$\frac{A_3+(1+\delta)(1-c)}{2B_2}$	$\frac{2A_3}{\kappa_2}$
λ^{Q*}	—	1	$\frac{4A_3}{(1-c)\kappa_2-4\delta A_3}$
π_m^{Q*}	$\frac{(1-c)^2}{4}$	$\frac{\left(A_3+(1+\delta)(1-c)\right)^2}{4B_2}$	$\frac{4{A_3}^2+(1-c)^2\kappa_2}{4\kappa_2}$
π_t^{Q*}	—	$\frac{\eta\left(A_3+(1+\delta)(1-c)\right)^2}{8{B_2}^2}$	$\frac{2\eta{A_3}^2}{{\kappa_2}^2}$

注:$A_3=c\delta+\beta(m+\theta)-\gamma$。

与命题1类似,命题3表明,当新产品的成本相对较高时,TPR可以收集所有旧产品来减少新产品的生产,以赚取更多的利润($c_2^Q<c<c_3^Q$)。随着新产品的成本越来越低($c_1^Q<c<c_2^Q$),TPR通过收集部分旧产品以获得最大利润。如果新产品的成本太低,OEM将放弃再制造而专注于新产品的生产。然而,由于新产品的成本太高,原始设备制造商并没有进入市场。下面基于命题1和命题3分析最佳结果的比较。

6.5　策略分析

6.5.1　关于参数值的假设

为了不使讨论复杂化，本研究重点关注内部解决方案并总结了关于参数值的假设。

（1）生产新产品的成本是适度的，$\max\left\{0, c_1^O\right\} < c < \min\left\{c_2^O, c_1^C, c_2^Q\right\}$。如果成本太小，那么新产品的数量将不断增加，导致OEM只提供新产品，即不存在再制造产品。如果成本太高，新产品的价格就会非常高，OEM就不再生产任何产品。同时，我们不认为回收率是1，因为在现实中不是所有的旧产品都能被回收。因此，假设c是适度的，这样OEM就会同时生产新产品和再制造产品。

（2）客户对回收产品的平均质量的效用满足$0 < \beta m < M_{\max}$，其中，$M_{\max} = \dfrac{\kappa_2}{4(1+\delta)}$，以保证再制造产品的数量不超过外购的新产品。

（3）由具有质量优势的TPR收集的旧产品的质量高而增加的效用满足$0 < \theta < \theta_{\max}$，其中，$\theta_{\max} = \dfrac{\kappa_2 + 4(\gamma - \beta m)(1+\delta)}{4\beta(\delta+1)}$，以保证再制造产品的数量不超过外购的新产品。

（4）再制造产品的单位成本满足$\max\left\{\gamma_0, 0\right\} < \gamma < \gamma_{\max}$，其中，$\gamma_0 = \dfrac{4(\delta+1)\beta m - \kappa_1}{4(\delta+1)}$，$\gamma_{\max} = \dfrac{\kappa_2(\beta m + \delta)}{4(2\delta + \eta)}$，以保证OEM在所有再制造策略中愿意同时生产新产品和再制造产品。

6.5.2　均衡决策之间的比较

为了简化表达，定义策略O表示OEM内部再制造，Q表示OEM将再制造外包给具有质量优势的TPR，C表示OEM将再制造外包给具有成本优势的TPR。我们对最佳决策进行了敏感度分析（见表6.5），并对维修成本和质量优势增加的效用进行了均衡决策的比较,从而揭示了外包的优势。

表6.5 最佳决策的敏感度分析

	c	γ	θ
$p_n^{O*},p_n^{C*},p_n^{Q*}$	↑	*	*
$q_n^{O*},q_n^{C*},q_n^{Q*}$	↓	↑/*/↑	*/*/↓
$p_r^{O*},p_r^{C*},p_r^{Q*}$	↑	↑/*/↑	*/*/↑
$q_r^{O*},q_r^{C*},q_r^{Q*}$	↑	↓/*/↓	*/*/↑
$\lambda^{O*},\lambda^{C*},\lambda^{Q*}$	↑	↓/*/↓	*/*/↑
p_o^{C*},p_o^{Q*}	↑	*/↑	*/↑
$\pi_m^{O*},\pi_m^{C*},\pi_m^{Q*}$	↓	↓/*/↓	*/*/↑
π_t^{C*},π_t^{Q*}	↑	*/↓	*/↑

注:↑表示增加,↓表示减少,*表示没有影响。

一般来说,当新产品的成本增加时,所有再制造策略的成本、再制造产品的数量、回收率和外包费用都会增加。然而,新产品的数量随着成本的增加而减少,因为客户更愿意购买再制造产品而不是高价的新产品。这对TPR是有利的,而对OEM则是不利的。再制造产品的高维修成本增加了新产品的数量,损害了OEM和TPR的利润。维修成本的增加意味着再制造者的成本压力增大,那么OEM就不愿意提供再制造产品而转向增加新产品。当策略Q中质量优势带来的效用增加时,尽管价格和外包费用很高,但客户对再制造产品的评价会更高。在高额的外包费用下,TPR愿意收集更多的旧产品并提供更多的再制造产品。OEM和TPR在获得质量优势的同时也获得了更高的利润。

命题4 具有质量优势的TPR的外包费用高于具有成本优势的TPR的外包费用,即$p_o^{Q*} > p_o^{C*}$。

由于维修成本和质量优势,OEM需要为具有质量优势的TPR支付比具有成本优势的TPR更多的费用。高额的外包费用影响了再制造策略,因为与内部再制造相比,OEM需要承担更多的再制造成本。只有当再制造的利润足以抵消外包的成本时,OEM才会选择将再制造外包出去。

在不同的再制造成本水平下，再制造策略对数量和回收率的影响见命题5至7。以下命题中涉及的临界值详见附录。

命题5 在低再制造成本($\max\{\gamma_0, 0\} < \gamma < \gamma_1^q$)下：

(1)如果$0 < \theta < \theta_1$，则策略Q中新产品的数量大于其他策略中的数量，即$q_n^{Q*} > \{q_n^{O*}, q_n^{C*}\}$；否则，策略C中新产品的数量大于其他策略中的数量，即$q_n^{C*} > \{q_n^{O*}, q_n^{Q*}\}$。

(2)如果$0 < \theta < \theta^{**}$，则策略O中再制造产品的数量和收集率都大于其他策略，即$q_r^{O*} > \{q_r^{C*}, q_r^{Q*}\}$，$\lambda^{O*} > \{\lambda^{C*}, \lambda^{Q*}\}$；否则，策略Q中再制造产品的数量和收集率都大于其他策略，即$q_r^{Q*} > \{q_r^{O*}, q_r^{C*}\}$，$\lambda^{Q*} > \{\lambda^{O*}, \lambda^{C*}\}$。

在质量优势的轻微效用中，我们可以看到，策略Q中新产品的数量及策略O中再制造产品的数量和收集率都较大。在策略Q中，由于高额的外包费用，再制造产品的价格跳升，这使得客户转而购买新产品，因此，增加了新产品的数量。由于维修成本较低，策略O中再制造产品的价格较低，吸引了客户购买，因此再制造产品的数量较大。随着质量优势效用的增加，策略Q发挥了作用，增加了再制造产品的吸引力。然而，由于维修成本较低，策略C的成本节约很难弥补外包费用。

命题6 在适度的再制造成本($\gamma_1^q < \gamma < \gamma_3$)下：

(1)如果$0 < \theta < \min\{\theta^{**}, \theta_1\}$，则策略Q中新产品的数量大于其他策略，即$q_n^{Q*} > \{q_n^{O*}, q_n^{C*}\}$；如果$\theta^{**} < \theta < \theta_{\max}$，$\max\{0, c_1^O\} < c < c_1^q$，则策略O中新产品的数量大于其他策略，即$q_n^{O*} > \{q_n^{C*}, q_n^{Q*}\}$；如果$\theta_1 < \theta < \theta_{\max}$，$c_1^q < c < c_2^O$，则策略C中新产品的数量大于其他策略，即$q_n^{C*} > \{q_n^{O*}, q_n^{Q*}\}$。

(2)如果$0 < \theta < \theta_1$，$\max\{0, c_1^O\} < c < c_1^q$，则策略C中再制造产品的数量和收集率大于其他策略，即$q_r^{C*} > \{q_r^{O*}, q_r^{Q*}\}$，$\lambda^{C*} > \{\lambda^{O*}, \lambda^{Q*}\}$；如果$0 < \theta < \theta^{**}$，$c_1^q < c < c_2^O$，则策略O中再制造产品的数量和回收率大于其他策略，即$q_r^{O*} > \{q_r^{C*}, q_r^{Q*}\}$，$\lambda^{O*} > \{\lambda^{C*}, \lambda^{Q*}\}$；如果$\max\{\theta^{**}, \theta_1\} < \theta < \theta_{\max}$，则策略Q中再制造产品的数量和回收率大于其他策略，即$q_r^{Q*} > \{q_r^{O*}, q_r^{C*}\}$，$\lambda^{Q*} > \{\lambda^{O*}, \lambda^{C*}\}$。

命题6对结果进行了可视化,从内部再制造转为外包策略时的数量变化情况如图6.4所示。当新产品的成本较低时,客户对新产品的关注度更高。此外,质量优势带来的效用的轻微增加很难提高再制造产品的估值,从而进一步增加新产品的数量。与低维修成本的情况相比,命题6意味着成本优势在中度和高度维修成本中开始发挥作用。因此,OEM可以利用成本优势,节约更多的成本。由于新产品的成本很高,适度维修成本的节约并不能缓解高额外包费用的压力。因此,原始设备制造商不愿意外包而专注于内部再制造,以享受高再制造数量的利润和与新产品相比再制造成本的节约。随着策略Q中质量优势效用的提高,客户对再制造产品的评价也随之提高,并增加了再制造产品的数量。

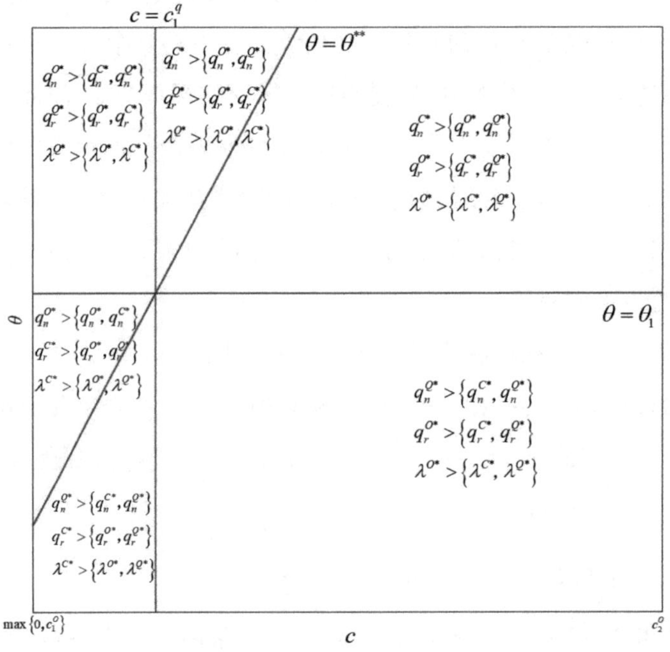

图6.4　再制造的数量和收集率的比较($\gamma_1^q<\gamma<\gamma_3$)

命题7　在高再制造成本($\gamma_3<\gamma<\gamma_{\max}$)下:

(1)如果$0<\theta<\min\{\theta^{**},\theta_1\}$,则策略Q中新产品的数量大于其他策略,即$q_n^{Q*}>\{q_n^{O*},q_n^{C*}\}$;如果$\min\{\theta^{**},\theta_1\}<\theta<\theta_{\max}$,则策略O中新产品的数量大于

其他策略，即 $q_n^{O*} > \{q_n^{C*}, q_n^{Q*}\}$。

(2)如果 $0 < \theta < \theta_1$，则策略C中再制造产品的数量和收集率大于其他策略，即 $q_r^{C*} > \{q_r^{O*}, q_r^{Q*}\}$，$\lambda^{C*} > \{\lambda^{O*}, \lambda^{Q*}\}$；如果 $\theta_1 < \theta < \theta_{\max}$，则策略Q中再制造产品的数量和收集率大于其他策略，即 $q_r^{Q*} > \{q_r^{O*}, q_r^{C*}\}$，$\lambda^{Q*} > \{\lambda^{O*}, \lambda^{C*}\}$。

命题7的一个特别有趣的含义是，在略带质量优势的情况下，策略Q中的新产品数量要高于其他策略。主要原因是，在这种情况下，原始设备制造商可能无法从将再制造外包给具有质量优势的TPR中获利，因此它更愿意提供更多的新产品。正如人们所期望的，TPR在高维修成本下提供更多的再制造产品。如果维修成本很高，在质量优势不明显的情况下，性价比高的TPR会发挥更多的作用，TPR的质量效应可以通过质量优势增加感知效用而得到加强。

6.5.3　最佳再制造策略

本小节将从OEM的角度研究最佳再制造策略。为了清楚地展示再制造策略，我们首先将 $(c, \gamma, \beta m)$ 的参数空间分为三个区域，如图6.5所示。

引理1　对于 $\max\{0, c_1^O\} < c < \min\{c_2^O, c_1^C, c_2^Q\}$，可以将 $(c, \gamma, \beta m)$ 的参数空间划分为以下三个区域，即OEM的再制造策略，如图6.5所示。

(1)区域Ⅰ($\beta m < M_1$，$\max\{0, \gamma_0\} < \gamma < \gamma_1$)，策略C被策略O和策略Q所支配，即 $\pi_m^{O*} > \pi_m^{C*}$，$\pi_m^{Q*} > \pi_m^{C*}$。

(2)区域Ⅱ($\beta m < M_1$，$\gamma_1 < \gamma < \gamma_2$)，没有完全劣质的策略。

(3)区域Ⅲ($\beta m < M_1$，$\gamma_2 < \gamma < \gamma_{\max}$ 或 $M_1 < \beta m < M_{\max}$)，原始设备制造商的最佳再制造策略是外包。

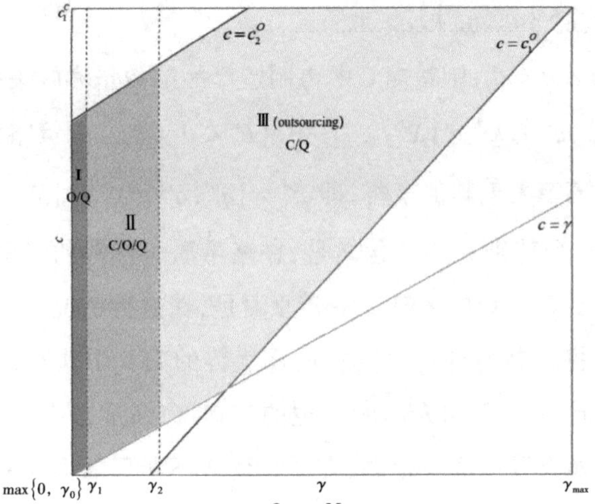

a. $\beta m < M_1$

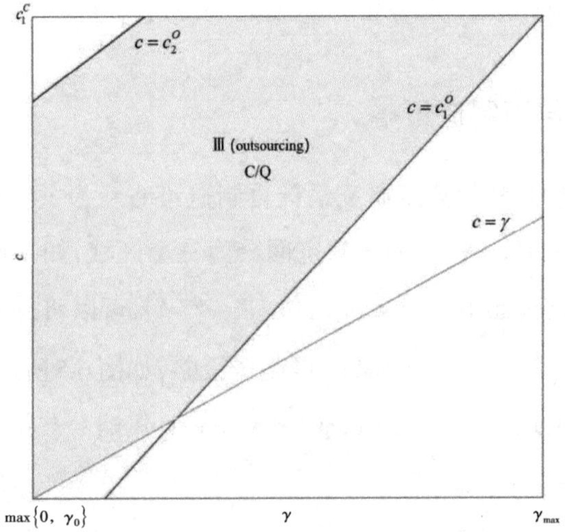

b. $M_1 < \beta m < M_{\max}$

图6.5　再制造策略的三个区域

下面命题提供了在上述三个区域的OEM的最佳再制造策略，即引理1。对于给定成本和回收质量的情况，原始设备制造商可以通过比较三种策略（O、C和Q）的利润来确定最佳再制造策略。

命题8　在区域Ⅰ：

（1）如果$0 < \theta < \theta^*$，最佳再制造策略是O。

（2）如果$\theta^* < \theta < \theta_{\max}$，最佳再制造策略是Q。

引理1(1)和命题8显示,原始设备制造商不会将再制造外包给在低维修成本和回收质量效用方面具有成本优势的TPR。低维修成本和回收质量效用对原始设备制造商都有重要影响。一方面,前者提高了再制造的收入;后者减少了再制造产品的数量。因此,这些影响对享受再制造成本节约并专注于新产品生产的OEM来说是有利的。另一方面,它们对具有成本优势的TPR来说是决定性的,因为外包的成本节约几乎不高于OEM的外包费用。

当质量优势增加的效用较低时($\theta < \theta^*$),原始设备制造商在策略O中收集更多的旧产品并进行更多的再制造[$q_r^{O*} > \{q_r^{C*}, q_r^{Q*}\}, \lambda^{O*} > \{\lambda^{C*}, \lambda^{Q*}\}$,在命题5(2)中],这样做的利润更高,而在策略Q中生产更多的新产品[$q_r^{Q*} > \{q_r^{O*}, q_r^{C*}\}$,在命题5(1)中]。因此,OEM的最佳选择是内部再制造。由于具有相对较高的质量优势($\theta > \theta^*$),原始设备制造商在策略Q中更注重再制造[$q_r^{Q*} > \{q_r^{O*}, q_r^{C*}\}, \lambda^{Q*} > \{\lambda^{O*}, \lambda^{C*}\}$,在命题5(2)中]。事实上,再制造产品比新产品更有利于OEM营利,如果所有再制造产品都以低价出售,这一点尤其正确。TPR的成本和质量优势在低维修成本和客户对回收质量的感知上都不起作用。例如,玖龙纸业是一家自己承担制造和再制造的公司,致力于成为世界顶级的再生纸制造商(即在造纸行业,维修成本系数低,客户对回收质量的感知不明显)。

命题9　在区域Ⅱ中:

(1)对于$\theta < \min\{\theta_1, \theta_2\}$,如果$\max\{0, c_1^O\} < c < c_o^*$,那么最佳再制造策略是C;否则,$c_o^* < c < c_2^O$,最佳再制造策略是O。

(2)对于$\min\{\theta_1, \theta_2\} < \theta < \theta^*$,最佳再制造策略是O。

(3)对于$\theta^* < \theta < \theta_{\max}$,最佳再制造策略是Q。

命题9表明,当维修成本适中,客户对回收质量的效用较低时,三种再制造策略可能在某些成本和质量情况下发挥作用。回顾一下,再制造对原始设备制造商来说更有利可图。如图6.6所示,如果质量优势增加的效用较低,且新产品的成本较低,则策略C的回收率和再制造数量是最高的[$q_r^{C*} > \{q_r^{O*}, q_r^{Q*}\}, \lambda^{C*} > \{\lambda^{O*}, \lambda^{Q*}\}$,在命题6(2)中]。因此,外包费用被外包的成本节约所抵消,促使OEM与具有成本优势的TPR合作。在实际中,原始设备制造商与具有成本优势的TPR合作是很常见的。例如,在再制造方面具有明显成本优势的富士康与苹果公司签订了协议,获得了中国二手手机再制造的所有权。有趣的是,从图6.6中可以看出,当成本(c)相对较大时,在客户对回收质量($\beta m < M_1$)的效用较低的情况下,OEM更倾向于内部再制造。外包费用和再制造数量都随着新产品成本的增加而增加(表6.5)。再制造数量的增加加剧了OEM的外包费用负担,进一步降低了具有成本优势的TPR的成本节约效果,而具有质量优势的TPR则受到低客户回收质量效用的限制,因此,OEM不愿意将再制造外包给TPR。例如,全球工程机械制造巨头卡特彼勒在再制造领域已经有40多年的实践经验。

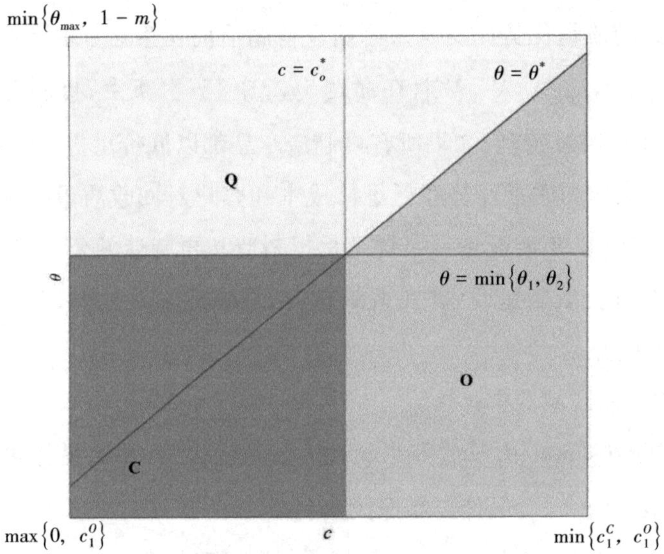

图6.6 原始设备制造商在区域Ⅱ中的最佳再制造策略

($\beta m = 0.045, \eta = 0.6, \delta = 0.5, \gamma = 0.03$)

命题10 在区域Ⅲ的原始设备制造商更倾向于将再制造外包。

(1)如果$\gamma_2 < \gamma < \gamma_3(\beta m < M_1)$或$\max\{0, \gamma_0\} < \gamma < \gamma_3(M_1 < \beta m < M_{\max})$,对于$0 < \theta < \min\{\theta_1, \theta_2\}$,最佳再制造策略是C;对于$\min\{\theta_1, \theta_2\} < \theta < \theta_{\max}$,最佳再制造策略是Q。

(2)如果$\gamma_3 < \gamma < \gamma_{max}$,对于$0 < \theta < \max\{\theta_1, \theta_2\}$,最佳再制造策略是C;对于$\max\{\theta_1, \theta_2\} < \theta < \theta_{max}$,最佳再制造策略是Q。

高额的维修成本和客户对回收质量的效用对于OEM完全放弃内部再制造是至关重要的。前者增加了再制造成本,从而降低了OEM的再制造意愿,而后者则保证了客户对再制造产品有更高的评价。在这种情况下,原始设备制造商更愿意与享有更多成本节约或更高效用增加的具有质量优势的TPR合作,而不是内部再制造。当质量优势较小时,策略C中的回收率和再制造数量是最高的($q_r^{C*} > \{q_r^{O*}, q_r^{Q*}\}, \lambda^{C*} > \{\lambda^{O*}, \lambda^{Q*}\}$),因此,具有成本优势的TPR比具有质量优势的TPR为OEM带来更多的收益。然而,随着质量优势的跃升,再制造产品对客户的效用更高,因此,具有质量优势的TPR收集了更多的旧产品($q_r^{Q*} > \{q_r^{O*}, q_r^{C*}\}, \lambda^{Q*} > \{\lambda^{O*}, \lambda^{C*}\}$),导致策略Q在再制造中占主导地位。

应该指出的是,外包给具有高质量优势的TPR是产生额外利润的一种方式。无论成本和回收的质量水平如何,质量优势都会增加再制造的数量(结合命题8、9和10)。由于质量优势很高,客户对再制造产品有很高的评价,从而主导了OEM的再制造策略。例如,LYNK&CO、吉利汽车与手拉手回收,手拉手是第三方再制造企业,在发动机和变速箱再制造方面提供较低的维修成本和较好的质量保障。

这一见解与Zhang等(2021)的研究结果部分一致,他们认为OEM将再制造外包给TPR,并将再制造产品进行再销售可以确保帕累托改进。尽管我们对引入外包再制造的效果进行了类似的分析,但我们的研究在两个重要方面与其有所不同。一方面,与Zhang等(2021)相比,外包再制造并不总是最优的。根据我们的研究结果,只有在维修成本较高或客户对回收质量的效用较高的情况下,OEM才会完全外包再制造,否则内部再制造仍会发挥作用。另一方面,研究者主要讨论了外包和内部再制造问题的影响,而我们在结合外包的优势时,根据成本优势和质量优势将外包决策分开。此外,我们进一步发现,从不同的外包优势来看,再制造策略需要同时考虑维修成本和消费者的感受。

6.5.4 再制造策略对环境影响和消费者剩余的影响

本小节关注环境可持续性和客户对再制造策略的影响。根据Ovchinnikov等(2014)、Wu等(2017)和Jin等(2022)等的研究,我们考虑与新产品和再制造产品销售相关的总资源消耗。为了突出新产品和再制造产品之间的差异,我们将新产品的环境影响归一。反之,为了反映再制造的好处,我们假设销售一个单位的再制造产品引起的单位环境影响为ϕ $(0 < \phi < 1)$。那么总的资源消耗量为

$$E = q_n + \phi q_r \tag{6.16}$$

命题11强调了我们分析的关键结果。

命题11 如果$\phi < \delta$,在三种策略中,环境影响最小的是再制造产品数量最多的;否则,$\phi > \delta$,环境影响最大的是再制造产品数量最多的。

这是一个有趣的结果。回顾一下,再制造产品数量是策略选择的最重要影响。当再制造产品对环境的影响相对较小(或对再制造产品的接受度相对较高)时,原始设备制造商在最佳策略下会提供最多的再制造产品。因此,最佳再制造策略比其他再制造策略更环保。然而,由于再制造对环境的影响很大,这也意味着对再制造产品的接受程度相对较低,根据最佳策略,原始设备制造商提供的再制造产品越多,对环境的负面影响就越大。这与我们的直觉相反,即更高的再制造数量会对环境更好。我们的分析表明,在再制造产品的环境影响相对较高(接受度低)的情况下,最佳再制造策略可能会在盈利性和可持续性之间产生矛盾。

最后研究合作的消费者剩余,本章使用由以下函数计算出的消费者剩余。

$$CS^O = \int_{1-q_n-q_r}^{1-q_n} \left(\delta v - p_r + \beta m\right) \mathrm{d}v + \int_{1-q_n}^{1} \left(v - p_n\right) \mathrm{d}v \tag{6.17}$$

$$CS^C = \int_{1-q_n-q_r}^{1-q_n} \left(\delta v - p_r + \beta m\right) \mathrm{d}v + \int_{1-q_n}^{1} \left(v - p_n\right) \mathrm{d}v \tag{6.18}$$

$$CS^{Q}=\int_{1-q_n-q_r}^{1-q_n}\left(\delta v-p_r+\beta(m+\theta)\right)\mathrm{d}v+\int_{1-q_n}^{1}\left(v-p_n\right)\mathrm{d}v \qquad (6.19)$$

应该注意的是，第一个积分对应的是购买新产品的消费者剩余，而第二个积分则涵盖购买再制造产品的消费者剩余。命题12描述了关于消费者剩余的主要结果。

命题12　最大的消费者剩余与最大的再制造产品数量相同。

这一发现对管理者具有重要意义，它表明如果原始设备制造商能够做出最佳决策，对客户来说是更有利的。结合命题11，在对再制造产品的环境影响相对较小（或接受度相对较高）的情况下，最佳再制造策略可以为原始设备制造商、环境和客户创造一个最佳状态。因此，原始设备制造商总是倾向于选择最佳再制造策略，以实现经济、客户和环境效益。然而，它提出了一个不同的观点，即如果再制造产品的环境影响相对较高（或接受度相对较低），最佳再制造策略可能会导致经济、客户和环境效益之间的矛盾，需要OEM进行权衡。

6.6　本章小结

许多原始设备制造商不能以有利的方式对旧产品进行再制造，它们将TPR视为合作者。随着外包市场的竞争越来越激烈，原始设备制造商开始探索通过外包给具有不同优势的TPR来实现再制造营利。

本章在观察工业实践的基础上，研究了OEM的再制造策略，即通过内部再制造和外包给具有成本优势或质量优势的TPR进行再制造。具有成本优势的TPR依赖于再制造的先进技术，而具有质量优势的TPR则依赖于品牌保证和质量检测系统。

本章的目的是明确在什么条件下应该采取内部再制造或外包再制造策略。我们发现，再制造策略几乎取决于再制造的数量，也就是说，再制造产品数量最多的再制造策略总是主导着OEM的策略。这主要是因为，再制造产品比新产品对OEM来说更有利可图。同时，本章证明最佳再制造策略与再制造成本和外包优势有关。如果维修成本相对较低，具有成本优势的

TPR是没有吸引力的，因为它很难显示再制造的成本节约。如果质量优势也很轻微，OEM就会在内部进行再制造，这反映了OEM的内部再制造对于外包优势很低且难以利用的情况很重要。然而，随着维修成本和回收质量效用的增加，OEM更倾向于外包而不是内部再制造。特别是，在质量优势的高效用下，外包给具有质量优势的TPR是主导策略，这意味着质量优势比成本优势发挥更大的作用。

本章还分析了再制造策略对客户和环境的影响。研究发现，最大的消费者剩余与最佳再制造策略是一致的。然而，我们发现在一些条件下，再制造策略可以通过提高OEM的营利能力，同时增加消费者剩余和减少环境影响，使三重底线受益。当再制造产品的环境影响相对较低或客户对再制造产品的接受度相对较高时，就会出现这种情况。

本章需要考虑的是，两期模型更符合实际情况。另一个有待解决的问题是回收质量和再制造成本之间的复杂关系。未来可以通过考虑这种关系以及这种关系如何与再制造策略的选择相互作用来研究这种机制。

6.7 附录

命题1的证明：采用逆向归纳法解题，先解λ。将$q_r = \lambda q_n$代入利润函数，$\frac{\partial \pi_m^O}{\partial \lambda} = 0$，然后$\lambda = \frac{(-2q_n + 1)\delta - \gamma + \beta m}{q_n(2\delta + \eta)}$。可以把$\lambda$放入利润函数公式中，发现利润函数在$q_n$中是凹的。通过$q_n$的偏导，可以找到最优解。均衡结果如下：

$$q_n^O = \frac{(-2\delta^2 + 2\delta + \eta)(1 - c) - 2\delta(c\delta - \gamma + \beta m)}{-4\delta^2 + 4\delta + 2\eta}$$

$$q_r^O = \frac{c\delta - \gamma + \beta m}{-2\delta^2 + 2\delta + \eta}$$

$$\lambda^O = \frac{2(c\delta - \gamma + \beta m)}{(-2\delta^2 + 2\delta + \eta)(1 - c) + 2\delta(c\delta - \gamma + \beta m)}$$

$$\pi_m^O = \frac{2(c\delta - \gamma + \beta m)^2 + (-2\delta^2 + 2\delta + \eta)(1 - c)^2}{-8\delta^2 + 8\delta + 4\eta}$$

设 $c_1^O = \frac{\gamma - \beta m}{\delta}$，$c_2^O = \frac{-2\delta^2 + (-2\beta m + 2\gamma + 2)\delta - 2\beta m + \eta + 2\gamma}{4\delta + \eta}$，$c_3^O = \frac{-2\delta^2 + (-2\beta m + 2\gamma + 2)\delta + \eta}{2\delta + \eta}$,其中,$\kappa_1 = 4\delta(1-\delta) + 2\eta$ ($c_1^O < c_2^O < c_3^O$)。

$$c_3^O - c_2^O = \frac{2(-2\delta^2 + 2\delta + \eta)(\beta m + \delta - \gamma)}{(2\delta + \eta)(4\delta + \eta)} > 0$$

$$c_2^O - c_1^O = \frac{(-2\delta^2 + 2\delta + \eta)(\beta m + \delta - \gamma)}{(4\delta + \eta)\delta} > 0$$

如果 $c > c_3^O$,那么 $q_n^{O*} \leqslant 0$,OEM 不愿意生产；如果 $c \leqslant c_1^O$,则 $q_n^O > 0$,$q_r^O \leqslant 0$,OEM不愿意再制造,得到$q_n^{O*} = \frac{1-c}{2}$,$\pi_m^{O*} = \frac{(1-c)^2}{4}$。

如果$c_2^O < c < c_3^O$,则 OEM 愿意再制造和回收所有旧产品。$q_n^{O*} = q_r^{O*} = \frac{A_1 + (1+\delta)(1-c)}{B_1}$,$\pi_m^{O*} = \frac{(A_1 + (1+\delta)(1-c))^2}{2B_1}$,其中,$A_1 = c\delta - \gamma + \beta m$,$B_1 = 6\delta + \eta + 2$。

如果$c_1^O < c < c_2^O$,则OEM会收集部分旧产品,最佳结果见表6.2。

命题2的证明:将$q_r = \lambda q_n$代入TPR的利润函数。因为$\frac{\partial^2 \pi_t^C}{\partial \lambda^2} = -\eta q_n^2 < 0$,那么$\lambda$ 在π_t^C中是凹的。设$\frac{\partial \pi_t^C}{\partial \lambda} = 0$,得到$\lambda = \frac{p_o}{q_n \eta}$。然后代入OEM的收集率。$q_n$和$p_o$的Hessian矩阵为

$$\left| H|_{q_n, p_o} \right| = \frac{-4\delta^2 + 4\delta + 4\eta}{\eta^2} > 0$$

设$c_1^C = \frac{\kappa_2 - 4(1+\delta)\beta m}{4(2\delta + \eta)}$,$c_2^C = \frac{\kappa_2 - 4\beta\delta m}{4(\delta + \eta)}$。然后有$c_1^C < c_2^C$,可以得到均衡结果:

$$c_2^C - c_1^C = \frac{(-\delta^2 + \delta + \eta)(\beta m + \delta)}{(\delta + \eta)(2\delta + \eta)} > 0$$

$$p_o^C = \frac{\eta\left(\beta m + c\delta\right)}{-2\delta^2 + 2\delta + 2\eta}, q_n^C = \frac{\left(-\delta^2 + \delta + \eta\right)(1 - c) - \delta\left(\beta m + c\delta\right)}{-2\delta^2 + 2\delta + 2\eta}$$

$$q_r^C = \frac{\beta m + c\delta}{-2\delta^2 + 2\delta + 2\eta}, \lambda^C = \frac{\beta m + c\delta}{\left(-\delta^2 + \delta + \eta\right)(1 - c) - \delta\left(\beta m + c\delta\right)}$$

$$\pi_m^C = \frac{\left(\beta m + c\delta\right)^2 + \left(-\delta^2 + \delta + \eta\right)(1 - c)^2}{-4\delta^2 + 4\delta + 4\eta}, \pi_t^C = \frac{\left(\beta m + c\delta\right)^2\eta}{2\left(-2\delta^2 + 2\delta + 2\eta\right)^2}$$

如果$c > c_2^C$,那么$q_n^C < 0$,OEM不愿意生产。

如果$c_1^C < c < c_2^C$,得到$\lambda \geqslant 1$。

$$\lambda^{C^*} = 1, q_n^{c^*} = \frac{\beta m + \delta c + (1 + \delta)(1 - c)}{6\delta + 2\eta + 2}, p_o^{c^*} = \frac{\eta\left(\beta m + \delta c + (1 + \delta)(1 - c)\right)}{6\delta + 2\eta + 2}$$

$$\pi_m^{c^*} = \frac{\left(\beta m - c + \delta + 1\right)^2}{12\delta + 4\eta + 4}, \pi_t^{c^*} = \frac{\eta\left(\beta m - c + \delta + 1\right)^2}{8\left(3\delta + \eta + 1\right)^2}$$

其中,$\kappa_2 = 4\delta(1 - \delta) + 4\eta$, $A_2 = \beta m + c\delta$, $B_2 = 3\delta + \eta + 1$。

如果$c < c_1^C$,则TPR收集部分旧产品,最佳结果见表6.3。

命题3的证明:将$q_r = \lambda q_n$代入TPR的利润函数。因为$\frac{\partial^2 \pi_t^Q}{\partial \lambda^2} = -\eta q_n^2 < 0$,那么$\lambda$在$\pi_t^Q$中是凹的。设$\frac{\partial \pi_t^Q}{\partial \lambda} = 0$,得到$\lambda = \frac{p_o - \gamma}{q_n \eta}$。然后代入OEM的收集率。$q_n$和$p_o$的Hessian矩阵为

$$|H| = \frac{-4\delta^2 + 4\delta + 4\eta}{\eta^2} > 0$$

设 $c_1^Q = \frac{\gamma - \beta(m + \theta)}{\delta}$, $c_2^Q = \frac{\kappa_2 - 4\left(\beta(m + \theta) - \gamma\right)(1 + \delta)}{4\left(2\delta + \eta\right)}$, $c_3^Q = \frac{\kappa_2 - 4\left(\beta(m + \theta) - \gamma\right)\delta}{4\left(\delta + \eta\right)}$,$c_1^Q < c_2^Q < c_3^Q$。

$$c_3^Q - c_2^Q = \frac{\left(-\delta^2 + \delta + \eta\right)\left(\delta + (m + \theta)\beta - \gamma\right)}{\left(\delta + \eta\right)\left(2\delta + \eta\right)} > 0$$

$$c_2^Q - c_1^Q = \frac{\left(-\delta^2 + \delta + \eta\right)\left(\delta + (m + \theta)\beta - \gamma\right)}{\left(2\delta + \eta\right)\delta} > 0$$

如果$c_1^Q < c < c_2^Q$,可以得到均衡结果:

$$p_o^Q = \frac{\left(-2\delta^2 + 2\delta + \eta\right)\gamma + \eta\left(c\delta + \beta(m + \theta)\right)}{-2\delta^2 + 2\delta + 2\eta}$$

$$q_n^Q = \frac{\left(-\delta^2 + \delta + \eta\right)(1 - c) - \delta\left(\beta(m + \theta) + c\delta - \gamma\right)}{-2\delta^2 + 2\delta + 2\eta}$$

$$q_r^Q = \frac{c\delta + \beta(m + \theta) - \gamma}{-2\delta^2 + 2\delta + 2\eta}$$

$$\lambda^Q = \frac{c\delta + \beta(m + \theta) - \gamma}{\left(-\delta^2 + \delta + \eta\right)(1 - c) - \delta\left(\beta(m + \theta) + c\delta - \gamma\right)}$$

$$\pi_m^Q = \frac{\left(c\delta + \beta(m + \theta) - \gamma\right)^2 + \left(-\delta^2 + \delta + \eta\right)(c - 1)^2}{-4\delta^2 + 4\delta + 4\eta}$$

$$\pi_t^Q = \frac{\eta\left(c\delta - \gamma + \beta(m + \theta)\right)^2}{8\left(-\delta^2 + \delta + \eta\right)^2}$$

如果 $c > c_3^Q$，则 $q_n < 0$，OEM 不愿意进入市场进行生产；如果 $c \leqslant c_1^Q$，则 $q_r^{Q*} = 0$，OEM 不愿意再制造，得到 $q_n^{Q*} = \dfrac{1 - c}{2}$，$\pi_m^{Q*} = \dfrac{(1 - c)^2}{4}$。

如果 $c_2^Q < c < c_3^Q$，则 TPR 收集所有旧产品且 $\lambda \geqslant 1$。

$$\lambda^{Q*} = 1,\ q_n^{Q*} = \frac{c\delta + \beta(m + \theta) - \gamma + (1 + \delta)(1 - c)}{6\delta + 2\eta + 2}$$

$$p_o^{Q*} = \frac{\left(c\delta + \beta(m + \theta) - \gamma + (1 + \delta)(1 - c)\right)\eta}{6\delta + 2\eta + 2} + \gamma$$

$$\pi_t^{Q*} = \frac{\left(c\delta + \beta(m + \theta) - \gamma + (1 + \delta)(1 - c)\right)^2}{4\eta + 12\delta + 4}$$

$$\pi_m^{Q*} = \frac{\eta\left(c\delta + \beta(m + \theta) - \gamma + (1 + \delta)(1 - c)\right)^2}{2\left(6\delta + 2\eta + 2\right)^2}$$

如果 $c_2^Q < c < c_3^Q$，则 TPR 收集部分旧产品，最佳结果见表 6.4。

下面给出表 6.5 的证明。

表 F1　最佳决策的一阶导数

参数	c	γ	θ
$\frac{\partial p_n^{O*}}{\partial \cdot}$	$\frac{1}{2} > 0$	0	0
$\frac{\partial p_n^{C*}}{\partial \cdot}$	$\frac{1}{2} > 0$	0	0
$\frac{\partial p_n^{Q*}}{\partial \cdot}$	$\frac{1}{2} > 0$	0	0
$\frac{\partial q_n^{O*}}{\partial \cdot}$	$\frac{-2\delta - \eta}{\kappa_1} < 0$	$\frac{2\delta}{\kappa_1} > 0$	0
$\frac{\partial q_n^{C*}}{\partial \cdot}$	$\frac{-2\delta - 2\eta}{\kappa_2} < 0$	0	0
$\frac{\partial q_n^{Q*}}{\partial \cdot}$	$\frac{-2\delta - 2\eta}{\kappa_2} < 0$	$\frac{2\delta}{\kappa_2} > 0$	$-\frac{2\beta\delta}{\kappa_2} < 0$
$\frac{\partial p_r^{O*}}{\partial \cdot}$	$\frac{\delta\eta}{\kappa_1} > 0$	$\frac{-2\delta^2 + 2\delta}{\kappa_1} > 0$	0
$\frac{\partial p_r^{C*}}{\partial \cdot}$	$\frac{2\eta\delta}{\kappa_2} > 0$	0	0
$\frac{\partial p_r^{Q*}}{\partial \cdot}$	$\frac{2\eta\delta}{\kappa_2} > 0$	$\frac{-2\delta^2 + 2\delta}{\kappa_2} > 0$	$\frac{-\beta\delta^2 + \beta\delta + 2\eta\beta}{-2\delta^2 + 2\delta + 2\eta} > 0$
$\frac{\partial q_r^{O*}}{\partial \cdot}$	$\frac{2\delta}{\kappa_1} > 0$	$-\frac{2}{\kappa_1} < 0$	0
$\frac{\partial q_r^{C*}}{\partial \cdot}$	$\frac{2\delta}{\kappa_2} > 0$	0	0
$\frac{\partial q_r^{Q*}}{\partial \cdot}$	$\frac{2\delta}{\kappa_2} > 0$	$-\frac{2}{\kappa_2} < 0$	$\frac{2\beta}{\kappa_2} > 0$

续　表

参数	c	γ	θ
$\frac{\partial \lambda^{O*}}{\partial \cdot}$	$\frac{2\left(-2\delta^2+2\delta+\eta\right)\left(\beta m+\delta-\gamma\right)}{\left(2\delta^2+\left(2\beta m+2c-2\gamma-2\right)\delta+\eta(c-1)\right)^2}>0$	$\frac{2\left(-2\delta^2+2\delta+\eta\right)(c-1)}{\left(2\delta^2+\left(2\beta m+2c-2\gamma-2\right)\delta+\eta(c-1)\right)^2}<0$	0
$\frac{\partial \lambda^{C*}}{\partial \cdot}$	$\frac{\left(-\delta^2+\delta+\eta\right)\left(\beta m+\delta\right)}{\left(\delta^2+\left(\beta m+c-1\right)\delta+\eta(c-1)\right)^2}>0$	0	0
$\frac{\partial \lambda^{Q*}}{\partial \cdot}$	$\frac{\left(\delta+\beta(m+\theta)-\gamma\right)\left(-\delta^2+\delta+\eta\right)}{\left(\delta^2+\left(\beta(m+\theta)+c-\gamma-1\right)\delta+\eta(c-1)\right)^2}>0$	$\frac{\left(-\delta^2+\delta+\eta\right)(c-1)}{\left(\delta^2+\left(\beta(m+\theta)+c-\gamma-1\right)\delta+\eta(c-1)\right)^2}<0$	$\frac{\beta\left(-\delta^2+\delta+\eta\right)(1-c)}{\left(\delta^2+\left(\beta(m+\theta)+c-\gamma-1\right)\delta+\eta(c-1)\right)^2}>0$
$\frac{\partial p_o^{C*}}{\partial \cdot}$	$\frac{\delta\eta}{-2\delta^2+2\delta+2\eta}>0$	0	0
$\frac{\partial p_o^{Q*}}{\partial \cdot}$	$\frac{\eta\delta}{-2\delta^2+2\delta+2\eta}>0$	$\frac{-2\delta^2+2\delta+\eta}{-2\delta^2+2\delta+2\eta}>0$	$\frac{\eta\beta}{-2\delta^2+2\delta+2\eta}>0$
$\frac{\partial \pi_t^{C*}}{\partial \cdot}$	$\frac{\left(\beta m+c\delta\right)\eta\delta}{\left(-2\delta^2+2\delta+2\eta\right)^2}>0$	0	0

注：·表示c,γ,θ。

$$\frac{\partial \pi_m^{O*}}{\partial c}=\frac{2\delta^2+\left(2\beta m+2c-2\gamma-2\right)\delta+\eta(c-1)}{-4\delta^2+4\delta+2\eta}$$

$$\frac{\partial \pi_m^{O*}}{\partial \gamma}=\frac{-4\beta m-4c\delta+4\gamma}{-8\delta^2+8\delta+4\eta}<0$$

如果 $\frac{\partial \pi_m^{O*}}{\partial c}<0$,那么 $c<c_1^{\pi}=\frac{-2\beta\delta m-2\delta^2+2\delta\gamma+2\delta+\eta}{2\delta+\eta}$。

$$c_1^{\pi}-c_1^{O}=\frac{\left(-2\delta^2+2\delta+\eta\right)\left(\beta m+\delta-\gamma\right)}{\left(2\delta+\eta\right)\delta}>0$$

$$c_1^{\pi}-c_2^{O}=\frac{2\left(-2\delta^2+2\delta+\eta\right)\left(\beta m+\delta-\gamma\right)}{\left(2\delta+\eta\right)\left(4\delta+\eta\right)}>0$$

然后推导出 $\frac{\partial \pi_m^{O*}}{\partial c}<0$。

$$\frac{\partial \pi_m^{C*}}{\partial c}=\frac{2\delta^2+\left(2\beta m+2c-2\right)\delta+2\eta c-2\eta}{-4\delta^2+4\delta+4\eta}$$

如果 $\frac{\partial \pi_m^{C*}}{\partial c}<0$,那么 $c<c_2^{\pi}=\frac{-\beta\delta m-\delta^2+\delta+\eta}{\delta+\eta}$。

$$\frac{\partial \pi_m^{C*}}{\partial c}\Big|_{c=c_1^C}=\frac{-\beta m-\delta}{4\delta+2\eta}<0$$

然后在 $c\in\left(0,c_1^C\right)$,推导出 $\frac{\partial \pi_m^{C*}}{\partial c}<0$。

$$\frac{\partial \pi_m^{Q*}}{\partial c}=\frac{\delta^2+\left(\beta(m+\theta)+c-\gamma-1\right)\delta+\eta(c-1)}{-2\delta^2+2\delta+2\eta}$$

$$\frac{\partial \pi_m^{Q*}}{\partial c}\Big|_{c=c_2^Q}=\frac{-\delta+(-m-\theta)\beta+\gamma}{4\delta+2\eta}<0$$

$$\frac{\partial \pi_m^{Q*}}{\partial \gamma}=\frac{-2c\delta-2\beta(m+\theta)+2\gamma}{-4\delta^2+4\delta+4\eta}<0$$

$$\frac{\partial \pi_m^{Q*}}{\partial \theta}=\frac{2\beta c\delta+2(m+\theta)\beta^2-2\gamma\beta}{-4\delta^2+4\delta+4\eta}>0$$

如果 $\frac{\partial \pi_m^{Q*}}{\partial c}<0$,那么 $c<c_3^{\pi}=\frac{-\delta^2+\left((-m-\theta)\beta+\gamma+1\right)\delta+\eta}{\delta+\eta}$。

$c_3^{\pi}-c_2^{Q}=\frac{\left(\delta+(m+\theta)\beta-\gamma\right)\left(-\delta^2+\delta+\eta\right)}{\left(\delta+\eta\right)\left(2\delta+\eta\right)}>0$,那么 $\frac{\partial \pi_m^{Q*}}{\partial c}<0$。

命题 4 的证明：由于 $p_o^{C*} - p_o^{Q*} = \frac{2\delta^2\gamma - 2\delta\gamma - \eta(\beta\theta + \gamma)}{-2\delta^2 + 2\delta + 2\eta}$，推导出 $\theta < -\frac{\gamma(-2\delta^2 + 2\delta + \eta)}{\eta\beta} < 0$，因为 $p_o^{C*} - p_o^{Q*} > 0$，因此 $p_o^{C*} < p_o^{Q*}$。

为了保证三种再制造策略都能同时存在新产品和再制造产品并实现收集部分旧产品，需要满足一些约束。

(1) $\max\{0, c_1^Q\} < c < \min\{c_2^Q, c_1^C, c_2^Q\}$。

(2) $0 < \beta m < M_{\max}$。如果 $c_1^C > 0$，那么 $\beta m < \frac{-\delta^2 + \delta + \eta}{1 + \delta} = M_{\max}$。

(3) $0 < \theta < \theta_{\max}$。如果 $c_2^Q > 0$，那么

$$\theta < \theta_{\max} = \frac{-\delta^2 + (-\beta m + \gamma + 1)\delta - \beta m + \eta + \gamma}{\beta(\delta + 1)}$$

(4) $\max\{\gamma_0, 0\} < \gamma < \gamma_{\max}$，以确保 $c_1^C > c_1^Q > 0$，其中，

$$\gamma_{\max} = \frac{(-\delta^2 + \delta + \eta)(\beta m + \delta)}{2\delta + \eta}, \gamma_0 = \frac{2\beta\delta m + 2\beta m + 2\delta^2 - 2\delta - \eta}{2\delta + 2}$$

接下来展示三个模型的比较。首先关注三种策略的结果。

命题 5 的证明：如果 $c_1^Q < 0$，可以推导出 $\gamma < \gamma_1' = \beta m$。如果 $c_2^Q > 0, \gamma > \gamma_0 = \frac{2\beta\delta m + 2\beta m + 2\delta^2 - 2\delta - \eta}{2\delta + 2}$。当 $\gamma_0 > 0, \beta m > M_0 = \frac{-2\delta^2 + 2\delta + \eta}{2(\delta + 1)}$。

$$\gamma_0 - \gamma_1' = \frac{2\delta^2 - 2\delta - \eta}{2\delta + 2} < 0$$

设 $c_1^C > 0$，需要保证 $\beta m < \frac{-\delta^2 + \delta + \eta}{1 + \delta} = M_{\max}$。

$$c_1^C - c_1^Q = \frac{-\delta^2 + \delta + \eta - (1 + \delta)\beta m}{2\delta + \eta} - \frac{\gamma - \beta m}{\delta}$$

$$c_1^C - c_2^Q = \frac{-\delta^2 + \delta + \eta - (1 + \delta)\beta m}{2\delta + \eta} - \frac{(-2\delta^2 + 2\delta + \eta) + 2(1 + \delta)(\gamma - \beta m)}{4\delta + \eta}$$

如果 $c_1^C - c_2^Q > 0$，可以推导出 $\gamma < \gamma_3 = \frac{(\beta m + \delta)\eta}{4\delta + 2\eta}$。

$$\gamma_{\max} - \gamma_3 = \frac{(\beta m + \delta)(-2\delta^2 + 2\delta + \eta)}{4\delta + 2\eta} > 0$$

$$\gamma_{\max} - \gamma_1' = -\frac{\delta\left(\delta^2 + \left(\beta m - 1\right)\delta + \beta m - \eta\right)}{2\delta + \eta}$$

如果$0 < \beta m < M_{\max}$,$\gamma_{\max} - \gamma_1' > 0$。可以发现

$$\gamma_3 - \gamma_1' = \frac{\left(-4\beta m + \eta\right)\delta - \beta m\eta}{4\delta + 2\eta}$$

当$\beta m < \frac{\delta\eta}{\left(4\delta + \eta\right)} = M_2, \gamma_3 - \gamma_1' = \frac{\left(-4\beta m + \eta\right)\delta - \beta m\eta}{4\delta + 2\eta} > 0$。

$$M_{\max} - M_2 = \frac{\left(2\delta + \eta\right)\left(-2\delta^2 + 2\delta + \eta\right)}{\left(4\delta + \eta\right)\left(\delta + 1\right)} > 0$$

$$M_0 - M_2 = \frac{-8\delta^3 + \left(-4\eta + 8\right)\delta^2 + 4\delta\eta + \eta^2}{2\left(\delta + 1\right)\left(4\delta + \eta\right)} > 0$$

$$M_{\max} - M_0 = \frac{\eta}{2 + 2\delta} > 0$$

根据临界值进行分析比较。

(1)$q_n^{O*} - q_n^{C*} = -\frac{\left(2\delta^2\gamma + \left(\eta c - 2\gamma\right)\delta + \eta\left(\beta m - 2\gamma\right)\right)\delta}{2\left(-2\delta^2 + 2\delta + \eta\right)\left(-\delta^2 + \delta + \eta\right)}$

其中,$\frac{\partial\left(q_n^{O*} - q_n^{C*}\right)}{\partial c} = -\frac{\delta^2\eta}{2\left(-2\delta^2 + 2\delta + \eta\right)\left(-\delta^2 + \delta + \eta\right)} < 0$,则$q_n^{O*} - q_n^{C*}$在$c$中是递减的。如果$c < c_1^q = \frac{2\left(-\delta^2 + \delta + \eta\right)\gamma - \eta\beta m}{\delta\eta}$,$q_n^{O*} - q_n^{C*} > 0$。当$\gamma > \gamma_1^q = \frac{\beta\eta m}{-2\delta^2 + 2\delta + 2\eta}$,$c_1^q > 0$。

$$\gamma_1^q - \gamma_0 = -\frac{\left(\delta^2 + \left(\beta m - 1\right)\delta + \beta m - \eta\right)\left(-2\delta^2 + 2\delta + \eta\right)}{2\left(\delta + 1\right)\left(-\delta^2 + \delta + \eta\right)} > 0$$

$$\gamma_1^q - \gamma_3 = \frac{\delta\left(\delta^2 + \left(\beta m - 1\right)\delta + \beta m - \eta\right)\eta}{2\left(-\delta^2 + \delta + \eta\right)\left(2\delta + \eta\right)} < 0$$

$$c_1^q - c_1^O = \frac{\gamma\left(-2\delta^2 + 2\delta + \eta\right)}{\delta\eta} > 0$$

如果$\gamma < \gamma_3$,可以推导出

$$c_1^q - c_2^O = -\frac{\left(-2\delta^2 + 2\delta + \eta\right)\left(\left(\eta - 4\gamma\right)\delta + \eta\left(\beta m - 2\gamma\right)\right)}{\left(4\delta + \eta\right)\delta\eta} < 0$$

对于 $\gamma < \gamma_1^q$，有 $q_n^{O*} < q_n^{C*}$。对于 $\gamma_1^q < \gamma < \gamma_3$，如果 $c \in \left(\max\left\{0, c_1^O\right\}, c_1^q\right)$，$q_n^{O*} > q_n^{C*}$；如果 $c \in \left(c_1^q, c_2^O\right)$，有 $q_n^{O*} < q_n^{C*}$。对于 $\gamma_3 < \gamma < \gamma_{\max}$，有 $q_n^{O*} > q_n^{C*}$。

$$q_n^{O*} - q_n^{C*} = \frac{\delta\left(\gamma - \beta\theta\right)}{-2\delta^2 + 2\delta + 2\eta}$$

如果 $\theta < \theta_1 = \dfrac{\gamma}{\beta}$，则 $q_n^{O*} > q_n^{C*}$；如果 $\theta > \theta_1$，则 $q_n^{O*} < q_n^{C*}$。

$$\theta_1 - \theta_{\max} = \frac{\delta^2 + \left(\beta m - 1\right)\delta + \beta m - \eta}{\beta\left(\delta + 1\right)} < 0$$

$$q_n^{O*} - q_n^{Q*} = -\frac{\left(2\beta\delta^2\theta + \left(-2\beta\theta + \eta c\right)\delta + \eta\left(\left(m - \theta\right)\beta - \gamma\right)\right)\delta}{2\left(-2\delta^2 + 2\delta + \eta\right)\left(-\delta^2 + \delta + \eta\right)}$$

$$\frac{\partial\left(q_n^{O*} - q_n^{Q*}\right)}{\partial c} = -\frac{\delta^2\eta}{2\left(-2\delta^2 + 2\delta + \eta\right)\left(-\delta^2 + \delta + \eta\right)} < 0$$

那么 $q_n^{O*} - q_n^{Q*}$ 在 c 中是递减的。

如果在 c 中存在一个根为 $q_n^{O*} - q_n^{Q*} = 0$，那么 $c_2^q = \dfrac{\left(\left(-m + \theta\right)\eta - 2\delta\theta\left(\delta - 1\right)\right)\beta + \eta\gamma}{\eta\delta}$。如果 $\max\left\{0, c_1^O\right\} < c < c_2^q$，那么 $q_n^{O*} - q_n^{Q*} > 0$；如果 $c_2^q < c < \min\left\{c_2^O, c_1^C, c_2^Q\right\}$，那么 $q_n^{O*} - q_n^{Q*} < 0$。如果 $\theta > \theta_1^q = \dfrac{\eta\left(\beta m - \gamma\right)}{\left(-2\delta^2 + 2\delta + \eta\right)\beta}$，那么 $c_2^q > 0$。

$$\theta_1^q - \theta_{\max} = \frac{2\left(-\delta^2 + \delta + \eta\right)\left(\delta^2 + \left(\beta m - \gamma - 1\right)\delta + \beta m - \dfrac{\eta}{2} - \gamma\right)}{\beta\left(-2\delta^2 + 2\delta + \eta\right)\left(\delta + 1\right)}$$

由于 $\dfrac{\partial\left(\theta_1^q - \theta_{\max}\right)}{\partial\gamma} = \dfrac{2\left(-\delta^2 + \delta + \eta\right)\left(-\delta - 1\right)}{\beta\left(-2\delta^2 + 2\delta + \eta\right)\left(\delta + 1\right)} < 0$，如果 $\gamma > \gamma_0$，那么 $\theta_1^q < \theta_{\max}$。

$$c_2^q - c_1^q = \frac{\left(\beta\theta - \gamma\right)\left(-2\delta^2 + 2\delta + \eta\right)}{\delta\eta}$$

如果$\theta < \theta_1$，则$c_2^q < c_1^q$；如果$\theta > \theta_1$，则$c_2^q > c_1^q$。

我们还发现 $c_2^q - c_1^O = \frac{\beta\theta(-2\delta^2 + 2\delta + \eta)}{\eta\delta} > 0$，当 $\gamma < \gamma_1^q = \frac{\beta\eta m}{-2\delta^2 + 2\delta + 2\eta}$，$\theta_1^q - \theta_1 = \frac{\eta(\beta m - \gamma)}{(-2\delta^2 + 2\delta + \eta)\beta} - \frac{\gamma}{\beta} > 0$，$\gamma_1^q - \gamma_1' = -\frac{\beta m(-2\delta^2 + 2\delta + \eta)}{-2\delta^2 + 2\delta + 2\eta} < 0$。如果 $\theta > \theta_2 = \frac{\eta(\beta m + \delta - \gamma)}{\beta(4\delta + \eta)}$，那么 $c_2^q - c_2^O = -\frac{((\delta + (m - \theta)\beta - \gamma)\eta - 4\beta\delta\theta)(-2\delta^2 + 2\delta + \eta)}{\delta\eta(4\delta + \eta)} > 0$。

在低再制造成本（$\max\{\gamma_0, 0\} < \gamma < \gamma_1^q$）中，有 $q_n^{O*} < q_n^{C*}$。当$\gamma < \gamma_1^q$，$\theta_1^q - \theta_1 > 0$，$\gamma_1^q - \gamma_1' < 0$。如果$0 < \theta < \theta_1^q$，有 $c_2^q < 0$，$c_1^q < 0$；如果 $\theta_1^q < \theta < \theta_{\max}$，有 $c_1^q < 0 < c_2^q$。对于 $\max\{\gamma_0, 0\} < \gamma < \gamma_1^q$，如果 $0 < \theta < \theta_1$，则 $q_n^{Q*} > \{q_n^{C*}, q_n^{O*}\}$；如果$\theta_1 < \theta < \theta_{\max}$，则$q_n^{C*} > \{q_n^{Q*}, q_n^{O*}\}$。

(2)$q_r^{O*} - q_r^{C*} = \frac{2\delta^2\gamma + (c\eta - 2\gamma)\delta + \eta(\beta m - 2\gamma)}{2(-2\delta^2 + 2\delta + \eta)(-\delta^2 + \delta + \eta)}$

$$q_r^{C*} - q_r^{Q*} = \frac{-\beta\theta + \gamma}{-2\delta^2 + 2\delta + 2\eta}$$

$$q_r^{O*} - q_r^{Q*} = \frac{2\delta^2\gamma + (c\eta - 2\gamma)\delta + \eta(\beta m - 2\gamma)}{2(-2\delta^2 + 2\delta + \eta)(-\delta^2 + \delta + \eta)}$$

如果$c < c_1^q$，则$q_r^{O*} - q_r^{C*} < 0$；如果$c > c_1^q$，则$q_r^{O*} - q_r^{C*} > 0$。

如果$\theta < \theta_1$，则$q_r^{C*} - q_r^{Q*} > 0$；如果$\theta > \theta_1$，则$q_r^{C*} - q_r^{Q*} < 0$。

如果$c < c_2^q$，则$q_r^{O*} - q_r^{Q*} < 0$；如果$c > c_2^q$，则$q_r^{O*} - q_r^{Q*} > 0$。

在低再制造成本（$\max\{\gamma_0, 0\} < \gamma < \gamma_1^q$）中，得到$c_1^q < 0$，$q_r^{O*} - q_r^{C*} > 0$，$\theta_1^q - \theta_1 = \frac{\eta(\beta m - \gamma)}{(-2\delta^2 + 2\delta + \eta)\beta} - \frac{\gamma}{\beta} > 0$。如果$\theta > \theta_1^q$，得到$c_2^q > 0$。

如果 $0 < \theta < \theta_1^q$，有 $q_r^{O*} > \{q_r^{C*}, q_r^{Q*}\}$。如果 $\theta_1^q < \theta < \theta_{\max}$，有 $q_r^{Q*} > \{q_r^{O*}, q_r^{C*}\}$ 对于$c \in (0, c_2^q)$和$q_r^{O*} > \{q_r^{C*}, q_r^{Q*}\}$对于$c \in (c_2^q, c_2^O)$。此外，当$c = c_2^q(\theta)$，也就意

味着 $\theta = \theta^{**}(c) = \dfrac{\eta(\beta m + c\delta - \gamma)}{\beta(-2\delta^2 + 2\delta + \eta)}$。如果 $c < c_2^q(\theta)$，则 $\theta > \theta^{**}(c)$；如果 $c > c_2^q(\theta)$，则 $\theta < \theta^{**}(c)$。因为有 $\theta^{**} - \theta_1^q = \dfrac{c\delta\eta}{\beta(-2\delta^2 + 2\delta + \eta)} > 0$，所以可以证明命题5(2)。

收集率的比较与再制造产品数量的比较相同。因此，如果 $0 < \theta < \theta^{**}$，策略O中的再制造产品数量和收集率都大于其他策略；否则，策略Q中的再制造产品数量和收集率都大于其他策略。

命题6的证明：

(1) 对于 $\gamma_1^q < \gamma < \gamma_3$，如果 $c \in \left(\max\{0, c_1^O\}, c_1^q\right)$，有 $q_n^{O*} > q_n^{C*}$；如果 $c \in \left(c_1^q, c_2^O\right)$，有 $q_n^{O*} < q_n^{C*}$。

如果 $0 < \theta < \theta_1$，有 $q_n^{Q*} > q_n^{C*}$；如果 $\theta_1 < \theta < \theta_{\max}$，有 $q_n^{Q*} < q_n^{C*}$。

对于 $\gamma_1^q < \gamma < \gamma_1'$，如果 $0 < \theta < \theta_1^q$，有 $c_2^q < 0$；如果 $\theta_1^q < \theta < \theta_1$，有 $0 < c_2^q < c_1^q$，如果 $\theta_1 < \theta < \theta_{\max}$，有 $c_2^q > c_1^q > 0$。对于 $\gamma > \gamma_1'$，$\theta_1^q < 0 < \theta_1$，如果 $0 < \theta < \theta_1$，有 $0 < c_2^q < c_1^q$；如果 $\theta_1 < \theta < \theta_{\max}$，有 $c_2^q > c_1^q$。

(i) $0 < \beta m < M_2, \gamma_3 - \gamma_1' > 0$。

对于 $\gamma_1^q < \gamma < \gamma_1'$，如果 $0 < \theta < \theta_1^q$，有 $q_n^{O*} > \{q_n^{C*}, q_n^{O*}\}$；如果 $\theta_1^q < \theta < \theta_1$，有 $q_n^{O*} > \{q_n^{C*}, q_n^{Q*}\}$ 对于 $c \in \left(\max\{0, c_1^O\}, c_2^q\right)$ 有 $q_n^{Q*} > \{q_n^{C*}, q_n^{O*}\}$ 对于 $c \in \left(c_2^q, c_2^O\right)$。如果 $\theta_1 < \theta < \theta_{\max}$，有 $q_n^{O*} > \{q_n^{C*}, q_n^{Q*}\}$ 对于 $c \in \left(\max\{0, c_1^O\}, c_1^q\right)$，有 $q_n^{C*} > \{q_n^{Q*}, q_n^{O*}\}$ 对于 $c \in \left(c_1^q, c_2^O\right)$。

对于 $\gamma_1' < \gamma < \gamma_3$，如果 $0 < \theta < \theta_1$，有 $q_n^{O*} > \{q_n^{C*}, q_n^{Q*}\}$ 对于 $c \in \left(\max\{0, c_1^O\}, c_2^q\right)$，有 $q_n^{Q*} > \{q_n^{C*}, q_n^{O*}\}$ 对于 $c \in \left(c_2^q, c_2^O\right)$；如果 $\theta_1 < \theta < \theta_{\max}$，有 $q_n^{O*} > \{q_n^{C*}, q_n^{Q*}\}$ 对于 $c \in \left(\max\{0, c_1^O\}, c_1^q\right)$，有 $q_n^{C*} > \{q_n^{Q*}, q_n^{O*}\}$ 对于 $c \in \left(c_1^q, c_2^O\right)$。

$$\theta^{**} - \theta_1 = -\frac{\beta\eta m + c\delta\eta + 2\delta^2\gamma - 2\delta\gamma - 2\eta\gamma}{\beta(2\delta^2 - 2\delta - \eta)}$$

$\dfrac{\partial(\theta^{**} - \theta_1)}{\partial\gamma} = \dfrac{\delta\eta}{(-2\delta^2 + 2\delta + \eta)\beta} > 0$，如果 $\theta^{**} = \theta_1$，则 $c = c_1^q$。因此，如果

$c < c_1^q$，有 $\theta^{**} < \theta_1$；如果 $c > c_1^q$，有 $\theta^{**} > \theta_1$。简而言之，如果 $0 < \theta < \min\{\theta^{**}, \theta_1\}$，则 $q_n^{Q*} > \{q_n^{O*}, q_n^{C*}\}$；如果 $\theta_1 < \theta < \theta_{max}$ 和 $\max\{0, c_1^O\} < c < c_1^q$，则 $q_n^{O*} > \{q_n^{C*}, q_n^{Q*}\}$；如果 $\theta_1 < \theta < \theta_{max}$ 和 $c_1^q < c < c_2^O$，则 $q_n^{C*} > \{q_n^{O*}, q_n^{Q*}\}$

(ii) $M_2 < \beta m < M_{max}, \gamma_3 - \gamma_1' < 0$。

如果 $\max\{\gamma_0, 0\} < \gamma < \gamma_1^q$，有 $q_n^{Q*} > \{q_n^{C*}, q_n^{O*}\}$ 对于 $0 < \theta < \theta_1$ 和 $q_n^{C*} > \{q_n^{Q*}, q_n^{O*}\}$ 对于 $\theta_1 < \theta < \theta_{max}$。

对于 $\gamma_1^q < \gamma < \gamma_3$，如果 $0 < \theta < \theta_1^q$，有 $q_n^{Q*} > \{q_n^{C*}, q_n^{O*}\}$。如果 $\theta_1^q < \theta < \theta_1$，有 $q_n^{O*} > \{q_n^{C*}, q_n^{Q*}\}$ 对于 $c \in (\max\{0, c_1^O\}, c_2^q)$，有 $q_n^{Q*} > \{q_n^{C*}, q_n^{O*}\}$ 对于 $c \in (c_2^q, c_2^O)$。如果 $\theta_1 < \theta < \theta_{max}$，有 $q_n^{O*} > \{q_n^{C*}, q_n^{Q*}\}$ 对于 $c \in (\max\{0, c_1^O\}, c_1^q)$，有 $q_n^{C*} > \{q_n^{Q*}, q_n^{O*}\}$ 对于 $c \in (c_1^q, c_2^O)$。

简而言之，对于 $\gamma_1^q < \gamma < \gamma_3$，如果 $0 < \theta < \min\{\theta_1, \theta^{**}\}$，有 $q_n^{Q*} > \{q_n^{O*}, q_n^{C*}\}$；如果 $\theta^{**} < \theta < \theta_1$，有 $q_n^{O*} > \{q_n^{C*}, q_n^{Q*}\}$；如果 $\theta_1 < \theta < \theta_{max}$，有 $q_n^{O*} > \{q_n^{C*}, q_n^{Q*}\}$ 对于 $c \in (\max\{0, c_1^O\}, c_1^q)$，有 $q_n^{C*} > \{q_n^{Q*}, q_n^{O*}\}$ 对于 $c \in (c_1^q, c_2^O)$。命题 6(1)可以被证明。

(2)在适度的再制造成本($\gamma_1^q < \gamma < \gamma_3$)下，$c_1^q - c_2^O < 0$。

如果 $c > c_1^q$，有 $q_r^{O*} - q_r^{C*} > 0$；如果 $0 < \theta < \theta_1$，有 $q_r^{Q*} - q_r^{C*} < 0$；如果 $c > c_2^q$，有 $q_r^{O*} - q_r^{Q*} > 0$。再制造产品的数量和收集率的证明与(1)相似。可以得到：如果 $0 < \theta < \theta_1$ 和 $\max\{0, c_1^O\} < c < c_1^q$，那么 $q_r^{C*} > \{q_r^{O*}, q_r^{Q*}\}$ 和 $\lambda^{C*} > \{\lambda^{O*}, \lambda^{Q*}\}$；如果 $0 < \theta < \theta^{**}$ 和 $c_1^q < c < c_2^O$，那么 $q_r^{O*} > \{q_r^{C*}, q_r^{Q*}\}$ 和 $\lambda^{O*} > \{\lambda^{C*}, \lambda^{Q*}\}$；如果 $\max\{\theta^{**}, \theta_1\} < \theta < \theta_{max}$，那么 $q_r^{Q*} > \{q_r^{O*}, q_r^{C*}\}$ 和 $\lambda^{Q*} > \{\lambda^{O*}, \lambda^{C*}\}$。

命题 7 的证明：(1)对于 $\gamma_3 < \gamma < \gamma_{max}$，有 $c_1^q - c_2^O > 0$，$q_n^{O*} > q_n^{C*}$。

(i) $0 < \beta m < M_2, \gamma_3 - \gamma_1' > 0$。对于 $\gamma_3 < \gamma < \gamma_{max}$，如果 $0 < \theta < \theta_1$，有 $q_n^{O*} > \{q_n^{C*}, q_n^{Q*}\}$ 对于 $c \in (\max\{0, c_1^O\}, c_2^q)$，有 $q_n^{Q*} > \{q_n^{C*}, q_n^{O*}\}$ 对于 $c \in (c_2^q, c_2^O)$；如果 $\theta_1 < \theta < \theta_{max}$，有 $q_n^{O*} > \{q_n^{C*}, q_n^{Q*}\}$。

(ii)$M_2 < \beta m < M_{max}, \gamma_3 - \gamma_1' < 0$。

对于$\gamma_3 < \gamma < \gamma_1'$，如果$0 < \theta < \theta_1^q$，有$q_n^{Q*} > \{q_n^{C*}, q_n^{O*}\}$；如果$\theta_1^q < \theta < \theta_1$，有$q_n^{O*} > \{q_n^{C*}, q_n^{Q*}\}$对于$c \in \left(\max\{0, c_1^O\}, c_2^q\right)$，有$q_n^{Q*} > \{q_n^{C*}, q_n^{O*}\}$对于$c \in \left(c_2^q, c_2^O\right)$；如果$\theta_1 < \theta < \theta_{max}$，有$q_n^{O*} > \{q_n^{C*}, q_n^{Q*}\}$。

对于$\gamma_1' < \gamma < \gamma_{max}$，如果$0 < \theta < \theta_1$，有$q_n^{Q*} > \{q_n^{C*}, q_n^{O*}\}$对于$c \in \left(\max\{0, c_1^O\}, c_2^q\right)$，有$q_n^{Q*} > \{q_n^{C*}, q_n^{O*}\}$对于$c \in \left(c_2^q, c_2^O\right)$；如果$\theta_1 < \theta < \theta_{max}$，有$q_n^{O*} > \{q_n^{C*}, q_n^{Q*}\}$。

对于$\gamma_3 < \gamma < \gamma_{max}$，如果$0 < \theta < \min\{\theta_1, \theta^{**}\}$，有$q_n^{Q*} > \{q_n^{O*}, q_n^{C*}\}$；如果$\theta^{**} < \theta < \theta_1$，有$q_n^{Q*} > \{q_n^{C*}, q_n^{O*}\}$；如果$\theta_1 < \theta < \theta_{max}$，有$q_n^{Q*} > \{q_n^{C*}, q_n^{O*}\}$。因此，如果$0 < \theta < \min\{\theta^{**}, \theta_1\}$，策略Q中新产品的数量大于其他策略中的数量；如果$\min\{\theta^{**}, \theta_1\} < \theta < \theta_{max}$，策略O中新产品的数量大于其他策略中的数量。

(2)对于$\gamma_3 < \gamma < \gamma_{max}$，如果$0 < \theta < \theta_1$，有$q_r^{C*} > \{q_r^{O*}, q_r^{Q*}\}$；如果$\theta_1 < \theta < \theta_{max}$，有$q_r^{Q*} > \{q_r^{O*}, q_r^{C*}\}$。收集率的比较与再制造产品数量的比较相同。因此，如果$0 < \theta < \theta_1$，策略C中的再制造产品数量和收集率都大于其他策略；如果$\theta_1 < \theta < \theta_{max}$，策略Q中的再制造产品数量和收集率都大于其他策略。

命题8的证明：

$$\pi_m^{O*} - \pi_m^{C*} = \frac{\left(c\delta - \gamma + \beta m\right)^2}{-4\delta^2 + 4\delta + 2\eta} - \frac{\left(\beta m + c\delta\right)^2}{-4\delta^2 + 4\delta + 4\eta}$$

设$F = 4\left(-\delta^2 + \delta + \eta\right)\left(c\delta - \gamma + \beta m\right)^2 - \left(-4\delta^2 + 4\delta + 2\eta\right)\left(\beta m + c\delta\right)^2$。

(1)对于$0 < \beta m < M_2$，它满足$\gamma_1' < \gamma_3 < \gamma_{max}$。当$\gamma < \gamma_1'$，$c_1^O < 0 < c_2^O < c_1^C$，可以推导出$\frac{\partial^2 F}{\partial c^2} = 4\eta\delta^2 > 0, F_{c = c_1^o} = -2\gamma^2\left(-2\delta^2 + 2\delta + \eta\right) < 0$。

如果$F = 0$存在根，那么它只能有一个根，即

$$c_o^* = \frac{\left(-2\delta^2 + 2\delta + 2\eta\right)\gamma + \gamma\sqrt{2\left(-\delta^2 + \delta + \eta\right)\left(-2\delta^2 + 2\delta + \eta\right)} - \beta m\eta}{\eta\delta}$$

当$c_o^* > 0, \gamma > \gamma_1 = \dfrac{\beta m\eta}{\sqrt{2(-\delta^2+\delta+\eta)(-2\delta^2+2\delta+\eta)} - 2\delta^2+2\delta+2\eta}$

$$\gamma_1 - \gamma_1' = -\frac{\beta m\left(-2\delta^2+\sqrt{2}\sqrt{(-\delta^2+\delta+\eta)(-2\delta^2+2\delta+\eta)}+\eta+2\delta\right)}{\sqrt{2}\sqrt{(-\delta^2+\delta+\eta)(-2\delta^2+2\delta+\eta)}-2\delta^2+2\delta+2\eta} < 0$$

$$c_o^* - c_2^O = \frac{\left[\begin{array}{c}\gamma\sqrt{2}(4\delta+\eta)\sqrt{(-\delta^2+\delta+\eta)(-2\delta^2+2\delta+\eta)} - \\ (-2\delta^2+2\delta+\eta)\left((\eta-4\gamma)\delta+\eta(\beta m-2\gamma)\right)\end{array}\right]}{\delta\eta(4\delta+\eta)}$$

当$c_o^* - c_2^O > 0$,

$$\gamma > \gamma_2 = \frac{\eta(\beta m+\delta)(-2\delta^2+2\delta+\eta)}{\left[\begin{array}{c}\sqrt{2}\sqrt{(-\delta^2+\delta+\eta)(-2\delta^2+2\delta+\eta)} \\ (4\delta+\eta)+2(2\delta+\eta)(-2\delta^2+2\delta+\eta)\end{array}\right]}$$

$$\gamma_2 - \gamma_1' = \frac{\left[\begin{array}{c}-m\beta\sqrt{2}(4\delta+\eta)\sqrt{(-\delta^2+\delta+\eta)(-2\delta^2+2\delta+\eta)} - \\ (-2\delta^2+2\delta+\eta)\left((4\beta m-\eta)\delta+\beta m\eta\right)\end{array}\right]}{\left[\begin{array}{c}\sqrt{2}\sqrt{(-\delta^2+\delta+\eta)(-2\delta^2+2\delta+\eta)} \\ (4\delta+\eta)+2(2\delta+\eta)(-2\delta^2+2\delta+\eta)\end{array}\right]}$$

如果$\gamma_2 - \gamma_1' > 0$,那么

$$\beta m < M_3 = \frac{\delta\eta(-2\delta^2+2\delta+\eta)}{(4\delta+\eta)\left(-2\delta^2+\sqrt{2}\sqrt{(-\delta^2+\delta+\eta)(-2\delta^2+2\delta+\eta)}+\eta+2\delta\right)}$$

其中,$M_3 - M_2 < 0$。

$$M_3 - M_2 = -\frac{\delta\eta\sqrt{2}\sqrt{(-\delta^2+\delta+\eta)(-2\delta^2+2\delta+\eta)}}{(4\delta+\eta)\left(-2\delta^2+\sqrt{2}\sqrt{(-\delta^2+\delta+\eta)(-2\delta^2+2\delta+\eta)}+\eta+2\delta\right)}$$
$$< 0$$

$$\gamma_2-\gamma_1=-\frac{\left[\begin{array}{c}2\eta\delta\left(\left(\delta^2+(\beta m-1)\delta+\beta m-\frac{\eta}{2}\right)\sqrt{-2\delta^2+2\delta+2\eta}+\right.\\ \left.\left(\delta^2+(\beta m-1)\delta+\beta m-\eta\right)\sqrt{-2\delta^2+2\delta+\eta}\right)\end{array}\right]}{\left[\begin{array}{c}\sqrt{-2\delta^2+2\delta+2\eta}\left(\sqrt{-2\delta^2+2\delta+2\eta}(4\delta+\eta)+2(2\delta+\eta)\sqrt{-2\delta^2+2\delta+\eta}\right)\\ \left(\sqrt{-2\delta^2+2\delta+2\eta}+\sqrt{-2\delta^2+2\delta+\eta}\right)\end{array}\right]}$$

如果 $\gamma_2=\gamma_1$，那么 $\beta m=M_1=\frac{\sqrt{(-2\delta^2+2\delta+2\eta)(-2\delta^2+2\delta+\eta)}}{2(1+\delta)}$；如果 $\gamma_2<\gamma_1$，那么 $\beta m>M_1$。

$$\gamma_1-\gamma_3=-\frac{\eta\left(\begin{array}{c}\sqrt{2}(\beta m+\delta)\sqrt{(-\delta^2+\delta+\eta)(-2\delta^2+2\delta+\eta)}\\ +2\delta\left(\delta-\delta^2+\eta-(1+\delta)\beta m\right)\end{array}\right)}{2\left(\sqrt{2}\sqrt{(-\delta^2+\delta+\eta)(-2\delta^2+2\delta+\eta)}-2\delta^2+2\eta+2\delta\right)(2\delta+\eta)}<0$$

$$\gamma_2-\gamma_3=-\frac{(\beta m+\delta)\eta\sqrt{2}\sqrt{(-\delta^2+\delta+\eta)(-2\delta^2+2\delta+\eta)}(4\delta+\eta)}{2(2\delta+\eta)\left(\begin{array}{c}\sqrt{2}\sqrt{(-\delta^2+\delta+\eta)(-2\delta^2+2\delta+\eta)}(4\delta+\eta)+\\ 2(2\delta+\eta)(-2\delta^2+2\delta+\eta)\end{array}\right)}<0$$

$$M_1-M_2=\frac{\left[\begin{array}{c}\left(-8\delta^3+(-4\eta+8)\delta^2+4\delta\eta+\eta^2\right)\sqrt{2}\\ \sqrt{(-\delta^2+\delta+\eta)(-2\delta^2+2\delta+\eta)}+2(2\delta+\eta)(-2\delta^2+2\delta+\eta)^2\end{array}\right]}{2(\delta+1)\left(\begin{array}{c}-2\delta^2+\sqrt{2}\sqrt{(-\delta^2+\delta+\eta)(-2\delta^2+2\delta+\eta)}\\ +\eta+2\delta\end{array}\right)(4\delta+\eta)}>0$$

$$M_1-M_{\max}=-\frac{\sqrt{2}\sqrt{(-2\delta^2+2\delta+\eta)(-\delta^2+\delta+\eta)}\,\eta}{2(1+\delta)\left(\begin{array}{c}-2\delta^2+\eta+2\delta+\\ \sqrt{2(-2\delta^2+2\delta+\eta)(-\delta^2+\delta+\eta)}\end{array}\right)}<0$$

当 $\beta m<M_1$，则 $\gamma_2-\gamma_1>0$。可以得到 $M_3<M_2<M_1<M_{\max}$。

如果 $0<\beta m<M_3$，则 $\gamma_1<\gamma_2<\gamma_3<\gamma_{\max}$。如果 $\gamma<\gamma_1$，则 $F>0$，$\pi_m^{O*}>\pi_m^{C*}$。如果 $\gamma_1<\gamma<\gamma_2$，在 c 中存在一个根，$F<0$ 对于 $c\in\left(\max\{0,c_1^O\},c_o^*\right)$ 和 $F>0$ 对于 $c\in\left(c_o^*,c_2^O\right)$。如果 $\gamma>\gamma_2$，则 $F<0$。

如果 $M_3<\beta m<M_2$，则 $\gamma_1<\gamma_2<\gamma_3<\gamma_{\max}$。如果 $\gamma<\gamma_1$，则 $F>0$，$\pi_m^{O*}>$

π_m^{C*}。如果$\gamma_1<\gamma<\gamma_2$,在c中存在一个根,$F<0$对于$c\in\left(\max\left\{0,c_1^O\right\},c_o^*\right)$和$F>0$对于$c\in\left(c_o^*,c_2^O\right)$。如果$\gamma>\gamma_2$,则$F<0$。

(2)对于$M_2<\beta m<M_0$,它满足$\gamma_1<\gamma_2<\gamma_3<\gamma_1'<\gamma_{\max}$和$c_2^O>0$,其中,$M_0=\dfrac{-2\delta^2+2\delta+\eta}{2+2\delta}$。当$\gamma<\gamma_3$,它满足$c_1^O<0<c_2^O<c_1^C$;当$\gamma>\gamma_3$,它满足$c_1^O<0<c_1^C<c_2^O$。

$$M_0-M_2=\frac{-8\delta^3+\left(-4\eta+8\right)\delta^2+4\delta\eta+\eta^2}{2(\delta+1)(4\delta+\eta)}>0$$

$$M_0-M_3=\frac{\left(-2\delta^2+2\delta+\eta\right)\left(\begin{array}{c}\sqrt{2}\left(4\delta+\eta\right)\sqrt{\left(-\delta^2+\delta+\eta\right)\left(-2\delta^2+2\delta+\eta\right)}-\\8\delta^3+\left(-4\eta+8\right)\delta^2+4\delta\eta+\eta^2\end{array}\right)}{\left[\begin{array}{c}2(\delta+1)\left(4\delta+\eta\right)\\\left(-2\delta^2+\sqrt{2}\sqrt{\left(-\delta^2+\delta+\eta\right)\left(-2\delta^2+2\delta+\eta\right)}+\eta+2\delta\right)\end{array}\right]}>0$$

$$M_0-M_1=-\frac{\left(-2\delta^2+2\delta+\eta\right)\eta}{2(\delta+1)\left(\begin{array}{c}-2\delta^2+\sqrt{2}\sqrt{\left(-\delta^2+\delta+\eta\right)\left(-2\delta^2+2\delta+\eta\right)}+\\\eta+2\delta\end{array}\right)}<0$$

可以得到$M_3<M_2<M_0<M_1<M_{\max}$。对于$M_2<\beta m<M_0$,如果$0<\gamma<\gamma_1$,有$F>0$;如果$\gamma_1<\gamma<\gamma_2$,有$F<0$对于$c\in\left(\max\left\{0,c_1^O\right\},c_o^*\right)$和$F>0$对于$c\in\left(c_o^*,c_2^O\right)$;如果$\gamma_2<\gamma<\gamma_{\max}$,有$F<0$。

(3)对于$M_0<\beta m<M_1$,它满足$\gamma_1<\gamma_2<\gamma_3<\gamma_1'<\gamma_{\max}$。

$$\gamma_0-\gamma_3=\frac{\left(4\delta+\eta\right)\left(\delta^2+\left(\beta m-1\right)\delta+\beta m-\eta\right)}{2(\delta+1)\left(2\delta+\eta\right)}<0$$

$$\gamma_1-\gamma_0=\frac{\left[\begin{array}{c}-2\left(\delta^2+\left(\beta m-1\right)\delta+\beta m-\dfrac{\eta}{2}\right)\sqrt{2}\sqrt{\left(-\delta^2+\delta+\eta\right)\left(-2\delta^2+2\delta+\eta\right)}-\\2\left(-2\delta^2+2\delta+\eta\right)\left(\delta^2+\left(\beta m-1\right)\delta+\beta m-\eta\right)\end{array}\right]}{2(\delta+1)\left(\begin{array}{c}\sqrt{2}\sqrt{\left(-\delta^2+\delta+\eta\right)\left(-2\delta^2+2\delta+\eta\right)}\\-2\delta^2+2\eta+2\delta\end{array}\right)}$$

$\gamma_2-\gamma_0=$

$$-\frac{\left(\begin{array}{c}\left(\delta^2+(\beta m-1)\delta+\beta m-\dfrac{\eta}{2}\right)\sqrt{2}\sqrt{(-\delta^2+\delta+\eta)(-2\delta^2+2\delta+\eta)}+\\(-2\delta^2+2\delta+\eta)\left(\delta^2+(\beta m-1)\delta+\beta m-\eta\right)\end{array}\right)(4\delta+\eta)}{(\delta+1)\left(\begin{array}{c}\sqrt{2}(4\delta+\eta)\sqrt{(-\delta^2+\delta+\eta)(-2\delta^2+2\delta+\eta)}+\\2(2\delta+\eta)(-2\delta^2+2\delta+\eta)\end{array}\right)}$$

当$\gamma<\gamma_3$，它满足$c_1^O<0<c_2^O<c_1^C$，推导出$\gamma_0-\gamma_3<0,\gamma_1-\gamma_3<0$。当$\gamma_1-\gamma_0>0,\beta m<M_1$。当$\gamma_2-\gamma_0>0,\beta m<M_1$。如果$0<\gamma<\gamma_0$，有$c_2^O<0$；如果$\gamma_0<\gamma<\gamma_1$，有$F>0$；如果$\gamma_1<\gamma<\gamma_2$，有$F<0$对于$c\in\left(\max\{0,c_1^O\},c_o^*\right)$和$F>0$对于$c\in\left(c_o^*,c_2^O\right)$；如果$\gamma_2<\gamma<\gamma_{\max}$，有$F<0$。

(4)对于$M_1<\beta m<M_{\max}$，它满足$\gamma_2<\gamma_1<\gamma_0<\gamma_3<\gamma_{\max}$。如果$\gamma_0<\gamma<\gamma_{\max}$，则$F<0$。

综上所述，对于$\beta m<M_1$，如果$\max\{0,\gamma_0\}<\gamma<\gamma_1$，有$F>0$；如果$\gamma_1<\gamma<\gamma_2$，有$F<0$对于$c\in\left(\max\{0,c_1^O\},c_o^*\right)$和$F>0$对于$c\in\left(c_o^*,\min\{c_2^O,c_1^C\}\right)$；如果$\gamma_2<\gamma<\gamma_{\max}$，有$F<0$。

对于$M_1<\beta m<M_{\max}$，如果$\gamma_0<\gamma<\gamma_{\max}$，有$F<0$。

下面比较模式C和模式Q的利润。

$$\pi_m^{C*}-\pi_m^{Q*}=\frac{(c\delta+\beta m+c\delta-\gamma+\beta(m+\theta))(\gamma-\beta\theta)}{-4\delta^2+4\delta+4\eta}$$

当$\pi_m^{C*}>\pi_m^{Q*}$，它满足$\theta<\theta_1=\dfrac{\gamma}{\beta}$。因为$\beta m<M_{\max}$，那么$\theta_{\max}-\theta_1>0$。如果$c_2^O-c_2^Q=-\dfrac{(\delta+1)\left((\delta+(m-\theta)\beta-\gamma)\eta-4\beta\delta\theta\right)}{(4\delta+\eta)(2\delta+\eta)}>0$，那么$\theta>\theta_2=\dfrac{\eta(\beta m+\delta-\gamma)}{\beta(4\delta+\eta)}$。

$$\theta_{\max}-\theta_2=-\frac{(2\delta^2+2(\beta m-\gamma-1)\delta+2\beta m-\eta-2\gamma)(2\delta+\eta)}{\beta(\delta+1)(4\delta+\eta)}$$

当$\theta_{\max}-\theta_2>0$，有$\gamma>\gamma_0$。对于$\beta m<M_0$，有$\gamma_0<0$；对于$M_0<\beta m<$

$M_{\max}$，有 $\gamma_0 > 0$。

接下来比较模式O和模式Q的利润。

$$\pi_m^{O*} - \pi_m^{Q*} = \frac{(c\delta - \gamma + \beta m)^2}{-4\delta^2 + 4\delta + 2\eta} - \frac{(c\delta - \gamma + \beta(m + \theta))^2}{-4\delta^2 + 4\delta + 4\eta}$$

让 $F_2 = 4(-\delta^2 + \delta + \eta)(c\delta - \gamma + \beta m)^2 - (-4\delta^2 + 4\delta + 2\eta)(c\delta - \gamma + \beta(m + \theta))^2$，

得到 $\frac{\partial^2 F_2}{\partial c^2} = 4\delta^2\eta > 0$ 和 $F_2|_{c=c_1^Q} = -2\beta^2\theta^2(-2\delta^2 + 2\delta + \eta) < 0$。

如果 $F_2 = 0$，可以得到一个根：

$$c_q^* = \frac{\beta\theta\sqrt{2(-\delta^2 + \delta + \eta)(-2\delta^2 + 2\delta + \eta)} + ((\theta - m)\eta - 2\delta\theta(\delta - 1))\beta + \eta\gamma}{\eta\delta}$$

$$c_2^O - c_2^Q = -\frac{(\delta + 1)((\delta + (m - \theta)\beta - \gamma)\eta - 4\beta\delta\theta)}{(4\delta + \eta)(2\delta + \eta)}$$

$$c_q^* - c_o^* = \frac{(\beta\theta - \gamma)\left(\sqrt{2(-\delta^2 + \delta + \eta)(-2\delta^2 + 2\delta + \eta)} + (-2\delta^2 + 2\delta + \eta)\right)}{\eta\delta}$$

$$c_q^* - c_2^Q = \frac{\left[\begin{array}{c}\sqrt{2}(2\delta + \eta)\sqrt{\beta^2\theta^2(-\delta^2 + \delta + \eta)(-2\delta^2 + 2\delta + \eta)} - \\ ((\delta + (m - \theta)\beta - \gamma)\eta - 4\beta\delta\theta)(-\delta^2 + \delta + \eta)\end{array}\right]}{(2\delta + \eta)\delta\eta}$$

$$c_q^* - c_2^O = \frac{\left[\begin{array}{c}\sqrt{2}(4\delta + \eta)\sqrt{\beta^2\theta^2(-\delta^2 + \delta + \eta)(-2\delta^2 + 2\delta + \eta)} - \\ ((\delta + (m - \theta)\beta - \gamma)\eta - 4\beta\delta\theta)(-2\delta^2 + 2\delta + \eta)\end{array}\right]}{\delta\eta(4\delta + \eta)}$$

如果 $\theta > \theta_2$，那么 $c_2^O - c_2^Q > 0$，$c_q^* - c_2^Q > 0$，$c_q^* - c_2^O > 0$。因为 $\theta_1 - \theta_2 = \frac{(-\beta m - \delta + 2\gamma)\eta + 4\delta\gamma}{\beta(4\delta + \eta)}$，如果 $\theta_1 < \theta_2$，则 $\gamma < \gamma_3$；如果 $\theta < \theta_1$，则 $c_o^* - c_q^* > 0$。

（1）对于 $0 < \theta < \min\{\theta_1, \theta_2\}$，则 $\pi_m^{C*} - \pi_m^{Q*} > 0$，$c_2^Q > 0$，$c_2^O - c_2^Q < 0$，$c_o^* - c_q^* > 0$。

$$F_2|_{c=c_o^*}=\frac{2\begin{pmatrix}2\sqrt{2}\gamma\sqrt{(-\delta^2+\delta+\eta)(-2\delta^2+2\delta+\eta)}+\\(-4\delta^2+4\delta+3\eta)\gamma+\beta\eta\theta\end{pmatrix}(\gamma-\beta\theta)(-2\delta^2+2\delta+\eta)}{\eta}>0$$

对于$\beta m<M_1$，如果$\max\{\gamma_0,0\}<\gamma<\gamma_1$，有$\pi_m^{O*}>\{\pi_m^{C*},\pi_m^{Q*}\}$；如果$\gamma_1<\gamma<\gamma_2$，在$c$中存在一个根，有$\pi_m^{C*}>\{\pi_m^{O*},\pi_m^{Q*}\}$对于$c\in(\max\{0,c_1^O\},c_o^*)$和$\pi_m^{O*}>\{\pi_m^{C*},\pi_m^{Q*}\}$对于$c\in(c_o^*,c_2^O)$；如果$\gamma_2<\gamma<\gamma_{\max}$，有$\pi_m^{C*}>\{\pi_m^{O*},\pi_m^{Q*}\}$对于$c\in(\max\{0,c_1^O\},\min\{c_1^C,c_2^O\})$。对于$M_1<\beta m<M_{\max}$，如果$\gamma_0<\gamma<\gamma_{\max}$，有$\pi_m^{C*}>\{\pi_m^{O*},\pi_m^{Q*}\}$对于$c\in(\max\{0,c_1^O\},\min\{c_1^C,c_2^O\})$。

（2）对于$\min\{\theta_1,\theta_2\}<\theta<\max\{\theta_1,\theta_2\}$。

如果$\theta_2<\theta<\theta_1$，则$\gamma>\gamma_3$，$\pi_m^{C*}-\pi_m^{Q*}>0$。同时$c_2^O-c_2^Q>0$，推导出$c_q^*-c_2^Q>0$，$\pi_m^{O*}-\pi_m^{Q*}<0$。策略C是最佳再制造策略。

如果$\theta_1<\theta<\theta_2$，那么$\gamma<\gamma_3$，$\pi_m^{C*}-\pi_m^{Q*}<0$，$c_2^O-c_2^Q<0$。可以得到$F_2|_{c=c_o^*}<0$。当$c_q^*-c_2^O>0$，

$$\theta>\theta_3=\frac{\left(\sqrt{2}\sqrt{(-\delta^2+\delta+\eta)(-2\delta^2+2\delta+\eta)}+2\delta^2-\eta-2\delta\right)(\beta m+\delta-\gamma)}{\beta(4\delta+\eta)}$$

其中，$\theta_3-\theta_2<0$。

$$\theta_3-\theta_2=-\frac{\left(-2\delta^2+2\eta+2\delta-\sqrt{2}\sqrt{(-\delta^2+\delta+\eta)(-2\delta^2+2\delta+\eta)}\right)(\beta m+\delta-\gamma)}{\beta(4\delta+\eta)}<0$$

$$\theta_3-\theta_1=\frac{\begin{bmatrix}\sqrt{2}(m\beta+\delta-\gamma)\sqrt{(-\delta^2+\delta+\eta)(-2\delta^2+2\delta+\eta)}+2\delta^3+\\(2m\beta-2\gamma-2)\delta^2+(-2m\beta-\eta-2\gamma)\delta-\beta\eta m\end{bmatrix}}{(4\delta+\eta)\beta}$$

此外，如果$\gamma>\gamma_2$，有$\theta_3-\theta_1<0$。由于策略O和策略Q之间的比较区域满足$\gamma<\gamma_2$，因此$\theta_1<\theta_3<\theta_2$。

如果$\theta_1<\theta<\theta_3$，就意味着$c_o^*<c_q^*<c_2^O$。对于$\beta m<M_1$，如果$\max\{\gamma_0,0\}<\gamma<\gamma_2$，有$\pi_m^{Q*}>\{\pi_m^{C*},\pi_m^{O*}\}$对于$c\in(\min\{0,c_1^O\},c_q^*)$和$\pi_m^{O*}>\{\pi_m^{C*},\pi_m^{Q*}\}$对于

$c \in \left(c_q^*, c_2^O\right)$；如果 $\gamma_2 < \gamma < \gamma_3$，$\pi_m^{Q*} > \left\{\pi_m^{C*}, \pi_m^{O*}\right\}$；如果 $\gamma_3 < \gamma < \gamma_{\max}$，有 $\pi_m^{C*} > \left\{\pi_m^{O*}, \pi_m^{Q*}\right\}$。对于 $M_1 < \beta m < M_{\max}$，有 $\pi_m^{Q*} > \left\{\pi_m^{C*}, \pi_m^{O*}\right\}$对于 $\gamma_0 < \gamma < \gamma_3$ 和 $\pi_m^{C*} > \left\{\pi_m^{O*}, \pi_m^{Q*}\right\}$对于 $\gamma_3 < \gamma < \gamma_{\max}$。

如果 $\theta_3 < \theta < \theta_2$，则意味着 $c_q^* - c_2^O > 0$，有 $\pi_m^{Q*} > \left\{\pi_m^{C*}, \pi_m^{O*}\right\}$ 对于 $\max\left\{0, \gamma_0\right\} < \gamma < \gamma_3$ 和 $\pi_m^{C*} > \left\{\pi_m^{O*}, \pi_m^{Q*}\right\}$对于 $\gamma_3 < \gamma < \gamma_{\max}$。

（3）对于 $\max\left\{\theta_1, \theta_2\right\} < \theta < \theta_{\max}$，$\pi_m^{C*} - \pi_m^{Q*} < 0$。同时，$\pi_m^{O*} - \pi_m^{Q*} < 0$，策略Q是最佳再制造策略。

三种策略的比较如下：

（1）对于 $0 < \theta < \min\left\{\theta_1, \theta_2\right\}$，当 $0 < \beta m < M_1$，有 $\pi_m^{O*} > \left\{\pi_m^{C*}, \pi_m^{Q*}\right\}$ 对于 $\max\left\{\gamma_0, 0\right\} < \gamma < \gamma_1$ 和 $c \in \left(0, c_2^O\right)$。

（2）对于 $\min\left\{\theta_1, \theta_2\right\} < \theta < \theta_3$，当 $0 < \beta m < M_1$ 和 $\max\left\{0, \gamma_0\right\} < \gamma < \gamma_2$，有 $\pi_m^{Q*} > \left\{\pi_m^{C*}, \pi_m^{O*}\right\}$对于 $c \in \left(\min\left\{0, c_1^O\right\}, c_q^*\right)$ 和 $\pi_m^{O*} > \left\{\pi_m^{C*}, \pi_m^{Q*}\right\}$ 对于 $c \in \left(c_q^*, c_2^O\right)$。

（3）对于 $\theta_3 < \theta < \max\left\{\theta_1, \theta_2\right\}$，如果 $c \in \left(\min\left\{0, c_1^O\right\}, \min\left\{c_2^O, c_1^C, c_2^Q\right\}\right)$，有 $\pi_m^{Q*} > \left\{\pi_m^{C*}, \pi_m^{O*}\right\}$ 对于 $\max\left\{0, \gamma_0\right\} < \gamma < \gamma_3$ 和 $\pi_m^{C*} > \left\{\pi_m^{O*}, \pi_m^{Q*}\right\}$ 对于 $\gamma_3 < \gamma < \gamma_{\max}$。

（4）对于 $\max\left\{\theta_1, \theta_2\right\} < \theta < \theta_{\max}$，有 $\pi_m^{Q*} > \left\{\pi_m^{C*}, \pi_m^{O*}\right\}$ 对于 $c \in \left(\min\left\{0, c_1^O\right\}, \min\left\{c_2^O, c_1^C, c_2^Q\right\}\right)$ 和 $\max\left\{0, \gamma_0\right\} < \gamma < \gamma_{\max}$。

此外，当 $c = c_q^*(\theta)$，则意味着

$$\theta = \theta^*(c) = \frac{\left(\sqrt{2}\sqrt{\left(-\delta^2 + \delta + \eta\right)\left(-2\delta^2 + 2\delta + \eta\right)} + 2\delta^2 - \eta - 2\delta\right)\left(-\beta m - c\delta + \gamma\right)}{\left(2\delta^2 - 2\delta - \eta\right)\beta}$$

因此，可以重新组织结论。如果 $0 < \theta < \theta^*$，则 $\pi_m^{O*} > \left\{\pi_m^{C*}, \pi_m^{Q*}\right\}$；如果 $\theta^* < \theta < \theta_{\max}$，则 $\pi_m^{Q*} > \left\{\pi_m^{C*}, \pi_m^{O*}\right\}$。

命题 9 的证明：对于 $0 < \beta m < M_1$，$\gamma_1 < \gamma < \gamma_2$，有 $F < 0$ 对于 $c \in \left(\max\left\{0, c_1^O\right\}, c_o^*\right)$和 $F > 0$ 对于 $c \in \left(c_o^*, \min\left\{c_2^O, c_1^C\right\}\right)$。

三种策略的比较如下：

（1）对于 $0 < \theta < \min\{\theta_1, \theta_2\}$，当 $0 < \beta m < M_1$，如果 $\gamma_1 < \gamma < \gamma_2$，有 $\pi_m^{C*} > \{\pi_m^{O*}, \pi_m^{Q*}\}$ 对于 $c \in \left(\max\{0, c_1^O\}, c_o^*\right)$ 和 $\pi_m^{O*} > \{\pi_m^{C*}, \pi_m^{Q*}\}$ 对于 $c \in \left(c_o^*, c_2^O\right)$。

（2）对于 $\min\{\theta_1, \theta_2\} < \theta < \theta_3$，当 $0 < \beta m < M_1$ 和 $\gamma_1 < \gamma < \gamma_2$，有 $\pi_m^{Q*} > \{\pi_m^{C*}, \pi_m^{O*}\}$ 对于 $c \in \left(\min\{0, c_1^O\}, c_q^*\right)$ 和 $\pi_m^{O*} > \{\pi_m^{C*}, \pi_m^{Q*}\}$ 对于 $c \in \left(c_q^*, c_2^O\right)$。

（3）对于 $\theta_3 < \theta < \max\{\theta_1, \theta_2\}$，如果 $c \in \left(\min\{0, c_1^O\}, \min\{c_2^O, c_1^C, c_2^Q\}\right)$，有 $\pi_m^{Q*} > \{\pi_m^{C*}, \pi_m^{O*}\}$ 对于 $\max\{0, \gamma_0\} < \gamma < \gamma_3$ 和 $\pi_m^{C*} > \{\pi_m^{O*}, \pi_m^{Q*}\}$ 对于 $\gamma_3 < \gamma < \gamma_{\max}$。

（4）对于 $\max\{\theta_1, \theta_2\} < \theta < \theta_{\max}$，有 $\pi_m^{Q*} > \{\pi_m^{C*}, \pi_m^{O*}\}$ 对于 $c \in \left(\min\{0, c_1^O\}, \min\{c_2^O, c_1^C, c_2^Q\}\right)$ 和 $\max\{0, \gamma_0\} < \gamma < \gamma_{\max}$。

（5）对于 $\beta m < M_1$ 和 $\gamma_1 < \gamma < \gamma_2$，如果 $0 < \theta < \min\{\theta_1, \theta_2\}$，有 $\pi_m^{C*} > \{\pi_m^{O*}, \pi_m^{Q*}\}$ 对于 $c \in \left(\max\{0, c_1^O\}, c_o^*\right)$ 和 $\pi_m^{O*} > \{\pi_m^{C*}, \pi_m^{Q*}\}$ 对于 $c \in \left(c_o^*, c_2^O\right)$，有 $\pi_m^{O*} > \{\pi_m^{C*}, \pi_m^{Q*}\}$ 对于 $\min\{\theta_1, \theta_2\} < \theta < \theta^*$ 和 $\pi_m^{Q*} > \{\pi_m^{C*}, \pi_m^{O*}\}$ 对于 $\theta^* < \theta < \theta_3$。如果 $\theta_3 < \theta < \theta_{\max}$，有 $\pi_m^{Q*} > \{\pi_m^{C*}, \pi_m^{O*}\}$。然后可以得出，对于 $\theta < \min\{\theta_1, \theta_2\}$，如果 $\max\{0, c_1^O\} < c < c_o^*$，那么最佳再制造策略是C；否则（$c_o^* < c < c_2^O$），最佳再制造策略是O。对于 $\min\{\theta_1, \theta_2\} < \theta < \theta^*$，最佳再制造策略是Q。

命题10的证明：

（1）对于 $\beta m < M_1$，如果 $\gamma_2 < \gamma < \gamma_{\max}$，则 $F < 0$；对于 $M_1 < \beta m < M_{\max}$，如果 $\gamma_0 < \gamma < \gamma_{\max}$，则 $F < 0$。当 $\gamma_3 < \gamma < \gamma_{\max}$，有 $0 < c_1^O < c_1^C < c_2^O$。

三种策略的比较如下：

（i）对于 $0 < \theta < \min\{\theta_1, \theta_2\}$，如果 $0 < \beta m < M_1$ 和 $\gamma_2 < \gamma < \gamma_{\max}$，有 $\pi_m^{C*} > \{\pi_m^{O*}, \pi_m^{Q*}\}$ 对于 $c \in \left(\max\{0, c_1^O\}, \min\{c_1^C, c_2^O\}\right)$；如果 $M_1 < \beta m < M_{\max}$ 和 $\max\{0, \gamma_0\} < \gamma < \gamma_{\max}$，有 $\pi_m^{C*} > \{\pi_m^{O*}, \pi_m^{Q*}\}$ 对于 $c \in \left(\max\{0, c_1^O\}, \min\{c_1^C, c_2^O\}\right)$。

（ii）对于 $\min\{\theta_1, \theta_2\} < \theta < \theta_3$，如果 $0 < \beta m < M_1$ 和 $\gamma_2 < \gamma < \gamma_3$，有 $\pi_m^{Q*} > \{\pi_m^{C*}, \pi_m^{O*}\}$ 对于 $c \in \left(c_1^O, c_2^O\right)$；如果 $0 < \beta m < M_1$ 和 $\gamma_3 < \gamma < \gamma_{\max}$，有 $\pi_m^{C*} > \{\pi_m^{O*}, \pi_m^{Q*}\}$ 对于 $c \in \left(\max\{0, c_1^O\}, \min\{c_1^C, c_2^O\}\right)$；如果 $M_1 < \beta m < M_{\max}$ 和

$c \in \left(\min\left\{0, c_1^O\right\}, \min\left\{c_2^O, c_1^C, c_2^Q\right\}\right)$，有 $\pi_m^{Q*} > \left\{\pi_m^{C*}, \pi_m^{O*}\right\}$ 对于 $\max\left\{0, \gamma_0\right\} < \gamma < \gamma_3$ 和 $\pi_m^{C*} > \left\{\pi_m^{O*}, \pi_m^{Q*}\right\}$ 对于 $\gamma_3 < \gamma < \gamma_{\max}$。

(iii) 对于 $\theta_3 < \theta < \max\left\{\theta_1, \theta_2\right\}$，如果 $c \in \left(\min\left\{0, c_1^O\right\}, \min\left\{c_2^O, c_1^C, c_2^Q\right\}\right)$，有 $\pi_m^{Q*} > \left\{\pi_m^{C*}, \pi_m^{O*}\right\}$ 对于 $\max\left\{0, \gamma_0\right\} < \gamma < \gamma_3$ 和 $\pi_m^{C*} > \left\{\pi_m^{O*}, \pi_m^{Q*}\right\}$ 对于 $\gamma_3 < \gamma < \gamma_{\max}$。

(iv) 对于 $\max\left\{\theta_1, \theta_2\right\} < \theta < \theta_{\max}$，有 $\pi_m^{Q*} > \left\{\pi_m^{C*}, \pi_m^{O*}\right\}$ 对于 $c \in \left(\min\left\{0, c_1^O\right\}, \min\left\{c_2^O, c_1^C, c_2^Q\right\}\right)$ 和 $\max\left\{0, \gamma_0\right\} < \gamma < \gamma_{\max}$。

(2) 对于 $0 < \beta m < M_1$ 和 $\gamma_2 < \gamma < \gamma_3$，有 $\pi_m^{C*} > \left\{\pi_m^{O*}, \pi_m^{Q*}\right\}$ 对于 $0 < \theta < \min\left\{\theta_1, \theta_2\right\}$ 和 $\pi_m^{Q*} > \left\{\pi_m^{C*}, \pi_m^{O*}\right\}$ 对于 $\min\left\{\theta_1, \theta_2\right\} < \theta < \theta_{\max}$。对于 $\beta m < M_1$ 和 $\gamma_3 < \gamma < \gamma_{\max}$，有 $\pi_m^{C*} > \left\{\pi_m^{O*}, \pi_m^{Q*}\right\}$ 对于 $0 < \theta < \max\left\{\theta_1, \theta_2\right\}$ 和 $\pi_m^{Q*} > \left\{\pi_m^{C*}, \pi_m^{O*}\right\}$ 对于 $\min\left\{\theta_1, \theta_2\right\} < \theta < \theta_{\max}$。

(3) 对于 $M_1 < \beta m < M_{\max}$ 和 $\max\left\{0, \gamma_0\right\} < \gamma < \gamma_3$，有 $\pi_m^{C*} > \left\{\pi_m^{O*}, \pi_m^{Q*}\right\}$ 对于 $0 < \theta < \min\left\{\theta_1, \theta_2\right\}$ 和 $\pi_m^{Q*} > \left\{\pi_m^{C*}, \pi_m^{O*}\right\}$ 对于 $\min\left\{\theta_1, \theta_2\right\} < \theta < \theta_{\max}$。对于 $\beta m < M_1$ 和 $\gamma_3 < \gamma < \gamma_{\max}$，有 $\pi_m^{C*} > \left\{\pi_m^{O*}, \pi_m^{Q*}\right\}$ 对于 $0 < \theta < \max\left\{\theta_1, \theta_2\right\}$ 和 $\pi_m^{Q*} > \left\{\pi_m^{C*}, \pi_m^{O*}\right\}$ 对于 $\min\left\{\theta_1, \theta_2\right\} < \theta < \theta_{\max}$。

最后推导出，如果 $\gamma_2 < \gamma < \gamma_3$（$\beta m < M_1$）或 $\max\left\{0, \gamma_0\right\} < \gamma < \gamma_3$（$M_1 < \beta m < M_{\max}$），对于 $0 < \theta < \min\left\{\theta_1, \theta_2\right\}$，最佳再制造策略是C；对于 $\min\left\{\theta_1, \theta_2\right\} < \theta < \theta_{\max}$，最佳再制造策略是Q。如果 $\gamma_3 < \gamma < \gamma_{\max}$，对于 $0 < \theta < \max\left\{\theta_1, \theta_2\right\}$，最佳再制造策略是C；对于 $\max\left\{\theta_1, \theta_2\right\} < \theta < \theta_{\max}$，最佳再制造策略是Q。

命题11的证明：

$$EI^O = q_n + \phi q_r = \frac{(1-c)}{2} - (\delta - \phi)\frac{\beta m + c\delta - \gamma}{-2\delta^2 + 2\delta + \eta}$$

$$EI^C = q_n + \phi q_r = \frac{(1-c)}{2} - \frac{(\delta - \phi)(\beta m + c\delta)}{2(-\delta^2 + \delta + \eta)}$$

$$EI^Q = q_n + \phi q_r = \frac{(1-c)}{2} - \frac{(\delta - \phi)(\beta(m + \theta) + c\delta - \gamma)}{2(-\delta^2 + \delta + \eta)}$$

$$EI^O - EI^C = \frac{\gamma\left(-2\delta^2 + 2\delta + 2\eta\right) - \eta\left(\beta m + c\delta\right)}{\left(-2\delta^2 + 2\delta + \eta\right)\left(-2\delta^2 + 2\delta + 2\eta\right)}\left(\delta - \phi\right)$$

$$EI^C - EI^Q = \frac{\delta\left(\gamma - \beta\theta\right)}{-2\delta^2 + 2\delta + 2\eta}\left(\delta - \phi\right)$$

$$EI^O - EI^Q = -\frac{\left(2\beta\delta^2\theta + \left(-2\beta\theta + \eta c\right)\delta + \eta\left(\left(m - \theta\right)\beta - \gamma\right)\right)\delta}{2\left(-2\delta^2 + 2\delta + \eta\right)\left(-\delta^2 + \delta + \eta\right)}\left(\delta - \phi\right)$$

对于$\delta > \phi$，如果$c < c_1^q$，有$EI^O > EI^C$；如果$c > c_1^q$，有$EI^O < EI^C$。如果$\theta < \theta_1$，则$EI^Q > EI^C$；如果$\theta > \theta_1$，则$EI^Q < EI^C$。如果$c < c_2^q$，则$EI^O > EI^Q$；如果$c_2^q < c$，则$EI^O < EI^Q$。

三个策略的临界值和关系与命题5(2)、6(2)、7(2)中的证明相似。我们可以推导出以下结论。

在低再制造成本($\max\{\gamma_0, 0\} < \gamma < \gamma_1^q$)中，如果$0 < \theta < \theta^{**}$，则策略O的环境影响低于其他策略，即$EI^O < \{EI^C, EI^Q\}$；否则，策略Q的环境影响低于其他策略，即$EI^Q < \{EI^C, EI^O\}$。

在适度再制造成本($\gamma_1^q < \gamma < \gamma_3$)中，如果$0 < \theta < \theta_1$和$\max\{0, c_1^O\} < c < c_1^q$，则策略C的环境影响低于其他策略，即$EI^C < \{EI^Q, EI^O\}$；如果$0 < \theta < \theta^{**}$和$c_1^q < c < c_2^O$，则策略O的环境影响低于其他策略，即$EI^O < \{EI^C, EI^Q\}$；如果$\max\{\theta^{**}, \theta_1\} < \theta < \theta_{\max}$，则策略Q的环境影响低于其他策略，即$EI^Q < \{EI^C, EI^O\}$。

在高再制造成本($\gamma_3 < \gamma < \gamma_{\max}$)中，如果$0 < \theta < \theta_1$，则策略C的环境影响低于其他策略，即$EI^C < \{EI^Q, EI^O\}$；如果$\theta_1 < \theta < \theta_{\max}$，则策略Q的环境影响低于其他策略，即$EI^Q < \{EI^C, EI^O\}$。

因此，最低的环境影响与最大数量的再制造产品的结果是一样的。

对于$\delta < \phi$，如果$c > c_1^q$，则$EI^O > EI^C$；如果$\theta < \theta_1$，则$EI^Q < EI^C$；如果$c > c_2^q$，则$EI^O > EI^Q$。

三个策略的临界值和关系与命题5(2)、6(2)、7(2)中的证明相似。我们可以推导出以下结论。

在低再制造成本（$\max\{\gamma_0, 0\} < \gamma < \gamma_1^q$）中，如果 $0 < \theta < \theta_1$，则策略 Q 的环境影响大于其他策略，即 $EI^Q > \{EI^C, EI^O\}$；否则，策略 C 的环境影响大于其他策略，即 $EI^C > \{EI^Q, EI^O\}$。

在适度再制造成本（$\gamma_1^q < \gamma < \gamma_3$）中，如果 $0 < \theta < \min\{\theta^{**}, \theta_1\}$（$\theta_1 < \theta < \theta_{\max}$ 和 $\max\{0, c_1^O\} < c < c_1^q$），则策略 O 的环境影响大于其他策略，即 $EI^O > \{EI^C, EI^Q\}$；如果 $\theta^{**} < \theta < \theta_1$，则策略 Q 的环境影响大于其他策略，即 $EI^Q > \{EI^C, EI^O\}$；如果 $\theta_1 < \theta < \theta_{\max}$ 和 $c_1^q < c < c_2^O$，则策略 C 的环境影响大于其他策略，即 $EI^C > \{EI^Q, EI^O\}$。

在高再制造成本（$\gamma_3 < \gamma < \gamma_{\max}$）中，如果 $0 < \theta < \min\{\theta^{**}, \theta_1\}$，则策略 Q 的环境影响大于其他策略，即 $EI^Q > \{EI^C, EI^O\}$；如果 $\min\{\theta^{**}, \theta_1\} < \theta < \theta_{\max}$，则策略 O 的环境影响大于其他策略，即 $EI^O > \{EI^C, EI^Q\}$。

因此，最大的环境影响的结果与最大数量的再制造产品的结果相同。

命题 12 的证明：

$$CS^O = \int_{1-q_n-q_r}^{1-q_n} (\delta v - p_r + \beta m)\mathrm{d}v + \int_{1-q_n}^{1} (v - p_n)\mathrm{d}v = \frac{(1-c)^2}{8} + \frac{(1-\delta)\delta(\beta m + c\delta - \gamma)^2}{2(-2\delta^2 + 2\delta + \eta)^2}$$

$$CS^C = \int_{1-q_n-q_r}^{1-q_n} (\delta v - p_r + \beta m)\mathrm{d}v + \int_{1-q_n}^{1} (v - p_n)\mathrm{d}v = \frac{(1-c)^2}{8} + \frac{(1-\delta)\delta(\beta m + c\delta)^2}{8(-\delta^2 + \delta + \eta)^2}$$

$$CS^Q = \int_{1-q_n-q_r}^{1-q_n} (\delta v - p_r + \beta(m+\theta))\mathrm{d}v + \int_{1-q_n}^{1} (v - p_n)\mathrm{d}v = \frac{(1-c)^2}{8} + \frac{(1-\delta)\delta(\beta(m+\theta) + c\delta - \gamma)^2}{8(-\delta^2 + \delta + \eta)^2}$$

如果 $c > c_1^q$，则 $CS^O > CS^C$；如果 $c < c_1^q$，则 $CS^O < CS^C$。如果 $\theta < \theta_1$，则 $CS^Q < CS^C$；如果 $\theta > \theta_1$，则 $CS^Q > CS^C$。如果 $c > c_2^q$，则 $CS^O > CS^Q$；如果 $c < c_2^q$，则 $CS^O < CS^Q$。

三个策略的临界值和关系与命题5(2)、6(2)、7(2)中的证明相似。我们可以推导出以下结论。

在低再制造成本($\max\{\gamma_0, 0\} < \gamma < \gamma_1^q$)中，如果$0 < \theta < \theta^{**}$，则策略O中的消费者剩余大于其他策略，即$CS^O > \{CS^C, CS^Q\}$；否则，策略Q中的消费者剩余大于其他策略，即$CS^Q > \{CS^C, CS^O\}$。

在适度再制造成本(($\gamma_1^q < \gamma < \gamma_3$)中，如果$0 < \theta < \theta_1$和$\max\{0, c_1^O\} < c < c_1^q$，则策略C的消费者剩余大于其他策略，即$CS^C > \{CS^O, CS^Q\}$；如果$0 < \theta < \theta^{**}$和$c_1^q < c < c_2^O$，则策略O的消费者剩余大于其他策略，即$CS^O > \{CS^C, CS^Q\}$；如果$\max\{\theta^{**}, \theta_1\} < \theta < \theta_{\max}$，则策略Q的消费者剩余大于其他策略，即$CS^Q > \{CS^C, CS^O\}$。

在高再制造成本(($\gamma_3 < \gamma < \gamma_{\max}$)中，如果$0 < \theta < \theta_1$，则策略C的消费者剩余大于其他策略，即$CS^C > \{CS^O, CS^Q\}$；如果$\theta_1 < \theta < \theta_{\max}$，则策略Q的消费者剩余大于其他策略，即$CS^Q > \{CS^C, CS^O\}$。

因此，最大的消费者剩余与最大数量的再制造产品的比较是一样的。

第七章 循环经济时代下创新产品供应链系统中的个性信息共享

7.1 问题描述

作为供应链管理的基础研究,单个制造商向单个零售商销售一种产品,而零售商面临着卖家问题,这一点已经得到了广泛的研究(如 Lariviere et al.,2001;Qin et al.,2011)。由于其简单性,批发价格合同在实践中被广泛使用,并在不同方面进行了研究(如 Guo et al.,2020)。在过去几十年里,企业面临着更多关注产品和服务的环境后果的压力。一方面,绿色产品的供应链管理正引起管理者和研究人员越来越多的兴趣(如 Kleindorfer et al.,2005;Vachon,2007)。另一方面,在日益激烈的竞争环境中,创新已经成为工业组织的核心竞争力。例如,2018 年发布的带 Retina 显示屏的 13 英寸 MacBook Air 的 Mac 外壳是第一款用 100% 回收的铝制成的。因此,产品创新与环境保护相结合已经成为现代社会和企业研究的课题(Miguel et al.,2017)。

本研究考虑具有单一制造商和单一零售商的两级供应链的创新绿色产品。"绿色"一词指的是与传统产品相比,产品对环境的影响较小或对人体健康的危害较小。创新产品是具有内在一次性特征的产品,即其生命周期通常比采购提前期短,因此,制造商/零售商只有一次机会生产/订购它。显然,对于这样一种创新绿色产品,确定制造商/零售商的最优产量/订货量是典型的一次性决策问题。

在现有的供应链契约模型中,制造商/零售商寻求一个最优合同/订单,以使预期效用最大化。在这些模型中,选择合同/订单等同于抽签(或概率分布),因此,在评估合同/订单时必须考虑所有可能的需求。但是,由于创新产品的生命周期较短,只存在一定数量的市场需求,现有的模型并不具备创新产品的这种一次性特征。在过去几十年里，供应链中信息共享的价值吸引了很多实践者和研究者的注意，如需求信息共享、库存数据共享，以及库存成本信息共享。然而，大量研究指出，不同的决策者个人特征会导致不同的供应链绩效。尽管研究人员已经注意到供应链模型中个体差异的重要性，但到目前为止，参与者个人特征的信息共享仍处于"原始领域"。因此，我们提出了两个研究问题，一是如何刻画创新绿色产品的一次性特征；二是供应链系统中个性信息共享的影响是什么。

Guo最初提出了处理一次性决策问题的一次性决策理论（One-Shot Decision Theory，OSDT）。研究过几种单次决策问题后，Guo提出了聚焦选择理论（Focus Theory of Choice，FTC），这是OSDT的一种概括。Guo和Ma利用一次性决策理论研究了创新产品的报童模型，报童的个性特征是通过报童关注的需求（场景）来表征的，同时考虑了其发生的可能性（概率）以及与之相关的满意度（回报）。

基于OSDT模型，本章建立了创新绿色产品供应链中制造商和零售商的批发价格契约模型，旨在揭示供应链契约过程中参与者个性信息共享的价值。我们将创新绿色产品的一次性特征和个性信息共享考虑如下。对于每一个生产/订单数量，制造商/零售商在考虑需求发生所引起的满意程度和需求发生的可能性的同时，在所有可能的需求中选择至少一种市场需求。所选择的需求称为生产/订单数量的焦点。最优生产/订单数量对应于其焦点的最大满意度水平。构建的四种类型的焦点用来表征不同零售商的不同个性。提出的模型是有重点的，这是不同于现有的基于彩票模型的根本之处。制造商对焦点类型的选择反映了其策略选择。

我们利用OSDT建立了符合创新绿色产品决策的一次性特征批发价格契约模型。在该模型中，制造商生产一种创新绿色产品并将其销售给零售商。由于创新绿色产品的特性，制造商没有机会进行复制。通过推测零售商的订货量，制造商确定产品的批发价。在观察批发价格后，面临不确定需求的零售商需要决定自己的订货量。这是一个典型的Stackelberg博弈，制造商是领导者，零售商是跟随者。该模型与Guo等（2014）的模型不同，后者只有一个决策者，即零售商。

7.2 供应链系统批发价格契约中的个性信息共享

7.2.1 基于OSDT的面向创新绿色产品的报童模型

对零售商而言，批发价格w由制造商提供且$w > 0$。零售商在销售季节前订购了q个单位且$q > 0$。当观察到需求x时，零售商销售的单位（受供给q和需求x的限制）以外生零售价格r进行销售且$r \geqslant w$，如果存在短缺，则单位机会成本为$S_u > 0$。

未售出的产品可以以r_0的价格从零售商直接回收到制造商，这些产品对制造商的单位价值为$s_0(r_0 < s_0 < w)$，假设未售出产品的回收率为δ_0，$\delta_0 \in [0,1]$。$\delta_0 = 1$表示未售出的产品全部由制造商回收。销售的产品以价格r_1从客户回收到制造商，这些产品对制造商的单位价值为$s_1(r_1 < s_1 < s_0)$。假设已售出产品的回收率为δ_1，$\delta_1 \in [0,1]$。创新绿色产品的回收系统如图7.1所示。

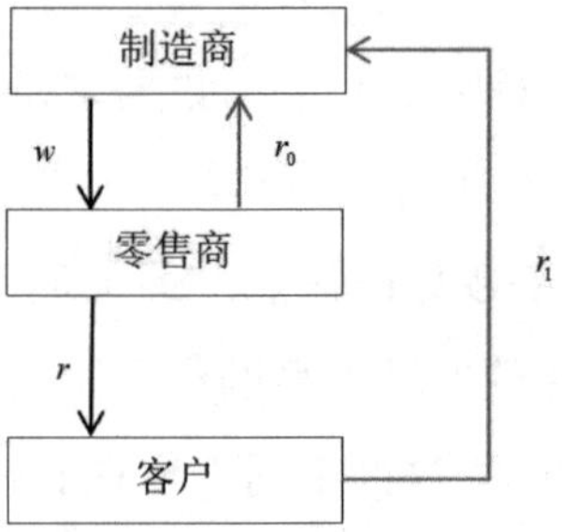

图7.1 创新绿色产品的回收系统

假设创新绿色产品需求为随机变量X，概率密度函数$f(\cdot)$，累积分布函数$H(\cdot)$，将需求集表示为$D \in \mathbb{R}_+$。由于不确定需求集合为D，合理的订货量也应该位于该区域。对于随机变量x的观测值（实现值），零售商的利润函数可表示为

$$v(x,q)=\begin{cases} rx+r_0\delta_0(q-x)-wq, \text{ if } x<q \\ (r-w)q-s_0(x-q), \text{ if } x\geqslant q \end{cases} \tag{7.1}$$

定义1　设V表示函数(7.1)在笛卡尔乘积$D\times D$上的值域。这个满意度函数为严格递增函数：

$$u: V\rightarrow[0,1]$$

满意度函数用来表示支付的相对位置。因为式(7.1)是x和q的函数，我们把零售商的满意度函数写成$u(x,q)$，对于任意$x\in D$且$q\in D$，$u(x,q)$称为q对x的满意度。

定义2　给定概率密度函数f: D $\rightarrow\mathbb{R}_+$，对于所有x_1, x_2满足$>\pi(x_2)\Leftrightarrow f(x_1)>f(x_2)$且$\max_{x\in D}\pi(x)=1$的函数$\pi: D\rightarrow[0,1]$。

对于任何$x\in D$，$\pi(x)$称为x的相对似然度。显然，概率越小，相对似然度越小。通过归一化原概率密度函数，可以给出一个简单的相对似然函数如下：

$$\pi(x)=\frac{f(x)-\min_{y\in D}f(y)}{\max_{y\in D}f(y)-\min_{f\in D}f(y)} \tag{7.2}$$

由于考虑的是生命周期较短的创新绿色产品(生命周期一般比采购提前期短)，因此零售商决定订单数量的机会只有一次，且只会出现一个需求。对零售商来说，在决定下订单之前应该考虑哪些需求是合理的。考虑到相对似然度和满意度，我们对每个订单数量考虑了四种类型的需求(场景)，即满意度和相对似然度较高的需求(A型)；满意度较低，相对似然度较高的需求(B型)；满意度较高，相对似然度较低的需求(C型)；满意度较低，相对似然度较低的需求(D型)。从直觉上看，积极、消极、激进和保守的零售商倾向于依次考虑A型、B型、C型和D型的需求，这是可以接受的。因此，A型需求、B型需求、C型需求和D型需求分别被称为积极、消极、大胆和担忧的焦点(见表7.1)。

表7.1 四种类型焦点的相对似然度和满意度

焦点	相对似然度	满意度
积极	较高	较高
消极	较高	较低
大胆	较低	较高
担忧	较低	较低

定义 3 给定一个向量 $[z_1, z_2, \cdots, z_n]$,$\min[z_1, z_2, \cdots, z_n]$ 和 $\max[z_1, z_2, \cdots, z_n]$的定义如下

$$\min[z_1, z_2, \cdots, z_n] = [\wedge_{i=1,\cdots,n} z_i, \wedge_{i=1,\cdots,n} z_i, \cdots, \wedge_{i=1,\cdots,n} z_i] \tag{7.3}$$

$$\max[z_1, z_2, \cdots, z_n] = [\vee_{i=1,\cdots,n} z_i, \vee_{i=1,\cdots,n} z_i, \cdots, \vee_{i=1,\cdots,n} z_i] \tag{7.4}$$

式(7.3)和(7.4)分别表示$[z_1, z_2, \cdots, z_n]$的下界和上界。例如,某一状态x的相对似然度为0.3,满意度为0.8,用向量表示为[0.3, 0.8]。min[0.3, 0.8] = [0.3, 0.3],表示x最少有0.3的相对似然度和0.3的满意度,max[0.3, 0.8] = [0.8, 0.8],表示x最多有0.8的相对似然度和0.8的满意度。

下面介绍如何获取四种类型的焦点(Guo et al.,2014)。

积极焦点:积极焦点的订单数量q为

$$x_1(q) \in \arg\max_{x \in D} \min[\pi(x), u(x, q)] \tag{7.5}$$

消极焦点:消极焦点的订单数量q为

$$x_2(q) \in \arg\max_{x \in D} \min[\pi(x), 1 - u(x, q)] \tag{7.6}$$

担忧焦点:担忧焦点的订单数量q为

$$x_3(q) \in \arg\min_{x \in D} \max[\pi(x), u(x, q)] \tag{7.7}$$

大胆焦点:大胆焦点的订单数量q为

$$x_4(q) \in \arg\min_{x \in D} \max[\pi(x), 1 - u(x, q)] \tag{7.8}$$

评论 1 式(7.5)至(7.8)分别呈现出相对似然度较高、满意度较高的需求,相对似然度较高、满意度较低的需求,相对似然度较低、满意度较低的需求,相对似然度较低、满意度较高的需求。

由式(7.5)可知，没有其他 $\pi(x)$, $u(x,q)$ 同时满足 $\pi(x)>\pi(x_1(q))$ 和 $u(x,q)>u(x_1(q),q)$。式(7.6)至(7.8)也可以得到类似的结果。这说明 $x_1(q)$, $x_2(q)$, $x_3(q)$, $x_4(q)$ 分别是上述四个双目标优化问题的帕累托最优解。换言之，对于任意 q，没有需求能以比其积极焦点 $x_1(q)$ 更高的似然度引起更高的满意度；没有需求能以比其消极焦点 $x_2(q)$ 更高的似然度产生更低的满意度；没有需求能以比其担忧焦点 $x_3(q)$ 更低的似然度导致更低的满意度；没有需求能以比其大胆焦点 $x_4(q)$ 更低的似然度产生更高的满意度。对于一个订单数量，可能存在一个以上的需求作为一种特定类型的焦点，因此我们将备选 q 的四种类型的焦点集合分别表示为 $X_1(q)$, $X_2(q)$, $X_3(q)$ 和 $X_4(q)$。

在报童问题中，零售商将焦点视为自己最合适的需求，且一旦焦点实现，零售商就选择一个能带来最佳结果(最高满意度)的订购数量。积极、消极、担忧和大胆零售商的最优订购数量如下：

$$q_1 \in \arg\max_{q\in D}\ \max_{x_1(q)\in X_1(q)} u(x_1(q),q) \tag{7.9}$$

$$q_2 \in \arg\max_{q\in D}\ \min_{x_2(q)\in X_2(q)} u(x_2(q),q) \tag{7.10}$$

$$q_3 \in \arg\max_{q\in D}\ \min_{x_3(q)\in X_3(q)} u(x_3(q),q) \tag{7.11}$$

$$q_4 \in \arg\max_{q\in D}\ \min_{x_4(q)\in X_4(q)} u(x_4(q),q) \tag{7.12}$$

其中，q_1, q_2, q_3 和 q_4 分别被称为最佳积极、最佳消极、最佳担忧和最佳大胆订单数量。需要注意的是，最优订单的获取只是基于焦点的满意度水平。综上所述，我们假设零售商的订单数量决策是遵循上述行为风格之一的。

7.2.2　创新绿色产品供应链的Stackelberg博弈

本节将对两种类型的供应链进行测试：订货式生产(Make-to-Order，MTO)和备货式生产(Make-to-Stock，STS)。在订货式生产供应链中，制造商在零售商做出订货决定后进行生产。这种情况下制造商没有需求不确定性。在备货式生产供应链中，制造商在零售商的订货决策前就开始生产。这种情况下如果制造商的生产数量大于零售商的订单数量，未售出的产品将被回收;否则,制造商将遭受机会成本。

7.2.2.1　订货式生产供应链

本节介绍订货式生产供应链中的Stackelberg博弈模型。制造商生产一种创新绿色产品然后卖给零售商。假设制造商的产品成本为c_p,其中,$p > s_0$。制造商作为Stackelberg的领导者,确定批发价格为w。零售商的行为(订单数量)遵循7.2.1小节中描述的一种行为模式。通过预测零售商的订货数量q,制造商确定最优批发价格来最大化自己的利润(净值)。观察w后,作为Stackelberg追随者的零售商下一步能最大化自身满意度的最优数量订单。

对于批发价格合约w,零售商的最优响应$q_1(w)$,$q_2(w)$,$q_3(w)$和$q_4(w)$由式(7.9),(7.10),(7.11)和(7.12)得到。因此,面对积极、消极、担忧或大胆的零售商,制造商的利润函数为

$$F\left(w, q_i(w)\right) = \left(w - c_p\right)q_i(w) + v_r\delta q_i(w), i=1,2,3\text{或}4 \tag{7.13}$$

其中,δ是MTO供应链的总回收率,通常由同类产品的历史数据估算得到。总回收数量包括两个部分:未售出产品数量和已出售产品数量。v_r是制造商从回收中获得的单位利润(假设制造商从两种回收模式中获得相同的单位利润,即$s_0 - r_0 = s_1 - r_1 = v_r$)。

制造商面对不同零售商时的最优批发价格为

$$w_i^* \in \arg\max_w F\left(w, q_i(w)\right), i=1,2,3,4 \tag{7.14}$$

其中,w_1^*,w_2^*,w_3^*和w_4^*是制造商在分别面对积极、消极、担忧或大胆的零售商时的最优批发价格。

当制造商面对积极、消极、担忧或大胆的零售商时,所有供应链利润函数如下:

$$\boldsymbol{\Omega}_i^* = \begin{cases} \left(r - c_p + v_r\delta\right)q_i\left(w_1^*\right) - c_p\left(q_i\left(w_i^*\right) - x_i\left(q_i\left(w_i^*\right)\right)\right), \text{if } q_i\left(w_i^*\right) \geqslant x_i\left(q_i\left(w_i^*\right)\right) \\ \left(r - c_p + v_r\delta\right)q_i\left(w_1^*\right) - s_u\left(x_i\left(q_i\left(w_i^*\right)\right) - q_i\left(w_i^*\right)\right), \text{if } q_i\left(w_i^*\right) < x_i\left(q_i\left(w_i^*\right)\right) \end{cases} \tag{7.15}$$

其中，i=1，2，3，4。Ω_1^*，Ω_2^*，Ω_3^*，Ω_4^*分别是最优积极利润、最优消极利润、最优担忧利润和最优大胆利润。

7.2.2.2　备货式生产供应链

因为这种产品的生命周期短，所以制造商没有机会进行复制。通过推测零售商的订货量，制造商确定产品的批发价格。知道批发价格后，零售商需要根据不确定的需求决定自己的订购数量。面对不同类型的零售商，制造商选择一种策略及其对应的最优批发价格契约来协调供应链(生产数量等于订货数量)。

在这种备货式生产供应链中，制造商需要预测零售商的行为，并提前决定生产数量。整个供应链的利润函数变为：

$$G\left(x,p\right)=\begin{cases} rx+s_0\left(p-x\right)+v_r\delta_1 x-c_p p,\ x<p \\ s_0\left(r-c_p\right)p+v_r\delta_1 p-s_u^M\left(x-p\right),\ x\geqslant p \end{cases} \tag{7.16}$$

其中，x是市场需求，p是产品数量，s_0是单位残值价格，s_u^M是单位机会成本，$c_p\in\left(s_0,w\right)$是生产成本，δ_1是已出售产品的回收率，v_r是单位制造商从回收中获得的单位利润。集成制造商的满意度函数记为$uG\left(x,p\right)$。

和7.2.1节相似，这里积极、消极、担忧、大胆的侧重点导致积极、消极、担忧、大胆的产出量，分别为p_1，p_2，p_3，p_4，分别代表了积极、消极、担忧和大胆的策略。

7.3　报童模型的分析结果

为了方便分析，假设如下需求概率分布。需求概率分布的信息被视为制造商和零售商之间的公开信息。从现在开始，本篇的分析遵从假设1。

假设1　概率密度函数$f(x)$在$D=[d_i,d_u]$上是连续和严格拟凹的，该模式为$d_c\in\left(d_i,d_u\right)$，并且$f\left(d_i\right)=f\left(d_u\right)$。

显然，$f(x)$在$[d_l,d_c]$上严格递增，在$[d_c,d_u]$上严格递减。注意，我们尽可能概括假设，一些常见的需求分布，包括三角分布、截断的(对数)正态分布和截断的伽马分布，都满足假设1。

7.3.1 报童模型的分析结果

命题1 随着批发价w的增加，最优积极订单量减少，最优担忧和大胆订单量保持不变。

评论2（与基于彩票的报童模型比较） 在基于彩票的报童模型中，对于中性风险零售商，最优订单量q^*由以下方程式确定：

$$H\left(q^*\right) = \frac{r - w + s_u}{r - r_0\delta_0 + s_u} \tag{7.17}$$

规避风险和寻求风险的报童模型及中性风险报童模型有相同的单调性。

批发价格和最优消极订单数量之间的关系取决于参数的设置。表7.2给出了对具有不同行为风格的报童的敏感性分析。

表7.2 不同报童模型的敏感性分析

参数	基于彩票的报童	基于OSDT的报童（积极）	基于OSDT的报童（消极）	基于OSDT的报童（保守）	基于OSDT的报童（激进）
r	增加	增加	+/–	减少	无影响
w	减少	减少	+/–	无影响	无影响
r_0	增加	无影响	+/–	增加	无影响
s_u	增加	无影响	增加	增加	无影响

7.3.2 订单式生产供应链的分析结果

根据定义1，设零售商的满意度函数为：

$$u\left(w, x, q\right) = \frac{v\left(x, q\right) - v_l(w)}{v_u(w) - v_l(w)} \tag{7.18}$$

其中，$v_u(w)$和$v_l(w)$分别是零售商的最高利润和最低利润，计算如下：

$$v_u(w) = (r - w)d_u \tag{7.19}$$

$$v_l(w) = d_l r - \left(d_u - d_l\right)s_0 - d_u w, w \geqslant s_0 + s_u \tag{7.20}$$

接下来分析具有零售商个性信息共享的MTO供应链。

命题2　假设相对似然函数π在$[d_c, d_u]$上是连续可微的，当制造商面对积极的零售商时，制造商的利润函数$F\left(w, q_1(w)\right) = wq_1(w)$关于批发价格$w$是严格凹的。

命题3　假设相对似然函数π关于线$x = d_c$对称，并在$(d_l$、$d_c)$和$(d_c$、$d_u)$上连续可微，当制造商面对消极零售商时，制造商的利润函数$F\left(w, q_2(w)\right) = wq_2(w)$关于批发价格$w$是严格凹的。

命题4　当制造商面对担忧或大胆的零售商时，其总是将批发价格设置成与零售价格相等，从而获得整个供应链的利润。

由命题4可知，当制造商面对担忧或大胆的零售商时，MTO供应链会通过个性信息共享进行协调。由命题2、3和4可知，面对不同类型的零售商，制造商有不同的最优批发价格，从而导致供应链的期望利润不同。我们拟通过以下命题来确定期望利润的关系。

命题5　假设相对似然函数π关于线$x = d_c$是对称的，当制造商面对不同类型的零售商时，供应链的期望利润有如下关系：

$$\Omega_3^* < \Omega_2^* < \Omega_1^* < \Omega_4^* \tag{7.21}$$

7.3.3　备货式生产供应链的分析结果

在MTS供应链中，制造商在零售商下任何订单之前就开始生产，因此协调供应链很重要。然而，如果零售商的个性信息是一个常识，制造商可能会预测零售商的行为，在某些情况下可能会发生渠道协调。

命题6　如果$\pi(\cdot)$和$G(\cdot, p)$在(d_c, d_u)上连续可微，那么存在唯一$w \in (c_p, r)$，满足$q_1(w) = p_2$。

命题6表明，当制造商面对积极的零售商时，消极的制造商可以协调供应链。当制造商面对消极的零售商时，有命题7：

命题7　当制造商面对消极的零售商时，没有任何策略一定能够协调供应链。

从命题1可知，批发价格对担忧和大胆零售商的订单数量没有影响，由此得到命题8：

命题8 当制造商面对担忧或大胆的零售商时，担忧或大胆的策略可以协调供应链。

根据命题6、7和8，我们把零售商的个性当作常识，当制造商面对积极、担忧或大胆的零售商时，都有一定的策略来协调供应链。

评论3 一般来说，批发价格合同不被认为是一个协调合同。这个问题也被称为双重边缘化。然而，通过个性信息共享，这个问题可以在积极、保守和激进的零售商供应链中得到解决（如命题6、7和8所示）。换句话说，有了个性信息共享，批发价格合同在某些情况下可以协调供应链。这些结果为研究批发价格合同提供了一个新的视角。

7.3.4 MTO和MTS供应链的比较

我们比较了具有个性信息共享和不具有个性信息共享两种情况下的MTO和MTS供应链。下面首先给出当零售商的个性信息在供应链中是常识时的结果。

命题9 通过个性信息共享，MTO和MTS供应链具有相同的功能。

命题9指出，通过对零售商个性信息共享，MTO和MTS供应链的利润和生产数量相同。接下来给出当零售商的个性信息在供应链中不是常识时的结果。

命题10 如果没有个性信息共享，MTO供应链的性能将优于MTS供应链。

命题10表明，如果没有零售商个性信息共享，MTO供应链的利润高于MTS供应链，而且MTS供应链中的生产数量和订单数量之间不匹配。

7.4 本章小结

本章研究了具有短生命周期的可回收创新产品的两层供应链批发价格合同。基于一次性决策理论，本章分析了供应链参与者的行为和个性信息共享。为了分析MTO和MTS供应链中的最优批发价格和零售商的最优订单数量,我们提出了Stackelberg平衡。零售商的不同类型,如积极、消极、担忧和大胆的零售商,会导致不同的Stackelberg平衡。分析结果表明了在批发价格合同中个性信息共享的重要性。

本研究有几个方面的贡献,使其有别于以往的研究。第一,首次在供应链中研究了个性信息共享问题。第二,首次用一次性决策理论对供应链签约问题进行了Stackelberg博弈分析。这些模型描述了供应链参与者的个性差异。第三,对制造商和零售商的供应链绩效和行为中的个性信息共享的价值也获得了管理上的见解。具体来说,在MTO供应链中,当制造商面对一个积极或消极的零售商时,有一个批发价格合同来优化制造商的利润;当制造商面对一个担忧或大胆的零售商时,制造商的最佳批发价格等于零售价格,供应链上的全部利润都归制造商所有。另外,从面对大胆的零售商到积极的零售商、消极的零售商和担忧的零售商,制造商在供应链上的总利润是递减的。

本章表明,在具有零售商普遍个性的MTS供应链中,当制造商面对积极的零售商时,消极的制造商可以协调供应链;当制造商面对消极的零售商时,没有任何策略一定能够协调供应链;当制造商面对担忧或大胆的零售商时,担忧或大胆的供应商可以协调供应链。本章还对比了MTO和MTS供应链系统。我们发现,一方面,MTO和MTS供应链在个性信息共享中发挥着相同的功能;另一方面,在没有个性信息共享的情况下,MTO供应链的绩效优于MTS供应链。因此,我们建议将个性信息共享应用到MTS供应链中,特别是当制造商面对积极、担忧或大胆的零售商时。

这项工作可以沿着几个方向扩展。第一,供应链是用批发价格合同构建的,这项工作的延伸可以专门用于其他形式的合同。第二,本研究假设供应链中只有一种创新产品,这项研究的一个自然延伸是研究替代产品及其对供应链绩效的影响。第三,本研究的重点是一个制造商和一个零售商的两层供应链,包括更多参与者的更复杂的供应链值得进一步研究。

7.5 附录

命题1的证明: 该证明的细节参见Guo等(2014)。

命题2的证明: 根据Guo等(2014)中的引理15,积极零售商q_1的最优订单数量是单例,是以下方程的解:

$$u(w,q,q)-\pi(q)=0,\ q\in(d_c,d_u) \tag{A.1}$$

最佳主动焦点,即$x_2(q_2)$,等于q_1。

由于$q\in(d_c,d_u)$,考虑到(7.1)(7.2)和定义2,有

$$\pi'(q)<0 \tag{A.2}$$

$$\frac{\partial u(w,q,q)}{\partial q}=\frac{r-w}{(d_u-d_l)(r-r_0\delta_0)}>0 \tag{A.3}$$

$$\frac{\partial u(w,q,q)}{\partial w}=\frac{d_u-q}{(d_u-d_l)(r-r_0\delta_0)}>0 \tag{A.4}$$

$$\frac{\partial^2 u(w,q,q)}{\partial w^2}=0 \tag{A.5}$$

$$\frac{\partial^2 u(w,\mathrm{x},x)}{\partial x\partial w}=\frac{-1}{(d_u-d_l)(r-r_0\delta_0)}<0 \tag{A.6}$$

对(A.1)使用隐含函数定理,有

$$\frac{\partial u(w,q,q)}{\partial w}+\left(\frac{\partial u(w,q,q)}{\partial q}-\pi'(q)\right)q_1'(w)=0 \tag{A.7}$$

这导致了

$$q''(w)=\frac{\frac{\partial^2 u(w,q,q)}{\partial w^2}\left(\frac{\partial u(w,q,q)}{\partial q}-\pi'(x)\right)-\left(\frac{\partial u(w,q,q)}{\partial w}\frac{\partial^2 u(w,q,q)}{\partial q\partial w}\right)}{\left(\frac{\partial u(w,q,q)}{\partial q}-\pi'(q)\right)^2} \tag{A.8}$$

从(7.15),有

$$F''\left(w, q_1(w)\right) = 2q_1'(w) + \left(w - c_p\right)q_1''(w) \tag{A.9}$$

从（A.2）到（A.9），可以得到$F''\left(w, q_1(w)\right) < 0$。

命题3的证明：根据Guo等（2014）中的引理16，消极零售商的最优订单数量是q_2，它是以下方程的解：

$$u\left(w, d_{pl}(q), q\right) - u\left(w, d_{pu}(q), q\right) = 0 \tag{A.10}$$

其中，$d_{pl}(q)$和$d_{pu}(q)$分别是$u(w, x, q) = 1 - \pi(x)$在$\left[d_l, \min\left(q, d_c\right)\right]$和$\left[\max\left(q, d_c\right), d_u\right]$中的解决方案。最佳的消极焦点，即$x_2\left(q_2\right)$，是$d_{pl}\left(q_2\right)$或$d_{pu}\left(q_2\right)$。

对（A.10）使用隐含函数定理，有

$$\frac{\partial\pi\left(d_{pl}(w, q)\right) - \partial\pi\left(d_{pu}(w, q)\right)}{\partial w} + \frac{\partial\pi\left(d_{pl}(w, q)\right) - \partial\pi\left(d_{pu}(w, q)\right)}{\partial q} q_2'(w) = 0 \tag{A.11}$$

这导致了

$$q_2''(w) = -\frac{\dfrac{\partial\pi\left(d_{pl}(w, q)\right) - \partial\pi\left(d_{pu}(w, q)\right)}{\partial w} - \dfrac{\partial^2\pi\left(d_{pu}(w, q)\right) - \partial^2\pi\left(d_{pl}(w, q)\right)}{\partial q\partial w}}{\left(\dfrac{\partial\pi\left(d_{pu}(w, q)\right) - \partial\pi\left(d_{pl}(w, q)\right)}{\partial q}\right)^2} \tag{A.12}$$

考虑到（7.1）（7.2）和定义2，有$q_2'(w) < 0$和$q_2''(w) < 0$，这导致了

$$F''\left(w, q_2(w)\right) = 2q_2'(w) + \left(w - c_p\right)q_2''(w) < 0 \tag{A.13}$$

这样就完成了证明。

命题4的证明：根据Guo等（2014），担忧零售商的最优订单数量$q_3 = \left(\left(r - r_0\delta_0\right)d_l + s_u d_u\right)/\left(r - r_0\delta_0 + s_u\right)$，它与批发价格$w$无关。回顾制造商的利润函数（7.13），我们知道制造商的最优批发价格是零售价格r，这也是批发价格的上边界。类似的结果也可以在大胆的零售商那里得到。

命题5的证明：根据Guo等（2014）中的引理19，四种类型零售商的最佳

订单数量有如下关系：

$$q_3 < q_2 < q_1 < q_4 \tag{A.14}$$

回顾整个供应链的利润函数(7.15)，我们知道供应链的期望利润$\Omega_3^* < \Omega_2^* < \Omega_1^* < \Omega_4^*$。

命题6的证明：利用隐含函数定理，我们知道$q_1(w)$是w的连续可微函数，并且$q_1'(w) < 0$。考虑到Guo等(2014)的引理19，我们知道有一个唯一的$w \in \left(c_p, r\right)$，满足$q_1(w) = p_2$。

命题7的证明：从表7.2可以看出，随着批发价格的变化，消极订单量的变化取决于参数的设置。因此，不存在唯一的批发价格w使生产量等于订单量。也就是说，当制造商面对消极零售商时，没有任何策略可以协调供应链。

命题8的证明：根据Guo等(2014)中的引理17和18，担忧零售商的最优订单量$q_3 = \left(\left(r - r_0\delta_0\right)d_l + s_u d_u\right)/\left(r - r_0\delta_0 + s_u\right)$，大胆零售商的最优订单量$q_4 = d_u$。因此，批发价格对担忧和大胆零售商的订单数量没有影响。对于担忧和大胆制造商的生产数量，也可以得到类似的结果。也就是说，当制造商面对担忧/大胆的零售商时，担忧/大胆的策略可以协调供应链。

命题9的证明：假设制造商面对的是一个积极零售商，首先考虑MTO供应链。从(A.1)可知，积极零售商的订货量$q_1\left(w^*\right)$满足

$$u\left(w^*, q_1\left(w^*\right), q_1\left(w^*\right)\right) - \pi\left(q_1\left(w^*\right)\right) = 0, q_1\left(w^*\right) \in \left(d_c, d_u\right) \tag{A.15}$$

同时，在MTS供应链中，知道零售商的个性类型是积极的，制造商的生产量$p_1\left(w_p^*\right)$也满足公式(A.15)，因此有$w^* = w_p^*$和$q_1\left(w^*\right) = p_1(w)$。换句话说，MTO和MTS供应链的表现是一样的。其他类型的零售商也可以得到类似的结果。

命题10的证明：假设制造商面对的是一个积极的零售商，首先考虑MTO供应链。与命题9的证明类似，积极零售商的订单数量$q_1\left(w^*\right)$仍然满足公式(A.15)。同时，在MTS供应链中，由于没有零售商的个性信息，制造商认为零售商是风险中立的，并提前进行生产，生产量p^*满足式(7.17)，随即可得$q_1\left(w^*\right) = p^*, \Omega_1^* > G_1^*$。

第八章　应对极端天气的最佳再制造策略、回收质量选择和独立再制造公司的优势

8.1　引言

2021年全球年平均气温比工业化前(1850—1900年)平均气温高出约(1.11±0.13)℃。根据世界气象组织(World Meteorological Organization,WMO)汇编的数据,2021年是连续第7年(2015—2021年)全球温度比工业化前水平高出1℃以上。联合国政府间气候变化专门委员会(Intergovernmental Panel on Climate Change,IPCC)在第六次评估报告中指出,人类活动导致全球变暖,从而导致极端天气的强度和频率迅速增加,如特大洪水、风暴、干旱、野火和极端温度。随着自然环境的退化开始影响人类的生活质量,适应气候变化和可持续发展已成为关键问题。因此,为了减少碳排放和应对极端天气的挑战,社会和行业必须从事环境友好型生产活动。再制造是使用再利用的、修复的和新的零部件组合,按照原产品的规格重新制造产品,可以有效地节省能源和材料消耗(Johnson et al.,2014;Luo et al.,2022)。它对经济发展和环境有积极的影响,这在学术界和工业界都得到了广泛认可(Alegoz et al.,2021;Deveci et al.,2021)。行业领导者,如宝马、IBM和柯达,已经积极在第二市场提供再制造产品(Zhou et al.,2021)。在实际中,与独立再制造商(Independent Remanufacturer,IR)的合作很有吸引力,因为它避免了对劳动力、资产和基础设施的直接所有权,增加了财务和运营的灵活性(Wang et al.,2017;Wen et al.,2021)。此外,IR可以提供生产成本的节约和再制造产品的质量保障,因为其具有专业知识。

随着再制造的盛行,独立的再制造者对专利产品的侵权行为经常发生。例如,惠普公司(HP)起诉Repeat-O-Type(ROT)公司侵犯其专利权,在未经

专利权人授权的情况下对产品进行再制造牟利。Sandvik Aktiebolag认为,E. J.Company的更换服务侵犯了其专利权。因此,当原始设备制造商的产品受到专利法的保护时,授权再制造对于IR来说是避免专利纠纷的关键。在授权再制造中,原始设备制造商通过收取固定或可变的技术授权费来授权IR生产和销售再制造产品。除了OEM的授权收入外,IR的成熟品牌也提高了客户对产品的信心和感知价值(Calvo-Porral et al.,2017)。因此,在实践中,可信的品牌是IR在再制造方面的竞争优势,也就是说,IR的再制造在客户感知价值方面会比OEM的再制造更具质量效益。例如,泰安科技拥有多项发明专利和公认的再制造技术。凭借可靠的质量和成熟的品牌,中国电子科技集团有限公司和中国中铁股份有限公司与泰安科技达成再制造合作。

随着授权合作的发展,在再制造授权中,IR相对于OEM的供应链权力也可能发生变化。通常情况下,一个特定的实体可以作为供应链的领导者,在这个意义上,它的决定对供应链的产品和产出数量有极大的影响(Majumder et al.,2008)。当OEM拥有强大的议价能力时,它就会成为供应链中的领导者,如苹果公司。随着再制造技术的成熟,IR掌握了供应链的权力。例如,卡特彼勒是一个世界领先的再制造企业,它已逐渐成为路虎公司的首席供应商和供应链合作的核心公司(Li et al.,2019)。鉴于供应链权力结构在OEM和IR之间关系中的重要性,我们考虑授权两种主要的供应链领导力(OEM-Stackelberg和IR-Stackelberg)。

管理产品回收被认为是生产计划的关键,其中,回收产品的质量会在很大程度上影响再制造产品的利润和排放量(Aydin et al.,2018;Yenipazarli,2016)。随着技术的发展,企业可以获得平均回收质量的准确信息。例如,爱回收有一个优秀的质量评估系统和先进的处理技术来处理各种质量水平的旧产品(Xiang et al.,2020)。因此,随着回收标准和识别技术的成熟,一些再制造企业在积极控制产品回收的质量、数量和时间(Guide et al.,2001)。同时,由于信息披露,平均回收质量在客户的感知中起着重要作用,并影响着客户的购买行为。尽管再制造在文献中得到了广泛的认可,但质量优势和供应链领导力如何影响平均回收质量的决策仍不清楚。

本章研究了平均回收质量的最优决策，以及OEM的最佳再制造策略是如何被授权再制造供应链的领导力所影响的。我们旨在研究不同再制造方案下的这一特殊问题：(1)内部再制造(模式O)，(2)在OEM-Stackelberg(模式Q)或(3)IR-Stackelberg(模式q)下，授权给具有品牌保证质量优势的IR。缓解对极端天气的环境担忧是再制造的一个重要动机。因此，我们考虑的后果不仅有原始设备制造商的营利能力，还包括对环境的影响，包括非生产性环境和生产性环境，由再制造活动衡量。

本研究涉及以下问题：

(1)在上述三种情况下，最佳均衡策略是什么？

(2)授权的供应链领导力如何影响策略的选择？

(3)平均回收质量决策与再制造策略的选择之间有什么关系？

(4)在利润和环境影响(包括非生产性环境和生产性环境)方面，其中一个策略选择能否支配另一个？

本研究中有几个值得注意的特点。首先，客户行为模型包含了平均质量影响客户对再制造产品评价的可能性。其次，将回收产品的平均质量内生化，这使得再制造的成本与质量水平相关。再次，在授权再制造中考虑了供应链中两种类型的领导力(OEM-Stackelberg和IR-Stackelberg)。最后，研究了对非生产性环境和生产性环境的影响。回收产品的数量提供了非生产性环境的衡量标准，而平均回收质量则影响到生产性环境。

令我们惊讶的是，对于利润最大化的OEM来说，质量优势推动了策略选择。例如，质量优势的高效用有利于OEM-Stackelberg模式下的授权再制造。特别是当渠道成本的系数较低时，OEM-Stackelberg模式在OEM和IR的授权中占主导地位。这意味着OEM的领导作用导致IR因较高的授权费而回收更高质量的产品并提供更多的再制造产品。在OEM-Stackelberg模式下，高的渠道成本系数给IR带来了更大的压力，从而降低了IR的利润。有趣的是，我们还发现，当质量优势的增加效用适中时，最优的再制造策略可能不会在三种选择中回收最高平均质量的产品。

尽管利润率和环境目标之间经常存在冲突，但在新产品的高成本下，它们会保持一致。这些情况包括质量优势的效用低或质量优势的效用高。新产品的高成本促使回收产品高平均质量的作用更加明显。当质量优势的效用较低时,原始设备制造商在内部进行再制造,回收产品的平均质量较高,并提供更多的再制造产品。回收产品的平均质量较高,导致再制造生产中的碳排放较少。此外,更大的再制造数量会产生更多的利润。因此,在这种情况下,利润率和环境目标将是一致的。由于质量优势的效用较高,OEM将被OEM-Stackelberg的授权所吸引。这将提高回收产品的平均质量和再制造的数量。因此,营利能力和环境目标将是一致的。在上述情况下,当渠道成本的系数较低时,可以实现三重优化(OEM的利润、IR的利润和环境)。

8.2 研究背景

本章包括三个独立的研究方向:授权再制造、回收质量和再制造的环境影响。我们对每个领域的重要研究进行了回顾,并将本研究定位在它们的交汇点上。

授权再制造对OEM再制造决策的影响在文献中被广泛关注。Ferguson等(2010)指出,由于缺乏基础设施和专业知识,OEM可能与IR合作进行再制造。一系列研究表明,授权可以免于专利侵权的指控,收取更高的费用,并实现超额利益的有效分配(Abdulrahman et al.,2015;Hashiguchi,2008;Subramanian et al.,2012)。关于OEM的再制造决策,学者们研究了与授权有关的操作问题:授权还是外包(Zhou et al.,2021;Zou et al.,2016),授权还是不授权(Liu et al.,2018),什么应该被授权(Jin et al.,2022;Zhang et al.,2021)以及如何收取授权费(Hong et al.,2017;Zhao et al.,2019)。此外,一些学者专注于OEM和IR之间的竞争与合作授权的研究,如Zhou等(2021)。本章对OEM的再制造决策进行了研究,并比较了内部再制造和授权再制造策略。在授权中,再制造的整个过程由IR负责,并由OEM收取可变的授权费。然而,我们没有假设OEM和IR之间有一个特定的权力领导,而是考虑了授权关系的两种治理方案:(1)OEM是供应链的领导者,(2)IR是供应链的领导者。

关于旧产品回收质量的文献正在迅速增加。Guide等(2001)研究了控制产品回收的质量和数量对再制造企业营利能力的意义。一些研究将回收质量作为一个外生变量进行研究。例如,Ferguson等(2009)和Teunter等(2011)将回收质量分为不同的等级,并研究其在决策中的作用。Zhang等(2020)的研究表明,核心零部件的平均质量和环境处理成本在本质上影响着监管者的再制造政策。除了回收质量的外生特征外,一些学者认为回收质量是一个内生的决策。在随机编程框架中,Denizel等(2010)在不确定的回收质量下确定了回收核心零部件的数量和质量水平。在运营管理框架中,Wang等(2017)确定了回收产品的质量水平阈值,并研究其对再制造决策的影响。Aydin等(2018)认为回收产品的质量水平会影响客户的效用,并确定多个时期内二手产品的最佳质量水平。我们的研究与他们的研究有以下三个主要区别:(1)假设回收质量是平均的和内生的;(2)平均回收质量影响客户的偏好;(3)再制造成本与平均回收质量有关。

本研究也与再制造的环境影响有关。环境评估需要考虑各种因素和指标,提高再制造的竞争力,使企业专注于再制造的增值,缓解环境问题。现有的文献主要集中在两个常见的衡量标准上。一个是碳足迹特征,即环境影响取决于企业生产的产品数量,以及它们各自的单位排放量。Yenipazarli(2016)使用这一替代方法来描述如何制定排放税以实现再制造的内在经济、环境和社会效益。Zou等(2016)通过经济、环境和社会福利来比较外包和授权,其中碳排放总量是环境影响的衡量标准。另一个是累积能源需求(Cumulated Energy Demand,CED),它评估了产品生命周期中各个阶段的能源消耗,如制造、运输和使用。有了CED,Ovchinnikov等(2014)为产品和服务企业提供了一个数据驱动的再制造经济和环境方面的评估。Patricia等(2018)为供应商开发了一个简单的工具,可用于快速评估与通过CED生产新零部件相比,再制造在经济和环境上是否具有吸引力。与通过CED对生产过程进行微观描述相比,我们的研究更适合对碳足迹进行宏观分析。类似于Wang等(2017)的研究,我们考虑收集的数量对非生产性环境的影响。此外,为了反映再制造的好处,我们假设平均回收质量对生产性环境有影响，这类似于Zhang等(2020)的研究。

总之，我们借鉴并扩展了之前关于再制造的研究，研究了平均回收质量和OEM在内部再制造与授权之间的策略选择。很少有论文研究供应链领导力对授权选择的影响。我们还整合了以前没有研究过的重要因素作为组合，其中包括由平均回收质量引起的客户感知的变化、平均回收质量的内生化、生产性环境和非生产性环境的影响。

8.3 模型假设和问题描述

我们考虑一个存在新产品(n)和再制造产品(r)的市场，其中OEM生产新产品。原始设备制造商可以生产再制造产品，或者授权给独立再制造商使用旧产品进行再制造。所有活动都发生在一个假设回收产品供应充足的单一时期。在这个假设下，再制造产品的数量不受限制，这可以保证再制造者收集到足够的具有一定质量水平的二手产品。我们在8.6.1小节中放宽了这一假设，并在8.6.2小节中扩展了两期的情景。

功能质量是指每一类产品在正常运行时具有的特定性能。新产品的功能质量是φ_n，再制造产品的功能质量是φ_r。假设再制造活动将旧产品恢复到与新产品的功能质量完全一致的质量水平。我们将功能质量归一化(即$\varphi_n = \varphi_r = 1$)以简化分析。8.6.3小节通过研究$\varphi_r < \varphi_n$，放宽了这一假设。

根据以前的研究(Örsdemir et al., 2014; Zou et al., 2016)，我们假设客户对新产品的质量评价是v，并且在区间$[0, 1]$上是均匀分布的。原始设备制造商提供新产品的价格为p_n，客户购买新产品的效用是

$$u_n = \varphi_n v - p_n = v - p_n \tag{8.1}$$

此外，与客户对新产品的估价(v)相比，我们假设客户对再制造产品的估价有一个折扣δ。因此，客户对再制造产品的评价是δv。类似于Aydin等(2018)的研究，回收产品的平均质量m可能会影响客户对再制造产品的感知价值，β是客户的效用对再制造产品的平均质量的敏感性。再制造产品的价格是p_r。因此，客户购买由OEM生产的再制造产品的效用是

$$u_r = \varphi_r \delta v - p_r + \beta m = \delta v - p_r + \beta m \tag{8.2}$$

由于收集渠道的完善和优秀的再制造技术,IR已经建立了自己的质量优势和可靠的品牌知名度。IR的可信品牌代表了产品的质量。客户更愿意购买品牌产品,因为在降低风险的策略上,它们被认为是可靠和值得信赖的。因此,与新产品的质量相比,客户认为具有质量优势的再制造产品的质量差异较小。假设客户从专注于再制造活动的IR购买再制造产品的价值是θ,其中$\theta < 1 - m$。客户购买具有质量优势的再制造产品的效用是

$$u_r = \varphi_r \delta v - p_r + \beta(m + \theta) = \delta v - p_r + \beta(m + \theta) \tag{8.3}$$

设新产品的单位生产成本为c_n。由于再制造产品将由旧产品生产,我们假设旧产品的单位维修成本为c_r。再制造产品的单位生产成本被定义为$c_r(1 - m)$。即使回收产品的质量很低,旧产品的残值仍然存在,因此,再制造的成本小于新产品的成本($c_r < c_n$)。对于收集旧产品,价值m越高,再制造的成本越低(Wang et al.,2017)。尽管回收产品的质量是不确定的,但随着旧产品市场的成熟,关于旧产品平均质量的信息变得更加准确(Guide et al.,2001)。因此,我们假设可用的核心零部件的平均质量可以内生地决定。此外,获取核心零部件的渠道成本被假定为关于m是凸的。换句话说,获取二手产品的质量越高,边际成本越高。渠道成本包含多种成分,如收集渠道的建设成本、质量检测成本和旧产品的购买成本。因此,我们将收购旧产品的渠道成本与m质量水平定义为ηm^2,其中η是系数。本章使用的符号及其定义见表8.1。

表8.1　符号及其定义

符号	定义
$i = n, r$	新产品的索引(n)和再制造产品的索引(r)
v	客户对新产品的估价
u_i	客户对类型i产品的效用
q_i	类型i产品的数量
p_i	类型i产品的价格
t	再制造产品的再制造利润率

续 表

符号	定义
δ	再制造产品的客户价值折扣
c_n	生产新产品的单位成本
η	渠道成本的系数
p_f	授权费
c_r	再制造产品的单位成本
m	回收产品的平均质量
β	客户的效用对用于生产再制造产品的回收产品平均质量的敏感性
θ	由具有可信品牌的IR的质量保障优势增加的效用
φ_i	类型i产品的功能质量
π_{OEM}/π_{IR}	OEM/IR的利润

我们研究了两种不同情况下的再制造策略选择和平均回收质量决策：OEM内部再制造（模式O）和OEM将再制造授权给IR。同时，在授权再制造中考虑了两种类型的供应链领导力，即OEM和IR分别作为Stackelberg领导者。在决策序列中，在内部再制造（模式O）下，原始设备制造商确定平均回收质量，它为新产品和再制造产品设定价格。在OEM-Stackelberg的授权再制造（模式Q）下，OEM决定新产品的价格和再制造产品的授权费，IR决定平均回收质量和再制造产品的价格。在IR-Stackelberg的授权再制造（模式q）下，IR决定平均回收质量和再制造利润率。OEM决定新产品的价格和再制造产品的授权费。

8.4 三种再制造方案的均衡性

本小节讨论OEM的三种再制造方案X，即内部再制造（模式O），在OEM-Stackelberg下授权给IR（模式Q），以及在IR-Stackelberg下授权给IR（模式q），其中，$X \in \{O, Q, q\}$。OEM的生产策略表示为$W \in \{N, B, R, \varnothing\}$，分别代表只生产新产品、生产两种产品、只生产再制造产品和不生产。

8.4.1　OEM再制造（模式O）

首先讨论基本模型($X = O$)，即OEM在内部进行再制造。它将决定新产品和再制造产品的生产数量以满足需求。通过式(8.1)和(8.2)，新产品和再制造产品的需求函数为

$$q_n = 1 - \frac{p_n - p_r + \beta m}{1 - \delta}, q_r = \frac{\delta p_n - p_r + \beta m}{(1 - \delta)\delta} \tag{8.4}$$

应该注意的是，新产品和再制造产品的总需求小于1(即$q_n + q_r = 1 - \frac{p_r - \beta m}{\delta} < 1$)。因为整个客户群被分为三部分：购买新产品的客户、购买再制造产品的客户，以及不购买任何产品的客户(Cao et al.，2020)。由式(8.4)可知，当$\frac{p_r - \beta m}{\delta} \leqslant p_n \leqslant 1 - \delta + p_r - \beta m$时，$q_n \geqslant 0, q_r \geqslant 0$。

有了式(8.4)，可以推导出价格的反需求函数：

$$p_n = 1 - q_n - \delta q_r, p_r = \delta\left(1 - q_n - q_r\right) + \beta m \tag{8.5}$$

OEM决定m、p_n、p_r，以使其利润最大化。

$$\max_{m, p_n, p_r} \pi^O_{\text{OEM}} = \left(p_n - c_n\right)q_n + \left(p_r - c_r(1 - m)\right)q_r - \eta m^2 \tag{8.6}$$

$$\text{s.t.} q_n \geqslant 0, q_r \geqslant 0$$

式(8.6)中的第一项代表OEM销售新产品的利润，第二项是OEM销售再制造产品的利润，最后一项是收集旧产品的渠道成本。

设$c^O_1 = \frac{c_r}{\delta}$，$c^O_2 = \frac{\kappa + 4\delta\eta c_r - C^2}{4\delta\eta - C^2}$，$c^O_3 = \frac{\kappa - \beta C}{\delta C}$，则有$c^O_1 < c^O_2$。有了式(8.4)至(8.6)，在内部进行再制造的OEM的最佳生产策略被总结在命题1中(如图8.1所示)，最佳决策被总结在表8.2中。命题的证明详见附录。

命题1　在$X = O$时，OEM的最佳生产策略如下：

(1)策略N^O：生产新产品，只有当$c_r < c_n \leqslant c^O_1$时；

(2)策略B^O：同时生产新产品和再制造产品，只有当$c^O_1 < c_n < c^O_2$时；

(3)策略$\varnothing^O$：不生产任何产品，只有当$c^O_2 \leqslant c_n < 1$时。

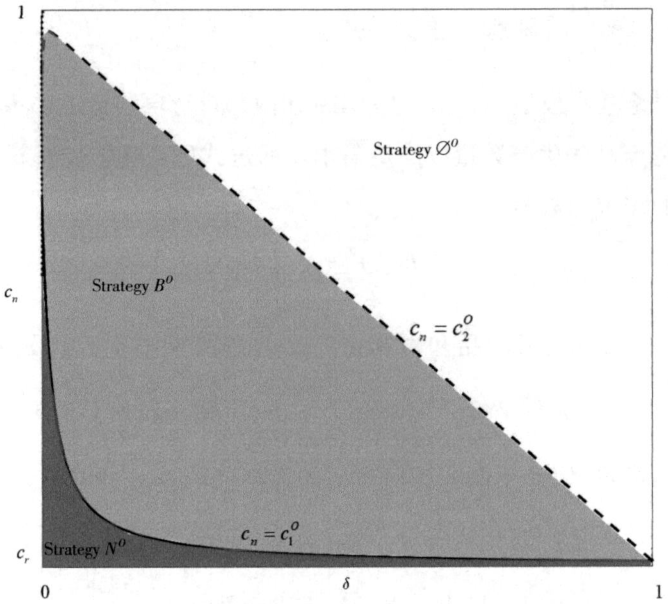

图 8.1 在内部进行再制造的 OEM 的最佳生产策略

表 8.2 在内部进行再制造的 OEM 的最佳策略

参数	策略 N^O	策略 B^O
p_n^{O*}	$\frac{1+c_n}{2}$	$\frac{1+c_n}{2}$
p_r^{O*}	—	$\frac{\delta+c_r}{2}+\frac{(\beta-c_r)A_1C}{2(\kappa-C^2)}$
q_n^{O*}	$\frac{1-c_n}{2}$	$\frac{1-c_n}{2}-\frac{2\delta\eta A_1}{\kappa-C^2}$
q_r^{O*}	—	$\frac{2\eta A_1}{\kappa-C^2}$
m^{O*}	—	$\frac{A_1C}{\kappa-C^2}$
π_{OEM}^{O*}	$\frac{(1-c_n)^2}{4}$	$\frac{\eta {A_1}^2}{\kappa-C^2}+\frac{(1-c_n)^2}{4}$

注：$\kappa=4\delta\eta(1-\delta)$，$A_1=\delta c_n-c_r$，$C=\beta+c_r$。

命题 1 表明，当新产品的单位成本增加时，原始设备制造商的最佳生产策略会从只生产新产品变为同时生产新产品和再制造产品，然后变为不生产任何产品。原因是新产品的成本增加带来更多的成本负担。因此，原始设备制造商更倾向于生产成本较低的再制造产品。然而，当再制造产品的利润不能弥补新产品成本增加所造成的差距时，原始设备制造商就不愿意生产它。此外，在新产品成本适中的情况下（$c_1^O < c_n < \min\{c_2^O, c_3^O\}$），当OEM在内部进行再制造时，平均回收质量小于1。特别是当新产品成本相对较高时（$c_3^O < c_n < c_2^O$），原始设备制造商收集的旧产品的质量是完美的（$m = 1$）。

8.4.2　OEM-Stackelberg下的授权再制造（模式Q）

在模式Q中，OEM将再制造授权给具有质量优势的IR，新产品和再制造产品的需求函数为

$$q_n = 1 - \frac{p_n - p_r + \beta(m + \theta)}{1 - \delta}, q_r = \frac{p_n - p_r + \beta(m + \theta)}{1 - \delta} - \frac{p_r - \beta(m + \theta)}{\delta} \tag{8.7}$$

通过式（8.7），可以推导出两种产品价格的反需求函数：

$$p_n = 1 - q_n - \delta q_r, p_r = \delta(1 - q_n - q_r) + \beta(m + \theta) \tag{8.8}$$

OEM决定p_n和p_f，以实现其利润最大化。IR决定p_r和m，以实现其利润最大化。

$$\max_{p_n, p_f} \pi_{\mathrm{OEM}} = (p_n - c_n) q_n + p_f q_r \tag{8.9}$$

$$\max_{p_r, m} \pi_{\mathrm{IR}} = \big(p_r - p_f - c_r(1 - m)\big) q_r - \eta m^2 \tag{8.10}$$

$$\text{s.t.} q_r \geqslant 0, q_n \geqslant 0$$

假设 $c_1^Q = \dfrac{\kappa + 2\delta\eta c_r - C^2}{\kappa + 2\delta^2\eta - C^2}$，$c_2^Q = \dfrac{2\kappa - (\beta + C)C}{\delta C}$，$\theta_1^Q = -\dfrac{A_1}{\beta}$，$\theta_2^Q = \dfrac{2\delta\eta(\delta c_n - 2c_n + c_r) + \kappa - C^2(1 - c_n)}{2\beta\delta\eta}$，$\theta_3^Q = \dfrac{2\kappa - (\delta c_n + \beta + C)C}{\beta C}$，有 $c_1^O < c_1^Q$，$\theta_1^Q < \theta_2^Q$，$\theta_1^Q < \theta_3^Q$。由于 $\theta < 1 - m$，有 $\theta < \theta_{\max}^Q$，其中，$\theta_{\max}^Q = \dfrac{2\kappa - (\beta + \delta c_n + C)C}{2\kappa - (C + c_r)C}$。有了式（8.7）至（8.10），在OEM-Stackelberg下，授权再制造给IR的OEM的最佳生产策略被总结在命题2中（如图8.2所示），OEM和IR的最佳决策见表8.3。

命题2 在$X = Q$时，OEM的最佳生产策略如下：

（1）策略N^Q：生产新产品，只有当$c_r < c_n \leqslant c_1^Q$和$\theta \leqslant \theta_1^Q$时；

（2）策略B^Q：生产新产品并授权再制造，只有当$c_r < c_n < c_1^Q$和$\max\{0, \theta_1^Q\} < \theta < \min\{\theta_2^Q, \theta_{\max}^Q\}$时；

（3）策略R^Q：授权再制造，只有当$c_r < c_n < 1$和$\max\{0, \theta_2^Q\} \leqslant \theta \leqslant \theta_{\max}^Q$时。

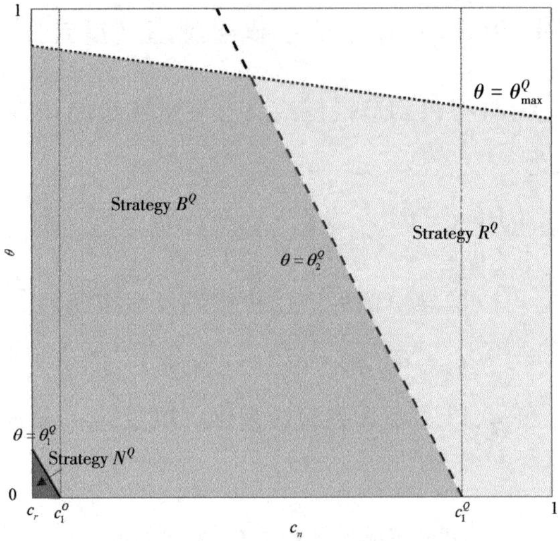

图8.2 OEM-Stackelberg下授权再制造给IR时，OEM的最佳生产策略

表8.3 OEM-Stackelberg下OEM和IR的最佳决策

参数	策略N^Q	策略B^Q	策略R^Q
p_n^{Q*}	$\frac{1+c_n}{2}$	$\frac{1+c_n}{2}$	—
p_r^{Q*}	—	$\frac{\delta+\beta\theta+c_r}{2}+\frac{A_2(\kappa-2c_rC)}{4(\kappa-C^2)}$	$\delta+\beta\theta-\frac{(2\delta\eta-\beta C)B}{8\delta\eta-2C^2}$
p_f^{Q*}	—	$\frac{B}{2}$	$\frac{B}{2}$
q_n^{Q*}	$\frac{1-c_n}{2}$	$\frac{1-c_n}{2}-\frac{\delta\eta A_2}{\kappa-C^2}$	—
q_r^{Q*}	—	$\frac{\eta A_2}{\kappa-C^2}$	$\frac{\eta B}{4\delta\eta-C^2}$
m^{Q*}	—	$\frac{A_2C}{2(\kappa-C^2)}$	$\frac{BC}{8\delta\eta-2C^2}$

续　表

参数	策略 N^Q	策略 B^Q	策略 R^Q
π_{OEM}^{Q*}	$\frac{(1-c_n)^2}{4}$	$\frac{\eta A_2^2}{2(\kappa - C^2)} + \frac{(1-c_n)^2}{4}$	$\frac{\eta B^2}{8\delta\eta - 2C^2}$
π_{IR}^{Q*}	—	$\frac{\eta A_2^2}{4(\kappa - C^2)}$	$\frac{\eta B^2}{16\delta\eta - 4C^2}$

注：$A_2 = \beta\theta + \delta c_n - c_r, B = \beta\theta + \delta - c_r$。

命题2表明，新产品的成本和质量优势对原始设备制造商的生产策略至关重要。只有当新产品的成本和质量优势的增加效用较低时，OEM才会生产新产品。低成本保证了生产新产品有足够的利润，而减少了再制造产品的生产。此外，质量优势的低效用进一步降低了IR的吸引力，导致OEM放弃再制造。随着新产品成本的增加或质量优势效用的提高，授权再制造有利可图。特别是当新产品的成本相对较高时，OEM才会授权再制造。本研究还表明，在新产品成本相对较低和质量优势相对较高（即 $c_r < c_n < c_2^Q$，$\max\{0, \theta_1^Q\} < \theta < \theta_3^Q$）时，IR收集的旧产品在授权再制造其质量水平小于1。一旦新产品的成本和质量优势超过了阈值（即 $c_2^Q < c_n < 1, \max\{0, \theta_3^Q\} < \theta < \theta_{\max}^Q$），IR就会在授权再制造的情况下回收质量完美的旧产品（$m = 1$）。

8.4.3　IR-Stackelberg下的授权再制造（模式q）

在模式q中，我们认为IR是授权再制造中的Stackelberg领导者。IR决定了平均回收质量 m 和再制造利润率 t，其中 $p_r = p_f + t$。OEM决定新产品的价格 p_n 和再制造产品的授权费 p_f。

模式q中新产品和再制造产品的需求函数为：

$$q_n = 1 - \frac{p_n - (p_f + t) + \beta(m + \theta)}{1 - \delta} \tag{8.11}$$

$$q_r = \frac{p_n - (p_f + t) + \beta(m + \theta)}{1 - \delta} - \frac{(p_f + t) - \beta(m + \theta)}{\delta} \tag{8.12}$$

通过式(8.11)和(8.12)，可以推导出新产品的价格和再制造产品的再制造利润率的反需求函数：

$$p_n = 1 - q_n - \delta q_r, t = \delta\left(1 - q_n - q_r\right) + \beta\left(m + \theta\right) - p_f \tag{8.13}$$

OEM和IR的利润函数如下：

$$\max_{p_n, p_f} \pi_{\text{OEM}} = \left(p_n - c_n\right)q_n + p_f q_r \tag{8.14}$$

$$\max_{t, m} \pi_{\text{IR}} = \left(p_f + t - p_f - c_r(1 - m)\right)q_r - \eta m^2 \tag{8.15}$$

$$\text{s.t.} q_r \geqslant 0, q_n \geqslant 0$$

设$c_1^q = \dfrac{2\kappa + 4\delta\eta c_r - C^2}{\kappa + 4\delta\eta - C^2}, c_2^q = \dfrac{2\kappa - C\beta}{\delta C}$，且

$$\theta_1^q = \frac{2\kappa + 4\delta\eta\left(\delta c_n - 2c_n + c_r\right) - C^2\left(1 - c_n\right)}{4\delta\eta\beta}$$

$$\theta_2^q = \frac{2\kappa - \left(\delta c_n + \beta\right)C}{C\beta}, \theta_{\max}^q = \frac{2\kappa - \left(\delta c_n + \beta\right)C}{2\kappa - c_r C}$$

有$c_1^O < c_1^q c_1^O < c_2^q \theta_1^Q < \theta_1^q, \theta_1^Q < \theta_2^q$。由于$\theta < 1 - m$，有$\theta < \theta_{\max}^q$。有了式(8.11)至(8.15)，在IR-Stackelberg下授权再制造给IR的OEM的最佳生产策略被总结在命题3中(如图8.3所示)，OEM和IR的最佳决策见表8.4。

命题3　在$X = q$时，OEM的最佳生产策略是：

(1)策略N^q：生产新产品，只有当$c_r < c_n \leqslant c_1^O$和$\theta \leqslant \theta_1^Q$时；

(2)策略B^q：生产新产品并授权再制造，只有当$c_r < c_n < c_1^q$和$\max\left\{0, \theta_1^Q\right\} < \theta < \min\left\{\theta_1^q, \theta_{\max}^q\right\}$时；

(3)策略R^q：授权再制造，只有当$c_r < c_n < 1$和$\max\left\{0, \theta_1^q\right\} \leqslant \theta \leqslant \theta_{\max}^q$时。

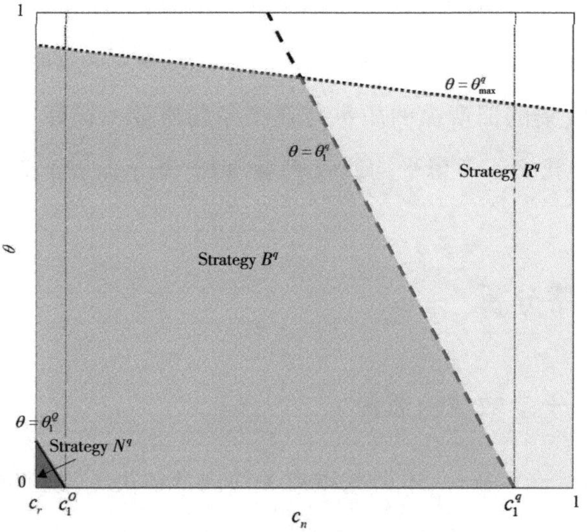

图8.3　IR-Stackelberg下授权再制造给IR时OEM的最佳生产策略

表8.4　IR-Stackelberg下OEM和IR的最佳决策

参数	策略 N^q	策略 B^q	策略 R^q
p_n^{q*}	$\frac{1+c_n}{2}$	$\frac{1+c_n}{2}$	—
p_r^{q*}	—	$\frac{\delta+\beta\theta+c_r}{2}+\frac{A_2\left(\kappa+(\beta-c_r)C\right)}{4\kappa-2C^2}$	$\delta+\beta\theta-\frac{B(2\delta\eta-\beta C)}{8\delta\eta-C^2}$
p_f^{q*}	—	$\frac{B}{2}-\frac{(\kappa-C^2)A_2}{4\kappa-2C^2}$	$\frac{2\delta\eta B}{8\delta\eta-C^2}$
q_n^{q*}	$\frac{1-c_n}{2}$	$\frac{1-c_n}{2}-\frac{2\delta\eta A_2}{2\kappa-C^2}$	—
q_r^{q*}	—	$\frac{2\eta A_2}{2\kappa-C^2}$	$\frac{2\eta B}{8\delta\eta-C^2}$
m^{q*}	—	$\frac{A_2 C}{2\kappa-C^2}$	$\frac{BC}{8\delta\eta-C^2}$
π_{OEM}^{q*}	$\frac{(1-c_n)^2}{4}$	$\frac{\eta\kappa A_2{}^2}{(2\kappa-C^2)^2}+\frac{(1-c_n)^2}{4}$	$\frac{4\delta\eta^2B^2}{(8\delta\eta-C^2)^2}$
π_{IR}^{q*}	—	$\frac{\eta A_2^2}{2\kappa-C^2}$	$\frac{\eta B^2}{8\delta\eta-C^2}$

与命题2类似，命题3表明，当新产品的成本相对较低（$c_r < c_n < c_1^q$）、质量优势的效用适中（$\max\{0, \theta_1^Q\} < \theta < \min\{\theta_1^q, \theta_{max}^q\}$）时，新产品和再制造产品都是存在的。与命题1相比，命题2和命题3发现，在新产品成本较高的情况

下，OEM更愿意授权再制造而不是不生产。同时，它还显示，当新产品的成本和质量优势相对较高（$c_2^q < c_n < 1$，$\max\{0, \theta_2^q\} < \theta < \theta_{\max}^q$）时，在授权再制造的情况下，IR收集的旧产品的质量与新产品的质量一样好。这在实际中并不常见。因此，我们不考虑平均回收质量为1。基于命题1、2和3，下面比较三种最佳决策。

8.5 策略分析

8.5.1 关于参数值的假设

为了不使讨论复杂化，本研究重点关注内部解决方案，并对参数值的假设总结如下。

（1）渠道成本的系数足够大：$\eta > \eta^*$，其中$\eta^* = \frac{C^2}{4\delta(1-\delta)}$。当渠道成本的系数变小时，从再制造者的角度来看，它更倾向于回收其质量完美的旧产品（$m = 1$），因为渠道成本会很低。这样的结果是不合理的，因为质量为1的旧产品不能被回收。因此，我们假设η大于一个阈值。此外，最佳的平均回收质量与实际情况相符（$m < 1$）。

（2）生产新产品的成本是适中的：$c_1^Q < c_n < \min\{c_2^Q, c_3^Q\}$。如果成本太小，新产品的利润将不断增加，这导致在内部进行再制造的OEM只提供新产品，即不存在再制造产品。如果成本负担太高，OEM只授权再制造。为了确保市场上同时存在新产品和再制造产品，我们假设c_n是适中的。同时，我们不考虑质量为1的旧产品可以被回收。

（3）由IR的质量优势而增加的效用满足$\max\{0, \theta_1^Q\} < \theta < \min\{\theta_2^Q, \theta_{\max}^Q\}$，以确保质量优势所增加的效用不超过再制造产品的感知质量。

8.5.2 平衡决策之间的比较

本节集中讨论了再制造选择对利润和平均回收质量的影响，其中包括授权的两种供应链领导力（OEM-Stackelberg和IR-Stackelberg）。我们进行了敏感度分析(表8.5),并比较了新产品成本和质量优势方面的均衡决策,以揭示质量优势的作用。

表8.5　最佳决策的敏感度分析

参数	c_n	θ
m^{O*},m^{Q*},m^{q*}	↑	*/ /↑↑
$p_n^{O*},p_n^{Q*},p_n^{q*}$	↑	*
$q_n^{O*},q_n^{Q*},q_n^{q*}$	↓	*/ /↓↓
p_r^{O*}	$\beta < c_r$,↓;$\beta > c_r$,↑	*
p_r^{Q*}	$\eta < \eta_1^p$,↓;$\eta > \eta_1^p$,↑	$\eta < \eta_2^p$,↓;$\eta > \eta_2^p$,↑
p_r^{q*}	↑	↑
$q_r^{O*},q_r^{Q*},q_r^{q*}$	↑	*/ /↑↑
p_f^{Q*},p_f^{q*}	*/↓	↑
$\pi_{\mathrm{OEM}}^{O*},\pi_{\mathrm{OEM}}^{Q*},\pi_{\mathrm{OEM}}^{q*}$	↓	*/ /↑↑
$\pi_{\mathrm{IR}}^{Q*},\pi_{\mathrm{IR}}^{q*}$	↑	↑

注:↑表示增加,↓表示减少,*表示没有影响,$\eta_1^p = \dfrac{c_r C}{2\delta(1-\delta)}$,$\eta_2^p = \dfrac{(c_r + C)C}{6\delta(1-\delta)}$。

一般来说,当新产品的成本增加时,平均回收质量、新产品价格、再制造数量和IR的利润都会增加。然而,新产品的数量和OEM的利润将随着新产品成本的增加而减少。新产品成本的增加使OEM提高了价格,从而减少了新产品的数量,影响了OEM的利润。在授权再制造中,它提高了再制造的数量并使IR受益,而对OEM则是不利的,平均回收质量、再制造数量、授权费和利润将随着质量优势的增加而增加。然而,当质量优势增加时,新产品的数量就会减少。高的再制造数量和平均回收质量带来的利润增长超过了授权成本。因此,OEM和IR从质量优势的高效用中获益,尽管授权费同时增加。

从表8.5可以看出,模式q中的授权费随着新产品成本的增加而减少,而模式Q中的授权费仍然没有变化。之所以会发生这种情况,是因为OEM必须考虑IR-Stackelberg下IR的决策影响。在这种情况下,新产品的成本会影响IR的平均回收质量和再制造利润率的决策，从而导致授权费的变化。然而，在授权再制造中占主导地位的OEM可能不需要考虑IR的决定。

命题4 OEM-Stackelberg下的授权费高于IR-Stackelberg下的授权费，即$p_f^{Q*} > p_f^{q*}$。

命题4表明，OEM-Stackelberg下OEM收取的授权费较高。这个命题意味着领导力会影响授权费的决定。在OEM-Stackelberg下，最佳授权费是根据OEM的利润最大化来决定的，它受到再制造产品的质量优势和成本的影响。在IR-Stackelberg下，OEM需要对IR的平均回收质量和再制造利润率的决策做出反应。为了获得足够的利润，IR不愿意把再制造利润率定得太低。如果授权费较高，再制造产品的价格会提高，导致再制造产品的需求降低。因此，在IR-Stackelberg下，OEM必须降低授权费以获得更多的利润。通过比较平均回收质量和数量的决策，得到以下命题。

命题5

(1)如果$0 < \theta < \theta_b$，则$m^{q*} < m^{Q*} < m^{O*}$；如果$\theta_b < \theta < \theta_e$，则$m^{q*} < m^{O*} < m^{Q*}$；如果$\theta_e < \theta < \min\{\theta_2^Q, \theta_{\max}^Q\}$，则$m^{O*} < m^{q*} < m^{Q*}$。

(2)如果$0 < \theta < \theta_b$，则$q_n^{O*} < q_n^{Q*} < q_n^{q*}$；如果$\theta_b < \theta < \theta_e$，则$q_n^{Q*} < q_n^{O*} < q_n^{q*}$；如果$\theta_e < \theta < \min\{\theta_2^Q, \theta_{\max}^Q\}$，则$q_n^{Q*} < q_n^{q*} < q_n^{O*}$。

(3)如果$0 < \theta < \theta_b$，则$q_r^{q*} < q_r^{Q*} < q_r^{O*}$；如果$\theta_b < \theta < \theta_e$，则$q_r^{q*} < q_r^{O*} < q_r^{Q*}$；如果$\theta_e < \theta < \min\{\theta_2^Q, \theta_{\max}^Q\}$，则$q_r^{O*} < q_r^{q*} < q_r^{Q*}$。

其中，$\theta_b = \dfrac{A_1}{\beta}\theta_e = \dfrac{\kappa A_1}{\beta(\kappa - C^2)}$。

在授权再制造的情况下，模式Q的最佳平均回收质量要高于模式q，这与授权费的比较相似。这意味着，当OEM作为领导者时，IR会回收更高质量的旧产品，以弥补由于较高的授权费而造成的成本差距。随着质量优势带来的效用增加，模式O中的平均回收质量逐渐低于授权模式中的质量，原因是质量优势越高，平均回收质量的成本节约就越突出(m^{Q*}和m^{q*}与θ一起增加)。

通过分析命题5发现，新产品和再制造产品的数量比较在三种情况下是完全相反的。例如，当质量优势较低时，模式q中新产品的数量是三种模式中最高的，但再制造产品的数量却是最低的。我们发现，在授权再制造中，OEM-Stackelberg下的新产品数量要低于IR-Stackelberg下的数量。然而，再制造产品的数量比较与新产品相反，这意味着OEM-Stackelberg下的再制造产品的数量更高。原因是授权费越高，平均回收质量和再制造数量就越高，这可以从命题4和5中得到。当质量优势的效用较低时，模式O中的再制造产品的数量要高于其他模式。随着质量优势效用的增加，模式Q中的再制造产品的数量是最高的。因为质量优势的高效用吸引了更多的客户购买再制造产品。此外，模式O中新产品的数量也逐渐高于其他模式，因为随着质量优势的增加，授权模式将侧重于再制造生产。

8.5.3　三种情况下的最佳再制造选择

本节研究OEM和IR的最佳再制造选择，其中包括三种再制造情况。首先，命题6展示了IR在授权下的利润比较。

命题6　如果渠道成本系数相对较低（$\eta^* < \eta < \eta^{**}$），IR-Stackelberg下IR的最优利润低于OEM-Stackelberg下的最优利润，即$\pi_{IR}^{Q*} > \pi_{IR}^{q*}$；如果渠道成本系数相对较高（$\eta > \eta^{**}$），IR-Stackelberg下IR的最优利润高于OEM-Stackelberg下的最优利润，即$\pi_{IR}^{Q*} < \pi_{IR}^{q*}$，其中，$\eta^{**} = \dfrac{3C^2}{8\delta(1-\delta)}$。

命题6表明，如果渠道成本系数相对较高，模式q中的IR比模式Q中的IR享有更多的利益。一方面，IR-Stackelberg下支付的授权费比OEM-Stackelberg下支付的授权费低。另一方面，渠道成本的高系数加剧了OEM-Stackelberg下高平均回收质量带来的成本负担（$m^{q*} < m^{Q*}$）。渠道成本系数较低的情况构成了本章一个有趣发现的基础：在授权再制造下，OEM作为Stackelberg的领导者会给IR带来更多的利益。因为在高额授权费的压力下，IR会回收更多质量更高的产品以降低再制造成本，并在OEM作为领导者时获得更多利润。特别是在渠道成本系数较低的情况下，成本节约更为

突出，因此，IR获得的利润更高。然而，当IR作为供应链的领导者时，它可以享受到低授权费的好处，并通过控制成本来实现利润最大化（$m^{q*} < m^{Q*}$，$q_r^{q*} < q_r^{Q*}$）。随着渠道成本系数的降低，控制成本的作用在渠道成本中变得不明显了。因此，如果渠道成本的系数较低，IR-Stackelberg下IR的最优利润要低于OEM-Stackelberg下的最优利润。

命题7 OEM的最优利润的比较总结如下：

（1）如果$0 < \theta < \theta_a$，则$\pi_{\mathrm{OEM}}^{q*} < \pi_{\mathrm{OEM}}^{Q*} < \pi_{\mathrm{OEM}}^{O*}$；

（2）如果$\theta_a < \theta < \theta_g$，则$\pi_{\mathrm{OEM}}^{q*} < \pi_{\mathrm{OEM}}^{O*} < \pi_{\mathrm{OEM}}^{Q*}$；

（3）如果$\theta_g < \theta < \min\{\theta_2^Q, \theta_{\max}^Q\}$，则$\pi_{\mathrm{OEM}}^{O*} < \pi_{\mathrm{OEM}}^{q*} < \pi_{\mathrm{OEM}}^{Q*}$。

其中，$\theta_g = \dfrac{A_1\left(\sqrt{(2\kappa - C^2)^2(\kappa - C^2)\kappa} - (\kappa - C^2)\kappa\right)}{(\kappa - C^2)\beta\kappa}$。

命题7表明，随着质量优势带来的效用增加，模式q中的最优利润逐渐高于模式O中的最优利润。这意味着，当市场上只有具有强大议价能力（领导地位）的IR时，OEM将从授权的质量优势的高效用中受益。例如，在发动机行业，路虎与卡特彼勒合作，在再制造服务方面受其领导。基于授权中不同领导力的存在，模式Q中的最优利润和平均回收质量都高于模式q，这与我们的直觉相反，即IR作为领导者会导致OEM的平均回收质量降低和利润提高。我们的分析表明，IR的领导地位导致了较低的授权费（$p_f^{q*} < p_f^{Q*}$，命题4）和再制造产品的数量[$q_r^{q*} < q_r^{Q*}$，命题5(3)]，从而降低了OEM的利润。

当质量优势增加的效用较低时（$0 < \theta < \theta_a$），OEM在模式O中收集更多的旧产品（$q_r^{q*} < q_r^{Q*} < q_r^{O*}$）并回收更高质量的旧产品（$m^{q*} < m^{Q*} < m^{O*}$），而在模式q中生产更多的新产品（$q_n^{O*} < q_n^{Q*} < q_n^{q*}$）。再制造产品确实比新产品更有利于OEM营利。内部再制造的策略促使原始设备制造商回收更高平均质量的旧产品，这导致再制造成本降低。因此，在内部进行再制造的OEM获得了更高的利润。在质量优势效用较低的情况下，授权再制造很难发挥作用，促使OEM承担授权成本。例如，卡特彼勒（即OEM）作为全球机械制造巨头，在发动机和零部件领域已经涉足再制造领域超过40年。

在质量优势效用适中的情况下($\theta_a < \theta < \theta_b$),尽管再制造产品数量和平均回收质量不高,但OEM在模式Q中获得了最高的利润。这是因为随着质量优势效用的增加,原始设备制造商开始享受到IR的好处(π_{OEM}^{Q*}与θ)。然而,质量优势对模式O的利润没有影响。因此,它导致模式Q的利润高于模式O。

当质量优势的效用很高时($\theta_b < \theta < \min\{\theta_2^Q, \theta_{\max}^Q\}$),模式Q的最优利润高于其他模式。这是因为IR发挥了重要作用,在质量优势效用较高的情况下提供了更多的再制造产品($q_r^{q*}, q_r^{O*} < q_r^{Q*}$)。平均回收质量的提高对再制造者有两个影响。一方面,它降低了再制造的生产成本[即$c_r(1-m)$]。另一方面,它提高了收集旧产品的渠道成本(即ηm^2)。前者对再制造者有利,而后者则是有害的。在OEM-Stackelberg下,负面效应被成本节约所抵消。因此,OEM从质量优势和授权费的高效用中享受到了更高的利润。

命题7呼应了文献中一些相关研究的发现,即在高再制造成本下,内部再制造更受青睐(Wang et al.,2017)。此外,当IR完全服务于OEM的利润目标时,OEM从授权中获益更多(Zhou et al.,2021)。我们的分析强调,无论再制造的成本如何,IR的质量优势是再制造策略选择的驱动力。与以往的研究不同,我们认为即使OEM作为供应链的领导者,IR的目标也是使自己的利润最大化。此外,我们的结果强调,当渠道成本系数较低时,OEM-Stackelberg下的授权再制造是一种双赢策略,对OEM和IR都有利。

8.5.4　环境影响

前文主要从经济方面分析了OEM和IR的再制造。为了减少碳排放和极端天气的发生,本节将深入研究再制造方案对环境的影响。我们考虑了环境的两个方面,即非生产性环境和生产性环境。类似于Wang等(2017)的研究,我们认为收集的产品数量越多,意味着对市场中的非生产性环境影响越好,并假设$E_{np}^X = q_r^{X*}$作为衡量标准。在三种方案中,q_r^{X*}最大时环境效益最佳,反之,环境效益最差。E_{np}^X值较大的方案将被视为非生产性环境优越的方案。因此,我们在以下命题中确定了供应链的非生产性环境的影响。

命题8 如果$0<\theta<\theta_b$,则$E_{np}^{q}<E_{np}^{Q}<E_{np}^{O}$;如果$\theta_b<\theta<\theta_e$,则$E_{np}^{q}<E_{np}^{O}<E_{np}^{Q}$;如果$\theta_e<\theta<\min\left\{\theta_2^Q,\theta_{\max}^Q\right\}$,则$E_{np}^{O}<E_{np}^{q}<E_{np}^{Q}$。

结果显示,如果质量优势的效用较低($0<\theta<\theta_a$),内部再制造作为最佳经济策略[$\pi_{\text{OEM}}^{q*}<\pi_{\text{OEM}}^{Q*}<\pi_{\text{OEM}}^{O*}$,命题7(1)],将抑制对非生产性环境的影响,减少极端天气的发生。在质量优势效用较低的情况下,IR几乎不起作用,OEM愿意收集更多的旧产品,而不需要承担授权费的成本负担。当质量优势的效用较高时($\theta_b<\theta<\min\left\{\theta_2^Q,\theta_{\max}^Q\right\}$),OEM-Stackelberg下的授权再制造不仅可以获得更多的利润($\max\left\{\pi_{\text{OEM}}^{O*},\pi_{\text{OEM}}^{q*}\right\}<\pi_{\text{OEM}}^{Q*}$,命题7),而且可以降低对非生产性环境的影响,减少极端天气的发生。这意味着质量优势的高效用促使IR收集更多的旧产品,获得更高的利润。然而,在质量优势效用适中的情况下($\theta_a<\theta<\theta_b$),OEM-Stackelberg下的授权再制造可能会增加对非生产性环境的影响,尽管它的利润更高($\max\left\{\pi_{\text{OEM}}^{O*},\pi_{\text{OEM}}^{q*}\right\}<\pi_{\text{OEM}}^{Q*}$,命题7)。原因是质量优势的效用相对较低,难以吸引足够的客户,会降低再制造产品的数量($q_r^{q*}<q_r^{Q*}<q_r^{O*}$)。

除了对非生产性环境的影响,我们还考虑对生产性环境影响。用E_p^X表示在X情况下对生产性环境的影响。我们考虑与新产品和再制造产品的销售相关的生产性环境影响。为了突出新产品和再制造产品之间的差异,我们将新产品的环境影响归一。相反,为了反映再制造的好处,我们假设销售一个单位的再制造产品会引起一个单位的环境影响,即$1-m^{X*}$,类似于Zhang等(2020)的研究。因此,总生产性环境影响为

$$E_p^X=q_n^{X*}+\left(1-m^{X*}\right)q_r^{X*} \tag{8.15}$$

命题9

(1)对于$c_1^Q<c_n<c_{n1}(\theta_b<\theta_e)$:如果$0<\theta<\theta_e$,则$E_p^q<\min\left\{E_p^Q,E_p^O\right\}$;如果$\theta_e<\theta<\theta_c$,则$E_p^O<\min\left\{E_p^Q,E_p^q\right\}$;如果$\theta_c<\theta<\min\left\{\theta_2^Q,\theta_{\max}^Q\right\}$,则$E_p^Q<\min\left\{E_p^O,E_p^q\right\}$。其中,

$$c_{n1}=\frac{2\kappa^2(1-\delta)+4\kappa C\left(C\delta-\beta\right)-C^3\left(3c_r-2(1-\delta)C\right)}{\delta C\left(4\kappa-3C^2\right)}$$

$$\theta_c=\frac{2\kappa(1-\delta)+C\left(\left(2\delta+1\right)c_r+\left(2\beta-3c_n\right)\delta-2\beta\right)}{\beta C}$$

(2)对于 $c_{n1}<c_n<c_{n2}(\theta_b<\theta_d)$：如果 $0<\theta<\theta_d$，则 $E_p^q<\min\left\{E_p^Q,E_p^O\right\}$；如果 $\theta_d<\theta<\min\left\{\theta_2^Q,\theta_{\max}^Q\right\}$，则 $E_p^Q<\min\left\{E_p^O,E_p^q\right\}$。其中，

$$\theta_d=\frac{4\kappa^2(1-\delta)-\kappa C\left(4A_1+6C(1-\delta)\right)+\left(2C(1-\delta)+3A_1\right)C^3}{\beta C\left(4\kappa-3C^2\right)}$$

(3)对于 $c_{n2}<c_n<c_{n3}$：如果 $0<\theta<\theta_f$，则 $E_p^q<\min\left\{E_p^Q,E_p^O\right\}$；如果 $\theta_f<\theta<\theta_b$，则 $E_p^O<\min\left\{E_p^Q,E_p^q\right\}$；如果 $\theta_b<\theta<\min\left\{\theta_2^Q,\theta_{\max}^Q\right\}$；则 $E_p^Q<\min\left\{E_p^O,E_p^q\right\}$。其中，

$$c_{n2}=\frac{2\kappa^2(1-\delta)+\kappa C\left(4c_r-3(1-\delta)C\right)-C^3\left(3c_r-(1-\delta)C\right)}{\delta C\left(4\kappa-3C^2\right)\delta}$$

$$c_{n3}=\frac{2(1-\delta)\kappa^2+\left(\beta-c_r\right)C^3+3\kappa C\left(\delta C-\beta\right)-\delta C^4}{\left(3\kappa-2C^2\right)\delta C}$$

$$\theta_f=\frac{2(1-\delta)\kappa^2+\left(2\delta c_n+\beta-c_r\right)C^3+3\kappa C\left(\delta C-\beta-\delta c_n\right)-\delta C^4}{\left(\kappa-C^2\right)\beta C}$$

(4)对于 $c_{n3}<c_n<\min\left\{c_2^O,c_3^O\right\}$：如果 $0<\theta<\theta_b$，则 $E_p^O<\min\left\{E_p^q,E_p^Q\right\}$；如果 $\theta_b<\theta<\min\left\{\theta_2^Q,\theta_{\max}^Q\right\}$，则 $E_p^Q<\min\left\{E_p^O,E_p^q\right\}$。

令我们惊讶的是，当质量优势的效用很高时，最优再制造方案可以减少极端天气方面的环境负担。在这种情况下，OEM-Stackelberg 下的 IR 可以提高回收质量和再制造数量(m^{Q*}，q_r^{Q*}，θ)，从而减少了再制造生产性环境影响。关于质量优势的低效用，经济偏好总是导致与新产品低成本生产性环境影响的冲突。主要原因是，新产品成本的降低导致产生了较高的新产品数量、较低的回收质量和再制造数量(q_n^* 与 c_n 减少，m^*，q_r^* 与 c_n 增加)，从而损害了环境。随着新产品成本的增加，经济偏好减少了对生产性环境和极端天气的影响。但在适度的质量优势下，营利性和可持续性之间的矛盾仍然存在。

因为最优的经济偏好并不能实现更高的回收质量。因此,它将增加碳排放和极端天气发生的频率。

与以往对单边环境的考虑不同(Wang et al.,2017;Zhang et al.,2020),命题8和9从非生产性和生产性两个角度强调环境影响。新产品的成本和质量优势对于实现营利和可持续发展的最佳再制造策略都很重要。如果新产品的成本较高,质量优势较低,OEM将在内部进行再制造。当质量优势较高时,OEM-Stackelberg下的授权再制造会受到OEM的青睐。特别是在渠道成本低的情况下,授权再制造可以实现三重优化,包括OEM-Stackelberg下的OEM利润、IR利润和环境。

下面通过一个数字例子来验证结果,其中,$c_r = 0.01$,$\beta = 0.1$,$\delta = 0.9$,$\eta = 0.2$,在图8.4中,$\theta_a, \theta_b, \theta_c, \theta_d, \theta_e, \theta_f < \min\left\{\theta_2^Q, \theta_{\max}^Q\right\}$。该图比较了两种标准的三种情况,$c_n$和$\theta$的不同组合。这些区域的标签格式为$SCENARIO(METRIC)$,其中,$SCENARIO \in \left\{O, Q, q\right\}$,分别指内部再制造、OEM-Stackelberg下的授权再制造、IR-Stackelberg下的授权再制造;$METRIC \in \left\{P, E_{np}, E_p\right\}$,分别指利润、非生产性环境、生产性环境。因此,$O(P)$,$Q(P)$和$q(P)$分别表示内部再制造、OEM-Stackelberg下的授权再制造和IR-Stackelberg下的授权再制造为OEM带来更高利润的区域;$O\left(E_{np}\right)$,$Q\left(E_{np}\right)$和$q\left(E_{np}\right)$分别表示在非生产过程中,内部再制造、OEM-Stackelberg下的授权再制造和IR-Stackelberg下的授权再制造更环保的区域;$O\left(E_p\right)$,$Q\left(E_p\right)$和$q\left(E_p\right)$分别表示在生产过程中,内部再制造、OEM-Stackelberg下的授权再制造和IR-Stackelberg下的授权再制造更环保的区域。

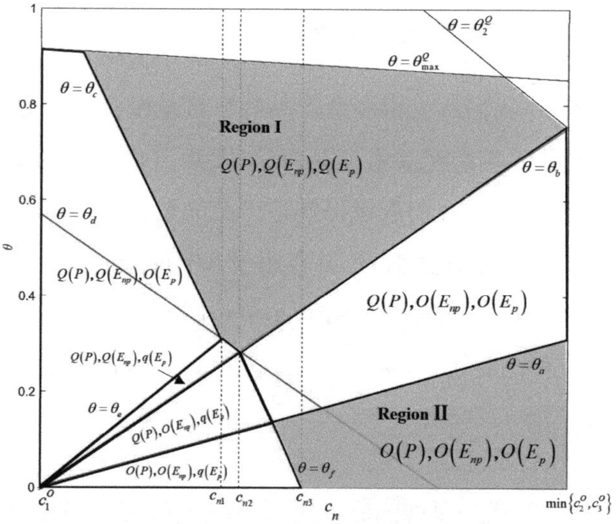

图 8.4　OEM 的利润和环境影响

图 8.4 中有一些明显的区域，我们称之为“一致区域”，意思是，其中一个方案在原始设备制造商的营利能力和环境影响方面支配另一个方案。例如，图 8.4 中显示了区域Ⅰ和区域Ⅱ。这些区域反映了 c_n 和 θ 的相对大小（即相对较大的 c_n 和相对较小的 θ 使内部再制造成为主导；相对较大的 c_n 和 θ 使 OEM-Stackelberg 下的授权再制造成为主导）。一致区域的存在表明，营利能力和环境绩效并不总是冲突的。然而，可能存在“冲突区域”，如 $\left[Q(P), Q\left(E_{np}\right), O\left(E_p\right)\right]$，在这些区域中，OEM 必须决定利润与环境的相对重要性。这样的区域是再制造者必须承担授权成本或渠道成本的结果，它们降低了再制造产品的数量和回收质量。

8.6　模型的扩展

本节将探讨三个对建模框架的扩展，第一个扩展假设再制造产品的数量严格低于新产品的数量，第二个扩展引入了两期的情况来考虑再制造的策略选择问题，第三个扩展假设新产品和再制造产品之间功能质量的影响不同。

8.6.1　再制造产品的数量限制

在基本模型中,我们认为再制造产品的数量是没有限制的。然而,在现实世界中,很明显,再制造产品来自新产品,因此,它受到了新产品生产的限制。在这个扩展模型中,我们假设再制造产品的数量低于新产品的数量,通过建模和分析,得出以下新的假设,并在附录B中进行证明。

(1)渠道成本中系数的假设与8.5.1小节相同。

(2)生产新产品的成本是适度的,$c_1^Q < c_n < \min\left\{c_{a1}, c_3^Q\right\}$,其中,$c_{a1} = \dfrac{\kappa + 4\eta c_r(1+\delta) - C^2}{8\eta\delta - C^2}$。

(3)由IR的质量优势而增加的效用满足$\max\left\{0, \theta_1^Q\right\} < \theta < \min\left\{\theta_{r1}, \theta_{\max}^Q\right\}$。

其中,$\theta_{r1} = \dfrac{\left(2c_r(1+\delta) + 2\left(\delta c_n - 3c_n\right)\delta\right)\eta + \kappa + C^2\left(c_n - 1\right)}{2\beta\eta(\delta + 1)}$。

在再制造产品数量的限制下,我们发现新产品中的成本和质量优势的临界值发生了变化。与基本模型相比,收集策略在附录B中被分为部分回收和完全回收。由于完全回收的不现实性,部分回收是本部分的研究重点,其中,其均衡结果与基本模型中的结果一致。因此,它对我们在基本模型中的结果是有意义的,因为在再制造产品数量的限制下,三种策略的比较不会改变。下面通过一个数字例子来说明图8.5的结果,其中,$c_r = 0.01$,$\beta = 0.1$,$\delta = 0.9$,$\eta = 0.2$。我们发现,当再制造产品的数量受到限制时,区域被缩小了,最优再制造策略仍然存在。因此,我们的主要结论不会受到限制的影响。

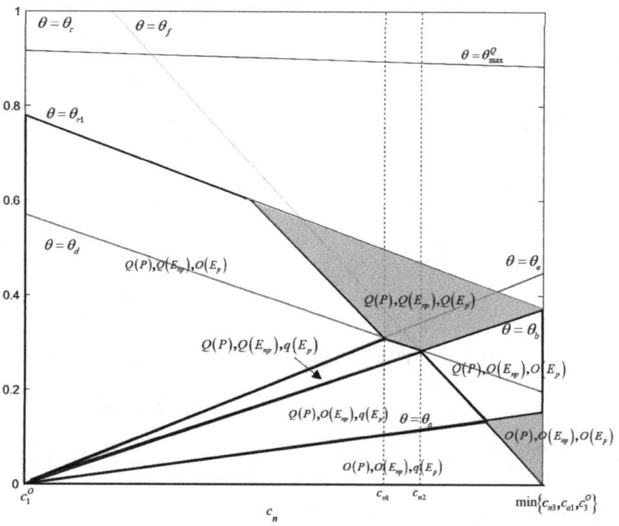

图 8.5　OEM 的利润和环境影响($q_r < q_n$)

8.6.2　两周期的情况

在再制造框架中，我们观察到，两周期的情况更为普遍。我们探讨了两期模型的表现。在第一个周期，OEM 提供的新产品的价格为 p_1；在第二个周期，OEM 提供的新产品的价格为 p_n。再制造产品由 OEM 或 IR 提供，价格为 p_r。再制造产品的数量低于第一期新产品的数量($q_r < q_1$)。因此，客户在第一期购买新产品的效用是 $u_1 = \varphi_n v - p_1 = v - p_1$。第一期新产品的需求函数为 $q_1 = 1 - p_1$。模型 O 中 OEM 的利润函数如下：

$$\max_{m,p_1,p_n,p_r} \pi_{\text{OEM}}^{O} = \left(p_1 - c_n\right)q_1 + \left(p_n - c_n\right)q_n + \left(p_r - c_r(1 - m)\right)q_r - \eta m^2$$

$$\text{s.t.}\, q_1 \geqslant q_r \geqslant 0, q_n \geqslant 0$$

对于决策序列，首先，OEM 在第一期确定新产品的价格。然后，第二期的决策顺序与模型 O 中的单期决策顺序相似。OEM 的内部再制造最佳生产策略在命题 10 中得到了总结，最佳决策在附录 C 的表 C1 中得到了总结。

命题 10　在 $X = O$ 时，OEM 的最佳生产策略如下：

(1)策略 N^O：如果 $c_r < c_n \leqslant c_1^O$，在两个周期内生产新产品。

(2)策略B^O:只有在$c_1^O < c_n < c_2^O$(其中,收集部分旧产品为$c_1^O < c < c_{b1}$,收集所有旧产品为$c_{b1} \leqslant c < c_2^O$)时,才同时生产新产品和再制造产品,其中,$c_{b1} = \dfrac{\kappa + 4\eta c_r - C^2}{4\delta\eta + \kappa - C^2}$。

(3)策略I^O:如果$c_2^O \leqslant c_n < 1$,只在第一期生产新产品。

命题10表明,随着新产品单位成本的增加,原始设备制造商的最佳生产策略从两期生产新产品变为同时生产新产品和再制造产品,然后变为在第一期生产新产品。在第一阶段提供新产品总是有利可图的。当新产品的成本相对较低时($c_1^O < c < c_{b1}$),原始设备制造商会收集部分旧产品,因为完全回收的渠道成本高于再制造的利润。当新产品的成本相对较高时($c_{b1} \leqslant c < c_2^O$),完全回收的利润要高于渠道成本。

OEM和IR在授权方案中的利润函数是:

$$\max_{p_1, p_n, p_f} \pi_{\text{OEM}} = \left(p_1 - c_n\right)q_1 + \left(p_n - c_n\right)q_n + p_f q_r$$

$$\max_{p_r, m} \pi_{\text{IR}} = \Big(p_r - p_f - c_r(1 - m)\Big)q_r - \eta m^2$$

$$\text{s.t.} q_1 \geqslant q_r \geqslant 0, q_n \geqslant 0$$

在IR-Stackelberg下的授权再制造中,$p_r = p_f + t$。对于决策序列,首先,OEM在第一期确定新产品的价格。第二期的决策顺序与单期授权情况下的决策顺序相似。命题11和12中总结了授权中OEM的生产策略,附录C的表C2、C3中总结了最佳决策。

命题11 在$X = Q$时,OEM的最佳生产策略如下:

(1)策略N^Q:如果$c_r < c_n \leqslant c_1^Q$和$\theta \leqslant \theta_1^Q$,在两个周期内生产新产品。

(2)策略B^Q:只有在$c_r < c_n < c_1^Q$和$\max\{0, \theta_1^Q\} < \theta < \min\{\theta_2^Q, \theta_{\max}^Q\}$(其中,收集部分旧产品为$c_r < c_n < c_{b2}$和$\max\{0, \theta_1^Q\} < \theta < \min\{\theta_{t1}, \theta_{\max}^Q\}$,收集所有旧产品为$c_r < c_n < c_1^Q$和$\max\{0, \theta_{t1}\} \leqslant \theta < \min\{\theta_2^Q, \theta_{\max}^Q\}$)时,生产新产品并授权再制造,其中,$c_{b2} = \dfrac{\kappa - C^2 + 2\eta c_r}{2\delta\eta + \kappa - C^2}$,$\theta_{t1} = \dfrac{(\kappa - C^2)(1 - c_n) - 2\eta A_1}{2\eta\beta}$。

(3)策略I^Q:在第一期生产新产品,只有在$c_r < c_n < 1$和$\max\{0, \theta_2^Q\} \leqslant \theta \leqslant$

$\theta_{\max}^{Q}$时才授权再制造。

命题12　在$X = q$时,OEM的最佳生产策略如下:

(1)策略N^q:如果$c_r < c_n \leqslant c_1^O$和$\theta \leqslant \theta_1^Q$,在两个周期生产新产品。

(2)策略B^q:只有在$c_r < c_n < c_1^q$和$\max\{0, \theta_1^Q\} < \theta < \min\{\theta_1^q, \theta_{\max}^q\}$(其中,收集部分旧产品为$c_r < c_n < c_{b3}$和$\max\{0, \theta_1^Q\} < \theta < \min\{\theta_{t2}, \theta_{\max}^q\}$,收集所有旧产品为$c_r < c_n < c_1^q$和$\max\{0, \theta_{t2}\} \leqslant \theta < \min\{\theta_1^q, \theta_{\max}^q\}$)时,生产新产品并授权再制造,其中,$c_{b3} = \dfrac{2\kappa - C^2 + 4\eta c_r}{4\delta\eta + 2\kappa - C^2}$,$\theta_{t2} = \dfrac{(2\kappa - C^2)(1 - c_n) - 4\eta A_1}{4\eta\beta}$。

(3)策略I^q:在第一期生产新产品,只有在$c_r < c_n < 1$和$\max\{0, \theta_1^q\} \leqslant \theta \leqslant \theta_{\max}^q$时才授权再制造。

与命题10相比,除了新产品的低成本和质量优势外,OEM会在第一期生产新产品并授权再制造。命题11和12表明,新产品的成本和质量优势对于IR的收集策略至关重要。综上所述,我们认为新产品和再制造产品都是存在的,其中再制造者收集的是部分旧产品。下文总结了新的假设,这些假设在附录C中得到证明。

(1)渠道成本中系数的假设与8.5.1小节类似。

(2)生产新产品的成本是适度的,$c_1^O < c_n < \min\{c_{b1}, c_3^O\}$。

(3)由IR的质量优势而增加的效用满足$\max\{0, \theta_1^Q\} < \theta < \min\{\theta_{t1}, \theta_{\max}^Q\}$。

命题13　三种策略中第一期的新产品数量是相等的,即$q_1^{O*} = q_1^{Q*} = q_1^{q*}$。

结果表明,在第二期中,均衡决策的比较与单期中的一致。我们证明了第一期的决策对最优策略没有影响。在两期的情况下,当新产品的成本较高且质量优势较低时,内部再制造也是一种最佳的再制造策略。随着质量优势的增加,OEM-Stackelberg下的授权再制造也受到了OEM的青睐。此外,附录C中提供了一个数字例子来验证结果。通过这些结果,单期的主要结论被证明在两期中也是正确的。

8.6.3 新产品和再制造产品之间功能质量的影响不同

在基本模型中，我们考虑的情况是$\varphi_n = \varphi_r = 1$。在实际中，再制造产品的功能质量很可能低于新产品的质量。在这个模型中，我们放宽了这一假设，考虑了客户的估价取决于功能质量和考察$\varphi_r < \varphi_n$。通过建模和分析，得出以下新的假设，并在附录D中进行证明。

(1)渠道成本的系数足够大，$\eta > \eta_\varphi^*$，其中，$\eta_\varphi^* = \dfrac{\varphi_n(\beta + c_r)^2}{4\delta\varphi_r(\varphi_n - \delta\varphi_r)}$。

(2)生产新产品的成本是适度的，$\bar{c}_1^O < c_n < \min\{\bar{c}_2^O, \bar{c}_3^O\}$。

(3)由IR的质量优势而增加的效用满足$\max\{0, \Theta_1^Q\} < \theta < \min\{\Theta_2^Q, \Theta_{\max}^Q\}$，其中，临界值见附录D。

结果表明，在第二期，OEM和IR的数量、平均回收质量、利润、环境影响的比较与$\varphi_n = \varphi_r = 1$的情况相似。比较的细节在附录D中给出。当客户的估价取决于功能质量时，均衡决策与每一类产品的功能质量有关。然而，再制造策略和平均回收质量的选择与$\varphi_n = \varphi_r = 1$中案例的选择是一致的。从环境的角度来看，在渠道成本系数较低的情况下，当新产品的质量优势和成本较高时，可以实现包括OEM的利润、IR的利润和环境的三重优化来解决极端天气问题。由于新产品的成本高、质量优势弱，内部再制造是一种经济和环境友好的策略。

为了研究功能质量的差异对利润和环境影响之间一致或冲突的影响，我们提供数字例子来分析这个问题，使用与前几节相同的c_r,β,δ和η的值，并将新产品的功能质量视为一个固定值($\varphi_n = 0.9$)。此外，为了观察新产品和再制造产品之间功能质量差异的影响，考虑不同范围的φ_r(图8.6中的$\varphi_r = 0.85$和图8.7中的$\varphi_r = 0.8$)。

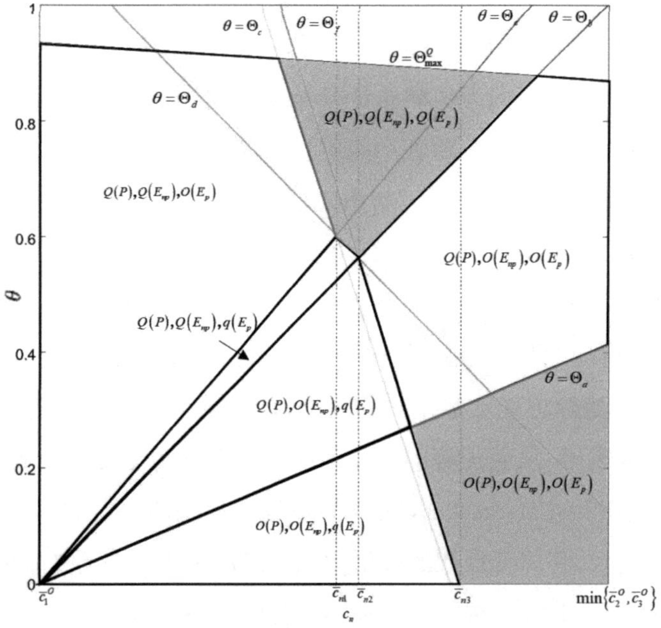

图 8.6　OEM 的利润和环境影响($\varphi_n = 0.9, \varphi_r = 0.85$)

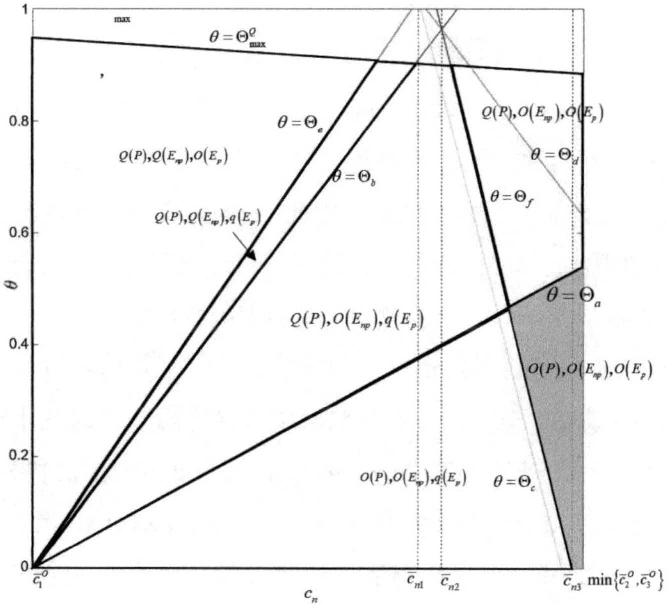

图 8.7　OEM 的利润和环境影响($\varphi_n = 0.9, \varphi_r = 0.8$)

图8.6和图8.7表明,一致和冲突区域反映了与功能质量差异有关的复杂的相互作用。当功能质量差异较小时,内部再制造和授权再制造可能是图8.6中的最佳策略。因为功能质量差异越小,客户对再制造产品的信任度越高,再制造就越有价值。随着功能质量差异的增加,再制造产品的吸引力下降,授权的可能性随之降低。如图8.7所示,OEM只会选择将内部再制造作为最佳策略。

从扩展方案中我们发现,再制造产品的数量限制和两期的情况对我们的主要结论没有影响。因此,最佳再制造策略具有现实意义,可以为商业实践提供启示。随着功能质量差异的减小,最优结果与之前的结论一致。在新产品的高成本下,质量优势的低效用使得内部再制造占主导地位,质量优势的高效用使得OEM-Stackelberg下的授权再制造占主导地位。功能质量的差异越来越大,将降低授权的吸引力,这导致OEM专注于内部再制造。随着功能质量差异的加大,授权再制造不再受到环境的青睐。

8.7 本章小结

本章在工业实践和极端天气的激励下,研究了在两种再制造选择(内部再制造与授权再制造)下的平均回收质量和再制造策略问题。对于授权再制造,我们考虑了两种类型的供应链领导力(OEM-Stackelberg和IR-Stackelberg),代表权力平衡的两端。因此,我们研究了三种情况,并决定最佳的平均回收质量。此外,我们还比较了三种情况下的不同均衡结果,包括数量、平均回收质量、利润、非生产性环境和生产性环境。

我们分析了每种再制造情况下的价格、数量、平均回收质量、授权费和利润的最佳/均衡值。在一个只存在具有强大议价能力的IR的市场中,质量优势的高效用导致OEM在IR-Stackelberg下获得更多的授权利润。基于授权中的不同领导力,研究结果表明,OEM-Stackelberg下的授权再制造对OEM来说是有优势的,因为OEM收取的授权费不断增加,迫使IR回收更高质量的旧产品并提供更多的再制造产品。因此,它可以弥补成本差距,获得更多的利润。此外,如果渠道成本的系数很低,IR的领导力也不利于IR。质量优势对平均回收质量和再制造策略选择起着重要作用。当质量优势较低时，OEM更倾向于内部再制造，回收的平均质量较高。当质量优势较高时，OEM-Stackelberg下的授权再制造受到OEM的青睐，IR回收的平均质量较高。在适度的质量优势下，OEM更倾向于OEM-Stackelberg下的授权。然而，IR回收的平均质量也是中等的。

我们从非生产性和生产性两个角度研究了最佳再制造策略对环境的影响，以减少极端天气的发生。从非生产性环境来看，如果质量优势的效用很低，内部再制造对环境更有利；否则，OEM-Stackelberg下的授权再制造将是更好的选择。从生产性环境来看，最佳策略取决于新产品的成本和质量优势的不同组合。如果新产品的成本和质量优势适中，或者新产品的成本高而质量优势低，内部再制造对生产性环境更有利。在新产品的成本和质量优势较高的情况下，授权再制造产生的碳排放量较低。值得注意的是，本研究在解决再制造如何影响生产性和非生产性环境问题的分析文献中可能是独一无二的。

为了帮助原始设备制造商协调营利能力和环境目标，我们确定了“一致”的区域，在这些区域中，每种策略在所有标准中都表现良好。如果质量优势的效用较低或较高，则在新产品的高成本下更有可能出现一致区域。在新产品成本高的情况下，质量优势的水平导致决策在回收质量和再制造数量上发生变化，这可能会影响利润和环境结果。特别是与低渠道成本相结合，包括OEM的利润、IR的利润和环境在内的三个方面可以得到优化。此外，我们还探讨了建模框架的三个扩展。再制造数量的限制和两期的情况验证了基本模型的主要结论。随着功能质量差异的增加，再制造产品的吸引力下降，而授权的优势几乎没有得到利用。只有内部再制造才能实现利润和环境的优化。我们的结论可以为政策制定者或行业组织提供一个指导，以获得更多的利润和减少极端天气的发生。

此外，我们的结论为原始设备制造商的再制造决策提供了管理上的启示。当IR的质量优势较低而新产品的成本较高时，内部再制造就会受到青睐。例如，在发动机和机器方面，IR的优势很弱，很难超过卡特彼勒的再制造水平。因此，内部再制造对卡特彼勒来说更有利。OEM和IR之间授权合作的一些决定与我们的结果一致。例如，质量保证下的低成本是苹果公司选择富士康进行手机再制造的主要原因。随着制造成本的增加，富士康吸引了苹果公司，与其达成长期合作关系，并被授权为官方再制造公司。苹果公司在一开始就帮助富士康建立生产线和产品标准。因此，苹果公司在授权合作过程中具有很大的议价能力，并在供应链中扮演着领导者的角色。然而，当富士康拥有较大的议价能力并充当供应链领导者时，其他OEM（如小米、华为）就不会选择在手机再制造方面进行合作。这项研究为OEM的再制造决策提供了一个潜在的解释。

对于未来的研究，首先，可以考虑研究收集/退还产品的质量和收购机制的不确定性。例如，许多手机制造商利用第三方平台来收集二手产品，再制造企业和第三方平台之间的回收问题是决策者必须要解决的。其次，授权和非授权的再制造产品之间的潜在竞争，以及再制造产品的成本结构应集中研究。这些问题对再制造活动有重要影响，并影响OEM和IR的再制造决策。最后，我们的研究中只考虑了两种类型的供应链领导力，因此，可以进一步探讨其他领导力在整个合作过程中的影响，如纳什议价游戏。

8.8 附录

附录A

命题1的证明：根据逆向归纳法计算出式（8.6）的单期博弈模型。从 $\frac{\partial^2 \pi_{\text{OEM}}}{\partial p_n^2} = -\frac{2}{1-\delta} < 0$，$\frac{\partial^2 \pi_{\text{OEM}}}{\partial p_r^2} = \frac{2}{(\delta-1)\delta} < 0$，Hessian 矩阵为 $\left|H_{p_n,p_r}\right| = \frac{4}{(1-\delta)\delta} > 0$，可以知道，$\pi_{\text{OEM}}\left(p_n, p_r\right)$ 在 p_n 和 p_r 中是共同凹的。通过解决 $\frac{\partial \pi_{\text{OEM}}}{\partial p_n} = 0$ 和 $\frac{\partial \pi_{\text{OEM}}}{\partial p_r} = 0$，得到 $p_n^{O*} = \frac{c_n}{2} + \frac{1}{2}$ 和 $p_r(m) = \frac{c_r(1-m)}{2} + \frac{\delta}{2} + \frac{\beta m}{2}$。

将它们带入式(8.6)，并驱动 $\frac{\partial^2\pi_{\text{OEM}}\left(p_n^{O*},p_r(m)\right)}{\partial m^2}=-\frac{4\eta\delta(1-\delta)-\left(c_r+\beta\right)^2}{2(1-\delta)\delta}$。为了确保$\pi_{\text{OEM}}$关于$m$是凹的，我们假设$\eta>\frac{\left(c_r+\beta\right)^2}{4\delta(1-\delta)}$满足8.5.1小节的假设(1)。通过求解 $\frac{\partial\pi_{\text{OEM}}\left(p_n^{O*},p_r(m)\right)}{\partial m}=0$，得到最优的平均回收质量，即 $m^{O*}=\frac{\left(\delta c_n-c_r\right)\left(\beta+c_r\right)}{4\delta\eta(1-\delta)-\left(\beta+c_r\right)^2}$，然后可以得到表8.2中策略$B^O$的最佳结果。

设 $c_1^O=\frac{c_r}{\delta}$，$c_2^O=\frac{\kappa+4\delta\eta c_r-C^2}{4\delta\eta-C^2}$，$c_3^O=\frac{\kappa-\beta C}{\delta C}$，其中，$\kappa=4\delta(1-\delta)\eta$，$C=\beta+c_r$。从 $c_2^O-c_1^O=\frac{\left(4\delta\eta(1-\delta)-\left(\beta+c_r\right)^2\right)\left(\delta-c_r\right)}{\left(4\delta\eta-\left(\beta+c_r\right)^2\right)\delta}>0$ 和 $c_3^O-c_1^O=\frac{4\delta\eta(1-\delta)-\left(\beta+c_r\right)^2}{\left(\beta+c_r\right)\delta}>0$，得到$c_1^O<\min\left\{c_2^O,c_3^O\right\}$。

如果$c_n\geqslant c_2^O$，那么$q_n^O\leqslant 0$，OEM不愿意生产。

如果$c_1^O<c_n<c_2^O$，那么$q_n^O>0$，$q_r^O>0$，OEM愿意再制造，可以实现策略B^O的最佳结果。

如果$c_r<c_n\leqslant c_1^O$，那么$q_n^O>0$，$q_r^O\leqslant 0$，OEM不愿意再制造，得到$q_n^{O*}=\frac{1-c}{2}$，$\pi_{\text{OEM}}^{O*}=\frac{(1-c)^2}{4}$。

如果$c_1^O<c_n<c_3^O$，那么$0<m^O<1$，OEM将收集质量下降的旧产品。

如果$c\geqslant c_3^O$，那么$m^O\geqslant 1$，OEM将收集质量完美的旧产品。

命题2的证明：根据后向归纳法计算出式(8.9)和(8.10)的单期博弈模型。从8.5.1小节的假设(1)和式(8.10)中，驱动 $\frac{\partial^2\pi_{\text{IR}}}{\partial m^2}=-\frac{2\eta\delta(1-\delta)-2c_r\beta}{(1-\delta)\delta}<0$，$\frac{\partial^2\pi_{\text{IR}}}{\partial p_r^2}=\frac{2}{(\delta-1)\delta}<0$，Hessian矩阵为 $\left|H_{m,p_r}\right|=\frac{4\eta\delta(1-\delta)-\left(c_r+\beta\right)^2}{(1-\delta)^2\delta^2}>0$。然后知道$\pi_{\text{IR}}\left(m,p_r\right)$在$m$和$p_r$中是共同凹的。通

过解决 $\frac{\partial \pi_{\mathrm{IR}}}{\partial m}=0$ 和 $\frac{\partial \pi_{\mathrm{IR}}}{\partial p_r}=0$，可以得到

$$p_r^Q(p_n,p_f)=\frac{\beta\theta+\delta p_n+c_r+p_f}{2}+\frac{(\beta-c_r)(c_r+\beta)(\beta\theta+\delta p_n-c_r-p_f)}{8\eta\delta(1-\delta)-2(c_r+\beta)^2}$$

$$m^Q(p_n,p_f)=\frac{(c_r+\beta)(\beta\theta+\delta p_n-c_r-p_f)}{4\eta\delta(1-\delta)-(c_r+\beta)^2}$$

将它们带入式(8.9)，并驱动 $\frac{\partial^2\pi_{\mathrm{OEM}}}{\partial p_n^2}=-\frac{4\delta\eta(2-\delta)-2(c_r+\beta)^2}{4\delta\eta(1-\delta)-(c_r+\beta)^2}<0$，$\frac{\partial^2\pi_{\mathrm{OEM}}}{\partial p_f^2}=\frac{4\eta}{(4\delta^2-4\delta)\eta+(c_r+\beta)^2}<0$ 和 Hessian 矩阵 $\left|H_{p_n,p_f}\right|=\frac{8\eta}{4\delta\eta(1-\delta)-(c_r+\beta)^2}>0$。通过解决 $\frac{\partial\pi_{\mathrm{OEM}}}{\partial p_n}=0$ 和 $\frac{\partial\pi_{\mathrm{OEM}}}{\partial p_f}=0$，得到表8.3中策略 B^Q 的最佳结果。

设 $c_1^Q=\frac{\kappa+2\delta\eta c_r-C^2}{\kappa+2\delta^2\eta-C^2}$，$c_2^Q=\frac{2\kappa-(\beta+C)C}{\delta C}$。假设 $\theta_1^Q=-\frac{A_1}{\beta}$，$\theta_2^Q=\frac{2\delta\eta(\delta c_n-2c_n+c_r)+\kappa-C^2(1-c_n)}{2\beta\delta\eta}$，$\theta_3^Q=\frac{2\kappa-(\delta c_n+\beta+C)C}{\beta C}$。

从 $\theta_1^Q-\theta_2^Q=-\frac{\left(4\eta\delta(1-\delta)-(\beta+c_r)^2\right)(1-c_n)}{2\beta\delta\eta}<0$，$\theta_1^Q-\theta_3^Q=\frac{2\beta^2+4c_r\beta+2c_r^2+8\eta\delta(\delta-1)}{(c_r+\beta)\beta}<0$，得到 $\theta_1^Q<\min\{\theta_2^Q,\theta_3^Q\}$。

从 $m+\theta<1$，得到 $\theta_{\max}^Q=\frac{8\eta\delta(1-\delta)-(2\beta+c_r+\delta c_n)(\beta+c_r)}{8\eta\delta(1-\delta)-(\beta+2c_r)(\beta+c_r)}$，并且让 $\theta_{\max}^Q-\theta_1^Q=\frac{2\left(4\eta\delta(1-\delta)-(\beta+c_r)^2\right)(\delta c_n+\beta-c_r)}{\left(8\eta\delta(1-\delta)-(\beta+2c_r)(\beta+c_r)\right)\beta}>0$ 和 $\theta_{\max}^Q-\theta_3^Q=\frac{2\left((\beta+c_r)(2\beta+c_r+\delta c_n)-8\delta\eta(1-\delta)\right)\left((\beta+c_r)^2-4\delta\eta(1-\delta)\right)}{\left(-8\delta\eta(1-\delta)+(\beta+c_r)(\beta+2c_r)\right)(\beta+c_r)\beta}$。如果 $c_n<$

c_2^Q，则 $\theta_{\max}^Q < \theta_3^Q$。因此，为了保证 $\theta \in \left(0, \theta_{\max}^Q\right)$，假设 $\max\left\{0, \theta_1^Q\right\} < \theta < \min\left\{\theta_2^Q, \theta_{\max}^Q\right\}$，它满足 8.5.1 小节中的假设（3）。从 $c_1^Q - c_1^Q = \dfrac{\left(4\eta\delta(1-\delta) - \left(\beta + c_r\right)^2\right)\left(\delta - c_r\right)}{\left(4\delta\eta - 2\delta^2\eta + \left(\beta + c_r\right)^2\right)\delta} > 0, c_2^Q - c_1^Q = \dfrac{8\delta\eta(1-\delta) - 2\left(\beta + c_r\right)^2}{\delta\left(\beta + c_r\right)} > 0$，

$c_2^Q - c_3^Q = \dfrac{4\delta\eta(1-\delta) - \left(\beta + c_r\right)^2}{\delta\left(\beta + c_r\right)} > 0$，得到 $c_1^Q < c_1^Q$，它满足 8.5.1 小节中的假设(2)。

如果 $c_r < c_n \leqslant c_1^Q$ 和 $\theta \leqslant \theta_1^Q$，那么 $q_n^Q > 0, q_r^Q \leqslant 0$，OEM 只愿意提供新产品，可以实现策略 N^Q 的最佳结果。

如果 $c_r < c_n < c_1^Q$ 和 $\max\left\{0, \theta_1^Q\right\} < \theta < \min\left\{\theta_2^Q, \theta_{\max}^Q\right\}$，那么 $q_n^Q > 0, q_r^Q > 0$，OEM 愿意提供新产品并授权再制造，可以实现策略 B^Q 的最佳结果。

如果 $c_r < c_n < 1$ 和 $\max\left\{0, \theta_2^Q\right\} \leqslant \theta \leqslant \theta_{\max}^Q$，那么 $q_n^Q \leqslant 0, q_r^Q > 0$，OEM 只愿意授权再制造而不提供新产品，可以实现策略 R^Q 的最佳结果。

如果 $0 < c_n < c_2^Q$ 和 $0 < \theta < \theta_3^Q$，那么 $0 < m^Q < 1$，OEM 将收集质量下降的旧产品。

如果 $c \geqslant c_2^Q$ 或 $\theta \geqslant \theta_3^Q$，那么 $m^Q \geqslant 1$，OEM 将收集质量完美的旧产品。

命题 3 的证明：根据后向归纳法计算出式(8.14)和(8.15)的单期博弈模型。从式(8.14)，让 $\dfrac{\partial^2 \pi_{\text{OEM}}}{\partial p_n^2} = \dfrac{2}{\delta - 1} < 0, \dfrac{\partial^2 \pi_{\text{OEM}}}{\partial p_f^2} = \dfrac{2}{(\delta - 1)\delta} < 0$，Hessian 矩阵为 $\left|H_{p_n, p_f}\right| = \dfrac{4}{(1-\delta)\delta} > 0$，可以知道，$\pi_{\text{OEM}}\left(p_n, p_f\right)$ 在 p_n 和 p_f 中是共同凹的。通过解决 $\dfrac{\partial \pi_{\text{OEM}}}{\partial p_n} = 0$ 和 $\dfrac{\partial \pi_{\text{OEM}}}{\partial p_f} = 0$，我们得到 $p_n^{q*} = \dfrac{c_n}{2} + \dfrac{1}{2}$ 和 $p_f^q(t, m) = \dfrac{\beta(m+\theta)}{2} - \dfrac{t}{2} + \dfrac{\delta}{2}$。将它们带入式(8.15)，并让 $\dfrac{\partial^2 \pi_{\text{IR}}}{\partial t^2} = \dfrac{1}{(\delta - 1)\delta} < 0$，$\dfrac{\partial^2 \pi_{\text{IR}}}{\partial m^2} = \dfrac{2\eta\delta - 2\eta\delta^2 - \beta c_r}{(\delta - 1)\delta} < 0$，Hessian 矩阵 $\left|H_{t,m}\right| = \dfrac{8\eta\delta(1-\delta) - \left(\beta + c_r\right)^2}{4(1-\delta)^2\delta^2} >$

0 。通过解决 $\frac{\partial \pi_{IR}}{\partial t} = 0$ 和 $\frac{\partial \pi_{IR}}{\partial m} = 0$，得到表8.3中策略 B^Q 的最佳结果。

设

$$c_1^q = \frac{8\eta\delta^2 - 4\eta\delta c_r + \beta^2 + 2\beta c_r - 8\eta\delta + c_r^2}{4\eta\delta^2 + \beta^2 + 2\beta c_r - 8\eta\delta + c_r^2}, c_2^q = \frac{8\eta\delta - 8\eta\delta^2 - \beta(\beta + c_r)}{\delta(\beta + c_r)}$$

$$\theta_1^q = \frac{4\eta(c_n - 2)\delta^2 - (8c_n - 4c_r - 8)\eta\delta + (\beta + c_r)^2(c_n - 1)}{4\eta\delta\beta}$$

$$\theta_2^q = \frac{(8\eta - \beta c_n - c_n c_r)\delta - 8\eta\delta^2 - \beta(\beta + c_r)}{\beta(\beta + c_r)}$$

从 $m + \theta < 1$，得到 $\theta_{\max}^q = \frac{8\delta\eta(1 - \delta) - (\delta c_n + \beta)(\beta + c_r)}{8\delta\eta(1 - \delta) - c_r(\beta + c_r)}$

让 $\theta_1^q - \theta_1^Q = \frac{(1 - c_n)\left(8\delta\eta(1 - \delta) - (\beta + c_r)^2\right)}{4\beta\eta\delta} > 0$， $\theta_2^q - \theta_1^Q = \frac{-\beta^2 - 2\beta c_r - c_r^2 - 8\eta\delta(\delta - 1)}{\beta(\beta + c_r)} > 0$。若 $c_n < c_2^q$，则 $\theta_{\max}^q < \theta_2^q$。从 $\theta_{\max}^q - \theta_{\max}^Q = \frac{(\beta + c_r)^3(\delta c_n + \beta - c_r)}{\left(c_r(\beta + c_r) - 8\eta\delta(1 - \delta)\right)\left((\beta + c_r)(\beta + 2c_r) - 8\eta\delta(1 - \delta)\right)} > 0$， $c_1^q - c_1^Q = \frac{2\delta\eta(\beta + c_r)^2(\delta - c_r)}{\left(4\delta^2\eta - 8\delta\eta + (\beta + c_r)^2\right)\left(2\delta^2\eta - 4\delta\eta + (\beta + c_r)^2\right)} > 0$， $c_2^q - c_2^Q = \frac{\beta + c_r}{\delta} > 0$，因此，假设2和3在8.5节仍然得到满足。

如果 $c_r < c_n \leqslant c_1^Q$ 和 $\theta \leqslant \theta_1^Q$，那么 $q_n^q > 0, q_r^q \leqslant 0$，OEM只愿意提供新产品，可以实现策略 N^q 的最佳结果。

如果 $c_r < c_n < c_1^q$ 和 $\max\{0, \theta_1^Q\} < \theta < \min\{\theta_1^q, \theta_{\max}^q\}$，那么 $q_n^q > 0$，$q_r^q > 0$，OEM愿意提供新产品并授权再制造，可以实现策略 B^q 的最佳结果。

如果 $c_r < c_n < 1$ 和 $\max\{0, \theta_1^q\} \leqslant \theta \leqslant \theta_{\max}^q$，那么 $q_n^q \leqslant 0, q_r^q > 0$，OEM只愿意授权再制造而不提供新产品，可以实现策略 R^q 的最佳结果。

如果 $c_1^Q < c_n < c_2^q$ 和 $\theta < \theta_2^q$，那么 $0 < m^q < 1$，OEM将收集质量下降的旧产品。

如果$c \geqslant c_2^q$或$\theta \geqslant \theta_2^q$，那么$m^q \geqslant 1$，OEM将收集质量完美的旧产品。

最佳决策的敏感度分析如下：

$$\frac{\partial m^{O*}}{\partial c_n} = \frac{\delta(\beta + c_r)}{4\delta\eta(1-\delta) - (\beta + c_r)^2} > 0,\ \frac{\partial m^{O*}}{\partial \theta} = 0$$

$$\frac{\partial m^{Q*}}{\partial c_n} = \frac{(\beta + c_r)\delta}{8\delta\eta(1-\delta) - 2(\beta + c_r)^2} > 0,\ \frac{\partial m^{Q*}}{\partial \theta} = \frac{(\beta + c_r)\beta}{8\delta\eta(1-\delta) - 2(\beta + c_r)^2} > 0$$

$$\frac{\partial m^{q*}}{\partial c_n} = \frac{(\beta + c_r)\delta}{8\delta\eta(1-\delta) - (\beta + c_r)^2} > 0,\ \frac{\partial m^{q*}}{\partial \theta} = \frac{(\beta + c_r)\beta}{8\delta\eta(1-\delta) - (\beta + c_r)^2} > 0$$

$$\frac{\partial p_n^{O*}}{\partial c_n} = \frac{\partial p_n^{Q*}}{\partial c_n} = \frac{\partial p_n^{q*}}{\partial c_n} = \frac{1}{2} > 0,\ \frac{\partial p_n^{O*}}{\partial \theta} = \frac{\partial p_n^{Q*}}{\partial \theta} = \frac{\partial p_n^{q*}}{\partial \theta} = 0$$

$$\frac{\partial p_r^{O*}}{\partial c_n} = \frac{(\beta^2 - c_r^2)\delta}{8\delta\eta(1-\delta) - 2(\beta + c_r)^2},\ \frac{\partial p_r^{O*}}{\partial \theta} = 0$$

$$\frac{\partial q_n^{O*}}{\partial c_n} = -\frac{4\delta\eta - (\beta + c_r)^2}{8\delta\eta(1-\delta) - 2(\beta + c_r)^2} < 0,\ \frac{\partial q_n^{O*}}{\partial \theta} = 0$$

$$\frac{\partial q_n^{Q*}}{\partial c_n} = -\frac{4\delta\eta - 2\eta\delta^2 - (\beta + c_r)^2}{8\delta\eta(1-\delta) - 2(\beta + c_r)^2} < 0,\ \frac{\partial q_n^{Q*}}{\partial \theta} = -\frac{2\eta\beta\delta}{8\delta\eta(1-\delta) - 2(\beta + c_r)^2} < 0$$

$$\frac{\partial q_n^{q*}}{\partial c_n} = -\frac{8\delta\eta - 4\eta\delta^2 - (\beta + c_r)^2}{16\delta\eta(1-\delta) - 2(\beta + c_r)^2} < 0,\ \frac{\partial q_n^{q*}}{\partial \theta} = -\frac{4\eta\beta\delta}{16\delta\eta(1-\delta) - 2(\beta + c_r)^2} < 0$$

$$\frac{\partial p_r^{Q*}}{\partial c_n} = \delta\frac{2\eta\delta(1-\delta) - (\beta + c_r)c_r}{8\delta\eta(1-\delta) - 2(\beta + c_r)^2},\ \frac{\partial p_r^{Q*}}{\partial \theta} = \beta\frac{6\eta\delta(1-\delta) - (2c_r + \beta)(\beta + c_r)}{8\delta\eta(1-\delta) - 2(\beta + c_r)^2}$$

如果$\beta < c_r$，则$\frac{\partial p_r^{O*}}{\partial c_n} < 0$；否则$\frac{\partial p_r^{O*}}{\partial c_n} > 0$。如果$\eta < \frac{(\beta + c_r)c_r}{2\delta(1-\delta)}$，则$\frac{\partial p_r^{Q*}}{\partial c_n} < 0$；否则$\frac{\partial p_r^{Q*}}{\partial c_n} > 0$。如果$\eta < \frac{(2c_r + \beta)(\beta + c_r)}{6\delta(1-\delta)}$，则$\frac{\partial p_r^{Q*}}{\partial \theta} < 0$；否则$\frac{\partial p_r^{Q*}}{\partial \theta} > 0$。

$$\frac{\partial p_r^{q*}}{\partial c_n} = \frac{\delta\left(4\delta\eta(1-\delta) + (\beta^2 - c_r^2)\right)}{16\delta\eta(1-\delta) - 2(\beta + c_r)^2} > 0,\ \frac{\partial p_r^{q*}}{\partial \theta} = 2\beta\frac{6\eta\delta(1-\delta) - c_r(\beta + c_r)}{16\delta\eta(1-\delta) - 2(\beta + c_r)^2} > 0$$

$$\frac{\partial q_r^{O*}}{\partial c_n} = \frac{2\delta\eta}{4\delta\eta(1-\delta) - (\beta + c_r)^2} > 0,\ \frac{\partial q_r^{O*}}{\partial \theta} = 0$$

$$\frac{\partial q_r^{Q*}}{\partial c_n}=\frac{\delta\eta}{4\delta\eta(1-\delta)-(\beta+c_r)^2}>0,\ \frac{\partial q_r^{Q*}}{\partial\theta}=\frac{\beta\eta}{4\delta\eta(1-\delta)-(\beta+c_r)^2}>0$$

$$\frac{\partial q_r^{q*}}{\partial c_n}=\frac{2\delta\eta}{8\delta\eta(1-\delta)-(\beta+c_r)^2}>0,\ \frac{\partial q_r^{q*}}{\partial\theta}=\frac{2\beta\eta}{8\delta\eta(1-\delta)-(\beta+c_r)^2}>0$$

$$\frac{\partial p_f^{Q*}}{\partial c_n}=0,\ \frac{\partial p_f^{Q*}}{\partial\theta}=\frac{\beta}{2}>0$$

$$\frac{\partial p_f^{q*}}{\partial c_n}=-\frac{\delta\left(4\delta\eta(1-\delta)-(\beta+c_r)^2\right)}{16\delta\eta(1-\delta)-2(\beta+c_r)^2}<0,\ \frac{\partial p_f^{q*}}{\partial\theta}=\frac{4\delta(1-\delta)\beta\eta}{16\delta\eta(1-\delta)-2(\beta+c_r)^2}>0$$

$$\frac{\partial\pi_{\text{OEM}}^{O*}}{\partial c_n}=\frac{2\eta(\delta c_n-c_r)\delta}{4\delta\eta(1-\delta)-(\beta+c_r)^2}-\frac{1-c_n}{2},\ \frac{\partial\pi_{\text{OEM}}^{O*}}{\partial\theta}=0$$

如果$c_n<c_2^O$,则$\frac{\partial\pi_{\text{OEM}}^{O*}}{\partial c_n}<0$;否则$\frac{\partial\pi_{\text{OEM}}^{O*}}{\partial c_n}>0$。

$$\frac{\partial\pi_{\text{OEM}}^{Q*}}{\partial c_n}=\frac{2\eta(\beta\theta+\delta c_n-c_r)\delta}{8\delta\eta(1-\delta)-2(\beta+c_r)^2}-\frac{1-c_n}{2}$$

$$\frac{\partial\pi_{\text{OEM}}^{Q*}}{\partial\theta}=\frac{2\eta(\beta\theta+\delta c_n-c_r)\beta}{8\delta\eta(1-\delta)-2(\beta+c_r)^2}>0$$

如果$\theta<\theta_2^Q$,则$\frac{\partial\pi_{\text{OEM}}^{Q*}}{\partial c_n}<0$;否则$\frac{\partial\pi_{\text{OEM}}^{Q*}}{\partial c_n}>0$ 。

$$\frac{\partial\pi_{\text{OEM}}^{q*}}{\partial c_n}=\frac{8\delta^2\eta^2(1-\delta)(\beta\theta+\delta c_n-c_r)}{\left(8\delta\eta(1-\delta)-(\beta+c_r)^2\right)^2}-\frac{1-c_n}{2}$$

$$\frac{\partial\pi_{\text{OEM}}^{q*}}{\partial\theta}=\frac{8\delta\eta^2(1-\delta)(\beta\theta+\delta c_n-c_r)\beta}{\left(8\delta\eta(1-\delta)-(\beta+c_r)^2\right)^2}>0$$

如果$\theta<\theta_1^q$,则$\frac{\partial\pi_{\text{OEM}}^{q*}}{\partial c_n}<0$;否则$\frac{\partial\pi_{\text{OEM}}^{q*}}{\partial c_n}>0$。

$$\frac{\partial\pi_{\text{IR}}^{Q*}}{\partial c_n}=\frac{2\eta(\beta\theta+\delta c_n-c_r)\delta}{16\delta\eta(1-\delta)-4(\beta+c_r)^2}>0,\ \frac{\partial\pi_{\text{IR}}^{Q*}}{\partial\theta}=\frac{2\eta(\beta\theta+\delta c_n-c_r)\beta}{16\delta\eta(1-\delta)-4(\beta+c_r)^2}>0$$

$$\frac{\partial\pi_{\text{IR}}^{q*}}{\partial c_n}=\frac{2\eta(\beta\theta+\delta c_n-c_r)\delta}{8\delta\eta(1-\delta)-(\beta+c_r)^2}>0,\ \frac{\partial\pi_{\text{IR}}^{q*}}{\partial\theta}=\frac{2\eta(\beta\theta+\delta c_n-c_r)\beta}{8\delta\eta(1-\delta)-(\beta+c_r)^2}>0$$

命题4的证明：$p_f^{Q*}-p_f^{q*}=\dfrac{\left(4\delta\eta(1-\delta)-\left(\beta+c_r\right)^2\right)\left(\beta\theta+\delta c_n-c_r\right)}{16\delta\eta(1-\delta)-2\left(\beta+c_r\right)^2}>0$。

命题5的证明：让$\theta_b=\dfrac{\delta c_n-c_r}{\beta}$和$\theta_e=\dfrac{4\eta\delta(1-\delta)\left(\delta c_n-c_r\right)}{\beta\left(4\eta\delta(1-\delta)-\left(c_r+\beta\right)^2\right)}$。

从$m^{O*}-m^{Q*}=\dfrac{\left(\beta+c_r\right)\left(\delta c_n-c_r-\beta\theta\right)}{8\delta\eta(1-\delta)-2\left(\beta+c_r\right)^2}$，可以得到

如果$\theta<\theta_b=\dfrac{\delta c_n-c_r}{\beta}$，则$m^{O*}>m^{Q*}$；否则$m^{O*}<m^{Q*}$。

从$m^{O*}-m^{q*}=\dfrac{\left(-4\delta^3\eta c_n+4\eta\left(\beta\theta+c_n+c_r\right)\delta^2-4\eta\left(\beta\theta+c_r\right)\delta+\beta\theta\left(c_r+\beta\right)^2\right)\left(c_r+\beta\right)}{\left(8\delta\eta(1-\delta)-\left(\beta+c_r\right)^2\right)\left(4\delta\eta(1-\delta)-\left(\beta+c_r\right)^2\right)}$

推导出如果$\theta<\theta_e=\dfrac{4\delta\eta(\delta-1)\left(\delta c_n-c_r\right)}{\beta\left(4\delta^2\eta-4\delta\eta+\left(\beta+c_r\right)^2\right)}$，则$m^{O*}-m^{q*}>0$；否则$m^{O*}-m^{q*}<0$。

同时可以推导出

$$m^{Q*}-m^{q*}=\frac{\left(\beta+c_r\right)^3\left(\beta\theta+\delta c_n-c_r\right)}{2\left(4\delta\eta(1-\delta)-\left(\beta+c_r\right)^2\right)\left(8\delta\eta(1-\delta)-\left(\beta+c_r\right)^2\right)}>0$$

从$q_n^{O*}-q_n^{Q*}=\dfrac{\eta\delta\left(\beta\theta-\delta c_n+c_r\right)}{4\eta\delta(1-\delta)-\left(\beta+c_r\right)^2}$，可以得到如果$\theta<\theta_b$，那么$q_n^{O*}-q_n^{Q*}<0$；否则$q_n^{O*}-q_n^{Q*}>0$。

从

$$q_n^{O*}-q_n^{q*}=\frac{2\delta\eta\left(4\delta^3\eta c_n-4\eta\left(\beta\theta+c_n+c_r\right)\delta^2+4\eta\left(\beta\theta+c_r\right)\delta-\beta\theta\left(\beta+c_r\right)^2\right)}{\left(4\eta\delta(1-\delta)-\left(\beta+c_r\right)^2\right)\left(8\eta\delta(1-\delta)-\left(\beta+c_r\right)^2\right)}$$

推导出如果$\theta<\theta_e$，则$q_n^{O*}-q_n^{q*}<0$；否则$q_n^{O*}-q_n^{q*}>0$。

同时可以推导出

$$q_n^{Q*} - q_n^{q*} = \frac{\left(\beta\theta + \delta c_n - c_r\right)\eta\delta\left(\beta + c_r\right)^2}{\left(8\eta\delta(1-\delta) - \left(\beta + c_r\right)^2\right)\left(-4\eta\delta(1-\delta) + \left(\beta + c_r\right)^2\right)} < 0$$

从 $q_r^{O*} - q_r^{Q*} = -\dfrac{\eta\left(\beta\theta - \delta c_n + c_r\right)}{4\eta\delta(1-\delta) - \left(\beta + c_r\right)^2}$，可以得到如果 $\theta < \theta_b$，则 $q_r^{O*} - q_r^{Q*} > 0$；否则 $q_r^{O*} - q_r^{Q*} < 0$。

从 $q_r^{O*} - q_r^{q*} = \dfrac{2\eta\left(4\delta(\delta-1)\left(\beta\theta - \delta c_n + c_r\right)\eta + \beta\theta\left(\beta + c_r\right)^2\right)}{\left(4\eta\delta(1-\delta) - \left(\beta + c_r\right)^2\right)\left(8\eta\delta(1-\delta) - \left(\beta + c_r\right)^2\right)}$ 推导出如果 $\theta < \theta_e$，则 $q_r^{O*} - q_r^{q*} > 0$；否则 $q_r^{O*} - q_r^{q*} < 0$。

同时可以得出

$$q_r^{Q*} - q_r^{q*} = \frac{\left(\beta\theta + \delta c_n - c_r\right)\eta\left(\beta + c_r\right)^2}{\left(4\eta\delta(1-\delta) - \left(\beta + c_r\right)^2\right)\left(8\eta\delta(1-\delta) - \left(\beta + c_r\right)^2\right)} > 0$$

因为 $\theta_e - \theta_b = \dfrac{\left(\delta c_n - c_r\right)\left(c_r + \beta\right)^2}{\left(4\eta\delta(1-\delta) - \left(c_r + \beta\right)^2\right)\beta} > 0$，证明存在 $\theta_e < \min\left\{\theta_{\max}^Q, \theta_2^Q\right\}$。

$$\theta_e - \theta_{\max}^Q = \frac{\left[\begin{array}{c} 32\delta^2\eta^2(\delta-1)^2\left(\delta c_n - c_r - \beta\right) + 8(1-\delta)\left(c_r + \beta\right) \\ \delta\eta\left(c_r^2 + \left(2\beta - \delta c_n\right)c_r + 2\beta^2\right) - \beta\left(c_r + \beta\right)^3\left(\delta c_n + 2\beta + c_r\right) \end{array}\right]}{\left(4\eta\delta(1-\delta) - \left(c_r + \beta\right)^2\right)\beta\left(8\eta\delta(1-\delta) - \left(\beta + 2c_r\right)\left(c_r + \beta\right)\right)}$$

设

$$\begin{aligned} G_1 = {} & 32\delta^2\eta^2(\delta-1)^2\left(\delta c_n - c_r - \beta\right) + 8(1-\delta)\left(c_r + \beta\right) \\ & \delta\eta\left(c_r^2 + \left(2\beta - \delta c_n\right)c_r + 2\beta^2\right) - \beta\left(c_r + \beta\right)^3\left(\delta c_n + 2\beta + c_r\right) \end{aligned}$$

则 $\dfrac{\partial G_1}{\partial c_n} = 32\delta^3(\delta-1)^2\eta^2 + 8(\delta-1)\left(c_r + \beta\right)\delta^2 c_r\eta - \beta\left(c_r + \beta\right)^3\delta$

$$\frac{\partial^2\left(\dfrac{\partial G_1}{\partial c_n}\right)}{\partial\eta^2} = 64\delta^3(\delta-1)^2 > 0$$

可以得到 $\dfrac{\partial G}{\partial c_n}|_{\eta=0} = -\beta\left(c_r + \beta\right)^3\delta < 0$，$\dfrac{\partial G}{\partial c_n}|_{\eta=\eta^{\cdot}} = \beta\left(c_r + \beta\right)^3\delta > 0$，然后

是$\frac{\partial G_1}{\partial c_n} > 0$。

$$让 c_{m1} = \frac{\begin{pmatrix} 32\delta^2\eta^2(1-\delta)^2 - \eta\left(16\beta^2 + 16c_r\beta + 8c_r^2\right)\delta(1-\delta) + \\ \beta\left(2\beta + c_r\right)\left(c_r + \beta\right)^2 \end{pmatrix}\left(c_r + \beta\right)}{\begin{pmatrix} 32\delta^2\eta^2(1-\delta)^2 - 8c_r\delta\eta\left(c_r + \beta\right)(1-\delta) - \\ \beta\left(c_r + \beta\right)^3 \end{pmatrix}\delta}$$

如果$c_n < c_{m1}$，则$G_1 < 0$和$\theta_e < \theta_{\max}^Q$；如果$c_n > c_{m1}$，则$G_1 > 0$和$\theta_e > \theta_{\max}^Q$。

$$c_{m1} - c_1^O = \frac{2\beta\left(4\eta\delta(1-\delta) - \left(c_r + \beta\right)^2\right)^2}{\left(32\delta^2\eta^2(1-\delta)^2 - 8\eta\left(c_r + \beta\right)c_r\delta(1-\delta) - \beta\left(c_r + \beta\right)^3\right)\delta} > 0$$

因为$c_{m1} > c_1^O$，那么$\theta_e < \theta_{\max}^Q$的情况可以实现，条件是$c_n \in \left(c_1^O, \min\left\{c_{m1}, c_2^O, c_3^O\right\}\right)$。

$$\theta_e - \theta_2^Q = -\frac{\begin{bmatrix} 16\delta^2(\delta-1)\left(\delta + c_n - c_r - 1\right)\eta^2 - 2\delta\left(\beta + c_r\right)^2 \\ \left(3\delta c_n - 4\delta - 4c_n + c_r + 4\right)\eta - \left(\beta + c_r\right)^4\left(c_n - 1\right) \end{bmatrix}}{2\delta\left(4\eta\delta(1-\delta) - \left(c_r + \beta\right)^2\right)\beta\eta}$$

设

$$G_2 = -\begin{pmatrix} 16\delta^2(\delta-1)\left(\delta + c_n - c_r - 1\right)\eta^2 - 2\delta\left(\beta + c_r\right)^2 \\ \left(3\delta c_n - 4\delta - 4c_n + c_r + 4\right)\eta - \left(\beta + c_r\right)^4\left(c_n - 1\right) \end{pmatrix}$$

则$\frac{\partial G_2}{\partial c_n} = 16\delta^2(1-\delta)\eta^2 + 2\delta\left(\beta + c_r\right)^2(3\delta - 4)\eta + \left(\beta + c_r\right)^4$，

$$\frac{\partial^2\left(\frac{\partial G_2}{\partial c_n}\right)}{\partial \eta^2} = 32\delta^2(1-\delta) > 0$$

设$\eta' = \frac{\left(\beta + c_r\right)^2(3\delta - 4)}{16\delta(\delta - 1)}$，则$\frac{\partial\left(\frac{\partial G_2}{\partial c_n}\right)}{\partial \eta}\Big|_{\eta=\eta'} = 0$，$\frac{\partial G_2}{\partial c_n}\Big|_{\eta=\eta^*} = \frac{\left(\beta + c_r\right)^4\delta}{2(1-\delta)} > 0$。

由于$\eta' - \eta^* = \frac{3\left(\beta + c_r\right)^2}{16\delta - 16} < 0$，得到$\frac{\partial G_2}{\partial c_n} > 0$。

$$G_2|_{c_n=c_1^O}=-\frac{(\delta-c_r)\left(4\eta\delta(1-\delta)-(c_r+\beta)^2\right)^2}{\delta}<0$$

$$G_2|_{c_n=c_2^O}=\frac{2\delta(\beta+c_r)^2(\delta-c_r)\left(4\eta\delta(1-\delta)-(c_r+\beta)^2\right)\eta}{4\delta\eta-(c_r+\beta)^2}>0$$

让

$$c_{m2}=\frac{16\delta^2(1-\delta)(\delta-c_r-1)\eta^2-(8\delta-2c_r-8)(c_r+\beta)^2\delta\eta-(c_r+\beta)^4}{16\eta^2\delta^3-\left(16\eta+6(\beta+c_r)^2\right)\eta\delta^2+8(\beta+c_r)^2\eta\delta-(\beta+c_r)^4}$$

存在一个点$c_n=c_{m2}$，以实现$G_2=0$和$\theta_e=\theta_2^Q$。如果$c_n<c_{m2}$，则$G_2<0$和$\theta_e<\theta_2^Q$；否则$\theta_e>\theta_2^Q$。

$$c_{m2}-c_1^O=-\frac{(\delta-c_r)\left(4\eta\delta(1-\delta)-(c_r+\beta)^2\right)^2}{\delta\begin{pmatrix}16\eta^2\delta^3-\left(16\eta+6(\beta+c_r)^2\right)\eta\delta^2+\\8(\beta+c_r)^2\eta\delta-(\beta+c_r)^4\end{pmatrix}}>0$$

因为$c_{m2}>c_1^O$，那么$\theta_e<\min\{\theta_{\max}^Q,\theta_2^Q\}$的情况可以实现，条件是$c_n\in\left(c_1^O,\min\{c_{m1},c_{m2},c_2^O,c_3^O\}\right)$。值得注意的是，该命题强调的是一般情况。那么命题5可以得到证明。

命题6的证明：

$$\pi_{\text{IR}}^{Q*}-\pi_{\text{IR}}^{q*}=-\frac{\left(8\delta\eta(1-\delta)-3(\beta+c_r)^2\right)(\beta\theta+\delta c_n-c_r)^2\eta}{4\left(4\eta\delta(1-\delta)-(\beta+c_r)^2\right)\left(8\eta\delta(1-\delta)-(\beta+c_r)^2\right)}$$

让$\eta^{**}=\frac{3(\beta+c_r)^2}{8\delta(1-\delta)}$，$\eta^{**}-\eta^*=\frac{(\beta+c_r)^2}{8\delta(1-\delta)}>0$。如果$\eta^*<\eta\leqslant\eta^{**}$，则$\pi_{\text{IR}}^{Q*}-\pi_{\text{IR}}^{q*}\geqslant 0$；如果$\eta>\eta^{**}$，则$\pi_{\text{IR}}^{Q*}-\pi_{\text{IR}}^{q*}<0$。

命题7的证明：从$\pi_{\text{OEM}}^{O*}-\pi_{\text{OEM}}^{Q*}=\eta\frac{2(\delta c_n-c_r)^2-(\beta\theta+\delta c_n-c_r)^2}{8\delta\eta(1-\delta)-2(\beta+c_r)^2}$和$\frac{\partial^2(\pi_{\text{OEM}}^{O*}-\pi_{\text{OEM}}^{Q*})}{\partial\theta^2}=\frac{\beta^2\eta}{(4\delta^2-4\delta)\eta+(\beta+c_r)^2}<0$，让$\pi_{\text{OEM}}^{O*}-\pi_{\text{OEM}}^{Q*}=0$，然后$\theta=$

$\theta_a = \dfrac{\left(\sqrt{2}-1\right)\left(\delta c_n - c_r\right)}{\beta}$ 和 $\theta = \dfrac{\left(-\sqrt{2}-1\right)\left(\delta c_n - c_r\right)}{\beta} < 0$。如果 $0 < \theta < \theta_a$，则 $\pi_{\text{OEM}}^{O*} - \pi_{\text{OEM}}^{Q*} > 0$；如果 $\theta > \theta_a$，则 $\pi_{\text{OEM}}^{O*} - \pi_{\text{OEM}}^{Q*} < 0$。从 $\pi_{\text{OEM}}^{Q*} - \pi_{\text{OEM}}^{q*} = \dfrac{\left(32\delta^2\eta^2(1-\delta)^2 - 8\eta\left(\beta+c_r\right)^2(1-\delta) + \left(\beta+c_r\right)^4\right)\left(\beta\theta+\delta c_n - c_r\right)^2\eta}{2\left(8\delta\eta(1-\delta)-\left(\beta+c_r\right)^2\right)^2\left(4\delta\eta(1-\delta)-\left(\beta+c_r\right)^2\right)}$，让 $M_1 = 32\delta^2\eta^2(1-\delta)^2 - 8\eta\left(\beta+c_r\right)^2(1-\delta) + \left(\beta+c_r\right)^4$。我们得到 $\dfrac{\partial^2 M_1}{\partial\eta^2} = 64\delta^2(1-\delta)^2 > 0$ 和 $M_1|_{\eta=0} = M_1|_{\eta=\eta^*} = \left(\beta+c_r\right)^4 > 0$，然后 $M_1 > 0$ 和 $\pi_{\text{OEM}}^{Q*} > \pi_{\text{OEM}}^{q*}$。

$$\pi_{\text{OEM}}^{O*} - \pi_{\text{OEM}}^{q*} = \frac{\eta\left(\delta c_n - c_r\right)^2}{4\delta\eta(1-\delta)-\left(\beta+c_r\right)^2} - \frac{4\delta\eta^2(1-\delta)\left(\beta\theta+\delta c_n-c_r\right)^2}{\left(8\delta\eta(1-\delta)-\left(\beta+c_r\right)^2\right)^2}$$

$$\pi_{OEM}^{O*} - \pi_{OEM}^{q*}|_{\theta=0} = \eta\left(\delta c_n - c_r\right)^2\left(\frac{1}{4\delta\eta(1-\delta)-\left(\beta+c_r\right)^2} - \frac{4\delta\eta(1-\delta)}{\left(8\delta\eta(1-\delta)-\left(\beta+c_r\right)^2\right)^2}\right) > 0$$

$$\pi_{\text{OEM}}^{O*} - \pi_{\text{OEM}}^{q*}|_{\theta=\theta_e} = -\frac{\left(\delta c_n - c_r\right)^2\left(\beta+c_r\right)^2\eta}{\left(4\delta\eta(1-\delta)-\left(\beta+c_r\right)^2\right)^2} < 0$$

$$\pi_{\text{OEM}}^{O*} - \pi_{\text{OEM}}^{q*} = 0$$

$$\frac{\partial\left(\pi_{\text{OEM}}^{O*} - \pi_{\text{OEM}}^{q*}\right)^2}{\partial\theta^2} = -\frac{8\delta\eta^2(1-\delta)\beta^2}{\left(8\delta\eta(1-\delta)-\left(\beta+c_r\right)^2\right)^2} < 0$$

$\pi_{\text{OEM}}^{O*} - \pi_{\text{OEM}}^{q*}|_{\theta=0} > 0$ 和 $\pi_{\text{OEM}}^{O*} - \pi_{\text{OEM}}^{q*}|_{\theta=\theta_e} < 0$

我们知道存在一个点 $\theta = \theta_g$，满足 $\theta \in \left(0, \theta_e\right)$，其中，

$$\theta_g = \frac{\left[\begin{array}{c}\left(\delta c_n - c_r\right)\left(\sqrt{\left(8\delta\eta(1-\delta)-\left(\beta+c_r\right)^2\right)^2\left(4\delta\eta(1-\delta)-\left(\beta+c_r\right)^2\right)\delta\eta(1-\delta)}\right)- \\ 2\left(4\delta\eta(1-\delta)-\left(\beta+c_r\right)^2\right)\delta\eta(1-\delta)\end{array}\right]}{2\left(4\delta\eta(1-\delta)-\left(\beta+c_r\right)^2\right)\beta\delta\eta(1-\delta)}$$

如果 $\theta < \theta_g$，则 $\pi_{\text{OEM}}^{O*} - \pi_{\text{OEM}}^{q*} > 0$；否则 $\pi_{\text{OEM}}^{O*} - \pi_{\text{OEM}}^{q*} < 0$。

$$\theta_a - \theta_b = \frac{\left(\sqrt{2} - 2\right)\left(\delta c_n - c_r\right)}{\beta} < 0$$

由于$\theta_a < \theta_b$且

$$\pi_{\text{OEM}}^{O*} - \pi_{\text{OEM}}^{q*}|_{\theta = \theta_b} = \frac{\eta\left(\delta c_n - c_r\right)^2\left(\beta + c_r\right)^4}{\left(4\delta\eta(1-\delta) - \left(\beta + c_r\right)^2\right)\left(8\delta\eta(1-\delta) - \left(\beta + c_r\right)^2\right)^2} > 0$$

命题 7 可以在 $c_n \in \left(c_1^O, \min\left\{c_{m1}, c_{m2}, c_2^O, c_3^O\right\}\right)$ 和 $\theta_a < \theta_b < \theta_g < \theta_e < \min\left\{\theta_{\max}^Q, \theta_2^Q\right\}$中得到证明。

命题8的证明:从$E_{np}^X = q_r^{X*}$,可以得到命题8。

命题9的证明:从表8.2至表8.4,可以得到以下结论:

$$E_p^O = \frac{1-c_n}{2} + \frac{2\left(\delta c_n - c_r\right)\eta\left(4\eta\delta(1-\delta)^2 + \left(\left(\beta - c_n + c_r\right)\delta - \beta\right)\left(c_r + \beta\right)\right)}{\left(4\eta\delta(1-\delta) - \left(c_r + \beta\right)^2\right)^2}$$

$$E_p^Q = \frac{1-c_n}{2} + \frac{\left(\beta\theta + c_n\delta - c_r\right)\eta\begin{pmatrix} 8\eta\delta(1-\delta)^2 + \\ \left(c_r + \beta\right)\left(2\delta c_r - \beta\theta - c_n\delta - 2\beta(1-\delta) - c_r\right)\end{pmatrix}}{2\left(4\eta\delta(1-\delta) - \left(c_r + \beta\right)^2\right)^2}$$

$$E_p^q = \frac{1-c_n}{2} + \frac{2\left(\beta\theta + \delta c_n - c_r\right)\begin{pmatrix} 8\eta\delta(1-\delta)^2 + \\ \left((\delta - \theta - 1)\beta - \delta\left(c_n - c_r\right)\right)\left(\beta + c_r\right)\end{pmatrix}\eta}{\left(8\eta\delta(1-\delta) - \left(c_r + \beta\right)^2\right)^2}$$

$$\theta_c = \frac{8\delta(\delta - 1)^2\eta + \left(\beta + c_r\right)\left((2\delta + 1)c_r + \left(2\beta - 3c_n\right)\delta - 2\beta\right)}{\beta\left(\beta + c_r\right)}$$

让$c_\theta = \dfrac{4\eta\delta(\delta - 1)^2 + \delta\left(c_r + \beta\right)^2 - \beta^2 + c_r^2}{2\delta\left(c_r + \beta\right)}$

从 $E_p^O - E_p^Q = -\dfrac{\left(\beta\theta - \delta c_n + c_r\right)\eta\begin{pmatrix} 2\left(4\eta\delta(1-\delta) - \left(c_r + \beta\right)^2\right)(1-\delta) - \\ \left(c_r + \beta\right)\left(\beta\theta + 3\delta c_n - 3c_r\right)\end{pmatrix}}{2\left(4\eta\delta(1-\delta) - \left(c_r + \beta\right)^2\right)^2}$ 和

$\frac{\partial^2\left(E_p^O - E_p^Q\right)}{\partial\theta^2} = \frac{\eta\beta^2\left(\beta + c_r\right)}{\left(4\eta\delta(1-\delta) - \left(c_r+\beta\right)^2\right)^2} > 0$，得到 $\theta = \theta_c, \theta = \theta_b$，当 $E_p^O - E_p^Q = 0$。

$$\theta_c - \theta_b = \frac{2\left(4\eta\delta(1-\delta) - \left(c_r+\beta\right)^2\right)(1-\delta) - 4\left(c_r+\beta\right)\left(\delta c_n - c_r\right)}{\beta\left(c_r+\beta\right)}$$

如果 $\theta_c - \theta_b > 0$，则 $c_n < c_\theta$。

推导出 $c_\theta - c_1^O = \frac{(1-\delta)\left(4\eta\delta(1-\delta) - \left(c_r+\beta\right)^2\right)}{2\delta\left(c_r+\beta\right)} > 0$ 和 $c_\theta - c_3^O = -\frac{\left(4\eta\delta(1-\delta) - \left(c_r+\beta\right)^2\right)(\delta+1)}{2\delta\left(c_r+\beta\right)} < 0$。

如果 $c_1^O < c < \min\left\{c_2^O, c_3^O, c_\theta\right\}$，则 $\theta_c - \theta_b > 0$。

设 $c_{n5} = \frac{-8\delta^3\eta - 2\delta\beta^2 - 4\delta c_r\beta + 16\delta^2\eta - 2\delta c_r^2 + 2\beta^2 + \beta c_r - 8\delta\eta - c_r^2}{-3\beta\delta - 3c_r\delta}$。

如果 $c_n < c_{n5}$，则 $\theta_c > 0$；否则 $\theta_c < 0$。

$$c_{n5} - c_1^O = \frac{2\left(4\eta\delta(1-\delta) - \left(c_r+\beta\right)^2\right)(1-\delta)}{3\delta\left(c_r+\beta\right)} > 0$$

$$c_{n5} - c_\theta = \frac{\left(4\eta\delta(1-\delta) - \left(c_r+\beta\right)^2\right)(1-\delta)}{6\delta\left(c_r+\beta\right)} > 0$$

$$c_{n5} - c_3^O = -\frac{\left(4\eta\delta(1-\delta) - \left(c_r+\beta\right)^2\right)(2\delta+1)}{3\delta\left(c_r+\beta\right)} < 0$$

推导出 $\max\left\{0, c_1^O\right\} < c_\theta < c_{n5} < c_3^O$。

对于 $\max\left\{0, c_1^O\right\} < c_\theta < c_{n5} < \min\left\{c_2^O, c_3^O\right\}$，在数值例子中验证了存在性，并展示了结果的一般情况。

对于 $\max\left\{0, c_1^O\right\} < c_n < c_\theta, \theta_c - \theta_b > 0$，如果 $0 < \theta < \theta_b, E_p^O - E_p^Q > 0$；如果 $\theta_b < \theta < \theta_c$，则 $E_p^O - E_p^Q < 0$；如果 $\theta_c < \theta < \min\left\{\theta_2^Q, \theta_{\max}^Q\right\}$，则 $E_p^O - E_p^Q > 0$。

对于 $c_\theta < c_n < c_{n5}, \theta_c - \theta_b < 0$，如果 $0 < \theta < \theta_c$，则 $E_p^O - E_p^Q > 0$；如果 $\theta_c <$

$\theta < \theta_b$,则 $E_p^O - E_p^Q < 0$;如果 $\theta_b < \theta < \min\{\theta_2^Q, \theta_{\max}^Q\}$,则 $E_p^O - E_p^Q > 0$。

对于 $c_n > c_{n5}$, $\theta_c < 0 < \theta_b$,如果 $0 < \theta < \theta_b$,则 $E_p^O - E_p^Q < 0$;如果 $\theta_b < \theta < \min\{\theta_2^Q, \theta_{\max}^Q\}$,则 $E_p^O - E_p^Q > 0$。

$$E_p^O - E_p^q = \frac{2(\delta c_n - c_r)\eta\left(4\eta\delta(1-\delta)^2 + ((\beta - c_n + c_r)\delta - \beta)(c_r + \beta)\right)}{\left(4\eta\delta(1-\delta) - (c_r+\beta)^2\right)^2} - \frac{2(\beta\theta + \delta c_n - c_r)\left(8\eta\delta(1-\delta)^2 + ((\delta - \theta - 1)\beta - \delta(c_n - c_r))(\beta + c_r)\right)\eta}{\left(8\eta\delta(1-\delta) - (c_r+\beta)^2\right)^2}$$

让 $\theta_f = \dfrac{\left[\begin{array}{c}32\delta^2(1-\delta)^3\eta^2 + 12\delta(c_r+\beta)(1-\delta)((\beta - c_n + c_r)\delta - \beta)\eta - \\ ((\delta+1)c_r + (\beta - 2c_n)\delta - \beta)(c_r+\beta)^3\end{array}\right]}{(c_r+\beta)\left(4\eta\delta(1-\delta) - (c_r+\beta)^2\right)\beta}$,从

$\dfrac{\partial^2(E_p^O - E_p^q)}{\partial\theta^2} = \dfrac{4(c_r+\beta)\eta\beta^2}{\left(8\eta\delta(1-\delta) - (c_r+\beta)^2\right)^2} > 0$,得到 $\theta = \theta_e$, $\theta = \theta_f$,当 $E_p^O = E_p^q$。

$$\theta_e - \theta_f = \frac{\left(-4\delta\eta(\delta-1)^2 - 2((\beta - 2c_n + c_r)\delta - \beta + c_r)(c_r+\beta)\right)\left(8\eta\delta(1-\delta) - (c_r+\beta)^2\right)}{(c_r+\beta)\left(4\eta\delta(1-\delta) - (c_r+\beta)^2\right)\beta}$$

如果 $\theta_e - \theta_f < 0$,则 $c_n < c_\theta$。

可以得到 $\theta_f - \theta_c = \dfrac{(c_r+\beta)\left(4\eta\delta(\delta-1)^2 + (c_r+\beta)((\beta - c_n + c_r)\delta - \beta)\right)}{\beta\left(4\eta\delta(1-\delta) - (c_r+\beta)^2\right)}$。

$$c_{n3} = \frac{\left[\begin{array}{c}32\delta^2(\delta-1)^3\eta^2 + \delta(c_r+\beta)^4 - (\beta - c_r)(c_r+\beta)^3 + \\ 12\eta\delta(c_r+\beta)(\delta-1)((c_r+\beta)\delta - \beta)\end{array}\right]}{2\left(6\delta^2\eta - 6\delta\eta + (c_r+\beta)^2\right)\delta(c_r+\beta)}$$

$$c_{n3} - c_{n5} = \frac{(1-\delta)\left(4\delta^2\eta - 4\delta\eta + (c_r+\beta)^2\right)(c_r+\beta)}{6\left(6\delta^2\eta - 6\delta\eta + (c_r+\beta)^2\right)\delta} > 0$$

如果 $c_n < c_{n3}$,则 $\theta_f > 0$;否则 $\theta_f < 0$。

对于 $\max\{0, c_1^O\} < c_n < c_\theta$, $\theta_e - \theta_f < 0$,如果 $\theta \in (0, \theta_e)$,则 $E_p^O > E_p^q$;如果

$\theta \in \left(\theta_e, \theta_f\right)$，则 $E_p^O < E_p^q$；如果 $\theta \in \left(\theta_f, \min\left\{\theta_2^Q, \theta_{\max}^Q\right\}\right)$，则 $E_p^O > E_p^q$。

对于 $c_\theta < c_n < c_{n3}$，$\theta_e - \theta_f > 0$，如果 $\theta \in \left(0, \theta_f\right)$，则 $E_p^O > E_p^q$；如果 $\theta \in \left(\theta_f, \theta_e\right)$，则 $E_p^O < E_p^q$；如果 $\theta \in \left(\theta_e, \min\left\{\theta_2^Q, \theta_{\max}^Q\right\}\right)$，则 $E_p^O > E_p^q$。

对于 $c_n > c_{n3}$，$\theta_f < 0 < \theta_e$，如果 $\theta \in \left(0, \theta_e\right)$，则 $E_p^O < E_p^q$；如果 $\theta \in \left(\theta_e, \min\left\{\theta_2^Q, \theta_{\max}^Q\right\}\right)$，则 $E_p^O > E_p^q$。

$$\theta_f - \theta_c = \frac{4\left(c_r + \beta\right)\left(\delta^3\eta - 2\delta^2\eta + \left(\frac{\beta^2}{4} + \left(-\frac{c_n}{4} + \frac{c_r}{2}\right)\beta - \frac{c_n c_r}{4} + \frac{c_r^2}{4} + \eta\right)\delta - \frac{\beta\left(c_r + \beta\right)}{4}\right)}{\beta\left(4\eta\delta(1-\delta) - \left(c_r + \beta\right)^2\right)}$$

让 $c_{n4} = \dfrac{4\delta^3\eta - 8\eta\delta^2 + \left(\beta^2 + 2c_r\beta + c_r^2 + 4\eta\right)\delta - \beta\left(c_r + \beta\right)}{\delta\left(c_r + \beta\right)}$，如果 $\theta_f > \theta_c$，那么 $c_n < c_{n4}$。$c_{n4} - c_\theta = \dfrac{\left(4\eta\delta(1-\delta) - \left(c_r + \beta\right)^2\right)(1-\delta)}{2\delta\left(c_r + \beta\right)} > 0$ 和 $c_{n4} - c_3^O = \dfrac{c_r^2 + 2c_r\beta + \beta^2 + 4\eta\delta(\delta - 1)}{c_r + \beta} < 0$。

$$\theta_e - \theta_c = \frac{\left[\begin{gathered}32\delta^2(\delta-1)^3\eta^2 + 16\delta\left(c_r + \beta\right)(\delta - 1)\left(\left(\beta - c_n + c_r\right)\delta - \beta\right)\eta + \\ 2\left(\left(\delta + \frac{1}{2}\right)c_r + \left(\beta - \frac{3c_n}{2}\right)\delta - \beta\right)\left(c_r + \beta\right)^3\end{gathered}\right]}{\left(c_r + \beta\right)\beta\left(4\eta\delta(1-\delta) - \left(c_r + \beta\right)^2\right)}$$

让 $c_{n1} = \dfrac{\left[\begin{gathered}32\delta^2(\delta-1)^3\eta^2 + 16\delta\left(\left(c_r + \beta\right)\delta - \beta\right)(\delta - 1)\left(c_r + \beta\right)\eta + \\ \left(c_r + \beta\right)^3\left(\left(\beta + c_r\right)2\delta - 2\beta + c_r\right)\end{gathered}\right]}{\left(c_r + \beta\right)\left(3\left(c_r + \beta\right)^2 - 16\eta\delta(1-\delta)\right)\delta}$，

$\dfrac{\partial\left(\theta_e - \theta_c\right)}{\partial c_n} = \dfrac{\left(16\eta\delta(1-\delta) - 3\left(c_r + \beta\right)^2\right)\delta}{\beta\left(4\eta\delta(1-\delta) - \left(c_r + \beta\right)^2\right)} > 0$。如果 $\theta_e < \theta_c$，则 $c_n < c_{n1}$。

我们推导出 $c_{n1} - c_1^O = \dfrac{2\left(\left(c_r + \beta\right)^2 - 4\eta\delta(1-\delta)\right)^2(\delta - 1)}{\left(\beta + c_r\right)\left(3\left(c_r + \beta\right)^2 - 16\eta\delta(1-\delta)\right)\delta} > 0$ 和 $c_{n1} -$

$$c_\theta = \frac{\left(4\eta\delta(1-\delta)-\left(c_r+\beta\right)^2\right)(\delta-1)\left(c_r+\beta\right)}{2\left(16\eta\delta(1-\delta)-3\left(c_r+\beta\right)^2\right)\delta} < 0$$。然后有 $c_{n4} > c_{n1}$。

$$\begin{aligned} E_p^Q - E_p^q &= \left(\beta\theta + c_n\delta - c_r\right)\eta \times \\ &\left(\frac{\left(8\eta\delta(1-\delta)^2 + \left(c_r+\beta\right)\left(2\delta c_r - \beta\theta - c_n\delta - 2\beta(1-\delta) - c_r\right)\right)}{2\left(4\eta\delta(1-\delta)-\left(c_r+\beta\right)^2\right)^2} - \right. \\ &\left. \frac{2\left(8\eta\delta(1-\delta)^2 + \left((\delta-\theta-1)\beta - \delta\left(c_n - c_r\right)\right)\left(\beta + c_r\right)\right)}{\left(8\eta\delta(1-\delta)-\left(c_r+\beta\right)^2\right)^2}\right) \\ &= \left(\beta\theta + c_n\delta - c_r\right)\eta T_2 \end{aligned}$$

$$\frac{\partial T_2}{\partial\theta} = \frac{\left(\beta+c_r\right)^3\beta\left(3\left(c_r+\beta\right)^2 - 16\delta\eta(1-\delta)\right)}{2\left(4\eta\delta(1-\delta)-\left(c_r+\beta\right)^2\right)^2\left(8\eta\delta(1-\delta)-\left(c_r+\beta\right)^2\right)^2} < 0$$

让

$$\theta_d = \frac{\left[\begin{array}{c} 64\delta^2(\delta-1)^3\eta^2 + 8\left(c_r+\beta\right)\delta(\delta-1)\left(\left(3\beta - 2c_n + 3c_r\right)\delta - 3\beta - c_r\right)\eta + \\ \left(\left(2\delta+1\right)c_r + \left(2\beta - 3c_n\right)\delta - 2\beta\right)\left(c_r+\beta\right)^3 \end{array}\right]}{\left(c_r+\beta\right)\beta\left(3\left(c_r+\beta\right)^2 - 16\delta\eta(1-\delta)\right)}$$

如果 $\theta < \theta_d$，则 $E_p^Q > E_p^q$；否则 $E_p^Q < E_p^q$。

结合配对比较的结果，有以下结论：

对于 $c_1^O < c_n < c_{n1}$，$\theta_b < \theta_e < \theta_c < \theta_f$，如果 $0 < \theta < \theta_e$，则 $E_p^q < \min\left\{E_p^Q, E_p^O\right\}$；如果 $\theta_e < \theta < \theta_c$，则 $E_p^O < \min\left\{E_p^Q, E_p^q\right\}$；如果 $\theta_c < \theta < \min\left\{\theta_2^Q, \theta_{\max}^Q\right\}$，则 $E_p^Q < \min\left\{E_p^O, E_p^q\right\}$。

对于 $c_{n1} < c_n < c_\theta$，$\theta_b < \theta_c < \theta_e < \theta_f$，如果 $0 < \theta < \theta_d$，则 $E_p^q < \min\left\{E_p^Q, E_p^O\right\}$；如果 $\theta_d < \theta < \min\left\{\theta_2^Q, \theta_{\max}^Q\right\}$，则 $E_p^Q < \min\left\{E_p^O, E_p^q\right\}$。

然后考虑 $c_\theta < c_n < \min\left\{c_2^O, c_3^O\right\}$ 的情况。

$$\theta_f - \theta_b = \frac{\left[\begin{array}{c} 32\delta^2(1-\delta)^3\eta^2 + 4\delta(1-\delta)(c_r+\beta)(3\beta\delta - 4\delta c_n + 3c_r\delta - 3\beta + c_r)\eta - \\ (c_r+\beta)^3(\beta\delta - 3\delta c_n + c_r\delta - \beta + 2c_r) \end{array}\right]}{(c_r+\beta)\left(4\eta\delta(1-\delta) - (c_r+\beta)^2\right)\beta}$$

让 $$c_{n2} = \frac{\left[\begin{array}{c} 32\delta^2(1-\delta)^3\eta^2 + 4\delta(1-\delta)(\beta+c_r)(3\beta\delta + 3c_r\delta - 3\beta + c_r)\eta - \\ (\beta+c_r)^3(\beta\delta + c_r\delta - \beta + 2c_r) \end{array}\right]}{(\beta+c_r)\left(16\delta\eta(1-\delta) - 3(c_r+\beta)^2\right)\delta}$$

从 $\frac{\partial(\theta_f - \theta_b)}{\partial c_n} = -\frac{\delta\left(16\delta\eta(1-\delta) - 3(c_r+\beta)^2\right)}{\left(4\delta\eta(1-\delta) - (c_r+\beta)^2\right)\beta} < 0$，如果 $c_n < c_{n2}$，则 $\theta_f > \theta_b$；否则 $\theta_f < \theta_b$。

$$c_{n2} - c_\theta = \frac{(1-\delta)\left(4\delta\eta(1-\delta) - (c_r+\beta)^2\right)(c_r+\beta)}{2\left(16\delta\eta(1-\delta) - 3(c_r+\beta)^2\right)\delta} > 0$$

$$c_{n2} - c_{n4} = -\frac{2\left(4\delta\eta(1-\delta) - (c_r+\beta)^2\right)^2(1-\delta)}{\delta\left(16\delta\eta(1-\delta) - 3(c_r+\beta)^2\right)(c_r+\beta)} < 0$$

$$c_{n2} - c_{n5} = -\frac{\left(4\delta\eta(1-\delta) - (c_r+\beta)^2\right)(1-\delta)\left(8\delta\eta(1-\delta) - 3(c_r+\beta)^2\right)}{3\left(16\delta\eta(1-\delta) - 3(c_r+\beta)^2\right)\delta(c_r+\beta)} < 0$$

$$c_{n4} - c_{n5} = \frac{(1-\delta)\left(4\delta\eta(1-\delta) - (c_r+\beta)^2\right)}{3\delta(c_r+\beta)} > 0$$

$$c_{n4} - c_{n3} = \frac{(1-\delta)\left(4\delta\eta(1-\delta) - (c_r+\beta)^2\right)^2}{2\left(6\delta\eta(1-\delta) - (c_r+\beta)^2\right)\delta(c_r+\beta)} > 0$$

我们推导出 $\max\{0, c_1^O\} < c_{n1} < c_\theta < c_{n2} < c_{n5} < c_{n3} < c_{n4}$。

对于 $c_\theta < c_n < c_{n2}, \theta_c < \theta_b < \theta_f < \theta_e$，如果 $0 < \theta < \theta_d$，则 $E_p^q < \min\{E_p^Q, E_p^O\}$；如果 $\theta_d < \theta < \min\{\theta_2^Q, \theta_{\max}^Q\}$，则 $E_p^Q < \min\{E_p^O, E_p^q\}$。

对于 $c_{n2} < c_n < c_{n5}, \theta_c < \theta_f < \theta_b < \theta_e$，如果 $0 < \theta < \theta_f$，则 $E_p^q < \min\{E_p^Q, E_p^O\}$；

如果 $\theta_f < \theta < \theta_b$，则 $E_p^O < \min\left\{E_p^Q, E_p^q\right\}$；如果 $\theta_b < \theta < \min\left\{\theta_2^Q, \theta_{\max}^Q\right\}$，则 $E_p^Q < \min\left\{E_p^O, E_p^q\right\}$。

对于 $c_{n5} < c_n < c_{n3}$，$\theta_c < 0 < \theta_f < \theta_b < \theta_e$，如果 $0 < \theta < \theta_f$，则 $E_p^q < \min\left\{E_p^Q, E_p^O\right\}$；如果 $\theta_f < \theta < \theta_b$，则 $E_p^O < \min\left\{E_p^Q, E_p^q\right\}$；如果 $\theta_b < \theta < \min\left\{\theta_2^Q, \theta_{\max}^Q\right\}$,则 $E_p^Q < \min\left\{E_p^O, E_p^q\right\}$。

对于 $c_{n3} < c_n < c_{n4}$，$\theta_c < \theta_f < 0 < \theta_b < \theta_e$，如果 $0 < \theta < \theta_b$，则 $E_p^O < \min\left\{E_p^Q, E_p^q\right\}$;如果 $\theta_b < \theta < \min\left\{\theta_2^Q, \theta_{\max}^Q\right\}$,则 $E_p^Q < \min\left\{E_p^O, E_p^q\right\}$。

对于 $c_n > c_{n4}$,$\theta_f < \theta_c < 0 < \theta_b < \theta_e$,如果 $0 < \theta < \theta_b$,则 $E_p^O < \min\left\{E_p^Q, E_p^q\right\}$;如果 $\theta_b < \theta < \min\left\{\theta_2^Q, \theta_{\max}^Q\right\}$,则 $E_p^Q < \min\left\{E_p^O, E_p^q\right\}$。

综上所述:

(1)对于 $c_1^O < c_n < c_{n1}$,如果 $0 < \theta < \theta_e$,则 $E_p^q < \min\left\{E_p^Q, E_p^O\right\}$;如果 $\theta_e < \theta < \theta_c$,则 $E_p^O < \min\left\{E_p^Q, E_p^q\right\}$;如果 $\theta_c < \theta < \min\left\{\theta_2^Q, \theta_{\max}^Q\right\}$,则 $E_p^Q < \min\left\{E_p^O, E_p^q\right\}$。

(2)对于 $c_{n1} < c_n < c_{n2}$,如果 $0 < \theta < \theta_d$,则 $E_p^q < \min\left\{E_p^Q, E_p^O\right\}$;如果 $\theta_d < \theta < \min\left\{\theta_2^Q, \theta_{\max}^Q\right\}$,则 $E_p^Q < \min\left\{E_p^O, E_p^q\right\}$。

(3)对于 $c_{n2} < c_n < c_{n3}$,如果 $0 < \theta < \theta_f$,则 $E_p^q < \min\left\{E_p^Q, E_p^O\right\}$;如果 $\theta_f < \theta < \theta_b$,则 $E_p^O < \min\left\{E_p^Q, E_p^q\right\}$;如果 $\theta_b < \theta < \min\left\{\theta_2^Q, \theta_{\max}^Q\right\}$,则 $E_p^Q < \min\left\{E_p^O, E_p^q\right\}$ 。

(4)对于 $c_{n3} < c_n < \min\left\{c_2^O, c_3^O\right\}$,如果 $0 < \theta < \theta_b$,则 $E_p^O < \min\left\{E_p^q, E_p^Q\right\}$;如果 $\theta_b < \theta < \min\left\{\theta_2^Q, \theta_{\max}^Q\right\}$,则 $E_p^Q < \min\left\{E_p^O, E_p^q\right\}$。

假设 $c_{n3} < \min\left\{c_3^O, c_2^O\right\}$ 和 $\theta_e < \min\left\{\theta_2^Q, \theta_{\max}^Q\right\}$,该假设可以在数字例子中得到验证,$c_r = 0.01$,$\beta = 0.1$,$\delta = 0.9$,$\eta = 0.2$。

附录B

到目前为止,假设再制造产品不受限制(即 $q_r \geqslant 0$)。现在把这个假设放宽到 $q_r < q_n$,表明再制造产品的数量低于新产品的数量。我们仍然认为新产

品和再制造产品都存在于一个市场中。

如果 $q_r^{O*} < q_n^{O*}$，让 $c_{a1} = \frac{4\eta\delta(1-\delta) + 4\eta c_r(1+\delta) - (\beta + c_r)^2}{8\eta\delta - (\beta + c_r)^2}$，则 $c_n < c_{a1}$。

如果 $q_r^{Q*} < q_n^{Q*}$，让 $\theta_{r1} = \frac{\left(2c_r(1+\delta) + 2\left((c_n-2)\delta - 3c_n + 2\right)\delta\right)\eta + (\beta + c_r)^2(c_n - 1)}{2\beta\eta(\delta+1)}$，

则 $\theta < \theta_{r1}$。

如果 $q_r^{q*} < q_n^{q*}$，让 $\theta_{r2} = \frac{\left(4c_r(1+\delta) + 4\left((c_n-2)\delta - 3c_n + 2\right)\delta\right)\eta + (\beta + c_r)^2(c_n - 1)}{4\beta\eta(\delta+1)}$，

则 $\theta < \theta_{r2}$。

$$c_{a1} - c_1^O = \frac{\left(4\eta\delta(1-\delta) - (\beta + c_r)^2\right)(\delta - c_r)}{\left(8\eta\delta - (\beta + c_r)^2\right)\delta} > 0$$

$$c_{a1} - c_2^O = -\frac{4\left(4\eta\delta(1-\delta) - (\beta + c_r)^2\right)(\delta - c_r)\eta}{\left(8\eta\delta - (\beta + c_r)^2\right)\left(4\eta\delta - (\beta + c_r)^2\right)} < 0$$

$$\theta_{r2} - \theta_{r1} = \frac{(\beta + c_r)^2(1 - c_n)}{4\beta\eta(\delta + 1)} > 0$$

$$\theta_{r1} - \theta_2^Q = -\frac{\left(4\eta\delta(1-\delta) - (\beta + c_r)^2\right)(1 - c_n)}{2\beta\eta(\delta + 1)\delta} < 0$$

如果 $\theta_{r1} > 0$，让 $c_{a2} = \frac{2c_r\eta(1+\delta) + 4\eta\delta(1-\delta) - (\beta + c_r)^2}{(6 - 2\delta)\delta\eta - (\beta + c_r)^2}$，那么 $c_n < c_{a2}$。

$$c_{a2} - c_{a1} = \frac{2\left(4\eta\delta(1-\delta) - (\beta + c_r)^2\right)(\delta + 1)\eta(\delta - c_r)}{\left((6 - 2\delta)\delta\eta - (\beta + c_r)^2\right)\left(8\eta\delta - (\beta + c_r)^2\right)} > 0$$

$$c_{a2} - c_1^Q = \frac{2\eta(\delta - c_r)\left(4(\delta^2 - \delta)\eta + (\beta + c_r)^2\right)}{\left(2(\delta^2 - 3\delta)\eta + (\beta + c_r)^2\right)\left(2(\delta^2 - 2\delta)\eta + (\beta + c_r)^2\right)} < 0$$

如果 $\theta_{r2} > 0$，让 $c_{a3} = \frac{c_r^2 + \left((-4\delta - 4)\eta + 2\beta\right)c_r + (8\delta^2 - 8\delta)\eta + \beta^2}{c_r^2 + 2\beta c_r + (4\delta^2 - 12\delta)\eta + \beta^2}$，那么

$c_n < c_{a3}$。因为 $\theta_{r2} > \theta_{r1}$，则 $c_{a3} > c_{a2}$。从 $c_{a3} < c_2^O$，可以得到 $c_{a2} < c_2^O$。

$$c_{a3} - c_{a2} = \frac{2\eta(\delta+1)(\delta-c_r)(\beta+c_r)^2}{\left(2\eta\delta^2 - 6\eta\delta + (\beta+c_r)^2\right)\left(4\eta\delta^2 - 12\eta\delta + (\beta+c_r)^2\right)} > 0$$

$$c_{a3} - c_1^q = \frac{4\eta(\delta-c_r)\left(8(\delta^2-\delta)\eta + (\beta+c_r)^2\right)}{\left(4(\delta^2-2\delta)\eta + (\beta+c_r)^2\right)\left(4(\delta^2-3\delta)\eta + (\beta+c_r)^2\right)} < 0$$

当 $c_1^O < c < c_{a1}, q_r < q_n$，OEM 将收集部分旧产品。当 $c_{a1} \leqslant c < c_2^O, q_r = q_n$，OEM 将收集所有旧产品。当 $c_r < c_n < c_{a2}$ 和 $\max\{0, \theta_1^Q\} < \theta < \min\{\theta_{r1}, \theta_{\max}^Q\}$（$c_r < c_n < c_{a3}$ 和 $\max\{0, \theta_1^q\} < \theta < \min\{\theta_{r2}, \theta_{\max}^q\}$）时，$q_r < q_n$ 和 IR 将收集部分旧产品。当 $c_r < c_n \leqslant c_1^Q$ 和 $\max\{0, \theta_1^Q, \theta_{r1}\} \leqslant \theta \leqslant \min\{\theta_2^Q, \theta_{\max}^Q\}$（$c_r < c_n \leqslant c_1^q$ 和 $\max\{0, \theta_1^Q, \theta_{r2}\} \leqslant \theta \leqslant \min\{\theta_1^q, \theta_{\max}^q\}$）时，$q_r = q_n$ 和 IR 将收集所有旧产品。因此，可以得到新的命题（命题 B1 至 B3），即在再制造数量的限制下，OEM 的最佳生产策略。

命题 B1　在 $X = O$ 时，OEM 的最佳生产策略如下：

（1）策略 N^O：只有在 $c_r < c_n \leqslant c_1^O$ 时，才生产新产品。

（2）策略 B^O：只有在 $c_1^O < c_n < c_2^O$（其中，收集部分旧产品为 $c_1^O < c < c_{a1}$，收集所有旧产品为 $c_{a1} \leqslant c < c_2^O$）时，才同时生产新产品和再制造产品。

（3）策略 $\varnothing^O$：不生产任何产品，只有在 $c_2^O \leqslant c_n < 1$ 时。

命题 B2　在 $X = Q$ 时，OEM 的最佳生产策略如下：

（1）策略 N^Q：只有在 $c_r < c_n \leqslant c_1^O$ 和 $\theta \leqslant \theta_1^Q$ 时，才生产新产品。

（2）策略 B^Q：只有在 $c_r < c_n < c_1^Q$ 和 $\max\{0, \theta_1^Q\} < \theta < \min\{\theta_2^Q, \theta_{\max}^Q\}$（其中，收集部分旧产品为 $c_r < c_n < c_{a2}$ 和 $\max\{0, \theta_1^Q\} < \theta < \min\{\theta_{r1}, \theta_{\max}^Q\}$，收集所有旧产品为 $c_r < c_n < c_1^Q$ 和 $\max\{0, \theta_{r1}\} \leqslant \theta \leqslant \min\{\theta_2^Q, \theta_{\max}^Q\}$）时，才生产新产品并授权再制造。

（3）策略 R^Q：只有在 $c_r < c_n < 1$ 和 $\max\{0, \theta_2^Q\} \leqslant \theta \leqslant \theta_{\max}^Q$ 时，才授权再制造。

命题 B3　在 $X = q$ 时，OEM 的最佳生产策略如下：

(1)策略N^q:只有在$c_r < c_n \leqslant c_1^Q$和$\theta \leqslant \theta_1^Q$时,才生产新产品。

(2)策略B^q:只有在$c_r < c_n < c_1^q$和$\max\{0, \theta_1^Q\} < \theta < \min\{\theta_1^q, \theta_{\max}^q\}$(其中,收集部分旧产品为$c_r < c_n < c_{a3}$和$\max\{0, \theta_1^Q\} < \theta < \min\{\theta_{r2}, \theta_{\max}^q\}$,收集所有旧产品为$c_r < c_n < c_1^q$和$\max\{0, \theta_{r2}\} < \theta < \min\{\theta_1^q, \theta_{\max}^q\}$)时,才生产新产品并授权再制造。

(3)策略R^q:只有在$c_r < c_n < 1$和$\max\{0, \theta_1^q\} \leqslant \theta \leqslant \theta_{\max}^q$时,才授权再制造。

因此,新产品和再制造产品都存在于市场中,$q_r < q_n$,满足$c_1^Q < c_n < \min\{c_{a1}, c_3^Q\}$和$\max\{0, \theta_1^Q\} < \theta < \min\{\theta_{r1}, \theta_{\max}^Q\}$。

如果收集策略是部分回收,平衡结果与公开评估情况下的结果相同。因此,在数量、平均回收质量、利润和环境影响方面的比较证明与公开评估的情况相同。表B1显示了OEM和IR在完全回收情况下的最佳决策。

表B1　完全回收时OEM和IR的最佳决策

参数	模式O	模式Q	模型q
p_n^*	$1-\dfrac{2\eta(\delta+1)M_1}{(12\delta+4)\eta-C^2}$	$1-\dfrac{\eta(\delta+1)M_2}{(8\delta-2\delta^2+2)\eta-C^2}$	$\dfrac{1+c_n}{2}$
p_r^*	$\delta-\dfrac{(4\delta\eta-\beta C)M_1}{(12\delta+4)\eta-C^2}$	$\delta+\beta\theta-\dfrac{M_2(4\delta\eta-\beta C)}{(16\delta-4\delta^2+4)\eta-2C^2}$	$\delta+\beta\theta-\dfrac{(1-c_n)(4\delta\eta-\beta C)}{4(\delta+1)\eta}$
p_f^*	—	$\dfrac{M_2+2c_n-2}{2}+\dfrac{\eta(\delta+1)M_2}{(8\delta-2\delta^2+2)\eta-C^2}$	$\dfrac{\delta(1-c_n)}{\delta+1}$
q_n^*	$\dfrac{2\eta M_1}{(12\delta+4)\eta-C^2}$	$\dfrac{M_2\eta}{(8\delta-2\delta^2+2)\eta-C^2}$	$\dfrac{1-c_n}{2\delta+2}$
q_r^*	$\dfrac{2\eta M_1}{(12\delta+4)\eta-C^2}$	$\dfrac{M_2\eta}{(8\delta-2\delta^2+2)\eta-C^2}$	$\dfrac{1-c_n}{2\delta+2}$
m^*	$\dfrac{M_1 C}{(12\delta+4)\eta-C^2}$	$\dfrac{M_2 C}{(16\delta-4\delta^2+4)\eta-2C^2}$	$\dfrac{(1-c_n)C}{4(\delta+1)\eta}$
π_{OEM}^*	$\dfrac{\eta {M_1}^2}{(12\delta+4)\eta-C^2}$	$\dfrac{{M_2}^2\eta}{(16\delta-4\delta^2+4)\eta-2C^2}$	$\dfrac{(c_n-1)^2(3\delta+1)}{4(\delta+1)^2}$
π_{IR}^*	—	$\dfrac{{M_2}^2(\kappa-C^2)\eta}{4\left(2\eta(4\delta+1-\delta^2)-C^2\right)^2}$	$\dfrac{(1-c_n)M_2}{2(\delta+1)}-\dfrac{(1-c_n)^2(3\delta+1)}{2(\delta+1)^2}-\dfrac{(1-c_n)^2C^2}{16(\delta+1)^2\eta}$

注:$A_2=\beta\theta+\delta c_n-c_r$,$B=\beta\theta+\delta-c_r$,$M_1=\delta-c_n-c_r+1$,$M_2=\beta\theta+M_1$。

附录C

命题10的证明：根据逆向归纳法计算出两期博弈模型。从 $\frac{\partial^2 \pi_{OEM}}{\partial p_n^2} = -\frac{2}{1-\delta} < 0$，$\frac{\partial^2 \pi_{OEM}}{\partial p_r^2} = \frac{2}{(\delta-1)\delta} < 0$ 和 Hessian 矩阵 $\left|H_{p_n,p_r}\right| = \frac{4}{(1-\delta)\delta} > 0$，可以知道 $\pi_{OEM}(p_n, p_r)$ 在 p_n 和 p_r 中是共同凹的。通过解决 $\frac{\partial \pi_{OEM}}{\partial p_n} = 0$ 和 $\frac{\partial \pi_{OEM}}{\partial p_r} = 0$，得到 $p_n^{O*} = \frac{c_n}{2} + \frac{1}{2}$ 和 $p_r(m) = \frac{c_r(1-m)}{2} + \frac{\delta}{2} + \frac{\beta m}{2}$。将它们代入方程并让 $\frac{\partial^2 \pi_{OEM}(p_n^{O*}, p_r(m))}{\partial m^2} = -\frac{4\eta\delta(1-\delta) - (c_r+\beta)^2}{2(1-\delta)\delta}$。为了确保 π_{OEM} 在 m 中是凹的，假设 $\eta > \frac{(c_r+\beta)^2}{4\delta(1-\delta)}$ 满足8.5.1小节的假设（1）。通过求解 $\frac{\partial \pi_{OEM}(p_n^{O*}, p_r(m))}{\partial m} = 0$，得到最佳的平均回收质量，即 $m^{O*} = \frac{(\delta c_n - c_r)(\beta + c_r)}{4\delta\eta(1-\delta) - (\beta + c_r)^2}$。从 $\frac{\partial^2 \pi_{OEM}}{\partial p_1^2} = -2 < 0$，我们知道 $\pi_{OEM}(p_1)$ 是共同凹于 p_1。通过求解 $\frac{\partial \pi_{OEM}(p_1)}{\partial p_1} = 0$，我们得到 $p_1^{O*} = \frac{1+c_n}{2}$，然后可以得到表C1中策略 B^O 的最佳结果。

让 $c_{b1} = \frac{4\delta^2\eta - 4\delta\eta - 4\eta c_r + (\beta + c_r)^2}{4\delta^2\eta - 8\delta\eta + (\beta + c_r)^2}$。如果 $q_r < q_1$，那么 $c_n < c_{b1}$。

$$c_{b1} - c_1^O = \frac{(\delta - c_r)\left(4\delta^2\eta - 4\delta\eta + (c_r+\beta)^2\right)}{\delta\left(4\delta^2\eta - 8\delta\eta + (c_r+\beta)^2\right)} > 0$$

$$c_{b1} - c_2^O = \frac{4(\delta-1)(\delta-c_r)\eta\left(4\delta^2\eta - 4\delta\eta + (c_r+\beta)^2\right)}{\left(4\delta\eta - (c_r+\beta)^2\right)\left(4\delta^2\eta - 8\delta\eta + (c_r+\beta)^2\right)} < 0$$

如果 $c_1^O < c < c_{b1}$，那么 $q_r < q_1$，OEM收集部分旧产品；如果 $c_{b1} \leqslant c < c_2^O$，

那么 $q_r = q_1$，OEM 收集所有旧产品。

命题11和命题12的证明与命题10类似。

设 $\theta_{t1} = \frac{\left((4\delta^2 - 6\delta)c_n - 4\delta^2 + 4\delta + 2c_r\right)\eta + (\beta + c_r)^2(c_n - 1)}{2\eta\beta}$ 和 $c_{b2} = \frac{(4\delta^2 - 4\delta)\eta + (\beta + c_r)^2 - 2\eta c_r}{(4\delta^2 - 6\delta)\eta + (\beta + c_r)^2}$。如果 $q_r^Q < q_1^Q$，则 $\theta < \theta_{t1}$；如果 $c_n < c_{b2}$，则 $\theta_{t1} > 0$。

$$\theta_{t1} - \theta_1^Q = \frac{\left(4(\delta^2 - \delta)\eta + (c_r + \beta)^2\right)(c_n - 1)}{2\eta\beta} > 0$$

$$\theta_{t1} - \theta_2^Q = \frac{\left(4(\delta^2 - \delta)\eta + (c_r + \beta)^2\right)(\delta - 1)(c_n - 1)}{2\beta\delta\eta} < 0$$

$$c_{b2} - c_{b1} = -\frac{2\left(4(\delta^2 - \delta)\eta + (c_r + \beta)^2\right)(\delta - c_r)\eta}{\left((4\delta^2 - 6\delta)\eta + (c_r + \beta)^2\right)\left((4\delta^2 - 8\delta)\eta + (c_r + \beta)^2\right)} > 0$$

$$c_{b2} - c_1^Q = -\frac{2(\delta - 1)\left(4\delta^2\eta - 4\delta\eta + (\beta + c_r)^2\right)(\delta - c_r)\eta}{\left(4\delta^2\eta - 6\delta\eta + (\beta + c_r)^2\right)\left(2\delta^2\eta - 4\delta\eta + (\beta + c_r)^2\right)} < 0$$

$$\theta_{t2} = \frac{\left((8\delta^2 - 12\delta)c_n - 8\delta^2 + 8\delta + 4c_r\right)\eta + (\beta + c_r)^2(c_n - 1)}{4\eta\beta}$$

$$c_{b3} = \frac{(8\delta^2 - 8\delta)\eta + (\beta + c_r)^2 - 4\eta c_r}{(8\delta^2 - 12\delta)\eta + (\beta + c_r)^2}$$

如果 $q_r^q < q_1^q$，则 $\theta < \theta_{t2}$；如果 $c_n < c_{b3}$，则 $\theta_{t2} > 0$。

$$\theta_{t2} - \theta_{t1} = \frac{(\beta + c_r)^2(1 - c_n)}{4\eta\beta} > 0$$

$$\theta_{t2} - \theta_1^q = \frac{(c_n - 1)\left(8\delta^2\eta - 8\delta\eta + (\beta + c_r)^2\right)(\delta - 1)}{4\eta\delta\beta} < 0$$

$$c_{b3} - c_{b2} = \frac{2\eta(\beta + c_r)^2(\delta - c_r)}{\left(8\delta^2\eta - 12\delta\eta + (\beta + c_r)^2\right)\left(4\delta^2\eta - 6\delta\eta + (\beta + c_r)^2\right)} > 0$$

因此,新产品和再制造产品都存在于一个市场中,$q_r < q_1$,满足$c_1^O < c_n < \min\{c_{b1}, c_3^O\}$和$\theta < \min\{\theta_{\max}^Q, \theta_{t1}\}$。三种模式的平均回收质量、再制造产品数量和利润在两期中的比较与单期中的比较相似。因此,主要结论被证明在两期中是正确的。我们还提供了一个数字例子来验证结果。图C1提供了结果,其中,$c_r = 0.01$,$\beta = 0.1$,$\delta = 0.9$,$\eta = 0.2$,这导致了$\theta_a, \theta_b, \theta_c, \theta_d, \theta_e, \theta_f < \min\{\theta_{\max}^Q, \theta_{t1}\}$。阴影区域代表"一致区域",存在实现OEM利润率和环境双赢的最佳策略。

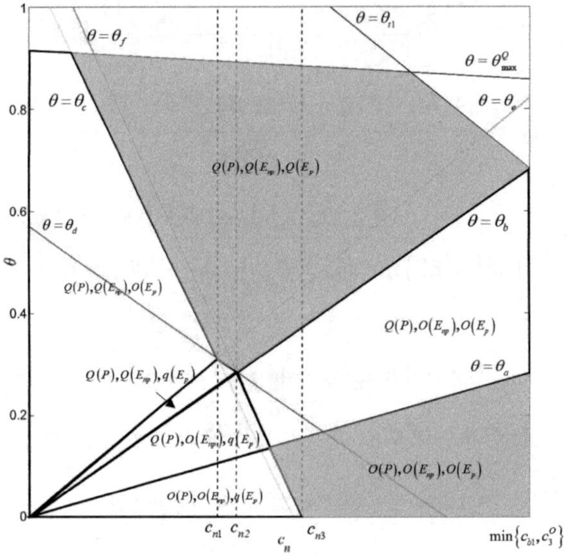

图C1 OEM的利润和环境影响($q_r < q_1$)

表C1 在内部进行再制造的OEM的最佳生产决策

参数	策略I^O	策略N^O	策略B^O(收集所有)	策略B^O(收集部分)
p_1^{O*}	$\frac{1+c_n}{2}$	$\frac{1+c_n}{2}$	$1 - \frac{2D_1\eta}{\kappa - C^2 + 4\eta}$	$\frac{1+c_n}{2}$
q_1^{O*}	$\frac{1-c_n}{2}$	$\frac{1-c_n}{2}$	$\frac{2\eta D_1}{\kappa - C^2 + 4\eta}$	$\frac{1-c_n}{2}$
p_n^{O*}	—	$\frac{1+c_n}{2}$	$\frac{1+c_n}{2}$	$\frac{1+c_n}{2}$
p_r^{O*}	—	—	$\frac{\delta(1+c_n)}{2} - \frac{D_1(\kappa - 2\beta C)}{2\kappa - 2C^2 + 8\eta}$	$\frac{\delta + c_r}{2} + \frac{(\beta - c_r)A_1 C}{2(\kappa - C^2)}$

续 表

参数	策略I^O	策略N^O	策略B^O(收集所有)	策略B^O(收集部分)
q_n^{O*}	—	$\frac{1-c_n}{2}$	$\frac{1-c_n}{2}-\frac{2\delta\eta D_1}{\kappa-C^2+4\eta}$	$\frac{1-c_n}{2}-\frac{2\delta\eta A_1}{\kappa-C^2}$
q_r^{O*}	—	—	$\frac{2\eta D_1}{\kappa-C^2+4\eta}$	$\frac{2\eta A_1}{\kappa-C^2}$
m^{O*}	—	—	$\frac{CD_1}{\kappa-C^2+4\eta}$	$\frac{A_1C}{\kappa-C^2}$
π_{OEM}^{O*}	$\frac{(1-c_n)^2}{4}$	$\frac{(1-c_n)^2}{2}$	$\frac{(1-c_n)^2}{4}+\frac{{D_1}^2\eta}{\kappa-C^2+4\eta}$	$\frac{\eta {A_1}^2}{\kappa-C^2}+\frac{(1-c_n)^2}{2}$

注：$\kappa=4\delta\eta(1-\delta),A_1=\delta c_n-c_r,C=\beta+c_r,D_1=(\delta-1)c_n-c_r+1$。

表C2 模式Q中OEM和IR的最佳决策

参数	策略N^Q	策略I^Q	策略B^Q(收集所有)	策略B^Q(收集部分)
p_1^{Q*}	$\frac{1+c_n}{2}$	$\frac{1+c_n}{2}$	$1-\frac{\eta D_2}{\kappa-C^2+2\eta}$	$\frac{1+c_n}{2}$
p_n^{Q*}	$\frac{1+c_n}{2}$	—	$\frac{1+c_n}{2}$	$\frac{1+c_n}{2}$
p_r^{Q*}	—	$\delta+\beta\theta-\frac{(2\delta\eta-\beta C)B}{8\delta\eta-2C^2}$	$\beta\theta+\frac{\delta(1+c_n)}{2}-\frac{D_2(\kappa-2\beta C)}{4(\kappa-C^2)+8\eta}$	$\frac{\beta\theta+\delta+c_r}{2}+\frac{A_2(\kappa-2c_rC)}{4(\kappa-C^2)}$
p_f^{Q*}	—	$\frac{B}{2}$	$\frac{(\beta\theta-c_r-1+c_n+\delta)}{2}+\frac{\eta D_2}{\kappa-C^2+2\eta}$	$\frac{B}{2}$
q_1^{Q*}	$\frac{1-c_n}{2}$	$\frac{1-c_n}{2}$	$\frac{\eta D_2}{\kappa-C^2+2\eta}$	$\frac{1-c_n}{2}$
q_n^{Q*}	$\frac{1-c_n}{2}$	—	$\frac{1-c_n}{2}-\frac{\delta\eta D_2}{\kappa-C^2+2\eta}$	$\frac{1-c_n}{2}-\frac{\delta\eta A_2}{\kappa-C^2}$
q_r^{Q*}	—	$\frac{\eta B}{4\delta\eta-C^2}$	$\frac{\eta D_2}{\kappa-C^2+2\eta}$	$\frac{\eta A_2}{\kappa-C^2}$
m^{Q*}	—	$\frac{BC}{8\delta\eta-2C^2}$	$\frac{D_2C}{2(\kappa-C^2)+4\eta}$	$\frac{A_2C}{2(\kappa-C^2)}$
π_{OEM}^{Q*}	$\frac{(1-c_n)^2}{2}$	$\frac{(1-c_n)^2}{4}+\frac{\eta B^2}{8\delta\eta-2C^2}$	$\frac{\eta {D_2}^2}{2(\kappa-C^2)+4\eta}+\frac{(1-c_n)^2}{4}$	$\frac{\eta A_2^2}{2(\kappa-C^2)}+\frac{(1-c_n)^2}{2}$
π_{IR}^{Q*}	—	$\frac{\eta B^2}{16\delta\eta-4C^2}$	$\frac{\eta {D_2}^2(\kappa-C^2)}{4(\kappa-C^2+2\eta)^2}$	$\frac{\eta A_2^2}{4(\kappa-C^2)}$

注：$A_2=\beta\theta+\delta c_n-c_r,B=\beta\theta+\delta-c_r,D_2=\beta\theta+D_1$。

表C3　模式q中OEM和IR的最佳决策

参数	策略N^q	策略I^q	策略B^q(收集所有)	策略B^q(收集部分)
p_1^{q*}	$\frac{1+c_n}{2}$	$\frac{1+c_n}{2}$	$1-\frac{2\eta A_2}{2\kappa-C^2}$	$\frac{1+c_n}{2}$
p_n^{q*}	$\frac{1+c_n}{2}$	—	$\frac{1+c_n}{2}$	$\frac{1+c_n}{2}$
p_r^{q*}	—	$\delta+\beta\theta-\frac{B(2\delta\eta-\beta C)}{8\delta\eta-C^2}$	$\frac{\beta\theta+\delta+c_r}{2}+\frac{A_2(\kappa+(\beta-c_r)C)}{4\kappa-2C^2}$	$\frac{\beta\theta+\delta+c_r}{2}+\frac{A_2(\kappa+(\beta-c_r)C)}{4\kappa-2C^2}$
p_f^{q*}	—	$\frac{2\delta\eta B}{8\delta\eta-C^2}$	$\frac{B}{2}-\frac{(\kappa-C^2)A_2}{4\kappa-2C^2}$	$\frac{B}{2}-\frac{(\kappa-C^2)A_2}{4\kappa-2C^2}$
q_1^{q*}	$\frac{1-c_n}{2}$	$\frac{1-c_n}{2}$	$\frac{2\eta A_2}{2\kappa-C^2}$	$\frac{1-c_n}{2}$
q_n^{q*}	$\frac{1-c_n}{2}$	—	$\frac{1-c_n}{2}-\frac{2\delta\eta A_2}{2\kappa-C^2}$	$\frac{1-c_n}{2}-\frac{2\delta\eta A_2}{2\kappa-C^2}$
q_r^{q*}	—	$\frac{2\eta B}{8\delta\eta-C^2}$	$\frac{2\eta A_2}{2\kappa-C^2}$	$\frac{2\eta A_2}{2\kappa-C^2}$
m^{q*}	—	$\frac{BC}{8\delta\eta-C^2}$	$\frac{A_2 C}{2\kappa-C^2}$	$\frac{A_2 C}{2\kappa-C^2}$
π_{OEM}^{q*}	$\frac{(1-c_n)^2}{2}$	$\frac{(1-c_n)^2}{4}+\frac{4\delta\eta^2B^2}{(8\delta\eta-C^2)^2}$	$\frac{\eta A_2(A_2(\kappa-4\eta)+(4\kappa-2C^2)(1-c_n))}{(2\kappa-C^2)^2}+\frac{(1-c_n)^2}{4}$	$\frac{\eta\kappa A_2{}^2}{(2\kappa-C^2)^2}+\frac{(1-c_n)^2}{2}$
π_{IR}^{q*}	—	$\frac{\eta B^2}{8\delta\eta-C^2}$	$\frac{\eta A_2^2}{2\kappa-C^2}$	$\frac{\eta A_2^2}{2\kappa-C^2}$

附录D

在基本模型中，我们考虑的情况是$\varphi_n=\varphi_r=1$。在实践中，再制造产品的功能质量可能低于新产品的质量。在这个扩展模型中，我们通过考察$\varphi_r<\varphi_n$，放松了这个假设。通过建模和分析，得出以下命题。

命题D1　在$X=O$时，OEM的最佳生产策略如下：

(1)策略N^O：只生产新产品，如果$c_r<c_n\leqslant\bar{c}_1^O$。

(2)策略B^O：只有在$\bar{c}_1^O<c_n<\bar{c}_2^O$时，才同时生产新产品和再制造产品。

(3)策略$\varnothing^O$：在$\bar{c}_2^O<c_n<\varphi_n$时，不生产任何产品。

命题D2　在$X=Q$时，OEM的最佳生产策略如下：

(1)策略N^Q:只有在$c_r < c_n \leqslant \bar{c}_1^Q$和$\theta \leqslant \Theta_1^Q$时,才生产新产品。

(2)策略B^Q:只有在$c_r < c_n < \bar{c}_1^Q$和$\max\{0, \Theta_1^Q\} < \theta < \min\{\Theta_2^Q, \Theta_{\max}^Q\}$时,才生产新产品并授权再制造。

(3)策略R^Q:只有在$c_r < c_n < \varphi_n$和$\max\{0, \Theta_2^Q\} \leqslant \theta \leqslant \Theta_{\max}^Q$时,才授权再制造。

命题D3 在$X = q$时,OEM的最佳生产策略如下:

(1)策略N^q:只有在$c_r < c_n \leqslant \bar{c}_1^Q$和$\theta \leqslant \Theta_1^Q$时,才生产新产品。

(2)策略B^q:只有在$c_r < c_n < \bar{c}_1^q$和$\max\{0, \Theta_1^Q\} < \theta < \min\{\Theta_1^q, \Theta_{\max}^q\}$时,才生产新产品并授权再制造。

(3)策略R^q:只有在$c_r < c_n < \varphi_n$和$\max\{0, \Theta_1^q\} \leqslant \theta \leqslant \Theta_{\max}^q$时,才授权再制造。

命题D4 OEM-Stackelberg下的授权费高于IR-Stackelberg下的授权费,即$p_f^{Q*} > p_f^{q*}$。

命题D5

(1)如果$0 < \theta < \Theta_b$,则$m^{q*} < m^{Q*} < m^{O*}$;如果$\Theta_b < \theta < \Theta_e$,则$m^{q*} < m^{O*} < m^{Q*}$;如果$\Theta_e < \theta < \min\{\Theta_2^Q, \Theta_{\max}^Q\}$,则$m^{O*} < m^{q*} < m^{Q*}$。

(2)如果$0 < \theta < \Theta_b$,则$q_n^{O*} < q_n^{Q*} < q_n^{q*}$;如果$\Theta_b < \theta < \Theta_e$,则$q_n^{Q*} < q_n^{O*} < q_n^{q*}$;如果$\Theta_e < \theta < \min\{\Theta_2^Q, \Theta_{\max}^Q\}$,则$q_n^{Q*} < q_n^{q*} < q_n^{O*}$。

(3)如果$0 < \theta < \Theta_b$,则$q_r^{q*} < q_r^{Q*} < q_r^{O*}$;如果$\Theta_b < \theta < \Theta_e$,则$q_r^{q*} < q_r^{O*} < q_r^{Q*}$;如果$\Theta_e < \theta < \min\{\Theta_2^Q, \Theta_{\max}^Q\}$,则$q_r^{O*} < q_r^{q*} < q_r^{Q*}$。

命题D6 如果渠道成本的系数相对较低($\eta_\varphi^* < \eta < \eta_\varphi^{**}$),则IR-Stackelberg下IR的最优利润低于OEM-Stackelberg下的最优利润,即$\pi_{\mathrm{IR}}^{Q*} > \pi_{\mathrm{IR}}^{q*}$;如果渠道成本的系数相对较高($\eta > \eta_\varphi^{**}$),则IR-Stackelberg下IR的最优利润高于OEM-Stackelberg下的最优利润,即$\pi_{\mathrm{IR}}^{Q*} < \pi_{\mathrm{IR}}^{q*}$,其中,$\eta_\varphi^{**} = \dfrac{3(\beta + c_r)^2 \varphi_n}{8\varphi_r \delta(\varphi_n - \varphi_r \delta)}$。

命题D7 最优利润的比较总结如下:

(1)如果$0<\theta<\Theta_a$,那么$\pi_{\mathrm{OEM}}^{q*}<\pi_{\mathrm{OEM}}^{Q*}<\pi_{\mathrm{OEM}}^{O*}$。

(2)如果$\Theta_a<\theta<\Theta_g$,那么$\pi_{\mathrm{OEM}}^{q*}<\pi_{\mathrm{OEM}}^{O*}<\pi_{\mathrm{OEM}}^{Q*}$。

(3)如果$\Theta_g<\theta<\min\{\Theta_2^Q,\Theta_{\max}^Q\}$,那么$\pi_{\mathrm{OEM}}^{O*}<\pi_{\mathrm{OEM}}^{q*}<\pi_{\mathrm{OEM}}^{Q*}$。

命题D8　如果$0<\theta<\Theta_b$,则$E_{np}^q<E_{np}^Q<E_{np}^O$;如果$\Theta_b<\theta<\Theta_e$,则$E_{np}^q<E_{np}^O<E_{np}^Q$;如果$\Theta_e<\theta<\min\{\Theta_2^Q,\Theta_{\max}^Q\}$,则$E_{np}^O<E_{np}^q<E_{np}^Q$。

命题D9

(1)对于$\bar{c}_1^O<c_n<\bar{c}_{n1}$,如果$0<\theta<\Theta_e$,则$E_p^q<\min\{E_p^Q,E_p^O\}$;如果$\Theta_e<\theta<\Theta_c$,则$E_p^O<\min\{E_p^Q,E_p^q\}$;如果$\Theta_c<\theta<\min\{\Theta_2^Q,\Theta_{\max}^Q\}$,则$E_p^Q<\min\{E_p^O,E_p^q\}$。

(2)对于$\bar{c}_{n1}<c_n<\bar{c}_{n2}$,如果$0<\theta<\Theta_d$,则$E_p^q<\min\{E_p^Q,E_p^O\}$;如果$\Theta_d<\theta<\min\{\Theta_2^Q,\Theta_{\max}^Q\}$,则$E_p^Q<\min\{E_p^O,E_p^q\}$。

(3)对于$\bar{c}_{n2}<c_n<\bar{c}_{n3}$,如果$0<\theta<\Theta_f$,则$E_p^q<\min\{E_p^Q,E_p^O\}$;如果$\Theta_f<\theta<\Theta_b$,则$E_p^O<\min\{E_p^Q,E_p^q\}$;如果$\Theta_b<\theta\leqslant\min\{\Theta_2^Q,\Theta_{\max}^Q\}$,则$E_p^Q<\min\{E_p^O,E_p^q\}$。

(4)对于$\bar{c}_{n3}<c_n<\min\{\bar{c}_2^O,\bar{c}_3^O\}$,如果$0<\theta<\Theta_b$,则$E_p^O<\min\{E_p^q,E_p^Q\}$;如果$\Theta_b<\theta<\min\{\Theta_2^Q,\Theta_{\max}^Q\}$,则$E_p^Q<\min\{E_p^O,E_p^q\}$。

下面证明命题D1至D9。

命题D1　根据逆向归纳法计算出单期博弈模型。

从$\frac{\partial^2\pi_{\mathrm{OEM}}}{\partial p_n^2}=-\frac{2}{\varphi_n-\delta\varphi_r}<0$,$\frac{\partial^2\pi_{\mathrm{OEM}}}{\partial p_r^2}=\frac{2\varphi_n}{(\delta\varphi_r-\varphi_n)\delta\varphi_r}<0$和Hessian矩阵$\left|H_{p_n,p_r}\right|=\frac{4}{(\varphi_n-\varphi_r\delta)\varphi_r\delta}>0$,可以知道$\pi_{\mathrm{OEM}}(p_n,p_r)$在$p_n$和$p_r$中是共同凹的。

通过解决$\frac{\partial\pi_{\mathrm{OEM}}}{\partial p_n}=0$和$\frac{\partial\pi_{\mathrm{OEM}}}{\partial p_r}=0$,得到$p_n^{O*}=\frac{\varphi_n+c_n}{2}$和$p_r(m)=\frac{c_r(1-m)}{2}+\frac{\delta\varphi_r}{2}+\frac{\beta m}{2}$。将它们代入方程并让$\frac{\partial^2\pi_{\mathrm{OEM}}(p_n^{O*},p_r(m))}{\partial m^2}=$

$$-\frac{\left(4\eta\varphi_r\delta-\left(\beta+c_r\right)^2\right)\varphi_n-4\delta^2\eta\varphi_r^2}{2\left(\varphi_n-\varphi_r\delta\right)\varphi_r\delta}。$$

为了确保 π_{OEM} 在 m 中是凹的，假设 $\eta>\frac{\varphi_n\left(\beta+c_r\right)^2}{4\delta\varphi_r\left(\varphi_n-\delta\varphi_r\right)}=\eta_\varphi^*$，满足 8.6.3 小节中的假设(1)。通过解决 $\frac{\partial\pi_{OEM}\left(p_n^{O*},p_r(m)\right)}{\partial m}=0$，得到最佳的平均回收质量，即 $m^{O*}=\frac{\left(\varphi_r\delta c_n-c_r\varphi_n\right)\left(\beta+c_r\right)}{4\delta\eta\varphi_r\left(\varphi_n-\delta\varphi_r\right)-\varphi_n\left(\beta+c_r\right)^2}$。

设 $\bar{c}_1^O=\frac{c_r\varphi_n}{\varphi_r\delta}$，$\bar{c}_2^O=\frac{\left(4\eta\varphi_r\delta-\left(\beta+c_r\right)^2\right)\varphi_n-4\delta^2\eta\varphi_r^2+4\eta\varphi_r\delta c_r}{4\eta\varphi_r\delta-\left(\beta+c_r\right)^2}$ 和 $\bar{c}_3^O=\frac{\left(4\eta\varphi_r\delta-\beta\left(\beta+c_r\right)\right)\varphi_n-4\delta^2\eta\varphi_r^2}{\left(\beta+c_r\right)\varphi_r\delta}$。

从 $\bar{c}_2^O-\bar{c}_1^O=\frac{\left(4\delta\eta\varphi_n\varphi_r-4\delta^2\eta\varphi_r^2-\varphi_n\left(\beta+c_r\right)^2\right)\left(\varphi_r\delta-c_r\right)}{\left(4\eta\varphi_r\delta-\left(\beta+c_r\right)^2\right)\delta\varphi_r}>0$ 和 $\bar{c}_3^O-\bar{c}_1^O=\frac{\left(4\eta\varphi_r\delta-\left(\beta+c_r\right)^2\right)\varphi_n-4\delta^2\eta\varphi_r^2}{\left(\beta+c_r\right)\varphi_r\delta}>0$，得到 $\bar{c}_1^O<\min\left\{\bar{c}_2^O,\bar{c}_3^O\right\}$。

如果 $c\geqslant\bar{c}_2^O$，则 $q_n^O\leqslant0$，OEM 不愿意生产。

如果 $\bar{c}_1^O<c_n<\bar{c}_2^O$，则 $q_n^O>0$ 和 $q_r^O>0$，OEM 愿意再制造，可以实现策略 B^O 的最佳结果。

如果 $c_r<c_n\leqslant\bar{c}_1^O$，则 $q_n^O>0$ 和 $q_r^O\leqslant0$，OEM 不愿意再制造。

如果 $\bar{c}_1^O<c_n<\bar{c}_3^O$，则 $0<m^O<1$，OEM 将收集质量下降的旧产品。

如果 $c\geqslant\bar{c}_3^O$，则 $m^O\geqslant1$，OEM 将收集质量完美的旧产品。

表D1 在内部进行再制造的OEM的最佳生产决策

参数	策略 N^O	策略 B^O
p_n^{O*}	$\frac{\varphi_n + c_n}{2}$	$\frac{\varphi_n + c_n}{2}$
p_r^{O*}	—	$\frac{\varphi_r\delta + c_r}{2} + \frac{(\beta - c_r)A_1^{\varphi}C}{2K - 2\varphi_n C^2}$
q_n^{O*}	$\frac{\varphi_n - c_n}{2\varphi_n}$	$\frac{\varphi_n - c_n}{2\varphi_n} - \frac{2\eta\varphi_r\delta A_1^{\varphi}}{\varphi_n(K - \varphi_n C^2)}$
q_r^{O*}	—	$\frac{2\eta A_1^{\varphi}}{K - \varphi_n C^2}$
m^{O*}	-	$\frac{A_1^{\varphi}C}{K - \varphi_n C^2}$
π_{OEM}^{O*}	$\frac{(\varphi_n - c_n)^2}{4\varphi_n}$	$\frac{\eta(A_1^{\varphi})^2}{(K - \varphi_n C^2)\varphi_n} + \frac{(\varphi_n - c_n)^2}{4\varphi_n}$

注:$K = 4\delta\eta\varphi_r\varphi_n - 4\delta^2\eta\varphi_r^2, A_1^{\varphi} = \varphi_r\delta c_n - c_r\varphi_n, C = \beta + c_r$。

命题D2 根据后向归纳法计算出单期博弈模型。

从8.6.3小节的假设(1),让 $\frac{\partial^2\pi_{\text{IR}}}{\partial m^2} = \frac{-2\delta^2\eta\varphi_r^2 + 2\delta\eta\varphi_n\varphi_r - 2c_r\beta\varphi_n}{(\delta\varphi_r - \varphi_n)\delta\varphi_r} < 0$,$\frac{\partial^2\pi_{\text{IR}}}{\partial p_r^2} = \frac{2\varphi_n}{(\delta\varphi_r - \varphi_n)\delta\varphi_r} < 0$, Hessian 矩阵为 $|H_{m,p_r}| = \frac{\left(\left(4\eta\delta\varphi_r - (\beta + c_r)^2\right)\varphi_n - 4\delta^2\eta\varphi_r^2\right)\varphi_n}{(\delta\varphi_r - \varphi_n)^2\delta^2\varphi_r^2} > 0$,可以知道 $\pi_{\text{TPR}}(m, p_r)$ 在 m 和 p_r 中是共同凹的。通过解决 $\frac{\partial\pi_{\text{IR}}}{\partial m} = 0$ 和 $\frac{\partial\pi_{\text{IR}}}{\partial p_r} = 0$,可以得到

$$p_r^Q(p_n, p_f) = \frac{\begin{bmatrix} \left(-2\eta\delta(\beta\theta + c_r + p_f)\varphi_r + ((\theta + 1)c_r + p_f)\beta(\beta + c_r)\right)\varphi_n^2 + \\ \delta\varphi_r\left(2\eta\delta(\beta\theta + c_r + p_f - p_n)\varphi_r + c_r p_n(\beta + c_r)\right)\varphi_n + 2\delta^3\eta p_n\varphi_r^3 \end{bmatrix}}{\varphi_n\left(\left(-4\delta\eta\varphi_r + (\beta + c_r)^2\right)\varphi_n + 4\delta^2\eta\varphi_r^2\right)}$$

$$m^Q(p_n, p_f) = -\frac{\left((\beta\theta - c_r - p_f)\varphi_n + \delta p_n\varphi_r\right)(\beta + c_r)}{(-4\delta\eta\varphi_r + \beta^2 + 2\beta c_r + c_r^2)\varphi_n + 4\delta^2\eta\varphi_r^2}$$

将它们代入方程，并让 $\frac{\partial^2\pi_{\text{OEM}}}{\partial p_n^2} = \frac{\left(8\eta\delta\varphi_r - 2\left(\beta + c_r\right)^2\right)\varphi_n - 4\delta^2\eta\varphi_r^2}{\varphi_n\left(\left(-4\eta\delta\varphi_r + \left(\beta + c_r\right)^2\right)\varphi_n + 4\delta^2\eta\varphi_r^2\right)} < 0$，$\frac{\partial^2\pi_{\text{OEM}}}{\partial p_f^2} = \frac{4\eta\varphi_n}{4\delta^2\eta\varphi_r^2 - \left(4\eta\delta\varphi_r - \left(\beta + c_r\right)^2\right)\varphi_n} < 0$ 和 Hessian 矩阵 $\left|H_{p_n,p_f}\right| = -\frac{8\eta}{\left(-4\eta\delta\varphi_r + \left(\beta + c_r\right)^2\right)\varphi_n + 4\delta^2\eta\varphi_r^2} > 0$。通过解决 $\frac{\partial\pi_{\text{OEM}}}{\partial p_n} = 0$ 和 $\frac{\partial\pi_{\text{OEM}}}{\partial p_f} = 0$，得到表D2中策略 B^Q 的最佳结果。

设

$$\bar{c}_1^Q = \frac{-\left(4\delta\eta\varphi_r - \left(\beta + c_r\right)^2\right)\varphi_n^2 + 4\delta^2\eta\varphi_n\varphi_r^2 - 2\delta\eta c_r\varphi_n\varphi_r}{2\delta^2\eta\varphi_r^2 - 4\delta\eta\varphi_n\varphi_r + \beta^2\varphi_n + 2\beta c_r\varphi_n + c_r^2\varphi_n}$$

$$\bar{c}_2^Q = \frac{\left(8\delta\eta\varphi_r - 2\beta^2 - 3\beta c_r - c_r^2\right)\varphi_n - 8\delta^2\eta\varphi_r^2}{\delta\varphi_r\left(\beta + c_r\right)},\ \Theta_1^Q = \frac{-\varphi_r\delta c_n + c_r\varphi_n}{\varphi_n\beta}$$

$$\Theta_2^Q = \frac{\left(4\eta\varphi_r\delta - \left(\beta + c_r\right)^2\right)\varphi_n^2 + \left(-4\delta^2\eta\varphi_r^2 - \delta\left(4c_n - 2c_r\right)\eta\varphi_r + c_n\left(\beta + c_r\right)^2\right)\varphi_n + 2c_n\delta^2\eta\varphi_r^2}{2\delta\eta\varphi_n\varphi_r\beta}$$

$$\Theta_3^Q = \frac{\left(8\delta\eta\varphi_r - 2\beta^2 - 3\beta c_r - c_r^2\right)\varphi_n - \delta\varphi_r\left(8\delta\eta\varphi_r + \beta c_n + c_n c_r\right)}{\left(\beta + c_r\right)\varphi_n\beta}$$

从 $\Theta_1^Q - \Theta_2^Q = -\frac{\left(c_n - \varphi_n\right)\left(\left(-4\delta\eta\varphi_r + \left(\beta + c_r\right)^2\right)\varphi_n + 4\delta^2\eta\varphi_r^2\right)}{2\delta\eta\varphi_n\varphi_r\beta} < 0$，$\Theta_1^Q - \Theta_3^Q = \frac{\left(-8\delta\eta\varphi_r + 2\beta^2 + 4\beta c_r + 2c_r^2\right)\varphi_n + 8\delta^2\eta\varphi_r^2}{\left(\beta + c_r\right)\varphi_n\beta} < 0$，则 $\Theta_1^Q < \min\left\{\Theta_2^Q, \Theta_3^Q\right\}$。

从 $m + \theta < 1$，得到

$$\Theta_{\max}^Q = \frac{\left(-8\eta\varphi_r\delta + 2\beta^2 + 3\beta c_r + c_r^2\right)\varphi_n + \left(8\eta\varphi_r\delta + c_n\left(\beta + c_r\right)\right)\varphi_r\delta}{\left(-8\eta\varphi_r\delta + \left(\beta + 2c_r\right)\left(\beta + c_r\right)\right)\varphi_n + 8\delta^2\eta\varphi_r^2}$$

并且让

$$\Theta_{\max}^Q - \Theta_1^Q = \frac{2\left(\left(-4\delta\eta\varphi_r + \left(\beta + c_r\right)^2\right)\varphi_n + 4\delta^2\eta\varphi_r^2\right)\left(\left(\beta - c_r\right)\varphi_n + \varphi_r\delta c_n\right)}{\left(\left(-8\delta\eta\varphi_r + \left(\beta + 2c_r\right)\left(\beta + c_r\right)\right)\varphi_n + 8\delta^2\eta\varphi_r^2\right)\beta\varphi_n} > 0$$

$$\Theta_{\max}^{Q}-\Theta_{3}^{Q}=\frac{\left[\begin{array}{c}2\left(8\delta^{2}\eta\varphi_{r}^{2}+\delta\varphi_{r}\beta c_{n}-8\delta\eta\varphi_{n}\varphi_{r}+\delta\varphi_{r}c_{n}c_{r}+2\beta^{2}\varphi_{n}+3\beta c_{r}\varphi_{n}+c_{r}^{2}\varphi_{n}\right)\\\left(4\delta^{2}\eta\varphi_{r}^{2}-4\delta\eta\varphi_{n}\varphi_{r}+\varphi_{n}\left(\beta+c_{r}\right)^{2}\right)\end{array}\right]}{\left(8\delta^{2}\eta\varphi_{r}^{2}-8\delta\eta\varphi_{n}\varphi_{r}+\beta^{2}\varphi_{n}+3\beta c_{r}\varphi_{n}+2c_{r}^{2}\varphi_{n}\right)\left(\beta+c_{r}\right)\varphi_{n}\beta}$$

如果 $c_n<\bar{c}_2^Q$，则 $\Theta_{\max}^Q<\Theta_3^Q$。因此，为了保证 $\theta\in\left(0,\Theta_{\max}^Q\right)$，假设 $\max\left\{0,\Theta_1^Q\right\}<\theta<\min\left\{\Theta_2^Q,\Theta_{\max}^Q\right\}$，它满足8.6.3小节中的假设(3)。

从 $\bar{c}_1^Q-\bar{c}_1^O=\dfrac{\varphi_n\left(\delta\varphi_r-c_r\right)\left(\left(-4\delta\eta\varphi_r+\left(\beta+c_r\right)^2\right)\varphi_n+4\delta^2\eta\varphi_r^2\right)}{\delta\left(\left(-4\delta\eta\varphi_r+\left(\beta+c_r\right)^2\right)\varphi_n+2\delta^2\eta\varphi_r^2\right)\varphi_r}>0$，$\bar{c}_2^Q-\bar{c}_1^O=\dfrac{\left(8\delta\eta\varphi_r-2\left(\beta+c_r\right)^2\right)\varphi_n-8\delta^2\eta\varphi_r^2}{\delta\varphi_r\left(\beta+c_r\right)}>0$ 和 $\bar{c}_2^Q-\bar{c}_3^O=\dfrac{\left(4\delta\eta\varphi_r-\left(\beta+c_r\right)^2\right)\varphi_n-4\delta^2\eta\varphi_r^2}{\delta\varphi_r\left(\beta+c_r\right)}>0$，得到 $\bar{c}_1^O<\bar{c}_1^Q$，它满足8.6.3小节中的假设(2)。

如果 $c_r<c_n\leqslant\bar{c}_1^Q$ 和 $\theta\leqslant\Theta_1^Q$，则 $q_n^Q>0$ 和 $q_r^Q\leqslant0$，OEM只愿意提供新产品，可以实现策略 N^Q 的最佳结果。

如果 $c_r<c_n<\bar{c}_1^Q$ 和 $\max\left\{\Theta_1^Q,0\right\}<\theta<\Theta_2^Q$，则 $q_n^Q>0$ 和 $q_r^Q>0$，OEM愿意提供新产品并授权再制造，可以实现策略 B^Q 的最佳结果。

如果 $c_r<c_n<\varphi_n$ 和 $\max\left\{\Theta_2^Q,0\right\}\leqslant\theta\leqslant\Theta_{\max}^Q$，则 $q_n^Q\leqslant0$ 和 $q_r^Q>0$，OEM只愿意授权再制造而不提供新产品，可以实现策略 R^Q 的最佳结果。

如果 $0<c_n<\bar{c}_2^Q$，$0<\theta<\Theta_3^Q$，则 $0<m^Q<1$，OEM将收集质量下降的旧产品。

如果 $c\geqslant\bar{c}_2^Q$ 或 $\theta\geqslant\Theta_3^Q$，则 $m^Q\geqslant1$，OEM将收集质量完美的二手产品。

表D2　模式Q中OEM和IR的最佳决策

参数	策略 N^Q	策略 B^Q	策略 R^Q
p_n^{Q*}	$\frac{\varphi_n + c_n}{2}$	$\frac{\varphi_n + c_n}{2}$	—
p_r^{Q*}	—	$\frac{\delta\varphi_r + \beta\theta + c_r}{2} + \frac{A_2^{\varphi}\left(K - 2c_r\varphi_n C\right)}{4\varphi_n\left(K - \varphi_n C^2\right)}$	$\delta\varphi_r + \beta\theta - \frac{B^{\varphi}\left(2\delta\eta\varphi_r - \beta C\right)}{8\delta\eta\varphi_r - 2C^2}$
p_f^{Q*}	—	$\frac{B^{\varphi}}{2}$	$\frac{B^{\varphi}}{2}$
q_n^{Q*}	$\frac{\varphi_n - c_n}{2\varphi_n}$	$\frac{\varphi_n - c_n}{2\varphi_n} - \frac{A_2^{\varphi}\varphi_r\delta\eta}{\varphi_n\left(K - \varphi_n C^2\right)}$	—
q_r^{Q*}	—	$\frac{\eta A_2^{\varphi}}{K - \varphi_n C^2}$	$\frac{\eta B^{\varphi}}{4\delta\eta\varphi_r - C^2}$
m^{Q*}	—	$\frac{A_2^{\varphi}C}{2\left(K - \varphi_n C^2\right)}$	$\frac{B^{\varphi}C}{8\delta\eta\varphi_r - 2C^2}$
π_{OEM}^{Q*}	$\frac{\left(\varphi_n - c_n\right)^2}{4\varphi_n}$	$\frac{\eta\left(A_2^{\varphi}\right)^2}{2\varphi_n\left(K - \varphi_n C^2\right)} + \frac{\left(\varphi_n - c_n\right)^2}{4\varphi_n}$	$\frac{\left(B^{\varphi}\right)^2\eta}{8\delta\eta\varphi_r - 2C^2}$
π_{IR}^{Q*}	—	$\frac{\eta\left(A_2^{\varphi}\right)^2}{4\varphi_n\left(K - \varphi_n C^2\right)}$	$\frac{\left(B^{\varphi}\right)^2\eta}{16\delta\eta\varphi_r - 4C^2}$

注：$A_2^{\varphi} = \left(\beta\theta - c_r\right)\varphi_n + \varphi_r\delta c_n$，$B^{\varphi} = \beta\theta + \varphi_r\delta - c_r$。

命题D3　证明与命题D2相似。

设 $\bar{c}_1^q = \frac{-\left(8\delta\eta\varphi_r - \left(\beta + c_r\right)^2\right)\varphi_n^2 + 8\delta^2\eta\varphi_n\varphi_r^2 - 4\delta\eta c_r\varphi_n\varphi_r}{4\delta^2\eta\varphi_r^2 - 8\delta\eta\varphi_n\varphi_r + \beta^2\varphi_n + 2\beta c_r\varphi_n + c_r^2\varphi_n}$ 和 $\bar{c}_2^q = \frac{\left(8\delta\eta\varphi_r - \beta\left(\beta + c_r\right)\right)\varphi_n - 8\delta^2\eta\varphi_r^2}{\delta\varphi_r\left(\beta + c_r\right)}$。

设 $\Theta_1^q = \frac{\left(8\delta\eta\varphi_r - \left(\beta + c_r\right)^2\right)\varphi_n^2 + \begin{pmatrix}-8\delta^2\eta\varphi_r^2 - \delta\left(8c_n - 4c_r\right)\eta\varphi_r \\ +c_n\left(\beta + c_r\right)^2\end{pmatrix}\varphi_n + 4c_n\delta^2\eta\varphi_r^2}{4\delta\eta\varphi_n\varphi_r\beta}$ 和

$\Theta_2^q = \frac{-8\delta^2\eta\varphi_r^2 + \delta\left(8\eta\varphi_n - c_n\left(\beta + c_r\right)\right)\varphi_r - \left(\beta + c_r\right)\beta\varphi_n}{\left(\beta + c_r\right)\varphi_n\beta}$。从 $m + \theta < 1$，得到

$\theta < \Theta_{\max}^q = \frac{\left(-8\delta\eta\varphi_r + \beta\left(\beta + c_r\right)\right)\varphi_n + \left(8\delta\eta\varphi_r + c_n\left(\beta + c_r\right)\right)\delta\varphi_r}{\left(-8\delta\eta\varphi_r + c_r\left(\beta + c_r\right)\right)\varphi_n + 8\delta^2\eta\varphi_r^2}$。

然后让 $\Theta_1^q - \Theta_1^Q = \dfrac{\left(\left(-8\delta\eta\varphi_r + (\beta + c_r)^2\right)\varphi_n + 8\delta^2\eta\varphi_r^2\right)(c_n - \varphi_n)}{4\delta\eta\varphi_n\varphi_r\beta} > 0$

$$\Theta_{\max}^q - \Theta_2^q = \frac{\left(\left(-8\delta\eta\varphi_r + (\beta + c_r)^2\right)\varphi_n + 8\delta^2\eta\varphi_r^2\right)\left(\left(-8\delta\eta\varphi_r + \beta(\beta + c_r)\right)\varphi_n + \left(8\delta\eta\varphi_r + c_n(\beta + c_r)\right)\delta\varphi_r\right)}{(\beta + c_r)\left(\left(-8\delta\eta\varphi_r + c_r(\beta + c_r)\right)\varphi_n + 8\delta^2\eta\varphi_r^2\right)\beta\varphi_n}$$

如果 $c_n < \bar{c}_2^q$，则 $\Theta_{\max}^q < \Theta_2^q$。

$$\Theta_{\max}^q - \Theta_{\max}^Q = \frac{(\varphi_r\delta c_n + \beta\varphi_n - c_r\varphi_n)(\beta + c_r)^3\varphi_n}{\begin{bmatrix}(8\delta^2\eta\varphi_r^2 - 8\delta\eta\varphi_n\varphi_r + \beta c_r\varphi_n + c_r^2\varphi_n)\\ (8\delta^2\eta\varphi_r^2 - 8\delta\eta\varphi_n\varphi_r + \beta^2\varphi_n + 3\beta c_r\varphi_n + 2c_r^2\varphi_n)\end{bmatrix}} > 0$$

$$\bar{c}_1^q - \bar{c}_1^Q = \frac{2\varphi_n^2\delta\eta\varphi_r(\beta + c_r)^2(\delta\varphi_r - c_r)}{\begin{bmatrix}\left(\left(-4\delta\eta\varphi_r + (\beta + c_r)^2\right)\varphi_n + 2\delta^2\eta\varphi_r^2\right)\\ \left(\left(-8\delta\eta\varphi_r + (\beta + c_r)^2\right)\varphi_n + 4\delta^2\eta\varphi_r^2\right)\end{bmatrix}} > 0$$

$\bar{c}_2^q - \bar{c}_2^Q = \dfrac{(\beta + c_r)\varphi_n}{\delta\varphi_r} > 0$。因此，8.6.3 小节中假设(2)和(3)仍然得到满足。

表 D3　模式 q 中 OEM 和 IR 的最佳决策

参数	策略 N^q	策略 B^q	策略 R^q
p_n^{q*}	$\dfrac{\varphi_n + c_n}{2}$	$\dfrac{\varphi_n + c_n}{2}$	—
p_r^{q*}	—	$\dfrac{\delta\varphi_r + \beta\theta + c_r}{2} + \dfrac{A_2^\varphi\left(K + \varphi_n C(\beta - c_r)\right)}{\varphi_n(4K - 2\varphi_n C^2)}$	$\delta\varphi_r + \beta\theta - \dfrac{B^\varphi(2\eta\varphi_r\delta - \beta C)}{8\eta\varphi_r\delta - C^2}$
p_f^{q*}	—	$\dfrac{B^\varphi}{2} - \dfrac{A_2^\varphi(K - \varphi_n C^2)}{\varphi_n(4K - 2\varphi_n C^2)}$	$\dfrac{2\eta\varphi_r\delta B^\varphi}{8\eta\varphi_r\delta - C^2}$
q_n^{q*}	$\dfrac{\varphi_n - c_n}{2\varphi_n}$	$\dfrac{\varphi_n - c_n}{2\varphi_n} - \dfrac{2A_2^\varphi\varphi_r\delta\eta}{\varphi_n(2K - \varphi_n C^2)}$	—
q_r^{q*}	—	$\dfrac{2\eta A_2^\varphi}{2K - \varphi_n C^2}$	$\dfrac{2\eta B^\varphi}{8\eta\varphi_r\delta - C^2}$
m^{q*}	—	$\dfrac{A_2^\varphi C}{2K - \varphi_n C^2}$	$\dfrac{B^\varphi C}{8\eta\varphi_r\delta - C^2}$

续　表

参数	策略 N^q	策略 B^q	策略 R^q
π_{OEM}^{q*}	$\frac{\left(\varphi_n - c_n\right)^2}{4\varphi_n}$	$\frac{\eta K\left(A_2^{\varphi}\right)^2}{\left(2K - \varphi_n C^2\right)^2\varphi_n} + \frac{\left(\varphi_n - c_n\right)^2}{4\varphi_n}$	$\frac{4\eta^2\varphi_r\delta\left(B^{\varphi}\right)^2}{\left(8\eta\varphi_r\delta - C^2\right)^2}$
π_{IR}^{q*}	—	$\frac{\eta\left(A_2^{\varphi}\right)^2}{\left(2K - \varphi_n C^2\right)\varphi_n}$	$\frac{\eta\left(B^{\varphi}\right)^2}{8\eta\varphi_r\delta - C^2}$

命题 D4

$$p_f^{Q*} - p_f^{q*} = \frac{\left(\left(-4\eta\varphi_r\delta + \left(\beta + c_r\right)^2\right)\varphi_n + 4\delta^2\eta\varphi_r^2\right)\left(\left(\beta\theta - c_r\right)\varphi_n + \delta c_n\varphi_r\right)}{2\varphi_n\left(\left(-8\eta\varphi_r\delta + \left(\beta + c_r\right)^2\right)\varphi_n + 8\delta^2\eta\varphi_r^2\right)} > 0$$

命题 D5　让 $\Theta_e = \frac{4\eta\varphi_r\delta\left(\varphi_r\delta - \varphi_n\right)\left(\delta c_n\varphi_r - c_r\varphi_n\right)}{\left(\left(-4\eta\varphi_r\delta + \left(\beta + c_r\right)^2\right)\varphi_n + 4\delta^2\eta\varphi_r^2\right)\varphi_n\beta}$ 和 $\Theta_b = \frac{\delta c_n\varphi_r - c_r\varphi_n}{\beta\varphi_n}$。

从 $m^{O*} - m^{Q*} = \frac{\left(\beta + c_r\right)\left(\left(\beta\theta + c_r\right)\varphi_n - \delta c_n\varphi_r\right)}{\left(-8\eta\varphi_r\delta + 2\beta^2 + 4\beta c_r + 2c_r^2\right)\varphi_n + 8\delta^2\eta\varphi_r^2}$，可以得到如果 $\theta < \Theta_b = \frac{\delta c_n\varphi_r - c_r\varphi_n}{\beta\varphi_n}$，则 $m^{O*} > m^{Q*}$；否则 $m^{O*} < m^{Q*}$。从 $m^{O*} - m^{q*} = \frac{\left(\left(-4\eta\delta\left(\beta\theta + c_r\right)\varphi_r + \beta\theta\left(\beta + c_r\right)^2\right)\varphi_n^2 + 4\eta\delta^2\varphi_r^2\left(\beta\theta + c_n + c_r\right)\varphi_n - 4\delta^3\eta c_n\varphi_r^3\right)\left(\beta + c_r\right)}{\left(\left(-4\eta\varphi_r\delta + \left(\beta + c_r\right)^2\right)\varphi_n + 4\delta^2\eta\varphi_r^2\right)\left(\left(-8\eta\varphi_r\delta + \left(\beta + c_r\right)^2\right)\varphi_n + 8\delta^2\eta\varphi_r^2\right)}$，可以得到如果 $\theta < \Theta_e = \frac{4\eta\varphi_r\delta\left(\varphi_r\delta - \varphi_n\right)\left(\delta c_n\varphi_r - c_r\varphi_n\right)}{\left(\left(-4\eta\varphi_r\delta + \left(\beta + c_r\right)^2\right)\varphi_n + 4\delta^2\eta\varphi_r^2\right)\varphi_n\beta}$，则 $m^{O*} - m^{q*} > 0$；否则 $m^{O*} - m^{q*} < 0$。

从

$$m^{Q*} - m^{q*} = \frac{\varphi_n\left(\left(\beta\theta - c_r\right)\varphi_n + \delta c_n\varphi_r\right)\left(\beta + c_r\right)^3}{2\left(\left(\left(\beta + c_r\right)^2 - 8\eta\varphi_r\delta\right)\varphi_n + 8\delta^2\eta\varphi_r^2\right)\left(\left(\left(\beta + c_r\right)^2 - 4\eta\varphi_r\delta\right)\varphi_n + 4\delta^2\eta\varphi_r^2\right)} > 0$$

可以得出，新产品数量的比较与平均回收质量的比较相似。$\Theta_e - \Theta_b =$

$\frac{(\beta+c_r)^2(\delta c_n\varphi_r-c_r\varphi_n)}{(4\delta\eta\varphi_n\varphi_r-4\delta^2\eta\varphi_r^2-(\beta+c_r)^2\varphi_n)\beta}>0$。此外，我们通过数字例子证明了 $\Theta_e<\min\{\Theta_{\max}^Q,\Theta_2^Q\}$ 的存在。

从 $q_r^{O*}-q_r^{Q*}=\frac{\eta((\beta\theta+c_r)\varphi_n-\delta c_n\varphi_r)}{(-4\eta\varphi_r\delta+(\beta+c_r)^2)\varphi_n+4\delta^2\eta\varphi_r^2}$，可以得到如果 $\theta<\Theta_b$，则 $q_r^{O*}-q_r^{Q*}>0$；否则 $q_r^{O*}-q_r^{Q*}<0$。

$$q_r^{O*}-q_r^{q*}=\frac{2\eta\begin{pmatrix}(-4\eta\delta(\beta\theta+c_r)\varphi_r+\beta\theta(\beta+c_r)^2)\varphi_n^2+\\4\eta\delta^2\varphi_r^2(\beta\theta+c_n+c_r)\varphi_n-4\delta^3\eta c_n\varphi_r^3\end{pmatrix}}{((-4\eta\varphi_r\delta+(\beta+c_r)^2)\varphi_n+4\delta^2\eta\varphi_r^2)((-8\eta\varphi_r\delta+(\beta+c_r)^2)\varphi_n+8\delta^2\eta\varphi_r^2)}$$

如果 $\theta<\Theta_e$，则 $q_r^{O*}-q_r^{q*}>0$；否则 $q_r^{O*}-q_r^{q*}<0$。

$$q_r^{Q*}-q_r^{q*}=\frac{\varphi_n\eta((\beta\theta-c_r)\varphi_n+\delta c_n\varphi_r)(\beta+c_r)^2}{((-4\eta\varphi_r\delta+(\beta+c_r)^2)\varphi_n+4\delta^2\eta\varphi_r^2)((-8\eta\varphi_r\delta+(\beta+c_r)^2)\varphi_n+8\delta^2\eta\varphi_r^2)}>0$$

从 $q_n^{O*}-q_n^{Q*}=-\frac{\delta((\beta\theta+c_r)\varphi_n-\delta\varphi_r c_n)\eta\varphi_r}{(-4\eta\varphi_r\delta+(\beta+c_r)^2)\varphi_n+4\delta^2\eta\varphi_r^2}$，可以得到如果 $\theta<\Theta_b$，则 $q_n^{O*}<q_n^{Q*}$；否则 $q_n^{O*}>q_n^{Q*}$。

$$q_n^{O*}-q_n^{q*}=\frac{2\delta\eta\varphi_r\begin{pmatrix}(-4\eta\delta(\beta\theta+c_r)\varphi_r+\beta\theta(\beta+c_r)^2)\varphi_n^2+\\4\eta\delta^2\varphi_r^2(\beta\theta+c_n+c_r)\varphi_n-4\delta^3\eta c_n\varphi_r^3\end{pmatrix}}{((4\eta\varphi_r\delta-(\beta+c_r)^2)\varphi_n-4\delta^2\eta\varphi_r^2)((-8\eta\varphi_r\delta+(\beta+c_r)^2)\varphi_n+8\delta^2\eta\varphi_r^2)\varphi_n}$$

如果 $\theta<\Theta_e$，则 $q_n^{O*}<q_n^{q*}$；否则 $q_n^{O*}>q_n^{q*}$。

$$q_n^{Q*}-q_n^{q*}=-\frac{(\beta+c_r)^2\delta\eta\varphi_r((\beta\theta-c_r)\varphi_n+\delta\varphi_r c_n)}{((-4\eta\varphi_r\delta+(\beta+c_r)^2)\varphi_n+4\delta^2\eta\varphi_r^2)((-8\eta\varphi_r\delta+(\beta+c_r)^2)\varphi_n+8\delta^2\eta\varphi_r^2)}<0$$

由此可以证明命题D5。

命题 D6

$$\pi_{\mathrm{IR}}^{Q*}-\pi_{\mathrm{IR}}^{q*}=$$

$$-\frac{\left(\left(8\eta\varphi_r\delta-3\left(\beta+c_r\right)^2\right)\varphi_n-8\delta^2\eta\varphi_r^2\right)\eta\left(\left(\beta\theta-c_r\right)\varphi_n+\delta c_n\varphi_r\right)^2}{4\left(\left(-4\eta\varphi_r\delta+\left(\beta+c_r\right)^2\right)\varphi_n+4\delta^2\eta\varphi_r^2\right)\varphi_n\left(\left(-8\eta\varphi_r\delta+\left(\beta+c_r\right)^2\right)\varphi_n+8\delta^2\eta\varphi_r^2\right)}$$

让 $\eta_{\varphi}^{**}=\dfrac{3\left(\beta+c_r\right)^2\varphi_n}{8\varphi_r\delta\left(\varphi_n-\varphi_r\delta\right)}$，$\eta_{\varphi}^{**}-\eta_{\varphi}^{*}=\dfrac{\left(\beta+c_r\right)^2\varphi_n}{8\varphi_r\delta\left(\varphi_n-\varphi_r\delta\right)}>0$ 。如果 $\eta_{\varphi}^{*}<\eta\leqslant\eta_{\varphi}^{**}$，则 $\pi_{\mathrm{IR}}^{Q*}-\pi_{\mathrm{IR}}^{q*}\geqslant0$；如果 $\eta>\eta_{\varphi}^{**}$，则 $\pi_{\mathrm{IR}}^{Q*}-\pi_{\mathrm{IR}}^{q*}<0$ 。

命题 D7

$$\pi_{\mathrm{OEM}}^{O*}-\pi_{\mathrm{OEM}}^{Q*}=\frac{\eta\left(\left(\beta^2\theta^2-2\beta\theta c_r-c_r^2\right)\varphi_n^2+2\delta c_n\varphi_r\left(\beta\theta+c_r\right)\varphi_n-\delta^2c_n^2\varphi_r^2\right)}{2\varphi_n\left(\left(-4\eta\varphi_r\delta+\left(\beta+c_r\right)^2\right)\varphi_n+4\delta^2\eta\varphi_r^2\right)}$$

$$\frac{\partial^2\left(\pi_{\mathrm{OEM}}^{O*}-\pi_{\mathrm{OEM}}^{Q*}\right)}{\partial\theta^2}=\frac{\eta\beta^2\varphi_n}{\left(\left(-4\eta\varphi_r\delta+\left(\beta+c_r\right)^2\right)\varphi_n+4\delta^2\eta\varphi_r^2\right)}<0$$

让 $\pi_{\mathrm{OEM}}^{O*}-\pi_{\mathrm{OEM}}^{Q*}=0$，则

$$\theta=\Theta_a=\frac{\left(\sqrt{2}-1\right)\left(\delta c_n\varphi_r-c_r\varphi_n\right)}{\varphi_n\beta},\theta=\frac{\left(-1-\sqrt{2}\right)\left(\delta c_n\varphi_r-c_r\varphi_n\right)}{\varphi_n\beta}<0$$

如果 $0<\theta<\Theta_a$，则 $\pi_{\mathrm{OEM}}^{O*}-\pi_{\mathrm{OEM}}^{Q*}>0$；如果 $\theta>\Theta_a$，则 $\pi_{\mathrm{OEM}}^{O*}-\pi_{\mathrm{OEM}}^{Q*}<0$。

$$\pi_{\mathrm{OEM}}^{Q*}-\pi_{\mathrm{OEM}}^{q*}=$$

$$\frac{\eta\begin{pmatrix}\left(32\varphi_r^2\eta^2\delta^2-8\eta\delta\left(\beta+c_r\right)^2\varphi_r+\left(\beta+c_r\right)^4\right)\varphi_n^2-\\\left(64\delta\eta\varphi_r-8\left(\beta+c_r\right)^2\right)\varphi_r^2\eta\delta^2\varphi_n+32\delta^4\eta^2\varphi_r^4\end{pmatrix}\left(\left(\beta\theta-c_r\right)\varphi_n+\varphi_r\delta c_n\right)^2}{2\varphi_n\left(\left(8\delta\eta\varphi_r-\left(\beta+c_r\right)^2\right)\varphi_n-8\delta^2\eta\varphi_r^2\right)^2\left(\left(4\delta\eta\varphi_r-\left(\beta+c_r\right)^2\right)\varphi_n-4\delta^2\eta\varphi_r^2\right)}$$

设

$$M_1^{\varphi}=\left(32\varphi_r^2\eta^2\delta^2-8\eta\delta\left(\beta+c_r\right)^2\varphi_r+\left(\beta+c_r\right)^4\right)\varphi_n^2-$$
$$\left(64\delta\eta\varphi_r-16\left(\beta+c_r\right)^2\right)\varphi_r^2\eta\delta^2\varphi_n+32\delta^4\eta^2\varphi_r^4$$

得到 $\dfrac{\partial^2M_1^{\varphi}}{\partial\eta^2}=64\varphi_r^2\delta^2\left(\varphi_r\delta-\varphi_n\right)^2>0$ 和 $M_1^{\varphi}|_{\eta=0}=M_1^{\varphi}|_{\eta=\eta_{\varphi}^{*}}=\left(\beta+c_r\right)^4\varphi_n^2>$

0,然后$M_1>0$和$\pi_{\text{OEM}}^{Q*}>\pi_{\text{OEM}}^{q*}$。

$$\pi_{\text{OEM}}^{O*}-\pi_{\text{OEM}}^{q*}=\frac{\eta\left(\varphi_r\delta c_n-c_r\varphi_n\right)^2}{\left(\left(4\delta\eta\varphi_r-\left(\beta+c_r\right)^2\right)\varphi_n-4\delta^2\eta\varphi_r^2\right)\varphi_n}-\frac{4\varphi_r\eta^2\delta\left(\varphi_n-\varphi_r\delta\right)\left(\left(\beta\theta-c_r\right)\varphi_n+\varphi_r\delta c_n\right)^2}{\left(\left(8\delta\eta\varphi_r-\left(\beta+c_r\right)^2\right)\varphi_n-8\delta^2\eta\varphi_r^2\right)^2\varphi_n}$$

$$\pi_{\text{OEM}}^{O*}-\pi_{\text{OEM}}^{q*}|_{\theta=0}=\frac{\eta\left(\varphi_r\delta c_n-c_r\varphi_n\right)^2}{\varphi_n}\left(\frac{1}{\left(\left(4\delta\eta\varphi_r-\left(\beta+c_r\right)^2\right)\varphi_n-4\delta^2\eta\varphi_r^2\right)}-\frac{4\varphi_r\eta\delta\left(\varphi_n-\varphi_r\delta\right)}{\left(\left(8\delta\eta\varphi_r-\left(\beta+c_r\right)^2\right)\varphi_n-8\delta^2\eta\varphi_r^2\right)^2}\right)>0$$

$$\pi_{\text{OEM}}^{O*}-\pi_{\text{OEM}}^{q*}|_{\theta=\Theta_e}=-\frac{\left(\varphi_r\delta c_n-c_r\varphi_n\right)^2\left(\beta+c_r\right)^2\eta}{\left(\left(4\delta\eta\varphi_r-\left(\beta+c_r\right)^2\right)\varphi_n-4\delta^2\eta\varphi_r^2\right)^2}<0$$

$$\Theta_g=\frac{\sqrt{\dfrac{\left(8\delta\eta\varphi_r\left(\varphi_n-\delta\varphi_r\right)-\varphi_n\left(\beta+c_r\right)^2\right)^2\varphi_r\eta}{\left(4\delta\eta\varphi_r\left(\varphi_n-\delta\varphi_r\right)-\varphi_n\left(\beta+c_r\right)^2\right)\delta\left(\varphi_n-\delta\varphi_r\right)}}-\left(\varphi_r\delta c_n-c_r\varphi_n\right)}{2\left(4\delta\eta\varphi_r\left(\varphi_n-\delta\varphi_r\right)-\varphi_n\left(\beta+c_r\right)^2\right)\varphi_r\beta\left(\varphi_n-\delta\varphi_r\right)\varphi_n\eta\delta}-\frac{\left(\varphi_r\delta c_n-c_r\varphi_n\right)}{\beta\varphi_n}$$

从 $\dfrac{\partial\left(\pi_{\text{OEM}}^{O*}-\pi_{\text{OEM}}^{q*}\right)^2}{\partial\theta^2}=\dfrac{8\varphi_r\eta^2\delta\left(\varphi_r\delta-\varphi_n\right)\beta^2\varphi_n}{\left(\left(8\delta\eta\varphi_r-\left(\beta+c_r\right)^2\right)\varphi_n-8\delta^2\eta\varphi_r^2\right)^2}<0$, $\pi_{\text{OEM}}^{O*}-\pi_{\text{OEM}}^{q*}|_{\theta=0}>0$ 和 $\pi_{\text{OEM}}^{O*}-\pi_{\text{OEM}}^{q*}|_{\theta=\Theta_e}<0$,知道存在一个点 $\theta=\Theta_g$ 满足 $\pi_{\text{OEM}}^{O*}-\pi_{\text{OEM}}^{q*}=0$。如果$\theta<\Theta_g$,则$\pi_{\text{OEM}}^{O*}-\pi_{\text{OEM}}^{q*}>0$;否则$\pi_{\text{OEM}}^{O*}-\pi_{\text{OEM}}^{q*}<0$。$\Theta_a-\Theta_b=\dfrac{\left(\sqrt{2}-2\right)\left(\varphi_r\delta c_n-c_r\varphi_n\right)}{\beta\varphi_n}<0$,那么可以证明命题D7。

命题D8 从$E_{np}^X=q_r^{X*}$,可以得到命题D8。

命题D9 从表8.2至表8.4,可以得到以下结果:

$$E_p^O = \frac{\varphi_n - c_n}{2\varphi_n} + \frac{2\eta\left(\delta c_n\varphi_r - c_r\varphi_n\right)\begin{pmatrix}\left(4\eta\varphi_r\delta - \beta\left(\beta + c_r\right)\right)\varphi_n^2 - \\ \left(8\eta\varphi_r\delta - \left(\beta + c_r\right)\left(\beta - c_n + c_r\right)\right)\delta\varphi_r\varphi_n + 4\eta\delta^3\varphi_r^3\end{pmatrix}}{\left(\left(-4\eta\varphi_r\delta + \left(\beta + c_r\right)^2\right)\varphi_n + 4\delta^2\eta\varphi_r^2\right)^2\varphi_n}$$

$$E_p^Q = \frac{\varphi_n - c_n}{2\varphi_n} + \frac{\eta\left(\left(\beta\theta - c_r\right)\varphi_n + \varphi_r\delta c_n\right)\begin{pmatrix}\left(8\eta\varphi_r\delta - \left(\left(\theta + 2\right)\beta + c_r\right)\left(\beta + c_r\right)\right)\varphi_n^2 - \\ \left(16\eta\varphi_r\delta - \left(2\beta - c_n + 2c_r\right)\left(\beta + c_r\right)\right)\delta\varphi_r\varphi_n + 8\eta\delta^3\varphi_r^3\end{pmatrix}}{2\left(\left(-4\eta\varphi_r\delta + \left(\beta + c_r\right)^2\right)\varphi_n + 4\delta^2\eta\varphi_r^2\right)^2\varphi_n}$$

$$E_p^q = \frac{\varphi_n - c_n}{2\varphi_n} + \frac{2\eta\left(\left(\beta\theta - c_r\right)\varphi_n + \varphi_r\delta c_n\right)\begin{pmatrix}\left(8\eta\varphi_r\delta - \beta\left(\theta + 1\right)\left(\beta + c_r\right)\right)\varphi_n^2 - \\ \delta\left(16\eta\varphi_r\delta - \left(\beta + c_r\right)\left(\beta - c_n + c_r\right)\right)\varphi_r\varphi_n + 8\eta\delta^3\varphi_r^3\end{pmatrix}}{\varphi_n\left(\left(-8\eta\varphi_r\delta + \left(\beta + c_r\right)^2\right)\varphi_n + 8\delta^2\eta\varphi_r^2\right)^2}$$

$$\Theta_c = \frac{\left(8\eta\varphi_r\delta - 2\beta^2 - \beta c_r + c_r^2\right)\varphi_n^2 - \left(16\eta\varphi_r\delta - \left(2\beta - 3c_n + 2c_r\right)\left(\beta + c_r\right)\right)\varphi_r\delta\varphi_n + 8\eta\delta^3\varphi_r^3}{\beta\varphi_n^2\left(\beta + c_r\right)}$$

$$\bar{c}_\theta = \frac{\left(4\eta\varphi_r\delta - \beta^2 + c_r^2\right)\varphi_n^2 - \left(8\eta\varphi_r\delta - \left(\beta + c_r\right)^2\right)\varphi_r\delta\varphi_n + 4\eta\delta^3\varphi_r^3}{2\varphi_r\delta\varphi_n\left(\beta + c_r\right)}$$

$$E_p^O - E_p^Q = -\frac{\eta\left(\left(\beta\theta + c_r\right)\varphi_n - \varphi_r\delta c_n\right)\begin{pmatrix}\left(8\eta\varphi_r\delta - \left(\beta + c_r\right)\left(\left(\theta + 2\right)\beta - c_r\right)\right)\varphi_n^2 - \\ \left(16\eta\varphi_r\delta - \left(2\beta - 3c_n + 2c_r\right)\left(\beta + c_r\right)\right)\varphi_r\delta\varphi_n + 8\eta\delta^3\varphi_r^3\end{pmatrix}}{2\left(\left(-4\eta\varphi_r\delta + \left(\beta + c_r\right)^2\right)\varphi_n + 4\delta^2\eta\varphi_r^2\right)^2\varphi_n}$$

$$\frac{\partial^2\left(E_p^O - E_p^Q\right)}{\partial\theta^2} = \frac{\eta\beta^2\left(\beta + c_r\right)\varphi_n^2}{\left(\left(-4\eta\varphi_r\delta + \left(\beta + c_r\right)^2\right)\varphi_n + 4\delta^2\eta\varphi_r^2\right)^2} > 0$$

得到$\theta = \Theta_c, \theta = \Theta_b$，当$E_p^O - E_p^Q = 0$。

$$\Theta_c - \Theta_b = \frac{\left(8\eta\varphi_r\delta - 2\beta^2 + 2c_r^2\right)\varphi_n^2 - \delta\left(16\eta\varphi_r\delta - 2\left(\beta + c_r\right)\left(\beta - 2c_n + c_r\right)\right)\varphi_r\varphi_n + 8\eta\delta^3\varphi_r^3}{\beta\varphi_n^2\left(\beta + c_r\right)}$$

如果$\Theta_c - \Theta_b > 0$，那么$c_n < \bar{c}_\theta$。

$$\bar{c}_\theta - \bar{c}_1^O = \frac{\left(\left(-4\eta\varphi_r\delta + \left(\beta + c_r\right)^2\right)\varphi_n + 4\delta^2\eta\varphi_r^2\right)\left(\varphi_r\delta - \varphi_n\right)}{2\delta\varphi_r\varphi_n\left(\beta + c_r\right)} > 0$$

$$\bar{c}_\theta - \bar{c}_3^O = \frac{\left(\left(-4\eta\varphi_r\delta + (\beta + c_r)^2\right)\varphi_n + 4\delta^2\eta\varphi_r^2\right)(\varphi_r\delta + \varphi_n)}{2\varphi_r\delta\varphi_n(\beta + c_r)} < 0$$

如果$\bar{c}_1^O < c < \min\{\bar{c}_2^O, \bar{c}_3^O, \bar{c}_\theta\}$,则$\Theta_c - \Theta_b > 0$。让

$$\bar{c}_{n5} = \frac{(8\eta\varphi_r\delta - 2\beta^2 - \beta c_r + c_r^2)\varphi_n^2 - \left(16\eta\varphi_r\delta - 2(\beta + c_r)^2\right)\varphi_r\delta\varphi_n + 8\eta\delta^3\varphi_r^3}{3\delta\varphi_r\varphi_n(\beta + c_r)}$$

如果$c_n < \bar{c}_{n5}$,则$\Theta_c > 0$;否则$\Theta_b < 0$。我们推导出$\max\{0, \bar{c}_1^O\} < \bar{c}_\theta < \bar{c}_{n5} < \bar{c}_3^O$。对于$\max\{0, \bar{c}_1^O\} < \bar{c}_\theta < \bar{c}_{n5} < \min\{\bar{c}_2^O, \bar{c}_3^O\}$,我们在数字例子中验证了存在性,并展示了结果的一般情况。

$$\bar{c}_{n5} - \bar{c}_1^O = \frac{2\left(\left(-4\eta\varphi_r\delta + (\beta + c_r)^2\right)\varphi_n + 4\delta^2\eta\varphi_r^2\right)(\varphi_r\delta - \varphi_n)}{3\delta\varphi_r\varphi_n(\beta + c_r)} > 0$$

$$\bar{c}_{n5} - \bar{c}_\theta = \frac{\left(\left(-4\eta\varphi_r\delta + (\beta + c_r)^2\right)\varphi_n + 4\delta^2\eta\varphi_r^2\right)(\varphi_r\delta - \varphi_n)}{6\delta\varphi_r\varphi_n(\beta + c_r)} > 0$$

$$\bar{c}_{n5} - \bar{c}_3^O = \frac{(2\varphi_r\delta + \varphi_n)\left(\left(-4\eta\varphi_r\delta + (\beta + c_r)^2\right)\varphi_n + 4\delta^2\eta\varphi_r^2\right)}{3\delta\varphi_r\varphi_n(\beta + c_r)} < 0$$

对于$\max\{0, \bar{c}_1^O\} < c_n < \bar{c}_\theta, \Theta_c - \Theta_b > 0$,如果$\theta \in (0, \Theta_b)$,则$E_p^O - E_p^Q > 0$;如果$\theta \in (\Theta_b, \Theta_c)$,则$E_p^O - E_p^Q < 0$;如果$\theta \in \left(\Theta_c, \min\{\Theta_2^Q, \Theta_{\max}^Q\}\right)$,则$E_p^O - E_p^Q > 0$。

对于$\bar{c}_\theta < c_n < \bar{c}_{n5}$, $\Theta_c - \Theta_b < 0$,如果$\theta \in (0, \Theta_c)$,则$E_p^O - E_p^Q > 0$;如果$\theta \in (\Theta_c, \Theta_b)$,则$E_p^O - E_p^Q < 0$;如果$\theta \in \left(\Theta_b, \min\{\Theta_2^Q, \Theta_{\max}^Q\}\right)$,则$E_p^O - E_p^Q > 0$。

对于$c_n > \bar{c}_{n5}$, $\Theta_c < 0 < \Theta_b$,如果$\theta \in (0, \Theta_b)$,则$E_p^O - E_p^Q < 0$;如果$\theta \in \left(\Theta_b, \min\{\Theta_2^Q, \Theta_{\max}^Q\}\right)$,则$E_p^O - E_p^Q > 0$。

$$E_p^O - E_p^q = \frac{2\eta\left(\delta c_n\varphi_r - c_r\varphi_n\right)\begin{pmatrix}\left(4\eta\varphi_r\delta - \beta\left(\beta + c_r\right)\right)\varphi_n^2 - \\ \left(8\eta\varphi_r\delta - \left(\beta + c_r\right)\left(\beta - c_n + c_r\right)\right)\delta\varphi_r\varphi_n + 4\eta\delta^3\varphi_r^3\end{pmatrix}}{\left(\left(-4\eta\varphi_r\delta + \left(\beta + c_r\right)^2\right)\varphi_n + 4\delta^2\eta\varphi_r^2\right)^2\varphi_n}$$

$$-\frac{2\eta\left(\left(\beta\theta - c_r\right)\varphi_n + \varphi_r\delta c_n\right)\begin{pmatrix}\left(8\eta\varphi_r\delta - \beta(\theta + 1)\left(\beta + c_r\right)\right)\varphi_n^2 - \\ \delta\left(16\eta\varphi_r\delta - \left(\beta + c_r\right)\left(\beta - c_n + c_r\right)\right) \\ \varphi_r\varphi_n + 8\eta\delta^3\varphi_r^3\end{pmatrix}}{\varphi_n\left(\left(-8\eta\varphi_r\delta + \left(\beta + c_r\right)^2\right)\varphi_n + 8\delta^2\eta\varphi_r^2\right)^2}$$

$$\Theta_f = \frac{\begin{bmatrix}\left(-32\delta^2\varphi_r^2\eta^2 + 12\eta\beta\delta\left(\beta + c_r\right)\varphi_r - \left(\beta - c_r\right)\left(\beta + c_r\right)^3\right)\varphi_n^3 + \\ \left(96\delta^2\varphi_r^2\eta^2 - 12\left(\beta + c_r\right)\left(2\beta - c_n + c_r\right)\eta\delta\varphi_r + \left(\beta + c_r\right)^3\left(\beta - 2c_n + c_r\right)\right)\delta\varphi_r\varphi_n^2\end{bmatrix}}{\beta\varphi_n^2\left(\beta + c_r\right)\left(\left(-4\eta\varphi_r\delta + \left(\beta + c_r\right)^2\right)\varphi_n + 4\delta^2\eta\varphi_r^2\right)}$$

$$+\frac{-\varphi_r^3\eta\left(96\eta\varphi_r\delta - 12\left(\beta + c_r\right)\left(\beta - c_n + c_r\right)\right)\delta^3\varphi_n + 32\delta^5\eta^2\varphi_r^5}{\beta\varphi_n^2\left(\beta + c_r\right)\left(\left(-4\eta\varphi_r\delta + \left(\beta + c_r\right)^2\right)\varphi_n + 4\delta^2\eta\varphi_r^2\right)}$$

从 $\frac{\partial^2\left(E_p^O - E_p^q\right)}{\partial\theta^2} = \frac{4\beta^2\left(\beta + c_r\right)\varphi_n^2\eta}{\left(\left(-8\eta\varphi_r\delta + \left(\beta + c_r\right)^2\right)\varphi_n + 8\delta^2\eta\varphi_r^2\right)^2} > 0$，得到 $\theta = \Theta_e, \theta = \Theta_f$，当 $E_p^O = E_p^q$。

$$\Theta_e - \Theta_f = \frac{\begin{bmatrix}\left(\left(4\eta\varphi_r\delta - \beta^2 + c_r^2\right)\varphi_n^2 - \delta\begin{pmatrix}8\eta\varphi_r\delta - \left(\beta + c_r\right) \\ \left(\beta - 2c_n + c_r\right)\end{pmatrix}\varphi_r\varphi_n + 4\eta\delta^3\varphi_r^3\right) \\ \left(\left(\left(\beta + c_r\right)^2 - 8\eta\varphi_r\delta\right)\varphi_n + 8\delta^2\eta\varphi_r^2\right)\end{bmatrix}}{\beta\left(\left(4\eta\varphi_r\delta - \left(\beta + c_r\right)^2\right)\varphi_n - 4\delta^2\eta\varphi_r^2\right)\varphi_n^2\left(\beta + c_r\right)}$$

如果 $\Theta_e - \Theta_f < 0$，那么 $c_n < \bar{c}_\theta$。

$$\bar{c}_{n3}=\frac{\left[\begin{array}{c}\left(-32\delta^2\varphi_r^2\eta^2+12\eta\beta\delta\left(\beta+c_r\right)\varphi_r-\left(\beta-c_r\right)\left(\beta+c_r\right)^3\right)\varphi_n^3+\\ \varphi_r\left(96\delta^2\varphi_r^2\eta^2-12\left(\beta+c_r\right)\eta\left(2\beta+c_r\right)\delta\varphi_r+\left(\beta+c_r\right)^4\right)\delta\varphi_n^2+\\ -\varphi_r^3\eta\delta^3\left(96\eta\varphi_r\delta-12\left(\beta+c_r\right)^2\right)\varphi_n+32\delta^5\eta^2\varphi_r^5\end{array}\right]}{\left(\beta+c_r\right)\varphi_r\delta\varphi_n\left(\left(-12\eta\varphi_r\delta+2\left(\beta+c_r\right)^2\right)\varphi_n+12\delta^2\eta\varphi_r^2\right)}$$

$$\bar{c}_{n3}-\bar{c}_{n5}=\frac{\left(\beta+c_r\right)\left(\left(-4\eta\varphi_r\delta+\left(\beta+c_r\right)^2\right)\varphi_n+4\delta^2\eta\varphi_r^2\right)\left(\varphi_r\delta-\varphi_n\right)}{6\varphi_r\delta\left(\left(6\eta\varphi_r\delta-\left(\beta+c_r\right)^2\right)\varphi_n-6\delta^2\eta\varphi_r^2\right)}>0$$

如果 $\bar{c}_n<\bar{c}_{n3}$，则 $\Theta_f>0$；否则 $\Theta_f<0$。

对于 $\max\left\{0,\bar{c}_1^O\right\}<c_n<\bar{c}_\theta$，$\Theta_e-\Theta_f<0$，如果 $\theta\in\left(0,\Theta_e\right)$，则 $E_p^O>E_p^q$；如果 $\theta\in\left(\Theta_e,\Theta_f\right)$，则 $E_p^O<E_p^q$；如果 $\theta\in\left(\Theta_f,\min\left\{\Theta_2^Q,\Theta_{\max}^Q\right\}\right)$，则 $E_p^O>E_p^q$。

对于 $\bar{c}_\theta<c_n<\bar{c}_{n3}$，$\Theta_e-\Theta_f>0$，如果 $\theta\in\left(0,\Theta_f\right)$，则 $E_p^O>E_p^q$；如果 $\theta\in\left(\Theta_f,\Theta_e\right)$，则 $E_p^O<E_p^q$；如果 $\theta\in\left(\Theta_e,\min\left\{\Theta_2^Q,\Theta_{\max}^Q\right\}\right)$，则 $E_p^O>E_p^q$。

对于 $c_n>\bar{c}_{n3}$，$\Theta_f<0<\Theta_e$，如果 $\theta\in\left(0,\Theta_e\right)$，则 $E_p^O<E_p^q$；如果 $\theta\in\left(\Theta_e,\min\left\{\Theta_2^Q,\Theta_{\max}^Q\right\}\right)$，则 $E_p^O>E_p^q$。

$$\Theta_f-\Theta_c=\frac{\left(\beta+c_r\right)\left(\begin{array}{c}\left(4\eta\varphi_r\delta-\beta\left(\beta+c_r\right)\right)\varphi_n^2-\\ \left(8\eta\varphi_r\delta-\left(\beta+c_r\right)\left(\beta-c_n+c_r\right)\right)\varphi_r\delta\varphi_n+4\eta\delta^3\varphi_r^3\end{array}\right)}{\beta\varphi_n\left(\left(4\eta\varphi_r\delta+\left(\beta+c_r\right)^2\right)\varphi_n-4\delta^2\eta\varphi_r^2\right)}$$

让 $\bar{c}_{n4}=\dfrac{\left(4\eta\varphi_r\delta-\beta\left(\beta+c_r\right)\right)\varphi_n^2-\left(8\eta\varphi_r\delta-\left(\beta+c_r\right)^2\right)\varphi_r\delta\varphi_n+4\eta\delta^3\varphi_r^3}{\delta\varphi_r\varphi_n\left(\beta+c_r\right)}$，如果 $\Theta_f>\Theta_c$，那么 $c_n<\bar{c}_{n4}$。

$$\bar{c}_{n4}-\bar{c}_\theta=\frac{\left(\left(-4\eta\varphi_r\delta+\left(\beta+c_r\right)^2\right)\varphi_n+4\delta^2\eta\varphi_r^2\right)\left(\varphi_r\delta-\varphi_n\right)}{2\delta\varphi_r\varphi_n\left(\beta+c_r\right)}>0$$

$$\bar{c}_{n4}-\bar{c}_3^O=\frac{\left(-4\eta\varphi_r\delta+\beta^2+2\beta c_r+c_r^2\right)\varphi_n+4\delta^2\eta\varphi_r^2}{\varphi_n\left(\beta+c_r\right)}<0$$

$$\Theta_e - \Theta_c = \frac{\begin{bmatrix} 32\eta^2\delta^2\varphi_r^2(\varphi_n^3 - \delta^3\varphi_r^3) + 96\delta^3\eta^2\varphi_n\varphi_r^3(\varphi_r\delta - \varphi_n) - \\ 16\varphi_r(\beta + c_r)\eta\varphi_n(\delta(\beta - c_n + c_r)\varphi_r - \beta\varphi_n)(\varphi_r\delta - \varphi_n)\delta - \\ (\beta + c_r)^3\varphi_n^2(2\beta\delta\varphi_r - 3\delta c_n\varphi_r + 2\delta c_r\varphi_r - 2\beta\varphi_n + c_r\varphi_n) \end{bmatrix}}{\beta(\beta + c_r)\varphi_n^2\left(\left(-4\eta\varphi_r\delta + (\beta + c_r)^2\right)\varphi_n + 4\delta^2\eta\varphi_r^2\right)}$$

$$\bar{c}_{n1} = \frac{\begin{bmatrix} 16(\varphi_r\delta - \varphi_n)(\beta + c_r)(\delta(\beta + c_r)\varphi_r - \beta\varphi_n)\eta\varphi_r\varphi_n\delta - \\ \varphi_n^2(\beta + c_r)^3(\varphi_n(2\beta - c_r) - 2\varphi_r\delta(\beta + c_r)) + 32\eta^2\delta^2\varphi_r^2(\varphi_r\delta - \varphi_n)^3 \end{bmatrix}}{\left(\left(-16\eta\varphi_r\delta + 3(\beta + c_r)^2\right)\varphi_n + 16\delta^2\eta\varphi_r^2\right)(\beta + c_r)\delta\varphi_n\varphi_r}$$

$$\frac{\partial(\Theta_e - \Theta_c)}{\partial c_n} = \frac{\delta\left(\left(-16\eta\varphi_r\delta + 3(\beta + c_r)^2\right)\varphi_n + 16\delta^2\eta\varphi_r^2\right)\varphi_r}{\beta\varphi_n\left(\left(-4\eta\varphi_r\delta + (\beta + c_r)^2\right)\varphi_n + 4\delta^2\eta\varphi_r^2\right)} > 0$$，如果 $\Theta_e < \Theta_c$，那么 $c_n < \bar{c}_{n1}$。

$$\bar{c}_{n1} - \bar{c}_1^O = \frac{2\left(\left(-4\eta\varphi_r\delta + (\beta + c_r)^2\right)\varphi_n + 4\delta^2\eta\varphi_r^2\right)^2(\varphi_r\delta - \varphi_n)}{\left(\left(-16\eta\varphi_r\delta + 3(\beta + c_r)^2\right)\varphi_n + 16\delta^2\eta\varphi_r^2\right)(\beta + c_r)\delta\varphi_n\varphi_r} > 0$$

$$\bar{c}_{n1} - \bar{c}_\theta = \frac{(\beta + c_r)\left(\left(-4\eta\varphi_r\delta + (\beta + c_r)^2\right)\varphi_n + 4\delta^2\eta\varphi_r^2\right)(\varphi_r\delta - \varphi_n)}{2\delta\left(\left(-16\eta\varphi_r\delta + 3(\beta + c_r)^2\right)\varphi_n + 16\delta^2\eta\varphi_r^2\right)\varphi_r} < 0$$

然后 $\bar{c}_{n4} > \bar{c}_{n1}$。

$$E_p^Q - E_p^q = \eta\left((\beta\theta - c_r)\varphi_n + \varphi_r\delta c_n\right)T_2^\varphi$$

$$\frac{\partial T_2^\varphi}{\partial\theta} = \frac{\beta(\beta + c_r)^3\varphi_n^2\left(16\delta^2\eta\varphi_r^2 - 16\varphi_n\eta\varphi_r\delta + 3\varphi_n(c_r + \beta)^2\right)}{2\left(\left(-4\eta\varphi_r\delta + (\beta + c_r)^2\right)\varphi_n + 4\delta^2\eta\varphi_r^2\right)^2\left(\left(-8\eta\varphi_r\delta + (\beta + c_r)^2\right)\varphi_n + 8\delta^2\eta\varphi_r^2\right)^2} < 0$$

$$\Theta_d = \frac{\begin{bmatrix} 24\varphi_r\left(\delta\left(\beta - \frac{2c_n}{3} + c_r\right)\varphi_r - \left(\beta + \frac{c_r}{3}\right)\varphi_n\right)\varphi_n\eta\delta(\beta + c_r)(\varphi_r\delta - \varphi_n) + \\ 2\varphi_n^2(\beta + c_r)^3\left(\left(-\beta + \frac{c_r}{2}\right)\varphi_n + \delta\varphi_r\left(\beta - \frac{3c_n}{2} + c_r\right)\right) + 64\eta^2\delta^2\varphi_r^2(\varphi_r\delta - \varphi_n)^3 \end{bmatrix}}{\beta\left(\left(-16\eta\varphi_r\delta + 3(\beta + c_r)^2\right)\varphi_n + 16\delta^2\eta\varphi_r^2\right)(\beta + c_r)\varphi_n^2}$$

如果$\theta < \Theta_d$，则$E_p^Q > E_p^q$；否则$E_p^Q < E_p^q$。

结合配对比较的结果，我们有以下结论：

对于$\bar{c}_1^O < c_n < \bar{c}_{n1}$，$\Theta_b < \Theta_e < \Theta_c < \Theta_f$，如果$0 < \theta < \Theta_e$，则$E_p^q < \min\left\{E_p^Q, E_p^O\right\}$；如果$\Theta_e < \theta < \Theta_c$，则$E_p^O < \min\left\{E_p^Q, E_p^q\right\}$；如果$\Theta_c < \theta < \min\left\{\Theta_2^Q, \Theta_{\max}^Q\right\}$，则$E_p^Q < \min\left\{E_p^O, E_p^q\right\}$。

对于$\bar{c}_{n1} < c_n < \bar{c}_\theta$，$\Theta_b < \Theta_c < \Theta_e < \Theta_f$，如果$0 < \theta < \Theta_d$，则$E_p^q < \min\left\{E_p^Q, E_p^O\right\}$；如果$\Theta_d < \theta < \min\left\{\Theta_2^Q, \Theta_{\max}^Q\right\}$，则$E_p^Q < \min\left\{E_p^O, E_p^q\right\}$。

然后考虑$\bar{c}_\theta < c_n < \min\left\{\bar{c}_2^O, \bar{c}_3^O\right\}$的情况。

$$\Theta_f - \Theta_b = \frac{\left[\begin{array}{c}32\eta^2\delta^2\varphi_r^2(\varphi_r\delta - \varphi_n)^3 + 12\varphi_r\left(\delta\left(\beta - \frac{4c_n}{3} + c_r\right)\varphi_r - \left(\beta - \frac{c_r}{3}\right)\varphi_n\right)\varphi_n\eta\delta(\beta + c_r)(\varphi_r\delta - \varphi_n) + \\ \varphi_n^2(\beta + c_r)^3\left((-\beta + 2c_r)\varphi_n + \delta\varphi_r(\beta - 3c_n + c_r)\right)\end{array}\right]}{\left(\left(-4\eta\varphi_r\delta + (\beta + c_r)^2\right)\varphi_n + 4\delta^2\eta\varphi_r^2\right)\beta(\beta + c_r)\varphi_n^2}$$

$$\bar{c}_{n2} = \frac{\left[\begin{array}{c}12\varphi_r\left(\delta(\beta + c_r)\varphi_r - \left(\beta - \frac{c_r}{3}\right)\varphi_n\right)\varphi_n\eta\delta(\beta + c_r)(\varphi_r\delta - \varphi_n) + \\ \varphi_n^2(\beta + c_r)^3\left((-\beta + 2c_r)\varphi_n + \delta(\beta + c_r)\varphi_r\right) + 32\eta^2\delta^2\varphi_r^2(\varphi_r\delta - \varphi_n)^3\end{array}\right]}{(\beta + c_r)\delta\varphi_n\varphi_r\left(\left(-16\eta\varphi_r\delta + 3(\beta + c_r)^2\right)\varphi_n + 16\delta^2\eta\varphi_r^2\right)}$$

从$\dfrac{\partial(\Theta_f - \Theta_b)}{\partial c_n} = \dfrac{\left(16\delta\eta\varphi_r - 3(\beta + c_r)^2\right)\varphi_r\delta\varphi_n^2 - 16\varphi_r^3\delta^3\eta\varphi_n}{\left(\left(-4\eta\varphi_r\delta + (\beta + c_r)^2\right)\varphi_n + 4\delta^2\eta\varphi_r^2\right)\beta\varphi_n^2} < 0$，如果$c_n < \bar{c}_{n2}$，则$\Theta_f > \Theta_b$；否则$\Theta_f < \Theta_b$。

$$\bar{c}_{n2} - \bar{c}_{n4} = -\frac{2\left(\left(-4\eta\varphi_r\delta + (\beta + c_r)^2\right)\varphi_n + 4\delta^2\eta\varphi_r^2\right)^2(\varphi_r\delta - \varphi_n)}{\left(\left(-16\eta\varphi_r\delta + 3(\beta + c_r)^2\right)\varphi_n + 16\delta^2\eta\varphi_r^2\right)(\beta + c_r)\delta\varphi_n\varphi_r} < 0$$

$$\bar{c}_{n2} - \bar{c}_{n5} = -\frac{\left[\begin{array}{c}\left(\left(-4\eta\varphi_r\delta + (\beta + c_r)^2\right)\varphi_n + 4\delta^2\eta\varphi_r^2\right)(\varphi_r\delta - \varphi_n) \\ \left(\left(-8\eta\varphi_r\delta + 3(\beta + c_r)^2\right)\varphi_n + 8\delta^2\eta\varphi_r^2\right)\end{array}\right]}{3(\beta + c_r)\delta\varphi_n\left(\left(-16\eta\varphi_r\delta + 3(\beta + c_r)^2\right)\varphi_n + 16\delta^2\eta\varphi_r^2\right)\varphi_r} < 0$$

$$\bar{c}_{n4}-\bar{c}_{n5}=\frac{\left(\left(-4\eta\varphi_r\delta+(\beta+c_r)^2\right)\varphi_n+4\delta^2\eta\varphi_r^2\right)(\varphi_r\delta-\varphi_n)}{3(\beta+c_r)\delta\varphi_n\varphi_r}>0$$

$$\bar{c}_{n4}-\bar{c}_{n3}=\frac{\left(\left(-4\eta\varphi_r\delta+(\beta+c_r)^2\right)\varphi_n+4\delta^2\eta\varphi_r^2\right)^2(\varphi_r\delta-\varphi_n)}{2(\beta+c_r)\delta\left(\left(-6\eta\varphi_r\delta+(\beta+c_r)^2\right)\varphi_n+6\delta^2\eta\varphi_r^2\right)\varphi_n\varphi_r}>0$$

综上所述：

(1)对于 $\bar{c}_1^O<c_n<\bar{c}_{n1}$，如果 $0<\theta<\Theta_e$，则 $E_p^q<\min\{E_p^Q,E_p^O\}$；如果 $\Theta_e<\theta<\Theta_c$，则 $E_p^O<\min\{E_p^Q,E_p^q\}$；如果 $\Theta_c<\theta<\min\{\Theta_2^Q,\Theta_{\max}^Q\}$，则 $E_p^Q<\min\{E_p^O,E_p^q\}$。

(2)对于 $\bar{c}_{n1}<c_n<\bar{c}_{n2}(\theta_b<\theta_d)$，如果 $0<\theta<\Theta_d$，则 $E_p^q<\min\{E_p^Q,E_p^O\}$；如果 $\Theta_d<\theta<\min\{\Theta_2^Q,\Theta_{\max}^Q\}$，则 $E_p^Q<\min\{E_p^O,E_p^q\}$。

(3)对于 $\bar{c}_{n2}<c_n<\bar{c}_{n3}$，如果 $0<\theta<\Theta_f$，则 $E_p^q<\min\{E_p^Q,E_p^O\}$；如果 $\Theta_f<\theta<\Theta_b$，则 $E_p^O<\min\{E_p^Q,E_p^q\}$；如果 $\Theta_b<\theta<\min\{\Theta_2^Q,\Theta_{\max}^Q\}$，则 $E_p^Q<\min\{E_p^O,E_p^q\}$。

(4)对于 $\bar{c}_{n3}<c_n<\min\{\bar{c}_2^O,\bar{c}_3^O\}$，如果 $0<\theta<\Theta_b$，则 $E_p^O<\min\{E_p^q,E_p^Q\}$；如果 $\Theta_b<\theta<\min\{\Theta_2^Q,\Theta_{\max}^Q\}$，则 $E_p^Q<\min\{E_p^O,E_p^q\}$。

我们假设 $\bar{c}_{n3}<\min\{\bar{c}_3^O,\bar{c}_2^O\}$ 和 $\Theta_e<\min\{\Theta_2^Q,\Theta_{\max}^Q\}$，该假设可以在数字例子中得到验证，$c_r=0.01$，$\beta=0.1$，$\delta=0.9$，$\eta=0.2$。

主要参考文献

[1]MIORANDI D, SICARI S, PELLEGRINI F.D, et al. Internet of things: vision, applications and research challenges[J]. Ad Hoc Networks, 2012, 10(7): 1497-1516.

[2]YANG L, YANG S H, PLOTNICK L. How the internet of things technology enhances emergency response operations[J]. Technological Forecasting & Social Change, 2013, 80(9): 1854-1867.

[3]ZHANG L, LUO Y L, TAO F, et al. Cloud manufacturing: a new manufacturing paradigm[J]. Enterprise Information Systems, 2014, 8(2): 167-187.

[4]SUNG W T, TAIPINGDIST T, CHIANG Y C. Improved particle swarm optimization algorithm for android medical care iot using modified parameters[J]. Journal of Medical Systems, 2012, 36(6): 3755-3763.

[5]TAO F, CHENG Y, XU L D, et al. CCIoT-CMfg: cloud computing and internet of things-based cloud manufacturing service system[J]. IEEE Transactions on Industrial Informatics, 2014, 10(2): 1435-1442.

[6]LI H S, DIMITROVSKI A, SONG J B, et al. Communication infrastructure design in cyber physical systems with applications in smart grids: a hybrid system framework[J]. IEEE Communications Surveys & Tutorials, 2014, 16(3): 1689-1708.

[7]KIRITSIS D. Closed-loop PLM for intelligent products in the ear of the internet of things[J]. Computer-Aided Design, 2011, 43(5): 479-501.

[8]JUN H B, SHIN J H, KIRITSIS D, et al. System architecture for closed-loop PLM[J]. International Journal of Computer Integrated Manufacturing, 2007, 20

(7):684-698.

[9]JUN H B, KIRITSIS D, XIROUCHAKIS P. Research issues on closed-loop PLM[J]. Computers in Industry, 2007, 58(8-9): 855-868.

[10]YANG X Y, MOORE P, CHONG S K. Intelligent products: from lifecycle data acquisition to enabling product related services[J]. Computers in Industry, 2009, 60(3): 184-194.

[11]LUTTROPP C, JOHANSSON J. Improved recycling with life cycle information tagged to the product[J]. Journal of Cleaner Production, 2010, 18(4): 346-354.

[12]PARLIKAD A K, MCFARLANE D. RFID-based production information in end-of-life decision making[J]. Control Engineering Practice, 2007, 15(11): 1348-1363.

[13]ROBOTIS A, BHATTACHARYA S, VAN WASSENHOVE L N. The effect of remanufacturing on procurement decisions for resells in secondary markets [J]. European Journal of Operational Research, 2005, 163(3): 688-705.

[14]ZHOU W, PIRAMUTHU S. Remanufacturing with PFID item-level information: optimization, waste reduction and quality improvement[J]. International Journal of Production Economics, 2013, 145(2): 647-657.

[15]NAWA K, CHANDRASIRI N P, YANNAGIHARA T, et al. Cyber physical system for vehicle application[J]. Transaction of the Institute of Measurement and Control, 2013, 36(7): 898-905.

[16]WAN J F, ZHANG D Q, ZHAO S J, et al. Context-aware vehicular cyber-physical systems with cloud support: architecture, challenges, and solutions [J]. IEEE Communications Magazine, 2014, 52(8): 106-113.

[17]JIA D Y, LU K J, WANG J P. On the network connectivity of platoon-based vehicular cyber-physical systems[J]. Transportation Research Part C: Emerging Technologies, 2014(40): 215-230.

[18]FACCHINETTI T, VEDOVA M L D. Real-time modeling for direct load

control in cyber-physical power systems[J]. IEEE Transactions on Industrial Informatics,2011,7(4):689-698.

[19]LI H S,LAI L F,POOR H V. Multicast routing for decentralized control of cyber physical systems with an application in smart grid[J]. IEEE Journal on Selected Areas in Communications,2012,30(6):1097-1107.

[20]LI L,LI S,ZHAO S. QoS-aware scheduling of service-oriented internet of things[J]. IEEE Transactions on Industrial Informatics,2014,10(2):1497-1505.

[21]XU L D. Information architecture for supply chain quality management [J]. International Journal of Production Research,2011,49(1):183-198.

[22]ANDERSON C R,ZEITHAML C P. Stage of the product life cycle,business strategy,and business performance[J]. Academy of Management Journal,1984,27(1):5-24.

[23]LAAN E V D,SALOMON M. Production planning and inventory control with remanufacturing and disposal[J]. European Journal of Operational Research,1997,102(2):264-278.

[24]PRINCE M,SMITH J C,GEUNES J. A three-stage procurement optimization problem under uncertainty[J]. Naval Research Logistics,2013,60(5):395-412.

[25]CHEN K B. Procurement strategy and coordination mechanism of the supply chain with one manufacturer and multiple suppliers[J]. International Journal of Production Economics,2012,138(1):125-135.

[26]GOYAL S K,DESHMUKH S G. Integrated procurement production systems:a review[J]. European Journal of Operational Research,1992,62(1):1-10.

[27]GUIDE V D R,VAN WASSENHOVE L N. Managing product returns for remanufacturing[J]. Production and Operations Management,2001,10(2):142-155.

[28]GUIDE V D R,JAYARAMAN V. Production acquisition management:

current industry practice and a proposed framework[J]. International Journal of Production Research, 2000, 38(16): 3779-3800.

[29]MUKHOPADHYAY S K, MA H. Joint procurement and production decisions in remanufacturing under quality and demand uncertainty[J]. International Journal of Production Economics, 2009, 120(1): 5-17.

[30]LI X, LI Y J, SAGHAFIAN S. A hybrid manufacturing/remanufacturing system with random remanufacturing yield and marked-driven product acquisition [J]. IEEE Transactions on Engineering Management, 2013, 60(2): 424-437.

[31]MINNER S, KIESMULLER G P. Dynamic product acquisition in closed loop supply chains[J]. International Journal of Production Research, 2012, 50 (11): 2836-2851.

[32]NIKNEJAD A, PETROVIC D. Optimization of integrated reverse logistics networks with different product recovery routes[J]. European Journal of Operational Research, 2014, 238(1): 143-154.

[33]ONDEMIR O, ILGIN M A, GUPTA S M. Optimal end-of-life management in closed-loop supply chains using RFID and sensors[J]. IEEE Transactions on Industrial Informatics, 2012, 8(3): 719-728.

[34]BAKI M F, CHAOUCH B A, ABDUL-KADER W. A heuristic procedure for the dynamic lot sizing problem with remanufacturing and product recovery[J]. Computers & Operations Research, 2014, 43(Mar.): 225-236.

[35]ILGIN M A, GUPTA S M. Environmental conscious manufacturing and product recovery(ECMPRO): a review of the state of the art[J]. Journal of Environmental Management, 2010, 91(3): 563-591.

[36]GUNGOR A, GUPTA S M. Issues in environmental conscious manufacturing and product recovery: a survey[J]. Computers & Industrial Engineering, 1999, 36(4): 811-853.

[37]FU Q, LEE C Y, TEO C P. Procurement management using option contracts: random spot price and the portfolio effect[J]. IIE Transactions, 2010, 42

(11):793-811.

[38]XU H. Managing production and procurement through option contracts in supply chains with random yield[J]. International Journal of Production Economics,2010,126(2):306-131.

[39]YU M C,GOH M,LIN H C. Fuzzy multi-objective vendor selection under lean procurement[J]. European Journal of Operational Research,2012,219(2):305-311.

[40]KIM S H,NETESSINE S. Collaborative cost reduction and component procurement under information asymmetry[J]. Management Science:Journal of the Institute of Management Sciences,2013,59(1):189-206.

[41]DAS B C,DAS B,MONDAL S K. Integrated supply chains model for a deteriorating item with procurement cost dependent credit period[J]. Computers & Industrial Engineering,2013,64(3):788-796.

[42]HU F,LIM C C,LU Z. Optimal production and procurement decisions in a supply chain with an option contract and partial backordering under uncertainties[J]. Applied Mathematics and Computation,2014,232(1):1225-1234.

[43]GALBRETH M R,BLACKBURN J D. Optimal acquisition and sorting policies for remanufacturing[J]. Production and Operations Management,2006,15(3):384-392.

[44]VADDE S,KAMARTHI S V,GUPTA S M. Optimal pricing of reusable and recyclable components under alternative product acquisition mechanisms[J]. International Journal of Production Research,2007,45(18-19):4621-4652.

[45]TEUNTER R H,FLAPPER S D P. Optimal core acquisition and remanufacturing policies under uncertain core quality fractions[J]. European Journal of Operational Research,2011,210(2):241-248.

[46]ZHOU S X,YU Y. Optimal product acquisition,pricing,and inventory management for systems with remanufacturing[J]. Operations Research,2011,59(2):514-521.

[47]KLEBER R, SCHULZ T, VOIGT G. Dynamic buy-back for product recovery in end of life spare parts procurement[J]. International Journal of Production Research, 2012, 50(6-8): 1476-1488.

[48]ZENG A Z. Coordination mechanisms for a three-stage reverse supply chain to increase profitable returns[J]. Naval Research Logistics, 2013, 60(1): 32-45.

[49]INDERFURTH K, KLEBER R. An advanced heuristic for multiple-option space parts procurement after end-of-production[J]. Production and Operations Management, 2013, 22(1): 54-70.

[50]KONSTANTARAS I, SKOURI K. Lot sizing for a single product recovery system with variable setup numbers[J]. European Journal of Operational Research, 2010, 203(2): 326-335.

[51]VADDE S, ZEID A, KAMARTHI S V. Pricing decisions in a multi-criteria setting for product recovery facilities[J]. Omega-International Journal of Management Science, 2011, 39(2): 186-193.

[52]KIM T, GOYAL S K. Determination of the optimal production policy and product recovery policy: the impacts of sales margin of recovered product[J]. International Journal of Production Research, 2011, 49(9): 2535-2550.

[53]ONDEMIR O, GUPTA S M. Quality management in product recovery using the internet of things: an optimization approach[J]. Computers in Industry, 2014, 65(3): 491-504.

[54]FLEISCHMANN M, BLOEMHOF-RUWAARD J, DEKKER R, et al. Quantitative models for reverse logistics: a review[J]. European Journal of Operational Research, 1997, 103(1): 1-17.

[55]GUIDE V D R, VAN WASSENHOVE L N. Closed-loop supply chains: an introduction to the feature issue(part 1)[J]. Production and Operations Management, 2006, 15(3): 345-350.

[56]GUIDE V D R, VAN WASSENHOVE L N. Closed-loop supply chain: an

introduction to the feature issue (part 2) [J]. Production and Operations Management, 2006, 15(4): 471–472.

[57]JAYARAMAN V. Production planning for closed–loop supply chains with product recovery and reuse: an analytical approach[J]. International Journal of Production Research, 2006, 44(5): 981–998.

[58]GUIDE V D R, HARRISON T P, VAN WASSENHOVE L N. The challenge of closed–loop supply chains[J]. Interfaces, 2003, 33(6): 3–6.

[59]FLEISCHMANN M, BEULLENS P, BLOEMHOF–RUWARRD J M, et al. The impact of product recovery on logistics network design[J]. Production and Operations Management, 2001, 10(2): 156–173.

[60]SUN X C, LI Y J, GOVINDAN K, et al. Integrating dynamic acquisition pricing and remanufacturing decisions under random price–sensitive returns[J]. International Journal of Advanced Manufacturing Technology, 2013, 68 (1–4): 933–947.

[61]GUIDE V D R, JAYARAMAN V, SRIVASTAVA R, et al. Supply–chain management for recoverable manufacturing systems[J]. Interfaces, 2000, 30(3): 125–142.

[62]JAYANT A, GUPTA P, GARG S K. Reverse logistics: perspectives, empirical studies and research directions[J]. International Journal of Industrial Engineering, 2012, 19(10): 369–388.

[63]FLEISCHMANN M, KRIKKE H R, DEKKER R, et al. A characterization of logistics networks for product recovery[J]. Omega–International Journal of Management Science, 2000, 28(6): 653–666.

[64]KENNE J P, DEJAX P, GHARBI A. Production planning of a hybrid manufacturing –remanufacturing system under uncertainty within a closed–loop supply chain[J]. International Journal of Production Economics, 2012, 135 (1): 81–93.

[65]GUIDE V D R, VAN WASSENHOVE L N. The evolution of closed–loop

supply chain research[J]. Operations Research, 2009, 57(1): 10-18.

[66]GUIDE V D R, SOUZA G C, VAN WASSENHOVE L N, et al. Time value of commercial production returns[J]. Management Science, 2006, 52(8): 1200-1214.

[67]胡怡. 基于蚁群算法的制造/再制造混合系统生产计划优化研究[D]. 南京:南京航空航天大学,2014.

[68]翟勇洪,梁玲,刘宇熹,等. 面向大规模定制的再制造集约生产计划模型[J]. 上海理工大学学报,2014,36(6):603-613.

[69]赵忠,谢家平. 分布式多工厂制造/再制造生产计划的优先模型[J]. 统计与决策,2009(7):161-163.

[70]谢文明. 基于闭环供应链的生产批量计划模型与算法研究[D]. 沈阳:东北大学,2008.

[71]黄书慧. 考虑再制造的多级生产计划问题研究[D]. 合肥:合肥工业大学,2009.

[72]刘碧玉. 废旧机电类产品再制造系统生产计划综合优化研究[D]. 南京:东南大学,2014.

[73]景熠. 不确定环境下考虑异质需求的制造/再制造生产计划研究[D]. 重庆:重庆大学,2013.

[74]梁玲,徐伟佳,刘宇熹,等. 需求不确定下闭环供应链生产计划优化研究[J]. 上海管理科学,2013,35(4):5-9.

[75]SALEMA M I G, POVOA A P B, NOVAIS A Q. A strategic and tactical model for closed-loop supply chains[J]. Or Spectrum: Quantitative Approaches in Management, 2009, 31(3): 573-599.

[76]SALEMA M I G, POVOA A P B, NOVAIS A Q. Simultaneous design and planning of supply chains with reverse flows: a generic modeling framework[J]. European Journal of Operational Research, 2010, 203(2): 336-349.

[77]NETO J Q F, WALTHER G, BLOEMHOF J, et al. From closed-loop to sustainable supply chains: the WEEE case[J]. International Journal of Production

Research,2010,48(15):4463–4481.

[78]AMIN S H, ZHANG G Q. A proposed mathematical model for closed-loop network configuration based on product life cycle[J]. International Journal of Advanced Manufacturing Technology,2012,58(5–8):791–801.

[79]JUNIOR M L, FILHO M G. Production planning and control for remanufacturing: literature review and analysis[J]. Production Planning & Control,2012,23(6):419–435.

[80]AKCALI E, CETINKAYA S. Quantitative models for inventory and production planning in closed-loop supply chains[J]. International Journal of Production Research,2011,49(8):2373 - 2407.

[81]CHEN M, ABRISHAMI P. A mathematical model for production planning in hybrid manufacturing-remanufacturing systems[J]. International Journal of Advanced Manufacturing Technology,2014,71(5–8):1187–1196.

[82]ZHANG J, LIU X, TU Y L. A capacitated production planning problem for closed-loop supply chain with remanufacturing[J]. International Journal of Advanced Manufacturing Technology,2011,54(5–8):757–766.

[83]HAN S H, DONG M Y, LU S X, et al. Production planning for hybrid remanufacturing and manufacturing system with component recovery[J]. Journal of the Operational Research Society,2013,64(10):1447–1460.

[84]LI Y J, CHEN J, CAI X Q. Heuristic genetic algorithm for capacitated production planning problems with batch processing and remanufacturing[J]. International Journal of Production Economics,2007,105(2):301–317.

[85]PAN Z D, TANG J F, LIU O. Capacitated dynamic lot sizing problems in closed-loop supply chain[J]. European Journal of Operational Research,2009,198(3):810–821.

[86]NAEEM M A, DIAS D J, TIBREWAL R, et al. Production planning optimization for manufacturing and remanufacturing system in stochastic environment[J]. Journal of Intelligent Manufacturing,2013,24(4):717–728.

[87]SHI J M, ZHANG G Q, SHA J C. Optimal production planning for a multi-product closed loop system with uncertain demand and return[J]. Computers & Operations Research, 2011, 38(3): 641-650.

[88]LI J, GONZALES M, ZHU Y. A hybrid simulation optimization method for production planning of dedicated remanufacturing[J]. International Journal of Production Economics, 2009, 117(2): 286-301.

[89]LI C B, LIU F, CAO H J, et al. A stochastic dynamic programming based model for uncertain production planning of re-manufacturing system[J]. International Journal of Production Research, 2009, 47(13): 3657-3668.

[90]KAYA O, BAGCI F, TURKAY M. Planning of capacity, production and inventory decisions in a generic reverse supply chain under uncertain demand and returns[J]. International Journal of Production Research, 2014, 52(1): 270-282.

[91]LIU S S, PAPAGEORGIOU L G. Multiobjective optimisation of production, distribution and capacity planning of global supply chains in the process industry[J]. Omega-International Journal of Management Science, 2013, 41(2): 369-382.

[92]LUSA A, MATINEZ-COSTA C, MAS-MACHURA M. An integral planning model that includes production, selling price, cash flow management and flexible capacity[J]. International Journal of Production Research, 2012, 50(6): 1568-1581.

[93]HSU C I, LI H C. An integrated plant capacity and production planning model for high-tech manufacturing firms with economies of scale[J]. International Journal of Production Economics, 2009, 118(2): 486-500.

[94]MERZIFONLUOGLU Y, GEUNES J, ROMEIJN H E. Integrated capacity, demand, and production planning with subcontracting and overtime options[J]. Naval Research Logistics, 2007, 54(4): 433-447.

[95]NENES G, NIKOLAIDIS Y. A multi-period model for managing used product returns[J]. International Journal of Production Research, 2012, 50(5):

1360-1376.

[96]COMINO S, MANENTI F M. Industrial organization of high-technology markets: the internet and information technologies[M]. [S.l.]: Edward Elgar Publishing, 2014.

[97]JEDERMANN R, BEHRENS C, WESTPHAL D. et al. Applying autonomous sensor systems in logistics-combining sensor networks, RFIDs and software agents[J]. Sensors and Actuators A: Physical, 2006, 132(1): 370-375.

[98]MOHD-YASIN F, KHAW M K, REAZ M B I. Techniques of RFID systems: architectures and applications[J]. Microwave Journal, 2006, 49(7): 62-74.

[99]RAMUDHIN A, PAQUET M, ARTIBA A, et al. A generic framework to support the selection of an RFID-based control system with application to the MRO activities of an aircraft engine manufacturer[J]. Production Planning & Control, 2008, 19(2): 183-196.

[100]RANTA T, FOHR J, KARTTUNEN K, et al. Radio frequency identification and composite container technology demonstration for transporting logistics of wood biomass[J]. Journal of Renewable and Sustainable Energy, 2014, 6(1).

[101]MCFARLANE D, SARMA S, CHIRN J L, et al. Auto ID systems and intelligent manufacturing control[J]. Engineering Applications of Artificial Intelligence, 2003, 16(4): 365-376.

[102]WONG C Y, MCFARLANE D, ZAHARUDIN A A, et al. The intelligent product driven supply chain[J]. IEEE International Conference on Systems, Man and Cybernetics, 2002(4): 6.

[103]MEYER G G, FRAMLING K, HOLMSTROM J. Intelligent products: a survey[J]. Computers in Industry, 2009, 60(3): 137-148.

[104]XU D F, LI Q, JUN H B, et al. Modelling for product information tracking and feedback via wireless technology in closed-loop supply chains[J]. International Journal of Computer Integrated Manufacturing, 2009, 22(7): 648-670.

[105]GUBBI J, BUYYA R, MARUSIC S, et al. Internet of things (IoT): a vi-

sion, architectural elements, and future directions[J]. Future Generation Computer Systems, 2013, 29: 1645-1660.

[106]BAI H. Reverse supply chains coordination and design for profitable returns: an example of ink cartridge[D]. Worcester: Worcester Polytechnic Institute, 2009.

[107]ZOLFAGHARINIA H, HAFEZI M, FARAHANI R Z, et al. A hybrid two-stock inventory control model for a reverse supply chain[J]. Transportation Research Part E: Logistics and Transportation Review, 2014(67): 141-161.

[108]BLACKBURN J. D, GUIDE V D R, SOUZA G C, et al. Reverse supply chains for commercial returns[J]. California Management Review, 2004, 46(2): 6-22.

[109]KUMAR M, HUSIAN M, UPRETI N, et al. Genetic algorithm: review and application[J]. International Journal of Information Technology and Knowledge Management, 2010, 2(2): 451-454.

[110]DORIGO M, BLUM C. Ant colony optimization theory: a survey[J]. Theoretical Computer Science, 2005, 344(2-3): 243-278.

[111]SUMAN B, KUMAR P. A survey of simulated annealing as a tool for single and multiobjective optimization[J]. Journal of the Operational Research Society, 2006, 57(10): 1143-1160.

[112]BANKS A, VINCENT J, ANYAKOHA C. A review of particle swarm optimization. part Ⅱ: hybridization, combinatorial, multicriteria and constrained optimization, and indicative applications[J]. Natural Computing, 2008, 7(1): 109-124.

[113]KENNEDY J, EBERHART R C. A discrete binary version of the particle swarm algorithm[M] // Proceedings of the international conference on system, man and cybernetics, piscataway, NJ: IEEE Service Centre, 1997: 4104-4109.

[114]EBERHART R C, SHI Y. Comparison between genetic algorithms and particle swarm optimization[C] // Proceedings of the 7th annual conference on evo-

lutionary programming,1998:611-616.

[115]ROCKAFELLAR R T, WETS R J B. Scenarios and policy aggregation in optimization under uncertainty[J]. Mathematics of Operations Research, 1991, 16(1):119-147.

[116]TANG L X, CHE P, LIU J Y. A stochastic production planning problem with nonlinear cost[J]. Computers & Operations Research, 2012, 39(9): 1977-1987.

[117]ZANJANI M K, NOURELFATH M, AIT-KADI D. A scenario decomposition approach for stochastic production planning in sawmills[J]. Journal of the Operational Research Society, 2013, 64(1):48-59.

[118]CHEN Z L, LI S L, TIRUPATI D. A scenario-based stochastic programming approach for technology and capacity planning[J]. Computers & Operations Research, 2002, 29(7):781-806.

[119]TEMPELMEIER H, DERSTROFF M. A Lagrangean-based heuristic for dynamic multilevel multiitem constrained lotsizing with setup times[J]. Management Science, 1996, 42(5):738-757.

[120]JAMMES F, SMIT H. Service-oriented paradigms in industrial automation[J]. IEEE Transaction on Industrial Informatics, 2005, 1(1):62-70.

[121]BERTSEKAS D P. Constrained optimization and lagrangian multiplier methods[M]. New York: Academic Press, 1982.

[122]CACHON G P, FISHER M L. Supply chain inventory management and the value of shared information[J]. Management Science, 2000, 46(8): 1032-1048.

[123]CHEN F. Echelon reorder points, installation reorder points, and the value of centralized demand information[J]. Management Science, 1998, 44(12): S201-S234.

[124]DADA M, SRIKANTH K N. Pricing policies for quantity discounts[J]. Management Science, 1987, 33(10):1247-1252.

[125]MIGUEL C D, PAZÓ C. Environmental protection, innovation and price-setting behavior in spanish manufac-turing firms[J]. Energy Economics, 2017,68(Suppl. 1):116-124.

[126]FISHER M L. What is the right supply chain for your product? [J]. Harvard Business Review,1997,75(2):105-116.

[127]GUO P. One-shot decision approach and its application to duopoly market[J]. International Journal of Information and Decision Sciences, 2010, 2(3): 213-232.

[128]GUO P. Private real estate investment analysis within a one-shot decision framework[J]. International Real Estate Review,2010,13(3):238-260.

[129]GUO P. One-shot decision theory[J]. IEEE Transactions on Systems Man and Cybernetics,Part A:Systems and Humans,2011,22 (5):917-926.

[130]GUO P. Focus theory of choice and its application to resolving the St. Petersburg, allais, and ellsberg paradoxes and other anomalies[J]. European Journal of Operational Research,2019,276(3):1034-1043.

[131]GUO X, CHENG L, LIU J. Green supply chain contracts with eco-labels issued by the sales platform: profitability and environmental implications[J]. International Journal of Production Research,2020,58(5):1485-1504.

[132]GUO P, LI Y. Approaches to multistage one-shot decision making[J]. European Journal of Operational Research,2014,236(2):612-623.

[133]GUO P, MA X. Newsvendor models for innovative products with one shot decision theory[J]. European Journal of Operational Research,2014,239(2): 523-536.

[134]GUO P,YAN R,WANG J. Duopoly market analysis within one shot decision framework with asymmetric possibilistic information[J]. International Journal of Computational Intelligence System,2010,3(6):786-796.

[135]KLEINDORFER P R,SINGHAL K,VAN WASSENHOVE L N.Sustainable operations management[J]. Production and Operations Management,2005,14

(4):482-492.

[136]LARIVIERE M A, PORTEUS E L. Selling to the newsvendor: an analysis of priceonly contracts[J]. Manu Facture & Service Operation Management, 2001, 3(4): 293-305.

[137]LEE H L, PADMANABHAN V, WHANG S. Information distortion in a supply chain: the bullwhip effect[J]. Management Science, 1997, 43(4): 546-558.

[138]LEE H L, PADMANABHAN V, WHANG S. Bullwhip effect in a supply chain[J]. Sloan Management Review, 1997, 38(Spring): 93-102.

[139]LEE H L, SO K C, TANG C S. The value of information sharing in a two-level supply chain[J]. Management Science, 2000, 46(5): 626-643.

[140]MA X Y. Pricing to the scenario: a price-setting newsvendor model for innovative products[J]. Mathematics, 2019, 7(9): 814.

[141]QIN Y, WANG R, VAKHARIA A J, et al. The newsvendor problem: review and directions for future research[J]. European Journal of Operational Research, 2011, 213(2): 361-374.

[142]RACHED M, BAHROUN Z, CAMPAGNE J P. Decentralised decision-making with information sharing vs centralised decision-making in supply chains [J]. International Journal of Production Research, 2016, 54(24): 7274-7295.

[143]SPENGLER J. Vertical integration and antitrust policy[J]. Journal of Political Economy, 1950, 58(4): 347-352.

[144]SU X. Bounded rationality in newsvendor models[J]. Manufacture & Service Operation Management, 2008, 10(4): 566-589.

[145]VACHON S. Green supply chain practices and the selection of environmental technologies[J]. International Journal of Production Research, 2007, 45 (18-19): 4357-4379.

[146]WANG C, GUO P. Behavioral models for first-price sealed-bid auctions with the one-shot decision theory[J]. European Journal of Operational Research, 2017, 261(3): 994-1000.

[147]WANG Q, WU Z. Improving a supplier's quantity discount gain from many different buyers[J]. IIE Transaction, 2000, 32(11): 1071-1079.

[148]ZHOU H, BENTON JR W C. Supply chain practice and information sharing[J]. Journal of Operations Management, 2007, 25(6): 1348-1365.

[149]ZHU X D, GUO P J. Bilevel programming approaches to production planning for multiple products with short life cycles[J]. : 4OR: Quarterly Journal of the Belgian, French and Italian Operations Research Societies, 2020, 18(2): 151-175.

[150]LEE H L, SO K C, TANG C S. The value of information sharing in a two-level supply chain[J]. Management Science, 2000, 46(5): 626-643.

[151]QIN Y R, WANG A J, VAKHARIA Y, et al. The newsvendor problem: review and directions for future research[J]. European Journal of Operational Research, 2011, 213(2): 361-374.

[152]RACHED M, BAHROUN Z, CAMPAGNE J P. Decentralised decision-making with information sharing vs centralised decision-making in supply chains [J]. International Journal of Production Research, 2016, 54(24): 7274-7295.

[153]SPENGLER J. Vertical integration and antitrust policy[J]. Journal of Political Economy, 1950, 58(4): 347-352.

[154]SU X. Bounded rationality in newsvendor models[J]. Manufacture & Service Operation Management, 2008, 10(4): 566-589.

[155]VACHON S. Green supply chain practices and the selection of environmental technologies[J]. International Journal of Production Research, 2007, 45 (18-19): 4357-4379.

[156]WANG C, GUO P. Behavioral models for first-price sealed-bid auctions with the one-shot decision theory[J]. European Journal of Operational Research, 2017, 261(3): 994-1000.

[157]ZHOU H G, BENTON JR W C. Supply chain practice and information sharing[J]. Journal of Operations Management, 2007, 25(6): 1348-1365.

[158]LEE H L, PADMANABHAN V, WHANG S. Information distortion in a supply chain: the bullwhip effect[J]. Management Science, 1997, 43(4): 546–558.

[159]LEE H L, SO K C, TANG C S. The value of information sharing in a two–level supply chain[J]. Management Science, 2000, 46(5): 626–643.

[160]RAGHUNATHAN S. Information sharing in a supply chain: a note on its value when demand is nonstationary[J]. Management Science, 2001, 47(4): 605–610.

[161]FU Y, PIPLANI R. Supply–side collaboration and its value in supply chains[J]. European Journal of Operational Research, 2004, 152(1): 281–288.

[162]SAHIN F, ROBINSON E P. Information sharing and coordination in make–to–order supply chains[J]. Journal of Operations Management, 2005, 23(6): 579–598.

[163]RAGHUNATHAN S. Impact of demand correlation on the value of and incentives for information sharing in a supply chain[J]. European Journal of Operational Research, 2003, 146(3): 634–649.

[164]LI L, ZHANG H. Supply chain information sharing in a competitive environment[Z]. Supply Chain Structures, 2002

[165]ZHOU M, DAN B, MA S. Supply chain coordination with information sharing: the informational advantage of GPOs[J]. European Journal of Operational Research, 2017, 256(3): 785–802.

[166]WU J, FAN J, HE Y. Pricing and horizontal information sharing in a supply chain with capacity constraint[J]. Operations Research Letters, 2018, 26(32): 632–644.

[167]WU J, WANG H, SHANG J. Multi–sourcing and information sharing under competition and supply uncertainty[J]. European Journal of Operational Research, 2019, 278(2): 043–056.

[168]TAI P D, DUC T T H, BUDDHAKULSOMSIRI J. Value of information sharing in supply chain under promotional competition[J]. International Transac-

tions in Operational Research,2020,29(4):2649-2681.

[169]SHAMIR N. Strategic information sharing between competing retailers in a supply chain with endogenous wholesale price[J]. International Journal of Production Economics,2012,136(2):352-365.

[170]HA A Y, TONG S L. Contracting and information sharing under supply chain competition[J]. Management science: Journal of the Institute of Management Sciences,2008,54(4):701-715.

[171]SHAMIR N, SHIN H. Public Forecast information sharing in a market with competing supply chains[J]. Management science,2016,62(45):1-29.

[172]BIAN W, SHANG J, ZHANG J. Two-way information sharing under supply chain competition[J].International Journal of Production Economics,2016,178(25):82-94.

[173]GUAN Z, ZHANG X, ZHOU M, et al. Demand information sharing in competing supply chains with manufacturer-provided service[J]. International journal of production economics,2020,220(2):1-10.

[174]李小美,刘人境,张琦. 两个供应商和单个零售商组成的供应链成本信息共享和协调契约研究[J]. 工业工程与管理,2021,26(4):1-10.

[175]陈琳,李田. 存在竞争性制造商的需求预测信息的共享研究[J]. 中国管理科学,2016,24(S1):711-717.

[176]SHANG W X, HA A Y, TONG S L. Information sharing in a supply chain with a common retailer[J]. Management Science Journal of the Institute for Operations Research & the Management Sciences,2016,25(37):245-263.

[177]王文隆,王成军. 基于竞争型制造商创新投入的零售商需求预测信息共享研究[J]. 中国管理科学,2020,28(8):127-138.

[178]王文隆,王成军,胡海华. 考虑信息泄露的零售商需求预测信息共享研究[J]. 运筹与管理,2020,29(7):80-88.

[179]CHU W, LEE C C. Strategic information sharing in a supply chain[J]. European Journal of Operational Research,2006,174(3):1567-1579.

[180]艾兴政,唐小我,马永开.传统渠道与电子渠道预测信息分享的绩效研究[J].管理科学学报,2008(1):12-21.

[181]聂佳佳.预测信息分享对制造商开通直销渠道的影响[J].管理工程学报,2012,26(2):106-112.

[182]CHEN L,LEE H L. Information sharing and order variability control under a generalized demand model[J]. Management Science,2009,55(5):781-797.

[183]YAN R,WANG K Y. Franchisor-franchisee supply chain cooperation: sharing of demand forecast information in high-tech industries[J]. Industrial Marketing Management,2012,41(7):1164-1173.

[184]李波,孙鹏,李庆华.双渠道供应链中信息共享价值研究[J].系统工程学报,2015,30(4):530-538.

[185]徐刚,秦进.服务关系对供应链信息分享和信任决策的影响研究[J].运筹与管理,2015,24(5):11-17.

[186]KHANJARI N,IRAVANI S,SHIN H. Demand information sharing in a supply chain of durable goods with pricing decisions[J]. SSRN Electronic Journal,2017,45(7):14-51.

[187]王聪,杨德礼,程兴群.考虑零售商风险偏好的双渠道供应链信息共享研究[J].工业工程与管理,2017,22(2):83-88,96.

[188]李凯,李伟,安岗.基于不同研发模式的零售商需求信息分享策略[J].系统工程学报,2019,34(2):186-198.

[189]MISHRA B K,RAGHUNATHAN S,YUE X. Demand forecast sharing in supply chains[J]. Production and Operations Management,2009,18(2):152-166.

[190]叶飞,陈晓明,林强.基于决策者风险规避特性的供应链需求信息共享价值分析[J].管理工程学报,2012,26(3):176-183,196.

[191]徐耀群,张松峰.信息不对称下供应链信息共享激励研究[J].哈尔滨商业大学学报:自然科学版,2014,2(4):229-233.

[192]KHAN M,HUSSAIN M,SABER H M. Information sharing in a sustain-

able supply chain[J]. International Journal of Production Economics, 2016, 181 (23):208-214.

[193]廖诺,张紫君,贺勇.考虑产能约束和分配方式的供应链信息共享价值创造与共享意愿[J].统计与决策,2017,17(5):47-52.

[194]WEI Y, HUANG P. Information sharing in the hybrid-format supply chain[J]. Social Science Electronic Publishing,2019,5(9):2-37.

[195]张玉华,戴更新,韩广华,等.需求预测信息共享中基于信任的价格折扣模型[J].计算机集成制造系统,2017,23(12):2737-2746.

[196]ABDULRAHMAN D A, SUBRAMANIAN N, LIU C, et al. Viability of remanufacturing practice: a strategic decision making framework for Chinese auto-parts companies[J]. Journal of Cleaner Production,2015(105):311-323.

[197]ALEGOZ M, KAYA O, BAYINDIR Z P. A comparison of pure manufacturing and hybrid manufacturing-remanufacturing systems under carbon tax policy [J]. European Journal of Operational Research,2021,294(1):161-173.

[198]AYDIN R, KWONG C K, GEDA M W, et al. Determining the optimal quantity and quality levels of used product returns for remanufacturing under multi-period and uncertain quality of returns[J]. The International Journal of Advanced Manufacturing Technology,2018(94):4401-4414.

[199]CALVO-PORRAL C, LÉVY-MANGIN J P. Store brands' purchase intention: examining the role of perceived quality[J]. European Research on Management and Business Economics,2017,23(2):90-95.

[200]CAO K, HE P, LIU Z. Production and pricing decisions in a dual-channel supply chain under remanufacturing subsidy policy and carbon tax policy [J]. Journal of the Operational Research Society,2020,71(8):1199-1215.

[201]CLEMENZ J, BRETTEL M, MOELLER T. How the personality of a brand impacts the perception of different dimensions of quality[J]. Journal of Brand Management,2012,20(1):52-64.

[202]DENIZEL M, FERGUSON M, SOUZA G C. Multiperiod remanufactur-

ing planning with uncertain quality of inputs[J]. IEEE Transactions on Engineering Management, 2010, 57(3): 394–404.

[203]DEVECI M, SIMIC V, TORKAYESH A E. Remanufacturing facility location for automotive Lithium–ion batteries: an integrated neutrosophic decision–making model[J]. Journal of Cleaner Production, 2021(317): 1–20.

[204]FERGUSON M, GUIDE J V D, SOUZA G C. The value of quality grading in remanufacturing[J]. Production and Operations Management, 2019, 18(3): 300–314.

[205]FERGUSON M E, SOUZA G C. Closed–loop supply chains: new developments to improve the sustainability of business practices[M]. New York: Auerbach Publications, 2010.

[206]GUIDE V D R, VAN WASSENHOVE L N. Managing product returns for remanufacturing[J]. Production and Operations Management, 2001, 10(2): 142–155.

[207]HASHIGUCHI M. Recycling efforts and patent rights protection in the Unit States and Japan[J]. Columbia Journal of Environmental Law, 2008, 33(1): 169–179.

[208]HONG X, GOVINDAN K, XU L, et al. Quantity and collection decisions in a closed–loop supply chain with technology licensing[J]. European Journal of Operational Research, 2017, 256(3): 820–829.

[209]JIN M, LI G, REIMANN M. Team of rivals: how should original equipment manufacturers cooperate with independent remanufacturers via authorisation? [J]. European Journal of Operational Research, 2022, 296(3): 837–845.

[210]JOHNSON M R, MCCARTHY I P. Product recovery decisions within the context of extended producer responsibility[J]. Journal of Engineering and Technology Management, 2014(34): 9–28.

[211]LI Z, ZHANG J, MENG Q F, et al. Influence of government subsidy on remanufacturing decision under different market models[J]. Mathematical Prob-

lems in Engineering, 2019(2): 1-16.

[212]LINGHU D, WU X, LAI K H, et al. Implementation strategy and emission reduction effectiveness of carbon cap-and-trade in heterogeneous enterprises [J]. International Journal of Production Economics, 2022(248): 1-15.

[213]LIU H H, LEI M, HUANG T, et al. Refurbishing authorization strategy in the secondary market for electrical and electronic products[J]. International Journal of Production Economics, 2018, (195): 198-209.

[214]LUO R, ZHOU L, SONG Y, et al. Evaluating the impact of carbon tax policy on manufacturing and remanufacturing decisions in a closed-loop supply chain[J]. International Journal of Production Economics, 2022(245), 108408.

[215]MAJUMDER P, SRINIVASAN A. Leadership and competition in network supply chains[J]. Management Science, 2008, 54(6): 1189-1204.

[216]ÖRSDEMIR A, KEMAHLIOGLU-ZIYA E, PARLAKTÜRK A K. Competitive quality choice and remanufacturing[J]. Production and Operations Management, 2014, 23(1): 48-64.

[217]OVCHINNIKOV A, BLASS V, RAZ G. Economic and Environmental Assessment of Remanufacturing Strategies for Product + Service Firms[J]. Production and Operations Management, 2014, 23(5): 744-761.

[218]PANAGIOTIDOU S, NENES G, ZIKOPOULOS C, et al. Joint optimization of manufacturing/remanufacturing lot sizes under imperfect information on returns quality[J]. European Journal of Operational Research, 2017, 258 (2): 537-551.

[219]PATRICIA V L, VAN WASSENHOVE L N. Assessing the economic and environmental impact of remanufacturing: a decision support tool for OEM suppliers[J]. International Journal of Production Research, 2018, 56 (4): 1662-1674.

[220]SUBRAMANIAN R, SUBRAMANYAM R. Key Factors in the Market for Remanufactured Products[J]. Manufacturing & Service Operations Manage-

ment,2012,14(2):315-326.

[221]TEUNTER R H, FLAPPER S D P. Optimal core acquisition and remanufacturing policies under uncertain core quality fractions[J]. European Journal of Operational Research,2011,210(2):241-248.

[222]WANG L, CAI G G, TSAY A A, et al. Design of the Reverse Channel for Remanufacturing: Must Profit-Maximization Harm the Environment? [J] Production and Operations Management,2017,26(8):1585-1603.

[223]WEN D P, XIAO T J, DASTANI M. Channel choice for an independent remanufacturer considering environmentally responsible consumers[J]. International Journal of Production Economics,2021(232),107941.

[224]WU X, ZHOU Y. The optimal reverse channel choice under supply chain competition[J]. European Journal of Operational Research, 2017, 259(1): 63-66.

[225]XIANG Z H, XU M L. Dynamic game strategies of a two-stage remanufacturing closed-loop supply chain considering big data marketing, technological innovation and overconfidence[J]. Computers & Industrial Engineering, 2020 (145):106538.

[226]YENIPAZARLI A. Managing new and remanufactured products to mitigate environmental damage under emissions regulation[J]. European Journal of Operational Research,2016,249(1):117-130.

[227]ZHANG F, CHEN H, XIONG Y, et al. Managing collecting or remarketing channels: different choice for cannibalisation in remanufacturing outsourcing [J]. International Journal of Production Research,2021,59(19-20):5944-5959.

[228]ZHANG F, ZHANG R. Trade-in remanufacturing, customer purchasing behavior, and government policy[J]. Manufacturing & Service Operations Management,2018,20(4):601-616.

[229]ZHANG X G, TANG Y J, ZHANG H, et al. Remanufacturability evaluation of end-of-life products considering technology, economy and environment: a

review[J]. Science of the Total Environment, 2021(764): 142922.

[230]ZHANG Y, HONG Z, CHEN Z, et al. Tax or subsidy? Design and selection of regulatory policies for remanufacturing[J]. European Journal of Operational Research, 2020, 287(3): 885–900.

[231]ZHAO J, WANG C, XU L. Decision for pricing, service, and recycling of closed–loop supply chains considering different remanufacturing roles and technology authorizations[J]. Computers & Industrial Engineering, 2019(132): 59–73.

[232]ZHAO J, WEI J, LI Y. Pricing and remanufacturing decisions for two substitutable products with a common retailer[J]. Journal of Industrial & Management Optimization, 2017, 13(2): 1125–1147.

[233]ZHOU Q, MENG C, YUEN K F. Remanufacturing authorization strategy for competition among OEM, authorized remanufacturer, and unauthorized remanufacturer[J]. International Journal of Production Economics, 2021(242): 108295.

[234]ZHOU Q, MENG C, YUEN K F, et al. Remanufacturing authorization strategy for an original equipment manufacturer–contract manufacturer supply chain: Cooperation or competition? [J]. International Journal of Production Economics, 2021(240), 108238.

[235]ZHOU Q, YUEN K F. An investigation of original equipment manufacturer's optimal remanufacturing mode and engagement strategy[J]. International Transactions in Operational Research, 2021, 28(4): 1890–1916.

[236]ZOU Z B, WANG J J, DENG G S, et al. Third–party remanufacturing mode selection: outsourcing or authorization? [J] Transportation Research Part E: Logistics and Transportation Review, 2016(87): 1–19.